During a train voyage, I watch the panorama glide past the window – agricultural sheds, warehouses and factories file by, the patina their metal sidings have acquired over time merging gently with the landscape, while here and there vulgar, outmoded buildings serve as a reminder of what was deemed fitting architecture a decade or two ago.

>1

useful
ful
utiles

JACQUES FERRIER
architectures

The poetry of useful things

La poésie des choses utiles

foreword by/préface par
Alexander Tzonis

interview by/entretien réalisé par
Emmanuel Caille

graphic design by/conception graphique
Franck Tallon

Lors de voyage en train, je regarde le panorama défiler à la fenêtre : passent des hangars agricoles, des entrepôts, des usines dont les bardages métalliques peu à peu patinés s'ajoutent doucement au paysage, alors que ça et là des constructions criardes et démodées rappellent ce que fut l'architecture convenable d'il y a dix ou vingt ans.

ANTE PRIMA
PARIS

BIRKHÄUSER
PUBLISHERS FOR ARCHITECTURE
BASEL • BOSTON • BERLIN

La plupart de ces dernières nous encombrent déjà : de leur actualité passée ne restent qu'une arrogance dérisoire et une effrayante incapacité à vieillir.

>2

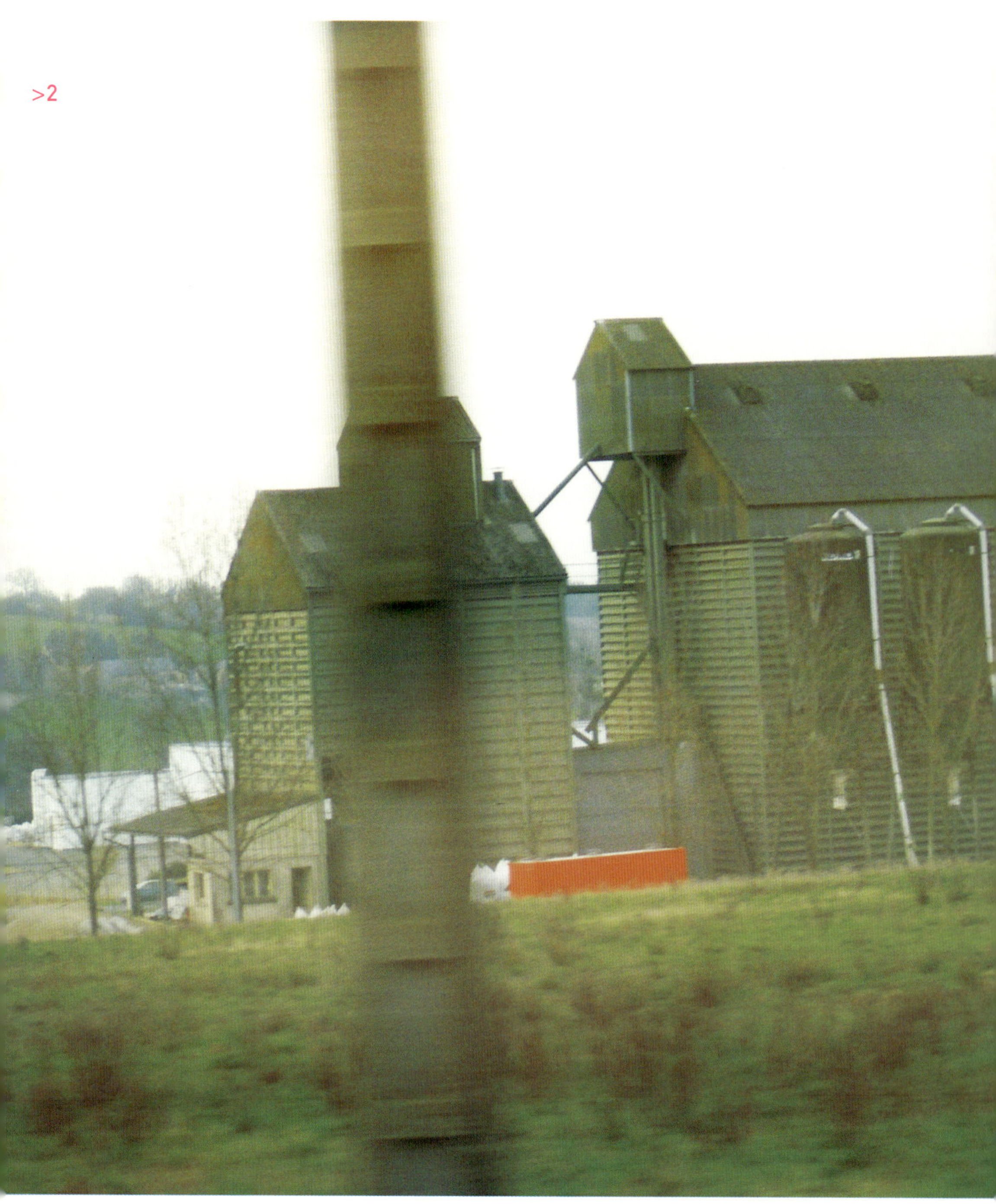

Most of these buildings are already an embarrassment. Of their past stylishness nothing remains but a ridiculous arrogance and an alarming inability to age.

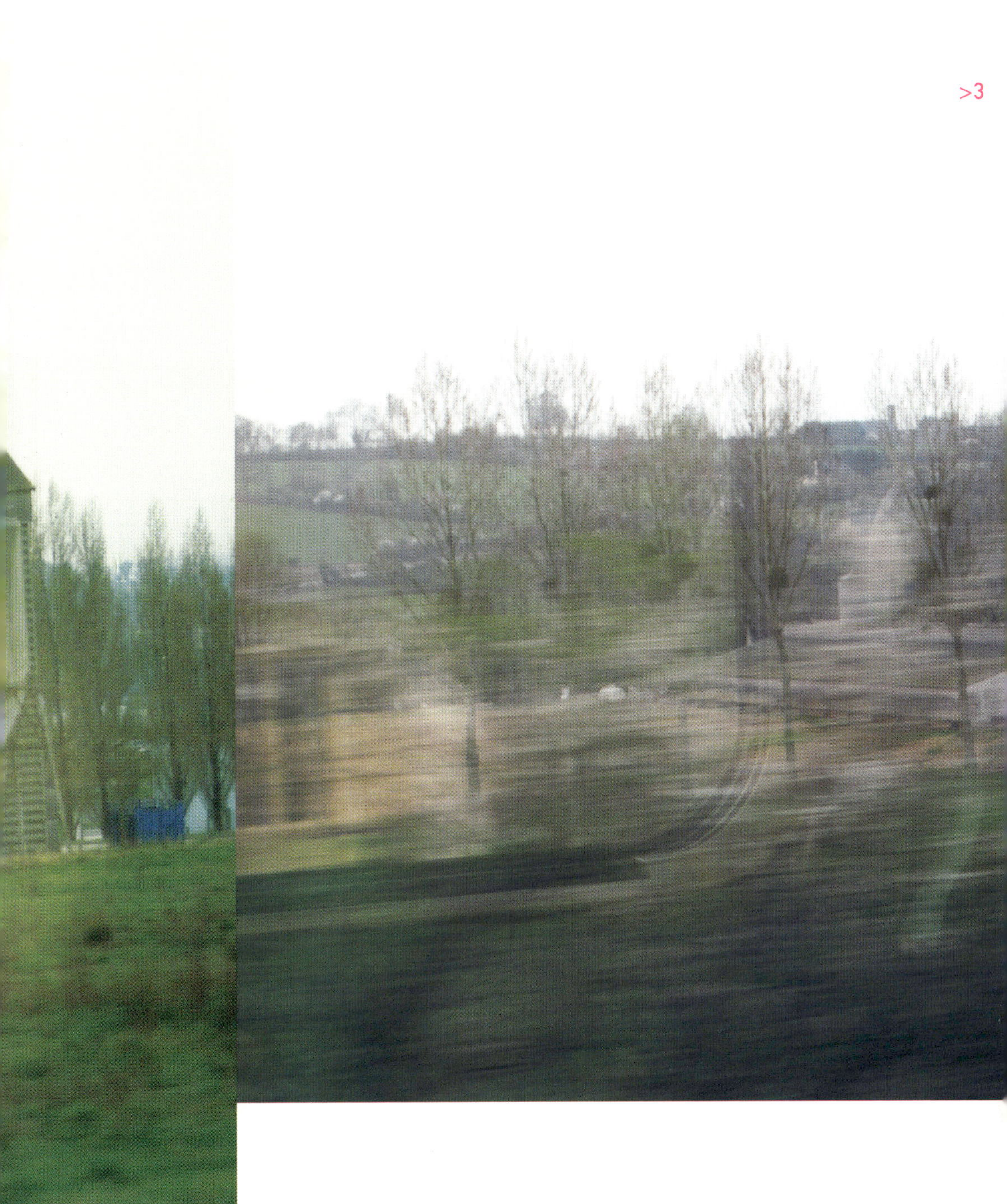

Au contraire, bien des lieux de production, modestement construits, bricolés, malmenés acquièrent
avec le temps une évidence dans le paysage : ils sont réalisés avec « le moins d'architecture possible »
et c'est paradoxalement ce « moins » qui donne plus de force et de densité à leur présence.
Les constructions industrielles, conçues en dehors de la discipline architecturale, répondent de façon
simple, directe, brutale même, à des fonctionnalités bien précises. Elles tirent leur légitimité de leur
utilité et leur beauté singulière de leur nécessité.

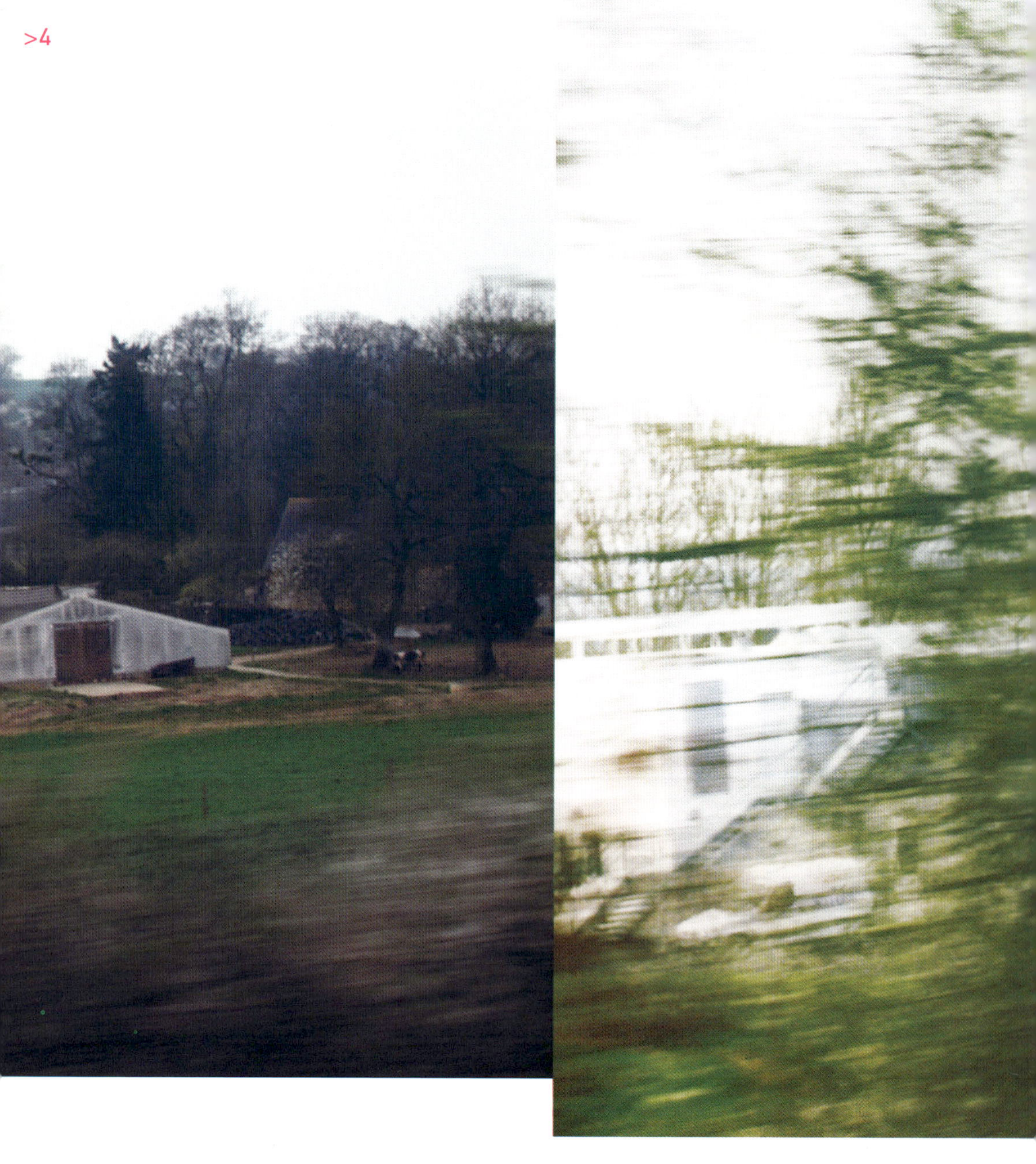

In contrast, many industrial sites, containing simply built, improvised, poorly maintained buildings, acquire a natural presence in the landscape as time goes by. They were built with "the least amount of architecture possible"; and, paradoxically, it is this least that adds to the strength and density of their presence. Industrial buildings, conceived outside the discipline of architecture, fulfil certain utilitarian requirements in a simple, direct and even brutal way. They derive their legitimacy from their utility and their singular beauty from their necessity.

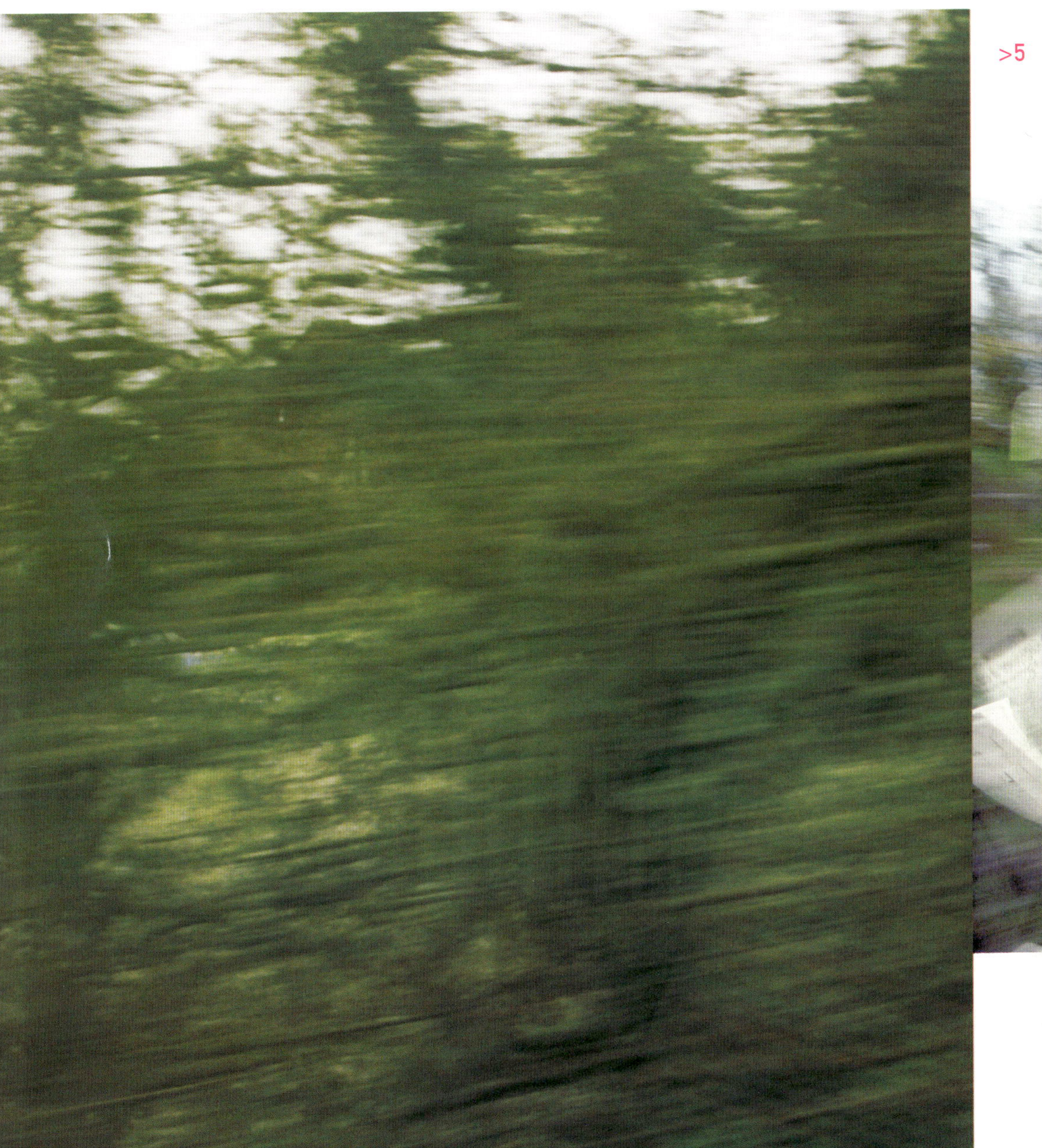

Mon intérêt s'est toujours porté vers des constructions fonctionnelles modelées par l'économie,
se modifiant et se transformant au fil du temps. Je les regarde, les photographie inlassablement,
peut-être comme un antidote à la sophistication de l'architecture, sophistication avec laquelle
je ne me suis jamais senti à l'aise.

>6

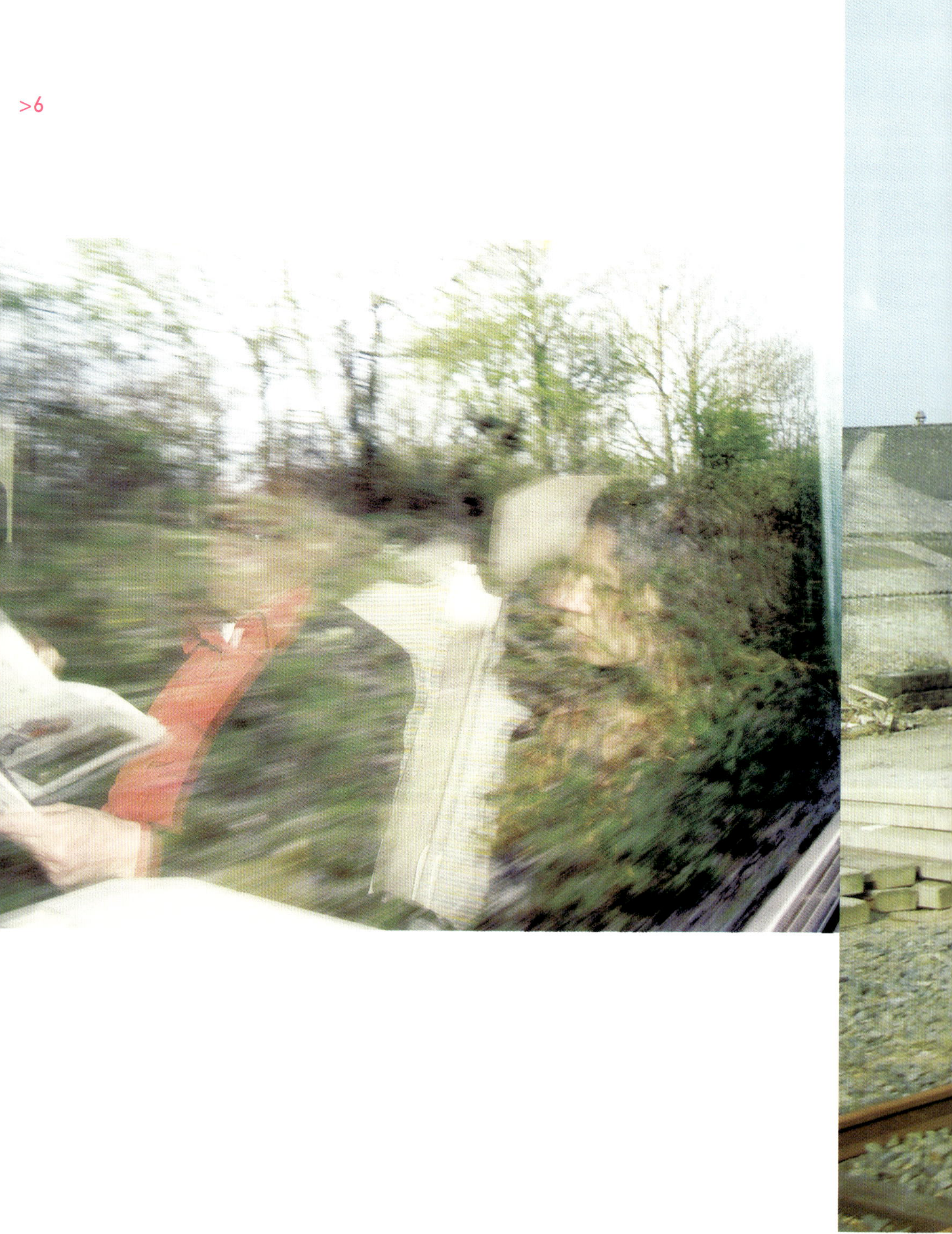

I've always been interested in utilitarian buildings, buildings shaped by economic necessity, which are modified and transformed in the course of time. Obsessively I observe them, and photograph them. Perhaps this is my antidote to the sophistication of architecture, a sophistication that has always made me uneasy.

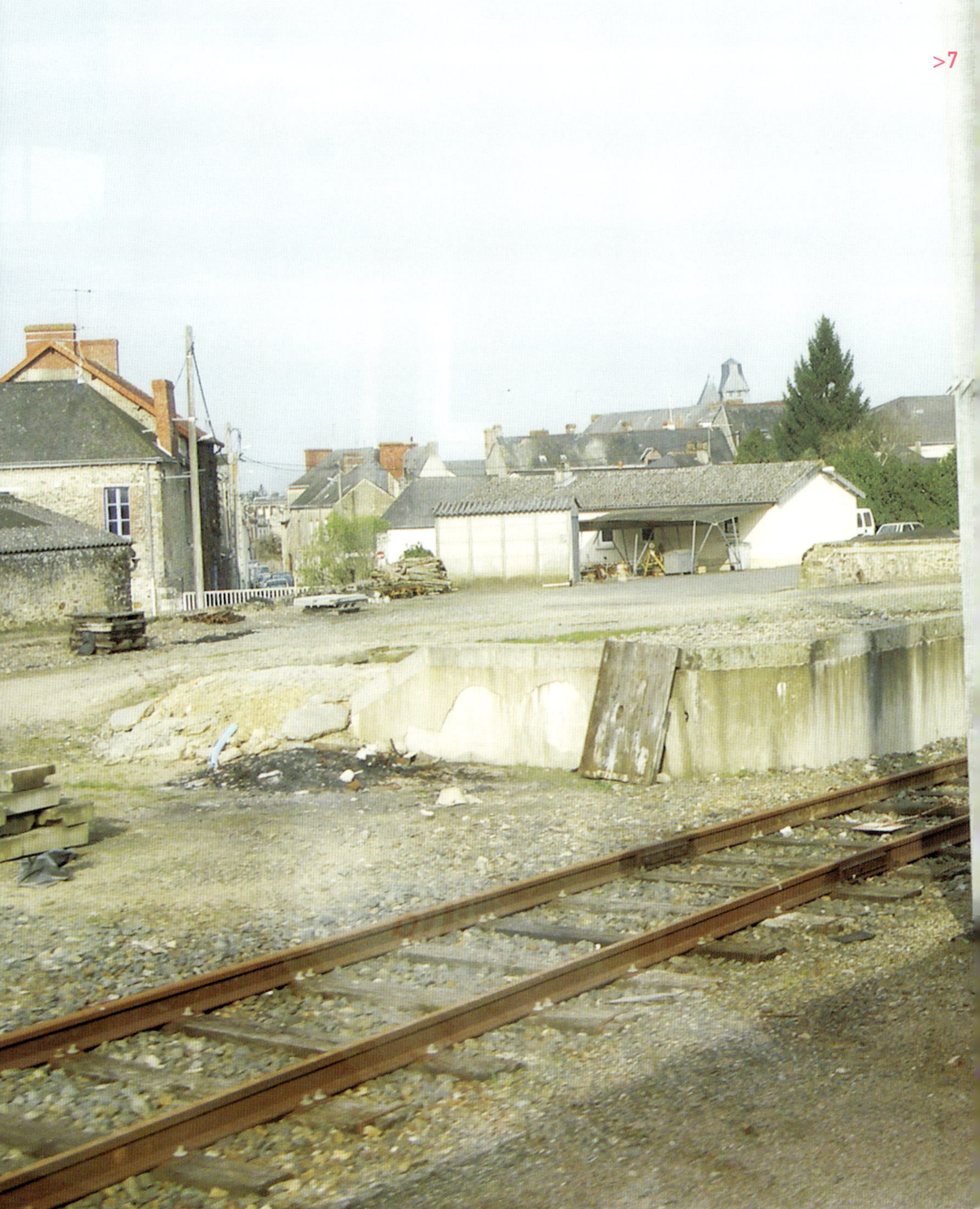

Dans mes projets, je recherche une réponse simple et directe au programme et une évidence constructive dans le but de créer avant tout une œuvre utile qui trouverait sa place dans la société, et dont la beauté serait avant tout, comme pour une usine ou un hangar agricole, la pertinence, la justesse par rapport au réel.

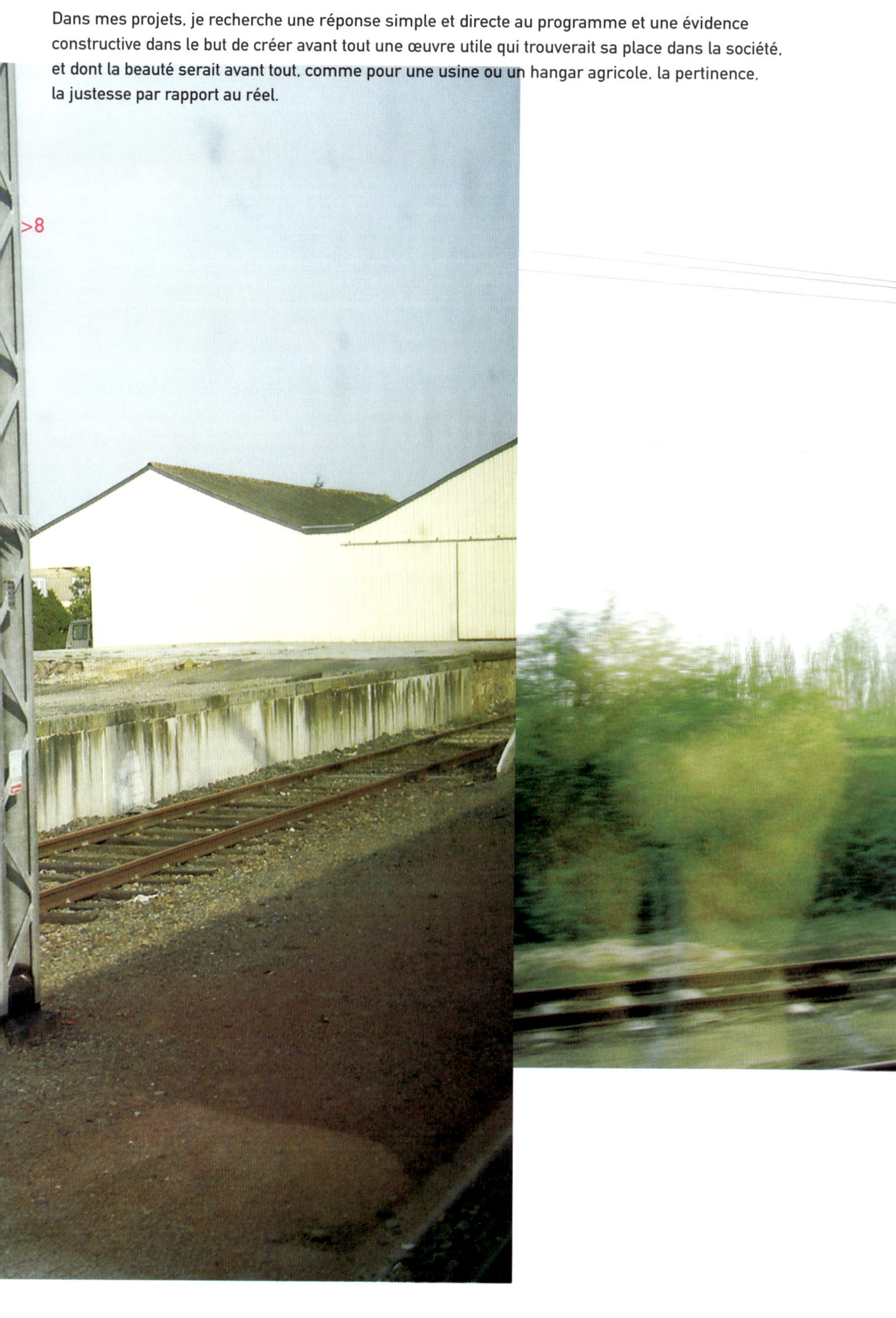

In my own projects, I try to provide a simple, direct answer to the programme, and structural clarity, with the principal aim of creating a building that will be useful, that will find its proper place in society, and the beauty of which will be above all – like that of a factory or an agricultural shed – that of relevance and correspondence to reality.

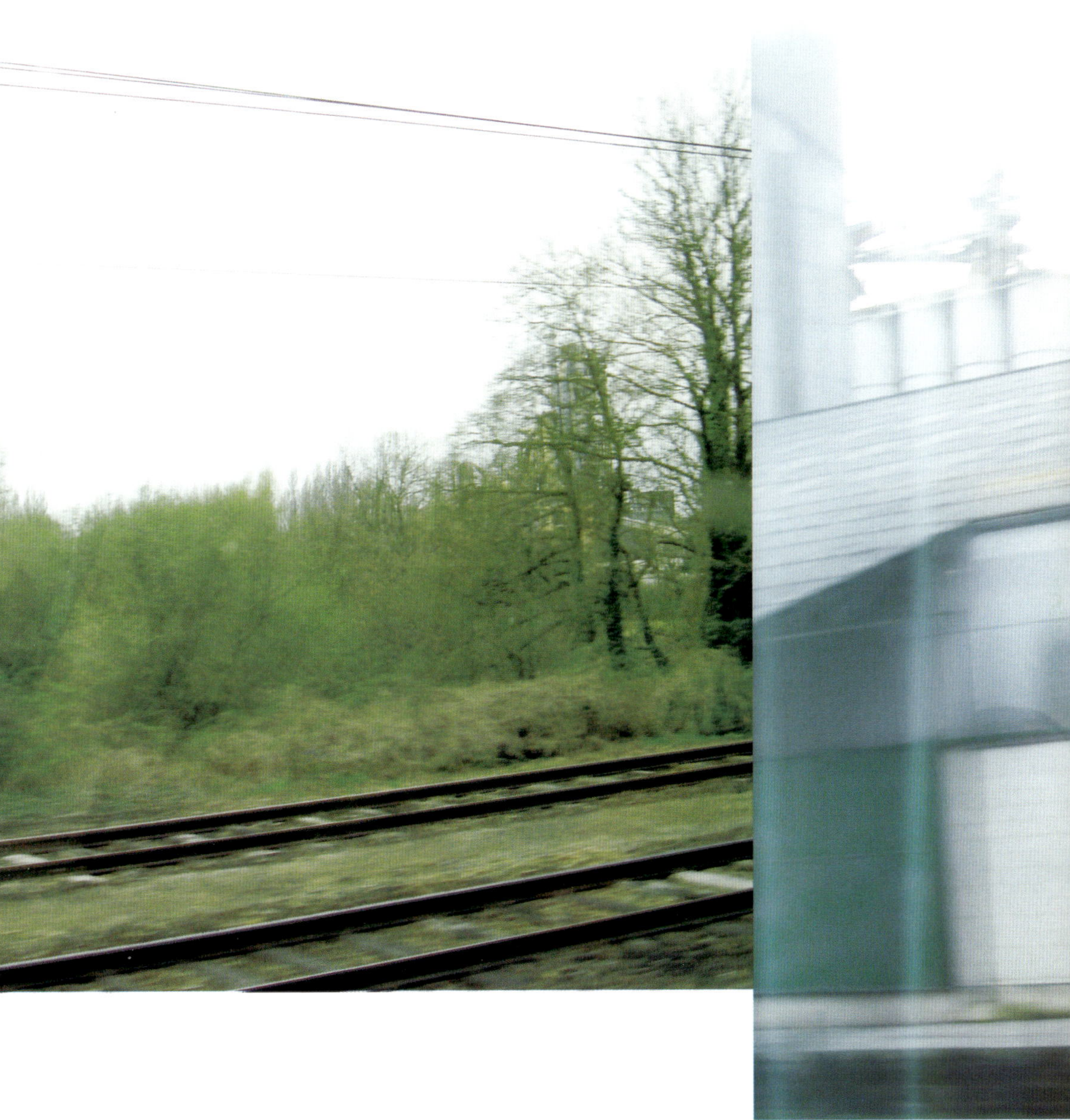

C'est pourquoi le fond essentiel de ma culture visuelle, ce sont les choses vues tous les jours,
bâtiments de bric et de broc, constructions anonymes et banales, paysages brutalisés par
des infrastructures… plus que les icônes de la culture architecturale.

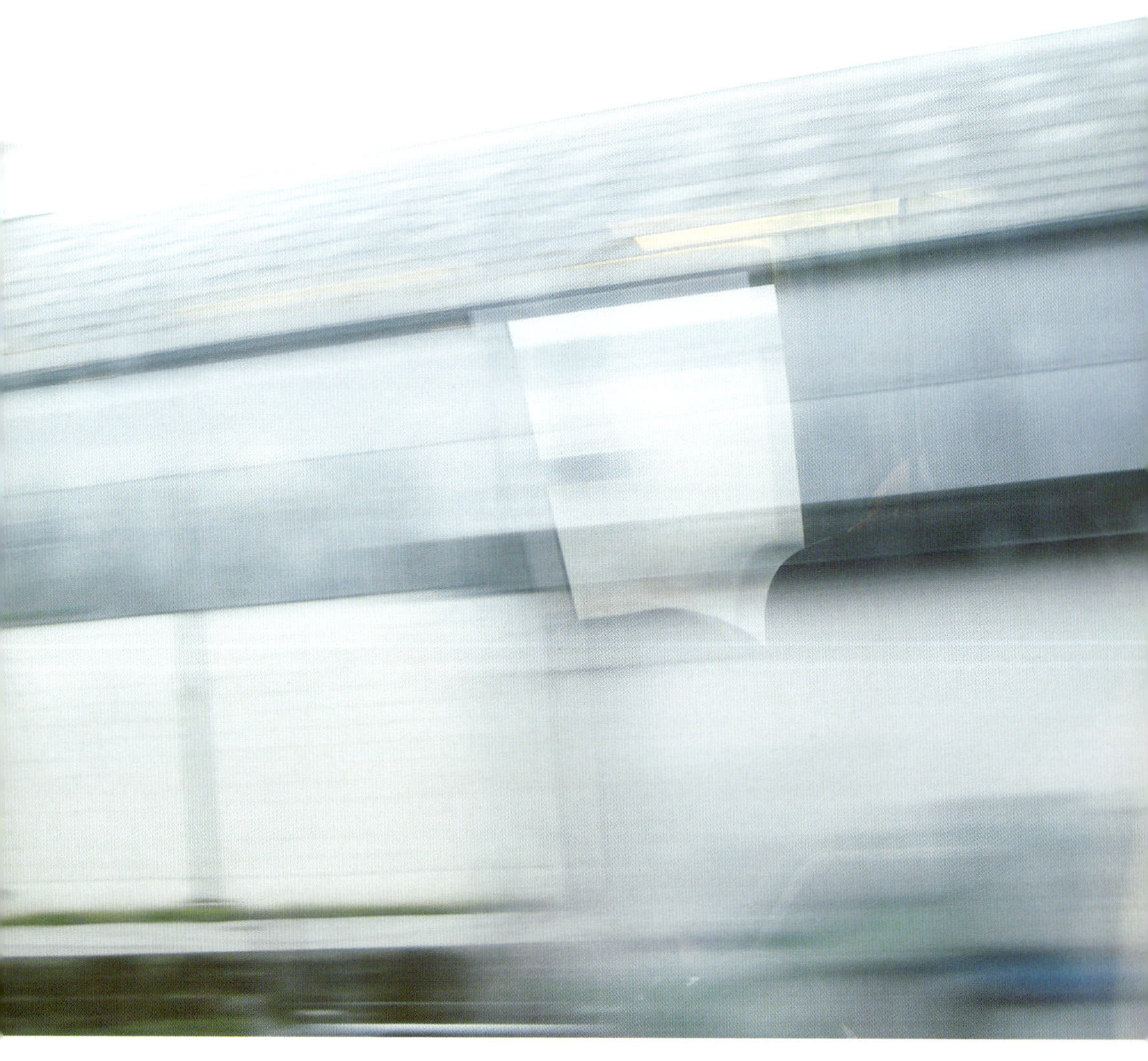

That's why the essential basis of my visual culture consists of things seen every day, of makeshift buildings, anonymous and banal constructions, landscapes brutalized by infrastructures rather than icons of architectural culture.

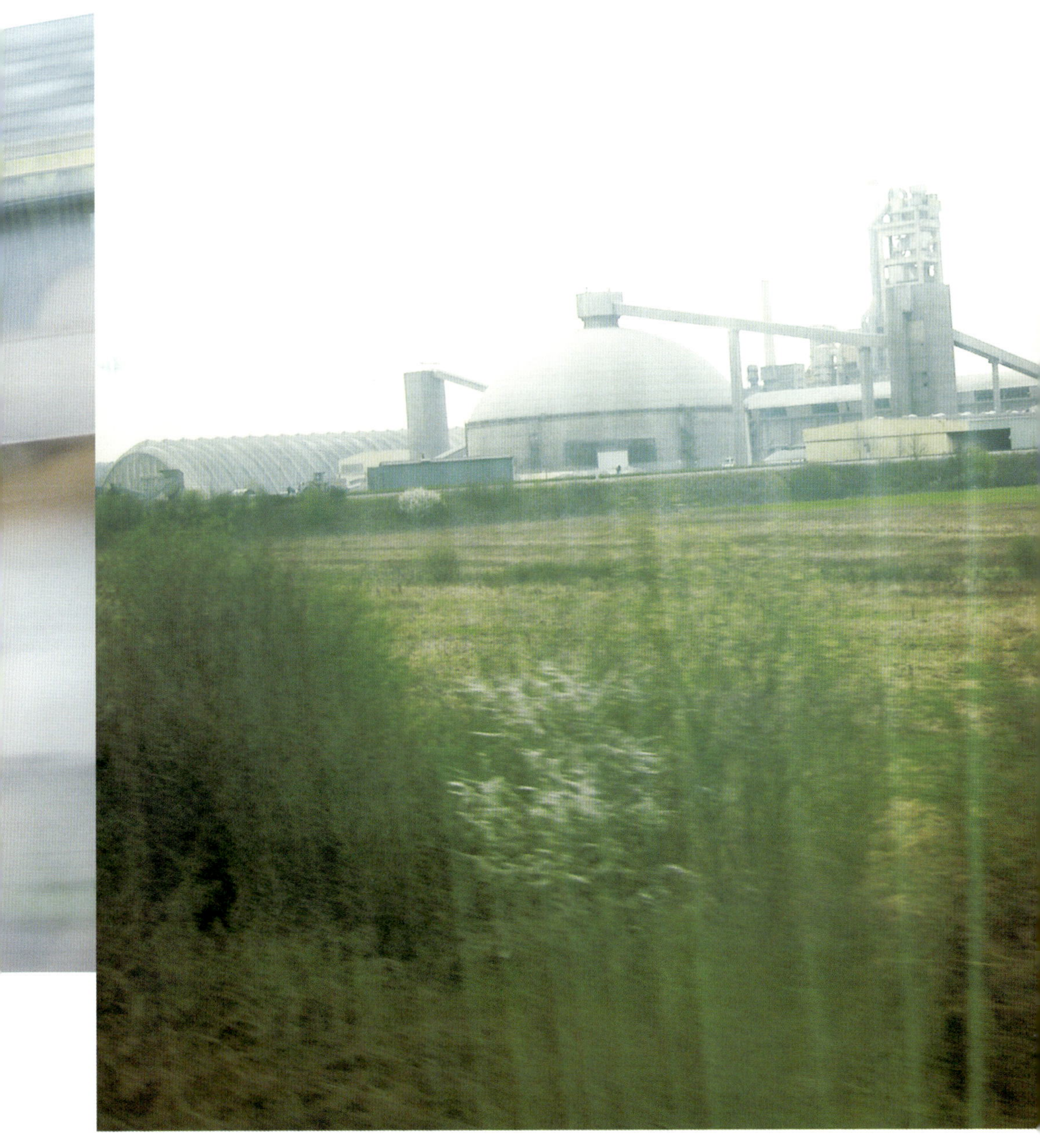

Il y a dans ces constructions anonymes une formidable liberté qui nous éloigne des poncifs formels dans lesquels l'architecture nous enferme. Elles ont la poésie des objets usuels et amicaux qui rendent service sans se faire remarquer, et leur dessin semble avoir été le fruit d'une succession de calculs et de décisions fonctionnelles. Ces «architectures inventées» peuvent être pleines de mystère et d'énigmatique beauté.

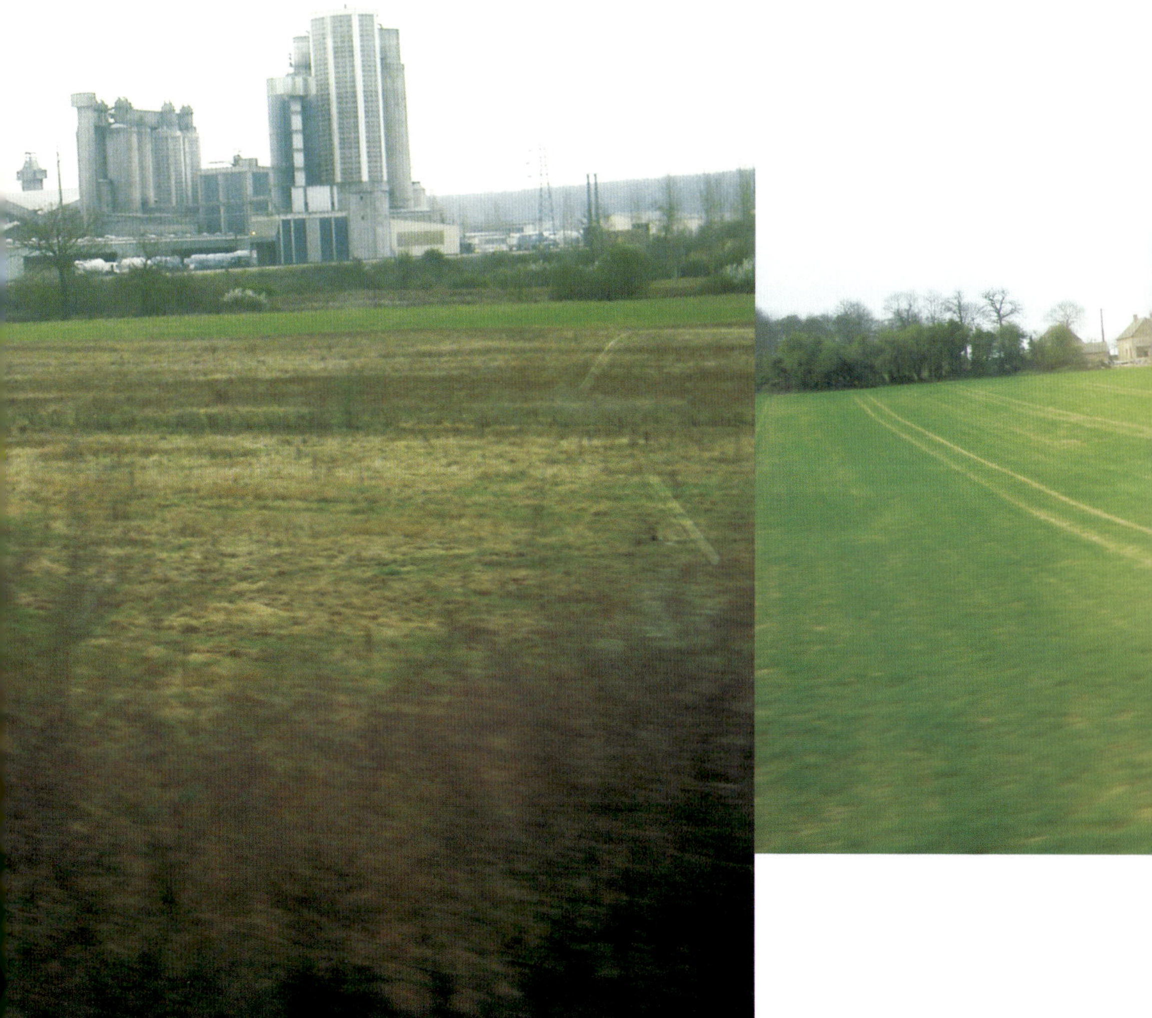

One finds in these anonymous buildings an extraordinary liberty that frees us from the formal clichés in which architecture imprisons us. Such buildings possess the poetry of those ordinary and friendly objects that serve us every day without drawing attention to themselves; their design is, it seems, the result of a series of practical calculations and decisions. These "invented architectures" are often full of mystery and an enigmatic beauty.

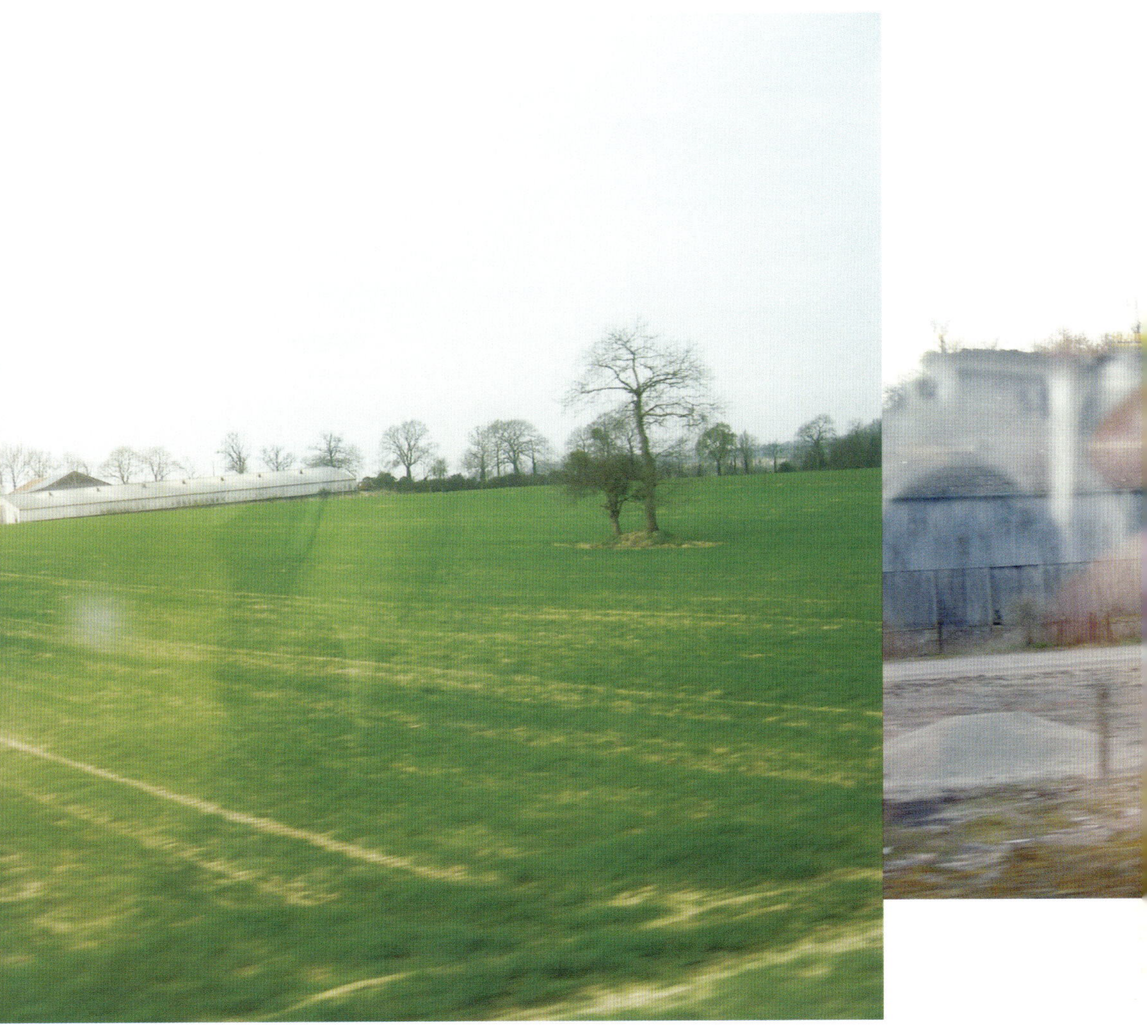

Certes, cette «innocence» est impossible à reproduire dans le projet d'architecture, de même qu'un peintre ne saurait reproduire des dessins d'enfant. Mais pourquoi ne pas essayer de mener le projet quelque peu à l'écart vers ces bâtiments «architecturalement incorrects» : pour tisser un lien avec le réel et s'installer dans le monde tel qu'il est et tel qu'il fonctionne, le désir d'architecture passe par la redécouverte de la beauté des choses utiles...

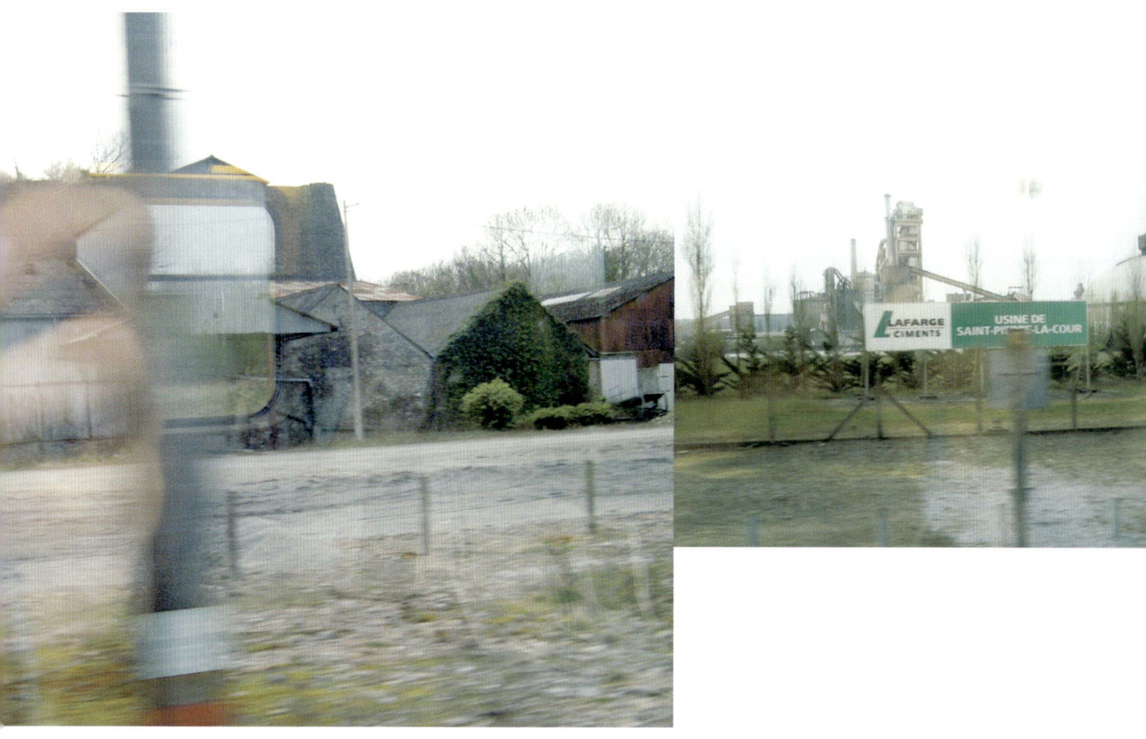

Certainly, such "innocence" is impossible to reproduce in an architectural project, just as it is impossible for a painter to recapture the innocence of a child's drawing. But why not try to take a project a little bit off the beaten track in the direction of these "architecturally incorrect" buildings? If architecture is to insert itself in reality and in the world as it really is and as it really works, then our desire for "architecture" must first rediscover the beauty of practical, useful things.

JACQUES FERRIER

> projects

>projets

JACQUES FERRIER
UN RECRUTEUR TECHNIQUE
PARMIS LES NÉO-CARTÉSIENS

ALEXANDER TZONIS

[Notes aux pages 66-70]

Dès les tout débuts de l'architecture, deux types de construction firent leur apparition : le temple et la *stoa*. Ils se distinguent architecturalement, et cette distinction s'avère aussi importante que le contraste établi entre leurs usages (sacré pour le temple, séculier pour la *stoa*). Le premier type relève d'une conception des bâtiments comme volumes autonomes, aux silhouettes proéminentes

> ÉRIC-TABARLY MUSEUM
> ACADÉMIE ÉRIC-TABARLY

JACQUES FERRIER
A TECHNO-RECRUITER
AMONG THE NEW CARTESIANS

ALEXANDER TZONIS

[Notes on pages 67-71]

There are two prominent building types that emerge at an early stage in the development of architecture, the temple and the stoa. Although they have been associated mostly with their contrasting uses – sacred versus secular – their architectural distinction is equally significant. The first relates to buildings as autonomous objects in space, with emphasized edges, and

>17

LORIENT, FRANCE, 2001

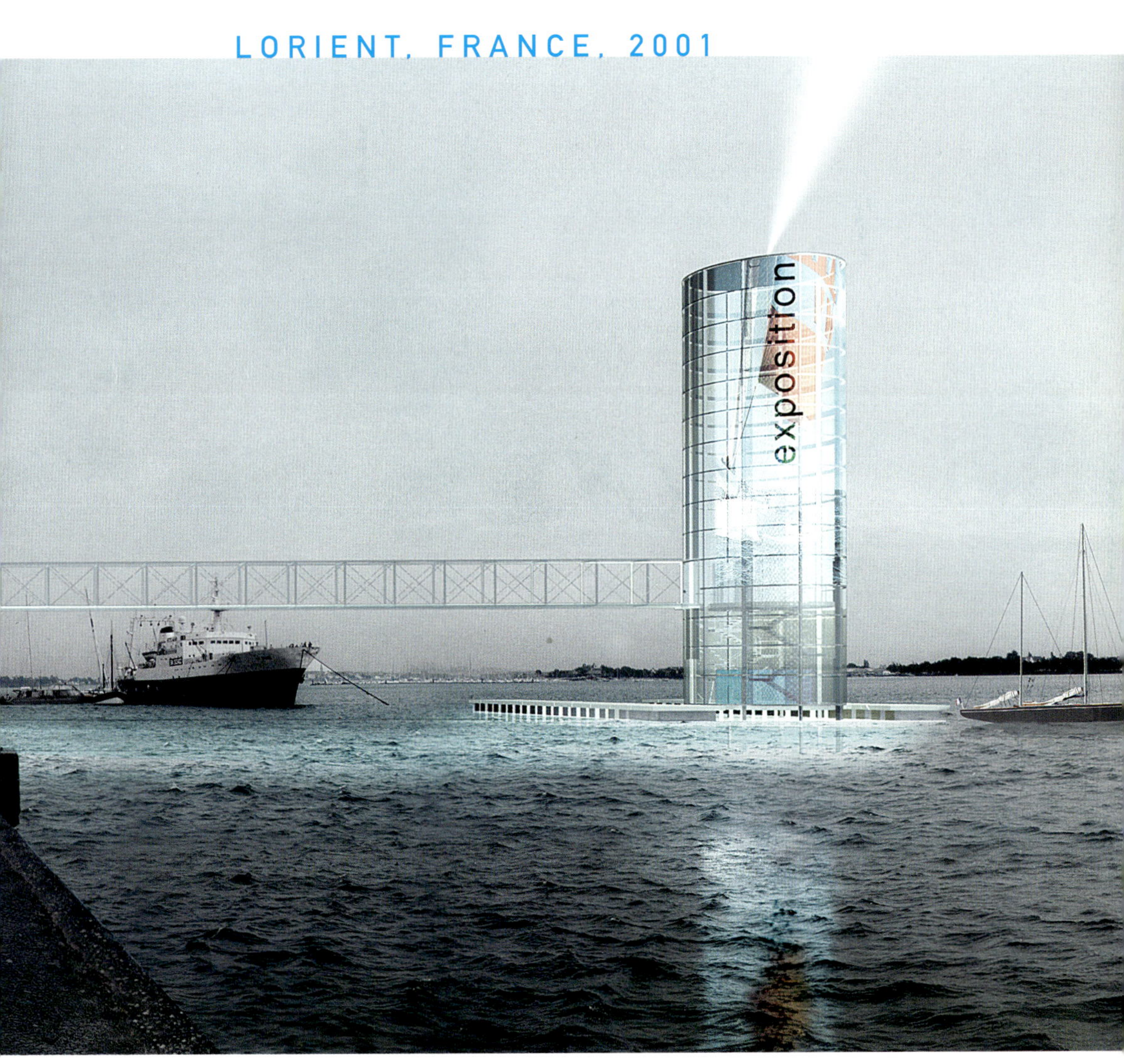

et aux façades soulignées. Le second est associé
à des dispositifs ouverts, organisés selon des plans
rigoureusement tramés. Cette distinction peut
apparaître comme une généralisation excessive
et schématique, mais elle procure un excellent
cadre de travail si l'on veut observer l'évolution
de l'architecture et sa situation actuelle : elle
permet notamment d'aborder l'œuvre de Jacques

Ferrier, un architecte contemporain de tout premier
plan. Ces dernières années ont été dominées
par des constructions de style « temple » :
ces chefs-d'œuvre autosuffisants requéraient
une technologie sophistiquée afin de faire exploser
la géométrie conventionnelle comme pour créer
des « ondes de choc ». Mais on observe plus
récemment une stratégie de compensation : voici

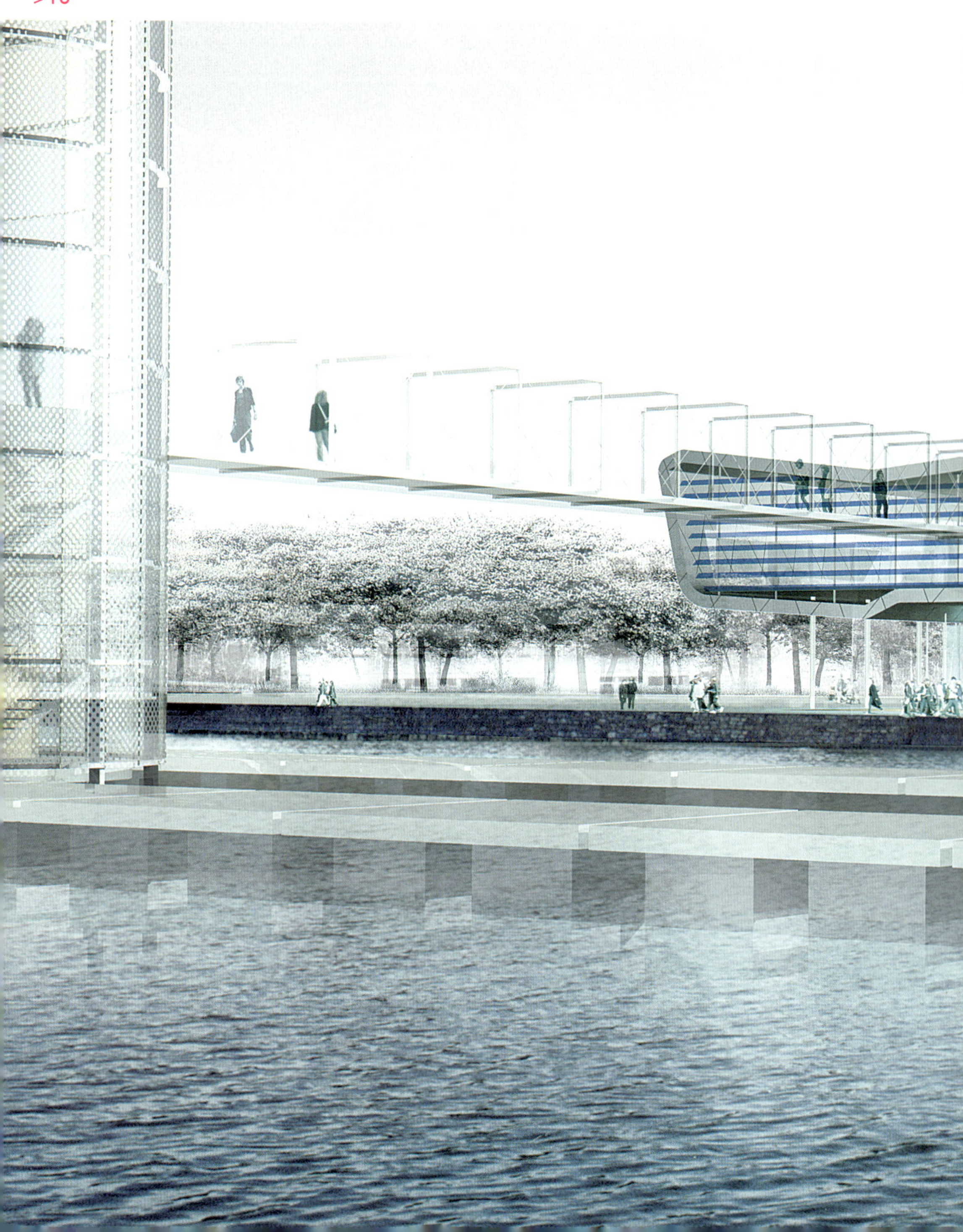

prominent profiles while the second relates to networks with open-ended, rigorous plans. As much as this appears to be a very schematic overgeneralization, it provides a good framework for looking at the evolution of architecture in its current state, as well as discussing the work of one of the most important contemporary architects, Jacques Ferrier. The last few years were a period dominated by temple buildings, selfcontained memorable landmarks applying "shock-waves" or "open-wounds" non-geometries to their projects, and bending the best technology to construct them. Yet, more recently, there has been a marked tendency toward counterbalancing buildings that are "quiet" and "other-directed" and employing space and technology instrumentally.

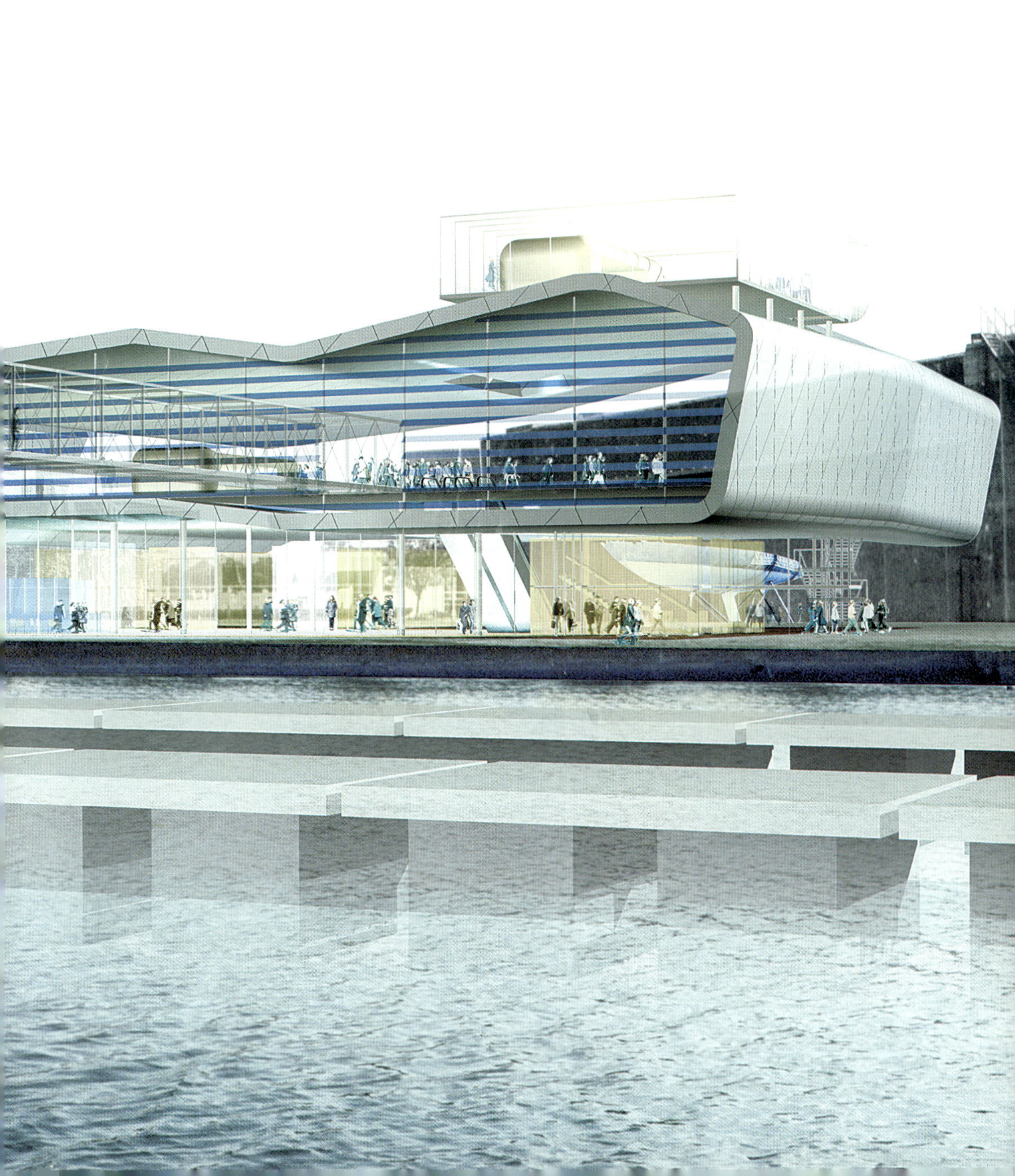

qu'apparaissent des bâtiments «tranquilles»,
«orientés vers autrui», où l'espace et la technologie
sont exploités à titre de matériaux. Jacques Ferrier
est sans doute le représentant par excellence
de cette nouvelle approche.

Deux bâtiments conçus par Jacques Ferrier
presque simultanément, au début des années 90,
ont immédiatement attiré l'attention malgré leur
modestie et leur refus d'une ostentation
monumentale : l'usine des eaux de la Sagep (1998),
et le centre de recherche des matériaux de l'École
des mines (1993) qui devait obtenir le Prix de la
première œuvre. Ces deux réalisations prennent
leurs distances avec la rhétorique formelle
et l'imagerie techniciste alors en vogue :
elles font montre d'une retenue et d'un réalisme

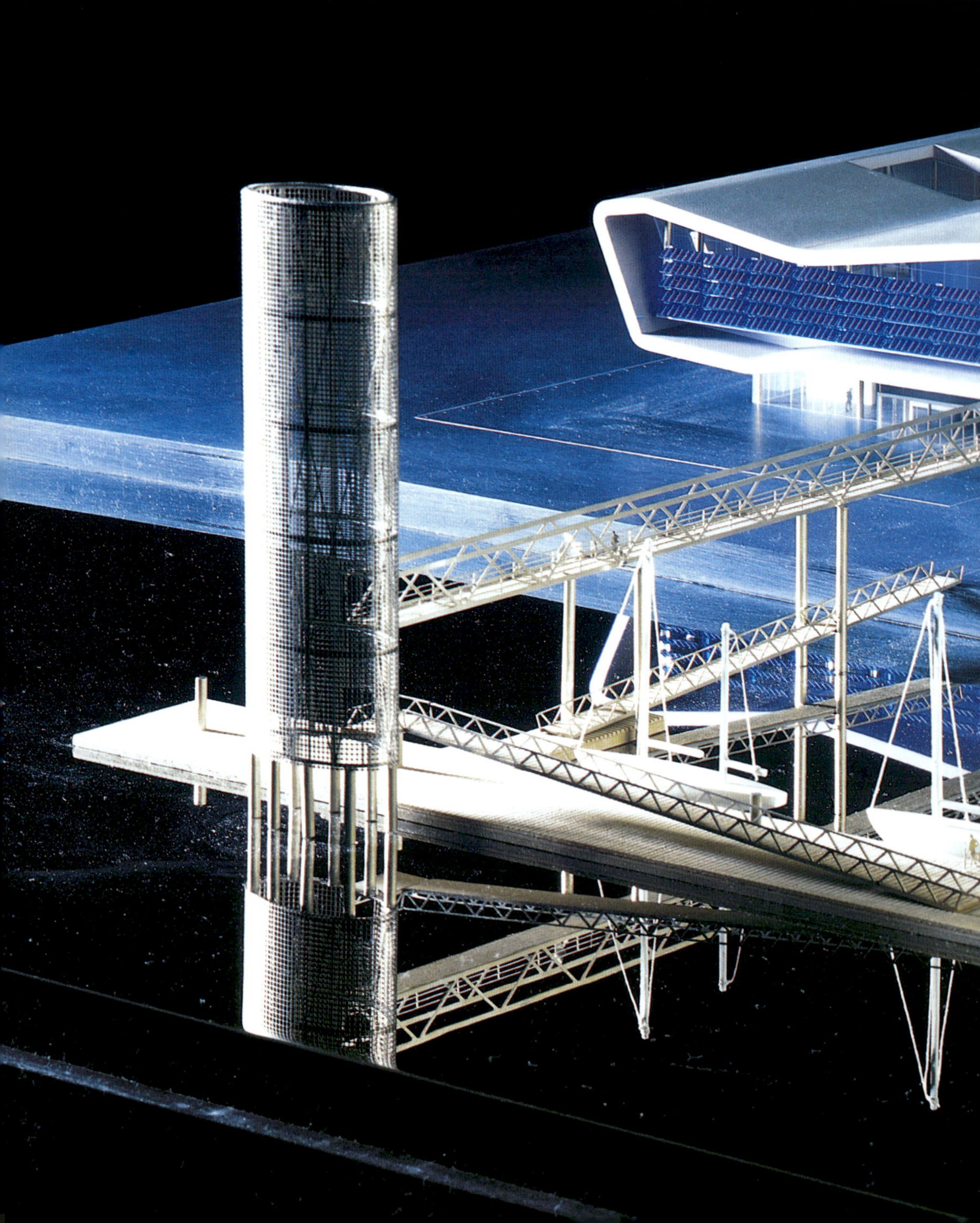

Perhaps no other architect represents this recent approach better than Jacques Ferrier.
Two buildings conceived by Jacques Ferrier at almost the same time, at the beginning of the 1990s, drew immediate attention despite their modesty and lack of exertive monumentalizing gestures: The Centre de recherche des matériaux de l'École des mines de Paris (1993) which won the French annual Prix de la première œuvre, and the Usine des eaux de la Sagep (1998). Both showed remarkable discipline and realism in creating useable space without the rhetoric or illusionary techniques that were predominant at the time. The schemes for both projects emerged out of their plan without any topdown imposition of a formal formula. Rather than being fixed

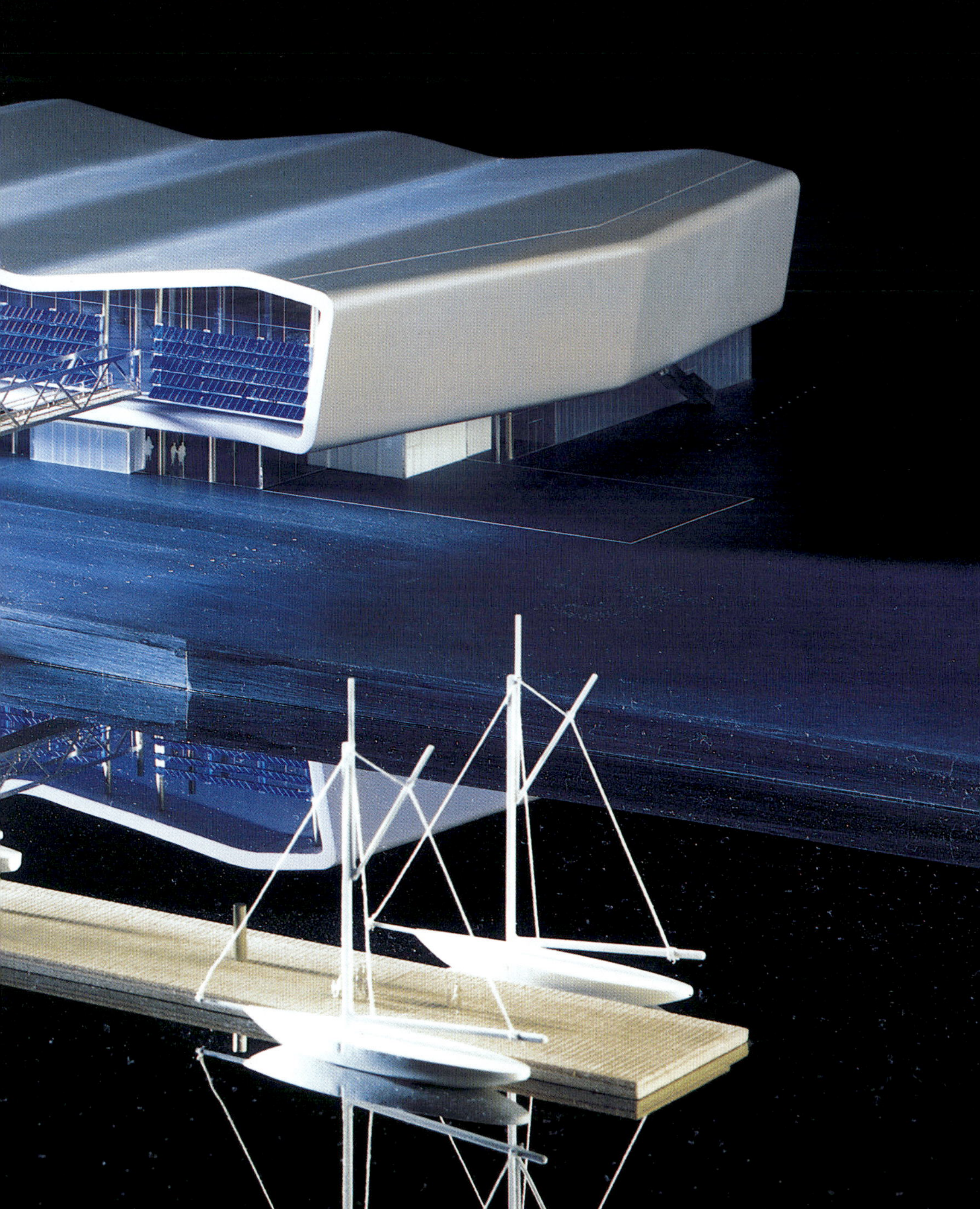

remarquables dans leur souci de créer un espace de travail. Les dispositifs de ces deux projets ont émergé du plan sans requérir le moindre *a priori* conceptuel, la moindre «recette» formelle. Au lieu de figer le projet à la façon d'une proposition formaliste répondant à des besoins spécifiques, les espaces ont été organisés selon un dispositif permissif autorisant de multiples usages.

Enfin, la technique industrielle a été employée avec simplicité, comme si elle venait d'être mise au point, sans être manipulée ou contrainte à servir un quelconque fantasme formel. En somme, ces deux bâtiments ont fait paraître tout le potentiel d'une approche que j'associe au concept de *stoa* : au lieu de privilégier une approche expressive, symbolique et flamboyante de l'espace, on voit

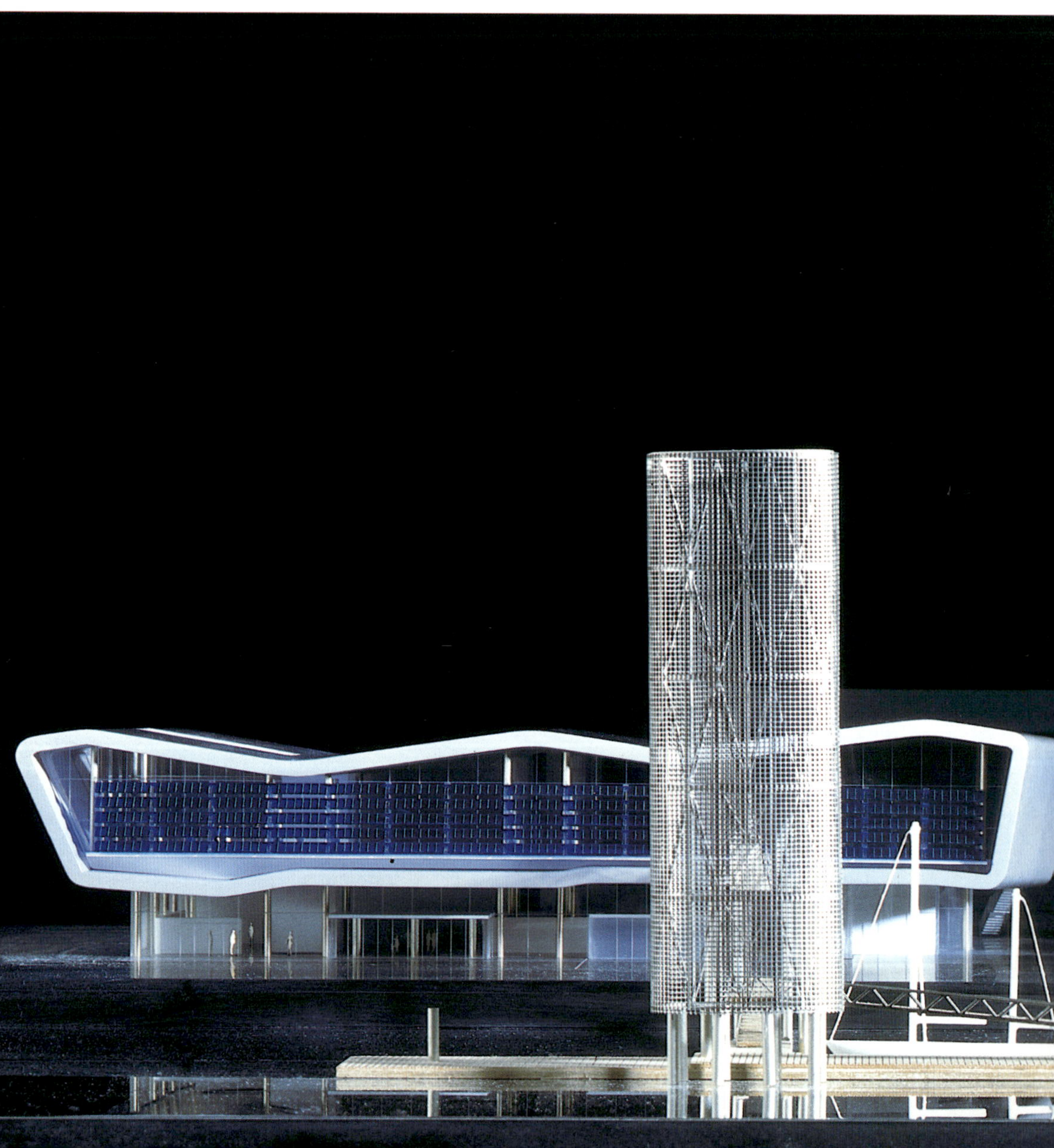

as formal straightjackets to fit specific needs, the spaces were organized as a web of enveloping frames, which allowed many uses to be accommodated. Finally, technology was applied as if it were "fresh from" the industrial plant, rather than manipulated, fatigued, and forced to obey some formalist fantasy. In short, the two buildings manifest the potentials of an approach we associate with the concept of the "stoa", which, instead of being preoccupied with expressive, symbolic, flamboyant space and technology, conceives buildings as conduits enabling human uses and interaction.

From the time of their invention, stoas, as a building type, accommodated a great variety of functions: commerce, offices, cult activities,

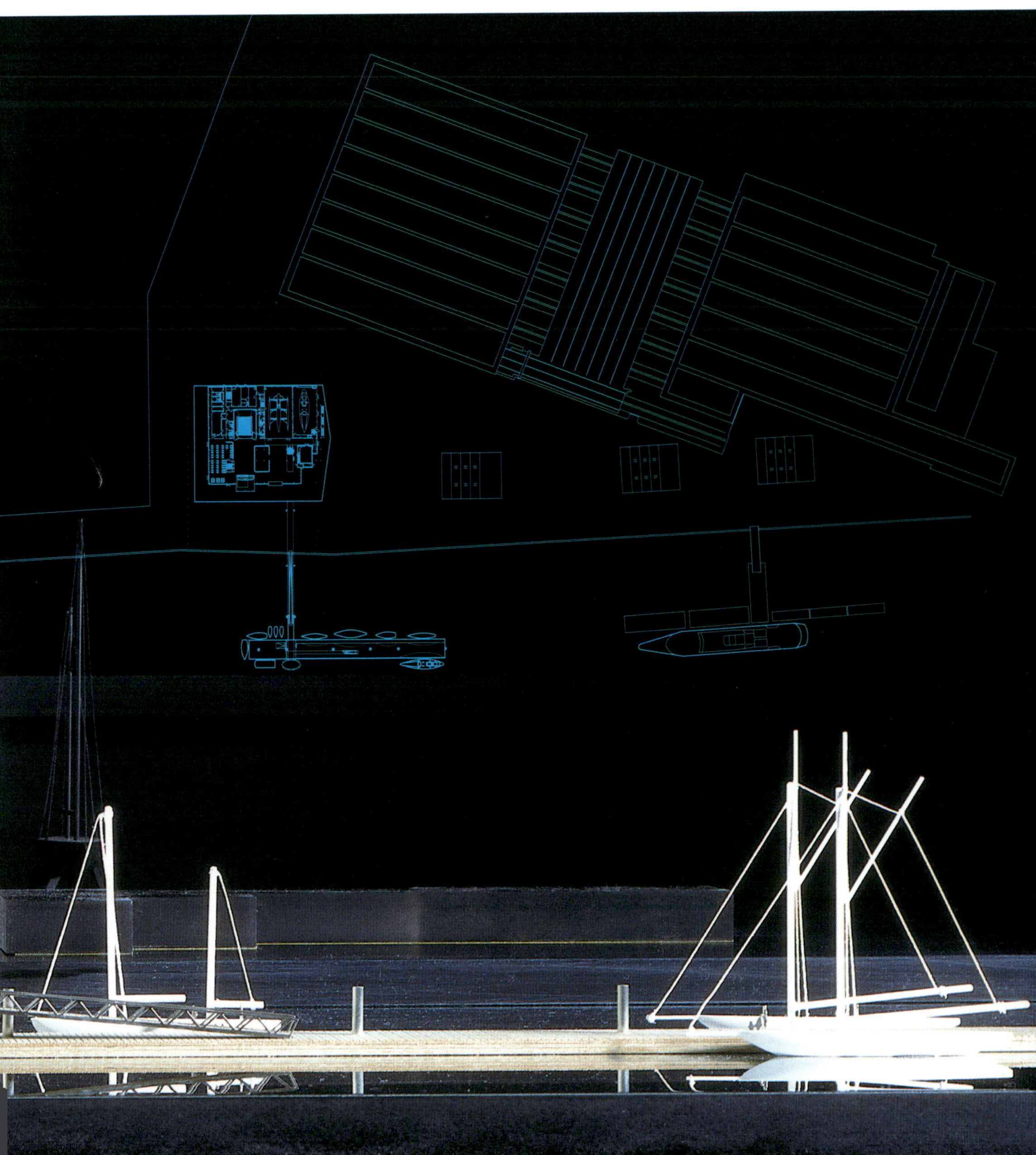

dans les bâtiments des supports pour les activités humaines et leur mise en rapport.

À l'origine, les *stoas* comme typologie architecturale se prêtaient à de multiples fonctions : commerces, bureaux, pratiques cultuelles, éducation et philosophie (d'où le « stoïcisme », cette école de philosophie). En d'autres termes, les principes de composition spatiale inhérents à cette typologie pouvaient accueillir une grande diversité d'usages : de même, avec Ferrier, un dispositif similaire peut accommoder une vaste infrastructure industrielle (l'usine des eaux) ou un lieu de recherche et de formation (l'École des mines).

Les dispositifs spatiaux conçus dans ces deux projets se réfèrent plus précisément à une

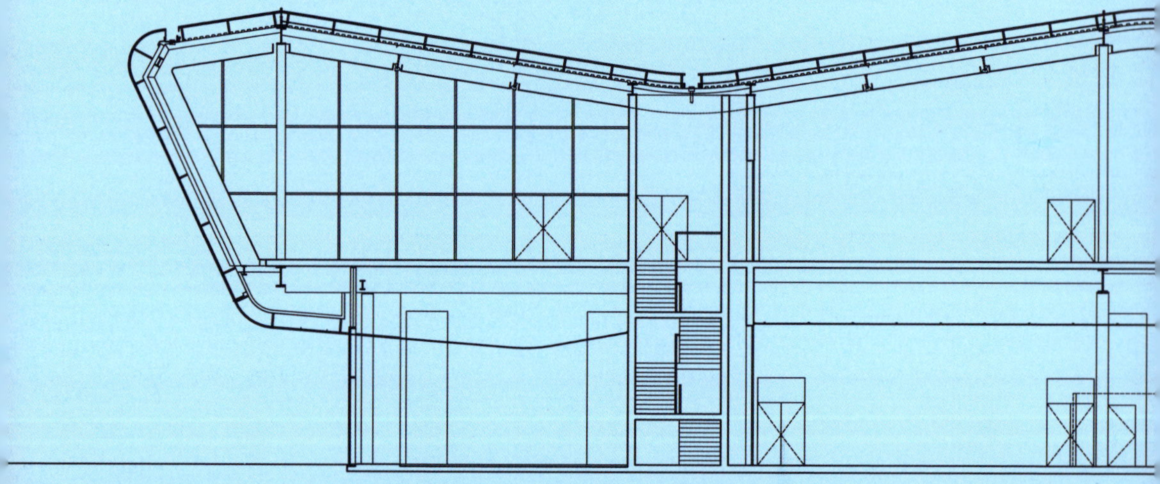

as well as education in philosophy – hence
the "stoic" school of philosophy. In other words,
the basic principles of space arrangement
inherent in this type of structure could have many
applications, serving facilities as diverse as,
in the case of Ferrier, the Usine des eaux,
a mechanical facility, and the Centre de recherche
de l'École des mines, an educational one.

To be more precise, the spatial organization of
both projects was one of the mutations of the stoa
that was initially developed in France at the
beginning of the 18th century. It responded to new
socio-cultural needs and reacted against the
excesses of late Mannerism by applying complex
geometries resembling contemporary "shock-
waves" and "open-wound" configurations.

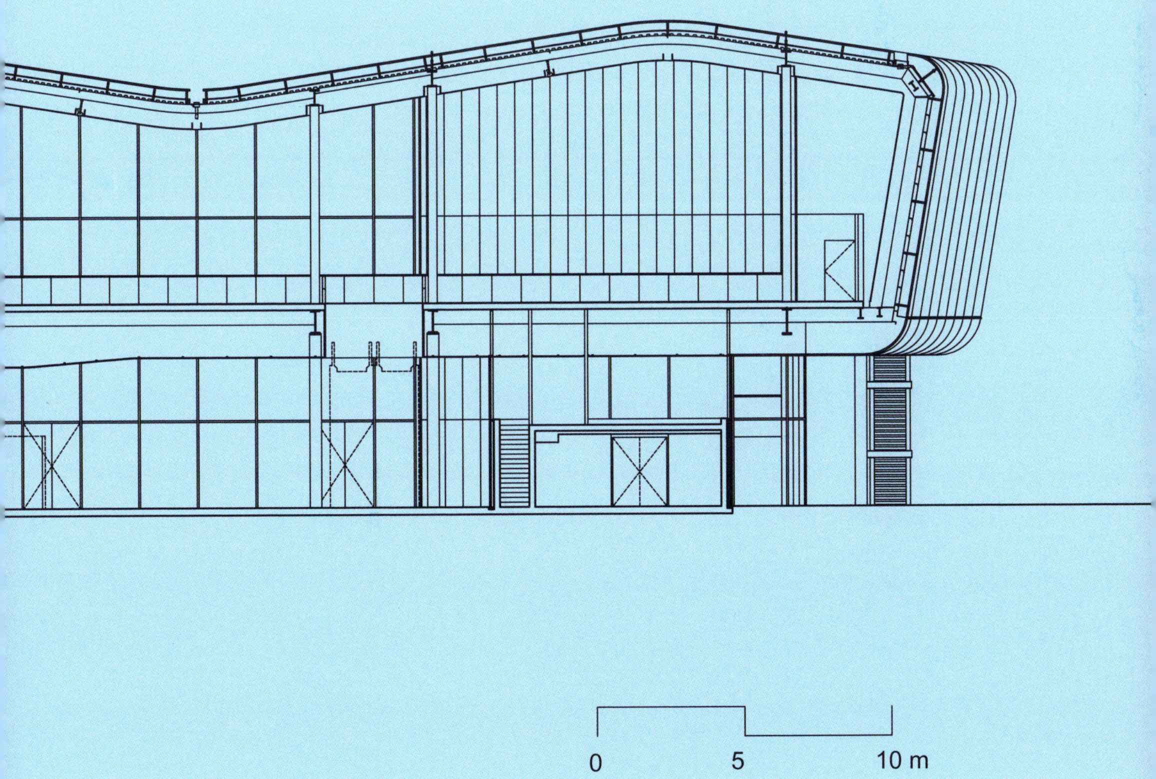

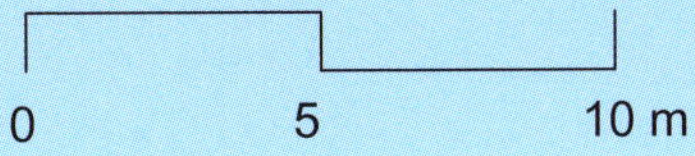

mutation de la typologie *stoa* observée en France au début du XVIIIᵉ siècle. Cette mutation répondait à de nouveaux besoins socio-culturels ; elle réagissait aux excès du maniérisme tardif qui déployait des géométries complexes (à l'image de nos configurations actuelles en « onde de choc »). C'est alors que les architectes français privilégièrent des plans orthogonaux distribuant « salles et corridors ». Ces plans créaient des espaces privés, au moyen d'un corridor parallèle aux « enfilades » de pièces, qui isolait la bonne société des quartiers domestiques, actifs et bruyants, sans perturber le service. Ce type de plan fut appliqué avec succès tout au long du XIXᵉ siècle : il contribua à concevoir de nouveaux bâtiments pour les institutions, de façon à répondre aux

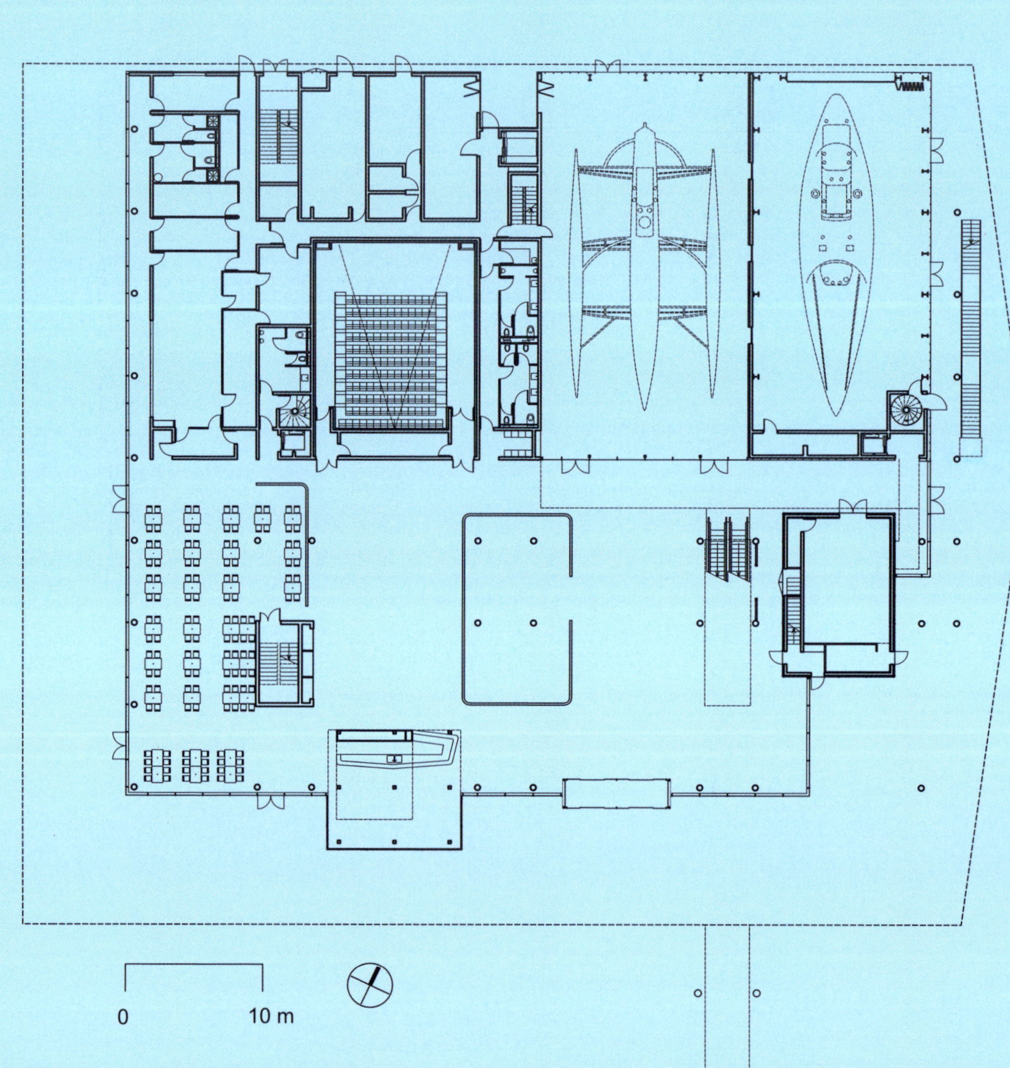

In opposition to them, French architects developed the "room-and-corridor" orthogonal grid plan or "salles et corridors" distribution as it came to be known. This type of plan offered the potential for privacy combined with efficient service. The corridor running parallel to the row of enfilade rooms shielded the socializing upper classes from the noise and meddling of the servants while, at the same time, accommodating good service. The same type of design continued to be applied with equal success in the 19th century, helping to create new layouts for the institutional buildings, which were being produced to satisfy an explosion of new social and functional changes. The spatial pattern of salles et corridors allocated activities efficiently

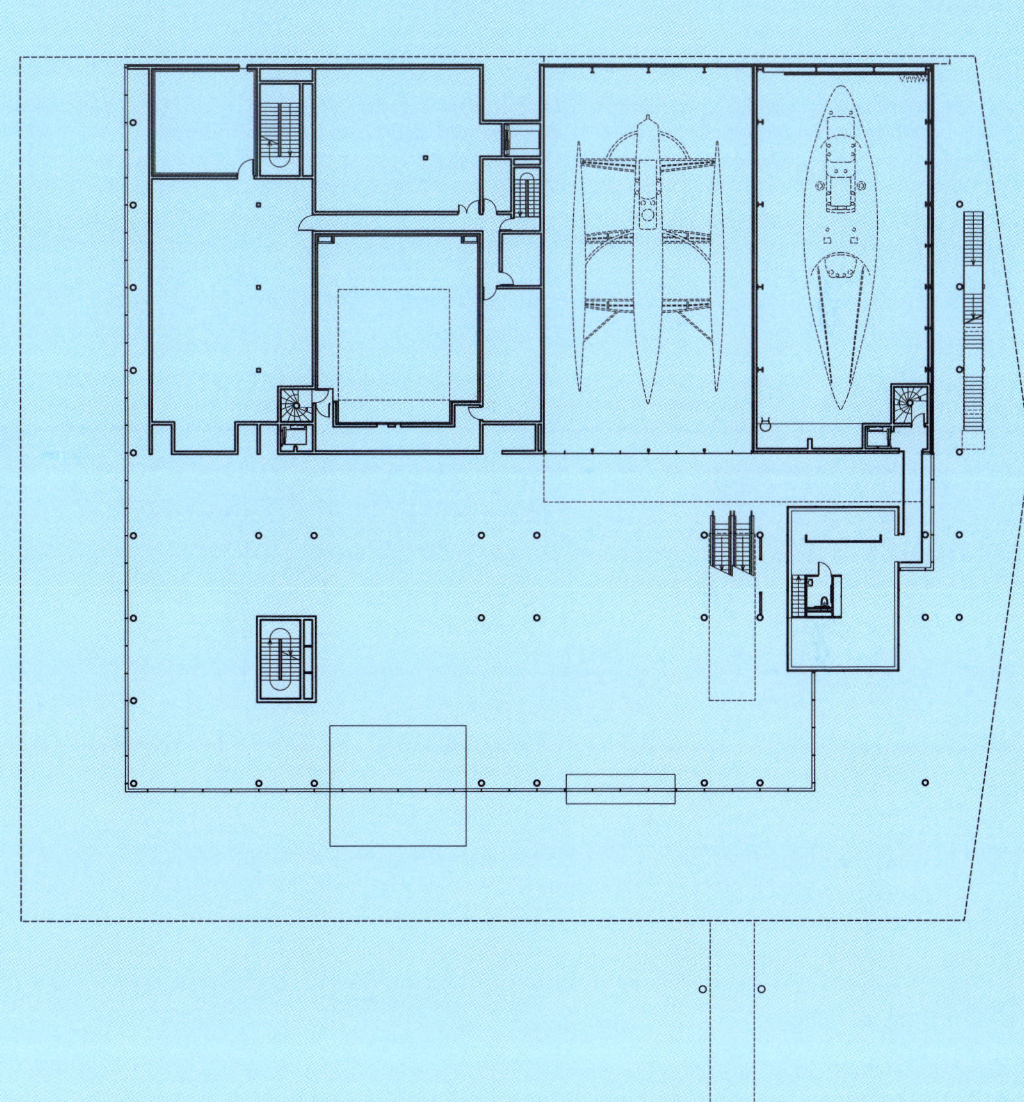

formidables changements que connaissait la société. Le dispositif «salles et corridors» permettait d'isoler ou de distribuer les activités, mais aussi de les surveiller et de les contrôler. Jean Nicolas Louis Durant, professeur à la nouvelle École polytechnique, perfectionna ce système en élaborant une combinatoire des typologies, susceptible de générer une grande diversité de bâtiments, de façon à satisfaire n'importe quel programme. Si aujourd'hui le besoin de préserver l'intimité perdure, la plupart des architectes ont renoncé cependant au plan «salles et corridors». À cet égard, Ferrier représente une exception, mais il a su plier ce système à de nouvelles exigences pragmatiques, notamment dans le domaine social. Le plan «salles et corridors» cessa d'être privilégié

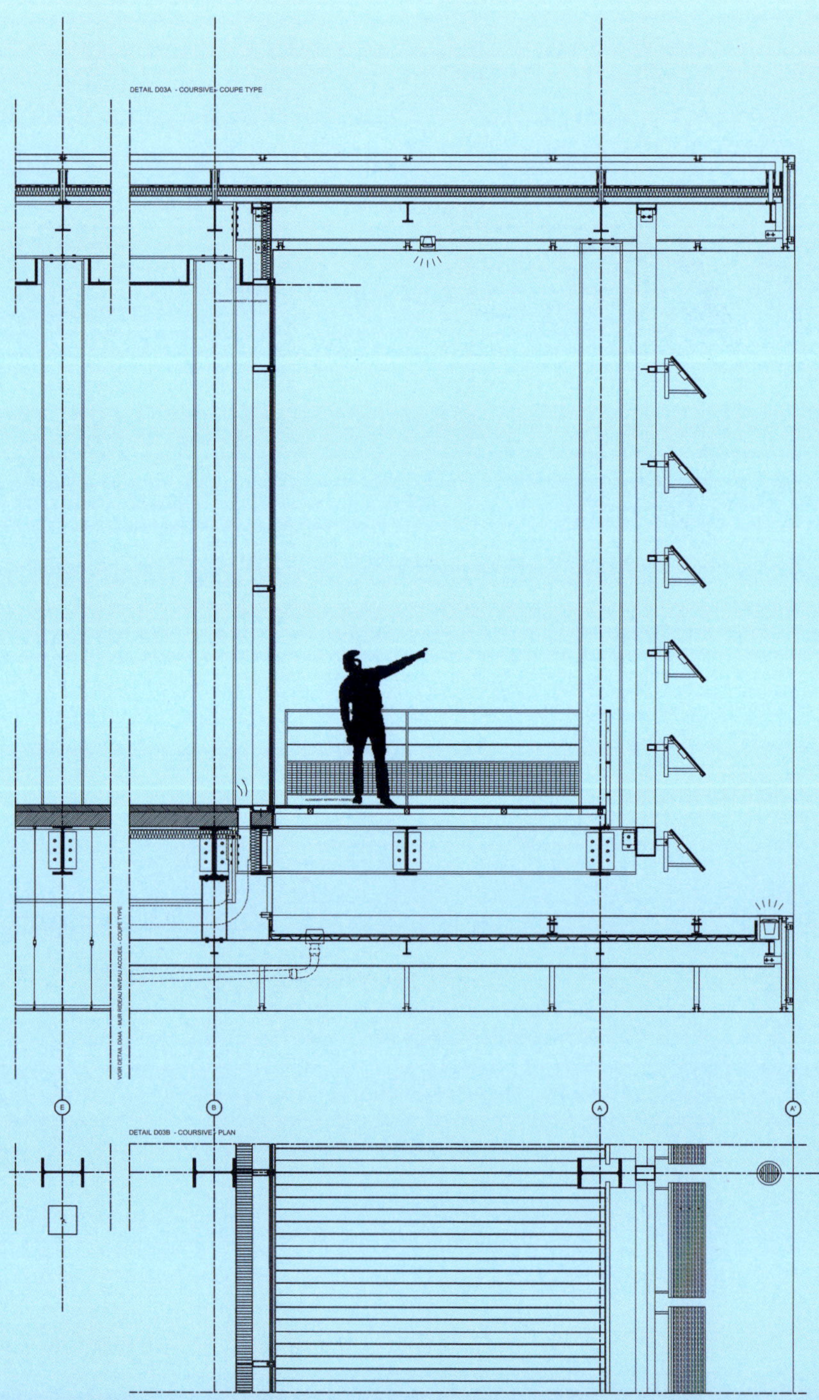

making available, in addition to privacy, effective surveillance and control. Jean Nicolas Louis Durand, professor of the newly founded École Polytechnique, perfected the system by developing a combinatorial typology capable of generating a great variety of building plans, which could fit into any kind of facility program. The need for privacy, isolation from interference, and supervision in contemporary institutional buildings is as real today as it was in the 19th century. Despite the ever present need for privacy, most architects have stopped employing the room-and-corridor system. Ferrier is an exception. However, Ferrier has succeeded in adapting the system to new operational requirements, especially social ones.

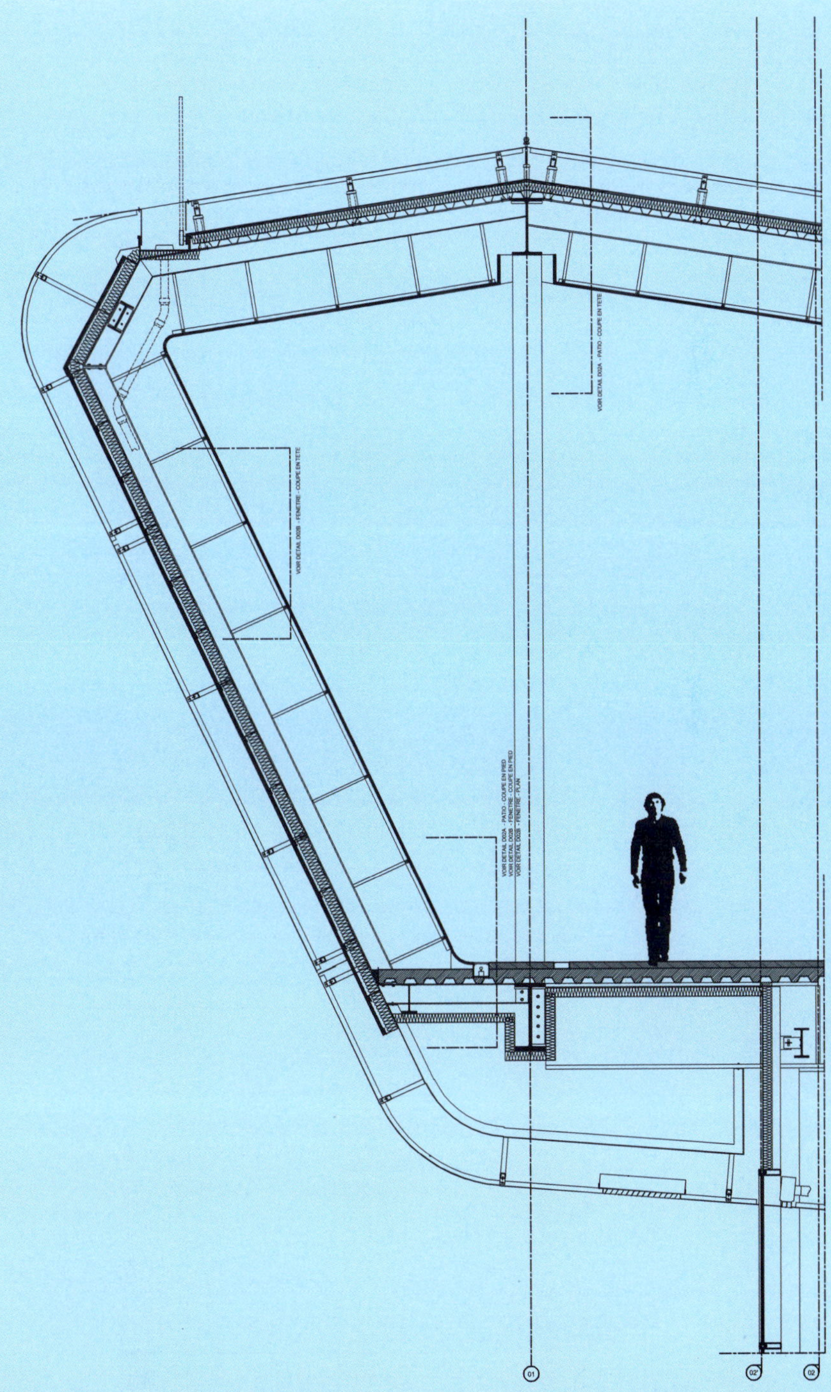

vers la fin du XIXe siècle : pour comprendre en quoi il peut servir les projets de Ferrier, il faut en donner une nouvelle interprétation qui fasse le lien avec les besoins actuels de notre société.

Au début du XXe siècle, des concepts tels que *stoa* ou «salles et corridors» paraissaient archaïques et contraignants en ce qu'ils parcellisaient l'espace et imposaient des déplacements linéaires.

Ingénieurs et architectes s'ingénièrent à mettre au point un nouveau type de bâtiment, fondé sur la flexibilité et la capacité d'adaptation. Ils aboutirent au concept d'«espace universel»[1] en exploitant les nouvelles avancées technologiques qui autorisaient des constructions de grande envergure, devenues moins chères et plus sûres. Par opposition aux plans «salles et corridors», ces grands volumes

> CONFLUENCES MUSEUM
> MUSÉE DES CONFLUENCES

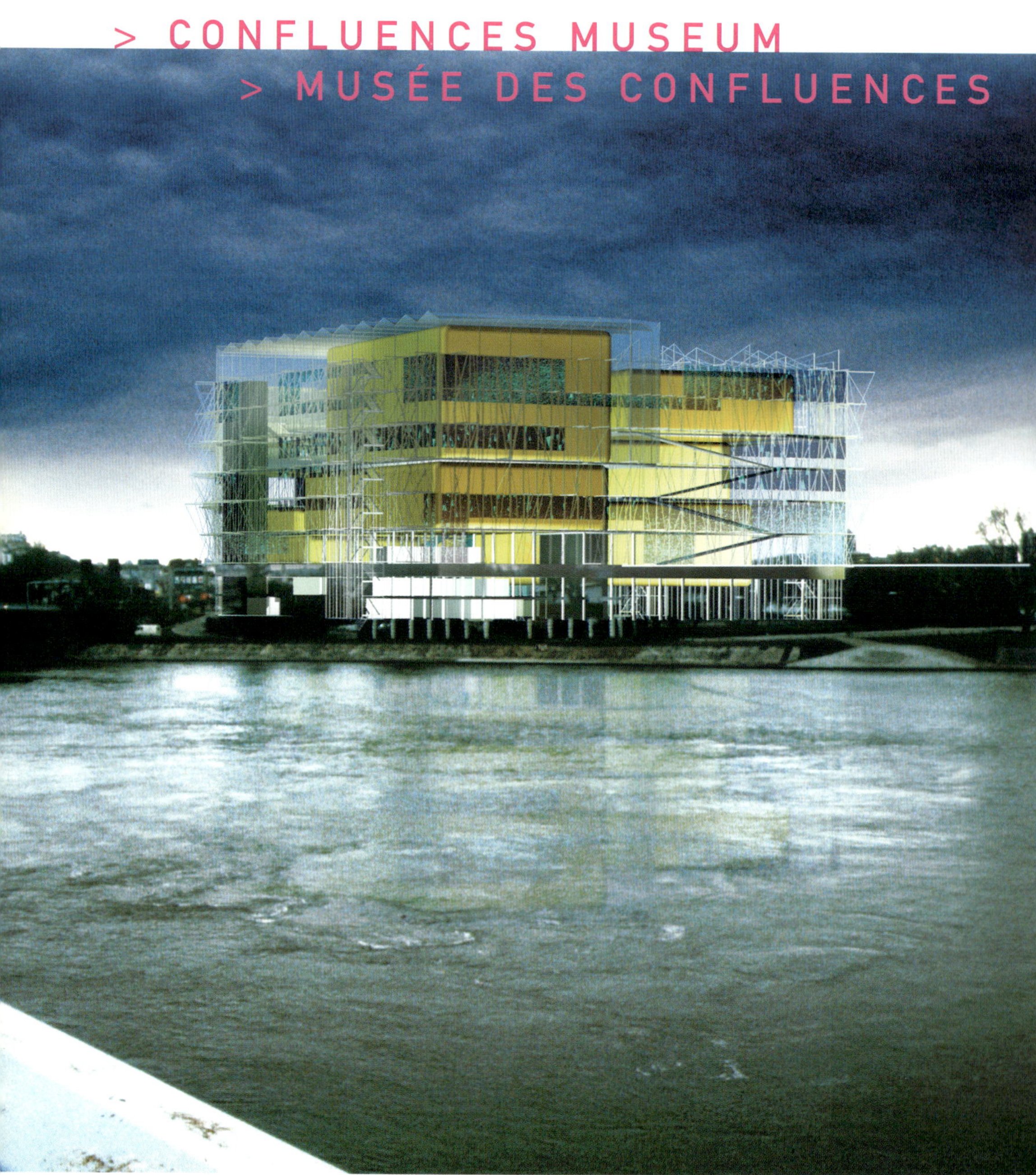

By the beginning of the 20th century the stoa and the room-and-corridor were seen as antiquated and constraining, fragmenting space into parcels and regimenting circulation along long passages. Great efforts were made by architects and engineers alike to develop a new type of building that would accommodate flexibility and change. This, combined with new technological breakthroughs making long spans easier, cheaper, and safer, led to the development of the "universal space"[1]. As opposed to the salles et corridors system these huge shed-like buildings such as Konrad Wachsmann's "Mobilar" structures, Albert Kahn's industrial spaces in Detroit and their epigone, and Mies van der Rohe's giant halls of the 1940s did not divide

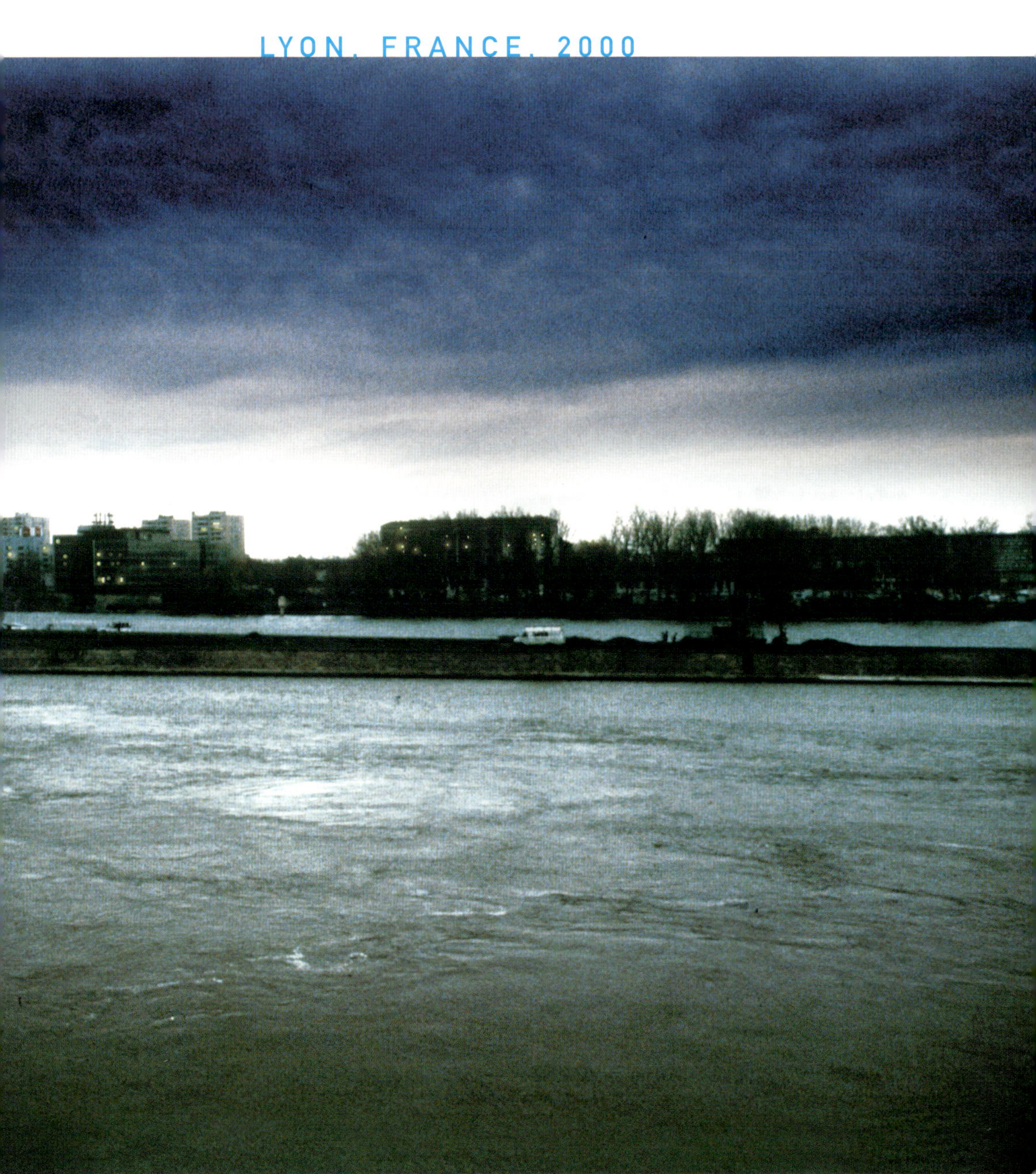

(les structures «mobilar» de Konrad Wachsman, les hangars industriels d'Albert Kahn à Detroit, ou les grandes halles de Mies van der Rohe dans les années 40) ne proposaient aucune division, aucune différenciation de l'espace. Pourtant, l'intérêt suscité par cet «espace universel» fut de courte durée. En pratique, ces grandes halles s'avérèrent moins flexibles, moins aménageables que prévu :

elles ne satisfaisaient pas aux besoins techniques ou sociaux de l'après-guerre. Si le plan «salles et corridors» était trop contraignant, «l'espace universel» était quant à lui trop indéfini pour résister aux conflits et aux coups de force manifestés au sein de ces bâtiments vers la fin des années 50, et dus à la multiplicité de leurs fonctions. Pire, il ne sut inspirer un «esprit

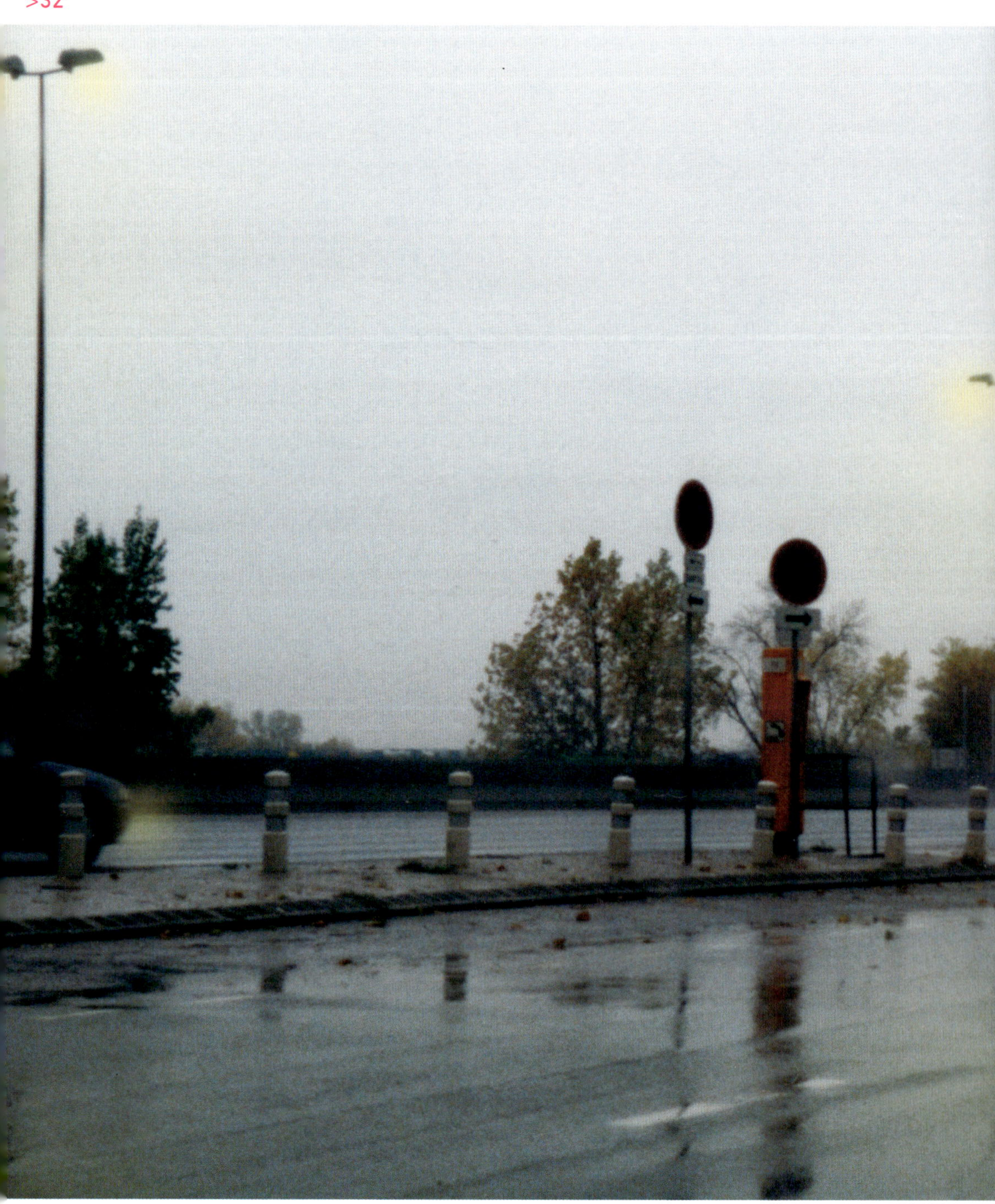

or differentiate space. Still, the appeal of universal space did not last long. In practice the type proved not to be as flexible or changeable as it was thought and it did not respond to the technological or the social needs of the post-World War II period. If the room-and-corridor system was over-constraining, the universal space was too unconstrained to offer protection from conflicts between discordant activities and antagonistic operations found within buildings at the end of the 1950s. Even more, it was unable to provide a "sense of community" a new emergent concern in the post-World-War II era. The most interesting reactions to this problem originated from a group of young architects that came to be known as Team X and the American

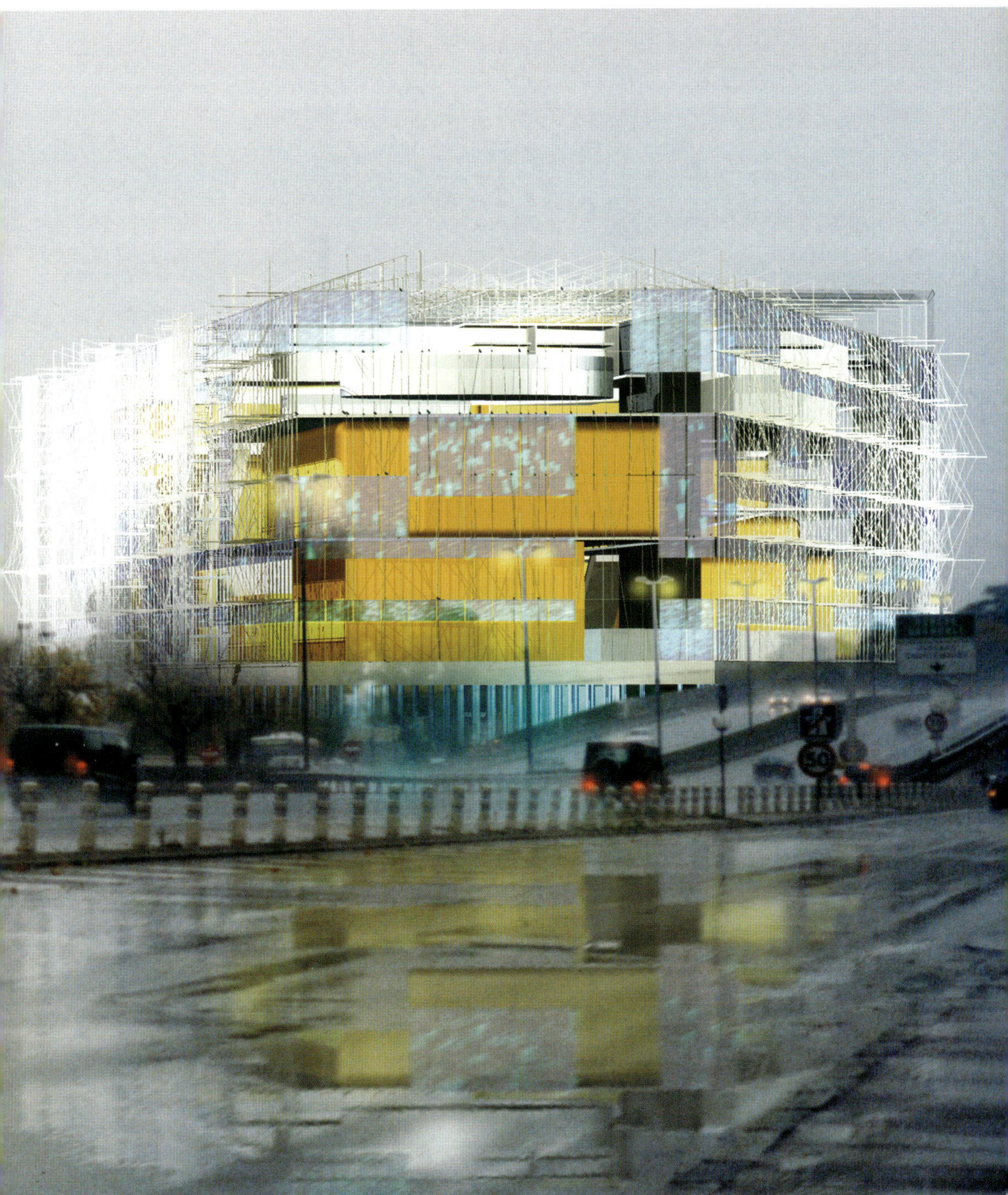

communautaire», cette nouvelle valeur apparue après la Seconde Guerre mondiale. Les réactions les plus intéressantes à ce problème vinrent d'un groupe de jeunes architectes, connu sous le nom de «Team X», et de l'architecte américain Louis Kahn[2]. À partir d'une terminologie différente (respectivement, le «réseau»[3] et les «espaces servants/espaces servis»), ces architectes ressuscitèrent la typologie *stoa*, qu'ils adaptèrent aux besoins programmatiques et aux possibilités techniques de l'époque. On notera que cette idée s'incarna dans un type de bâtiment lié à la recherche et à l'enseignement : l'Université Libre de Dahlem, à Berlin (1963-1973), conçue par Shadrach Woods et ses associés avec la collaboration de Jean Prouvé, et le laboratoire

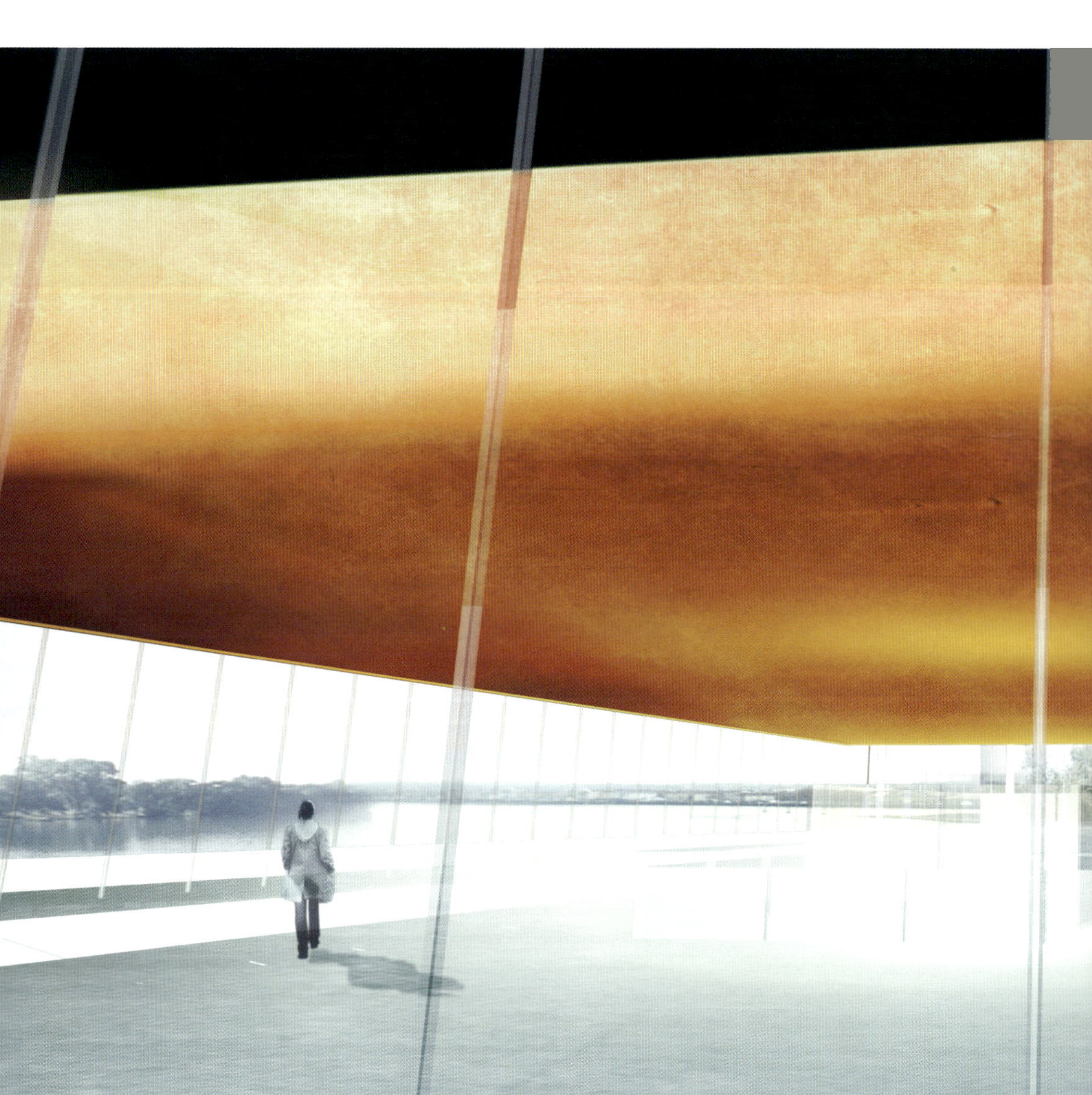

architect, Louis Kahn[2]. Under a different terminology, the "stem" for Team X[3], the "served and servant" for Kahn, the stoa building type was revived and adapted to the new programmatic needs and technological potentials of the time. It is very interesting to note that the kind of building through which this idea was manifested was related to learning and research activities: the Freie Universität in Dahlem, Berlin (1963-1973), designed by Shadrach Woods, his associates, and Jean Prouvé, as collaborator, and Louis Kahn's Richards Medical Research Laboratory at the University of Pennsylvania. In terms of methodology of scheme development, both projects are precedents of Jacques Ferrier's approach.

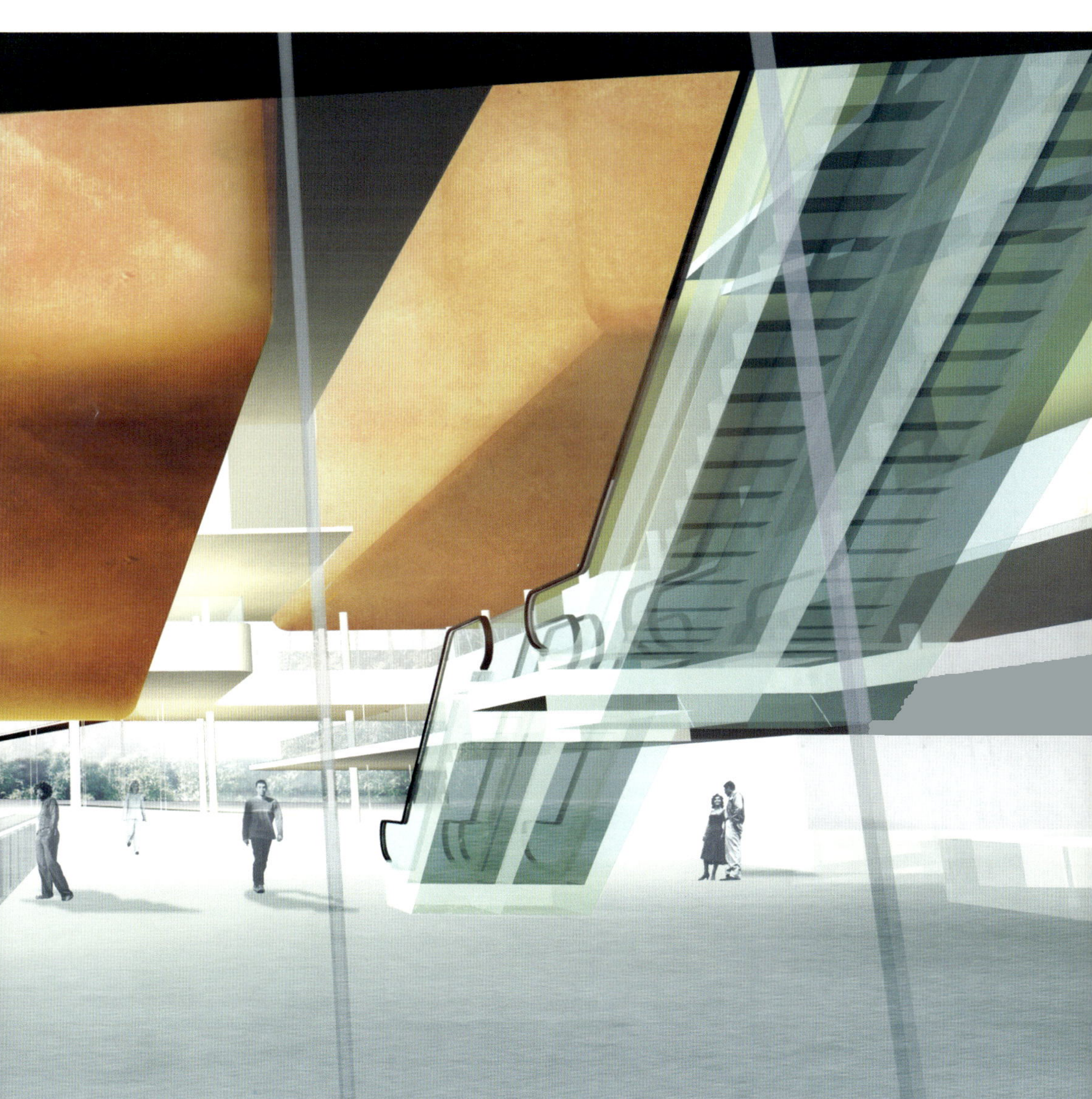

de recherches médicales de Louis Kahn pour l'université de Pennsylvanie. En matière de dispositif spatial, la méthodologie de ces deux projets amène à les considérer comme des «précédents» à l'approche de Jacques Ferrier. Comme Woods et Kahn, Ferrier ne s'en est pas tenu au potentiel initial du plan de type «salles et corridors» (diviser et séparer les fonctions de manière séquentielle, pour les relier au moyen d'une trajectoire commune qui fasse apparaître un espace collectif autorisant des interactions entre les divers utilisateurs du bâtiment). Cette ré-interprétation du type *stoa* permettait de répondre à une nouvelle demande d'institutions communautaires et sociales[4]. Pourtant, ni les constructions de Woods ni celles de Kahn

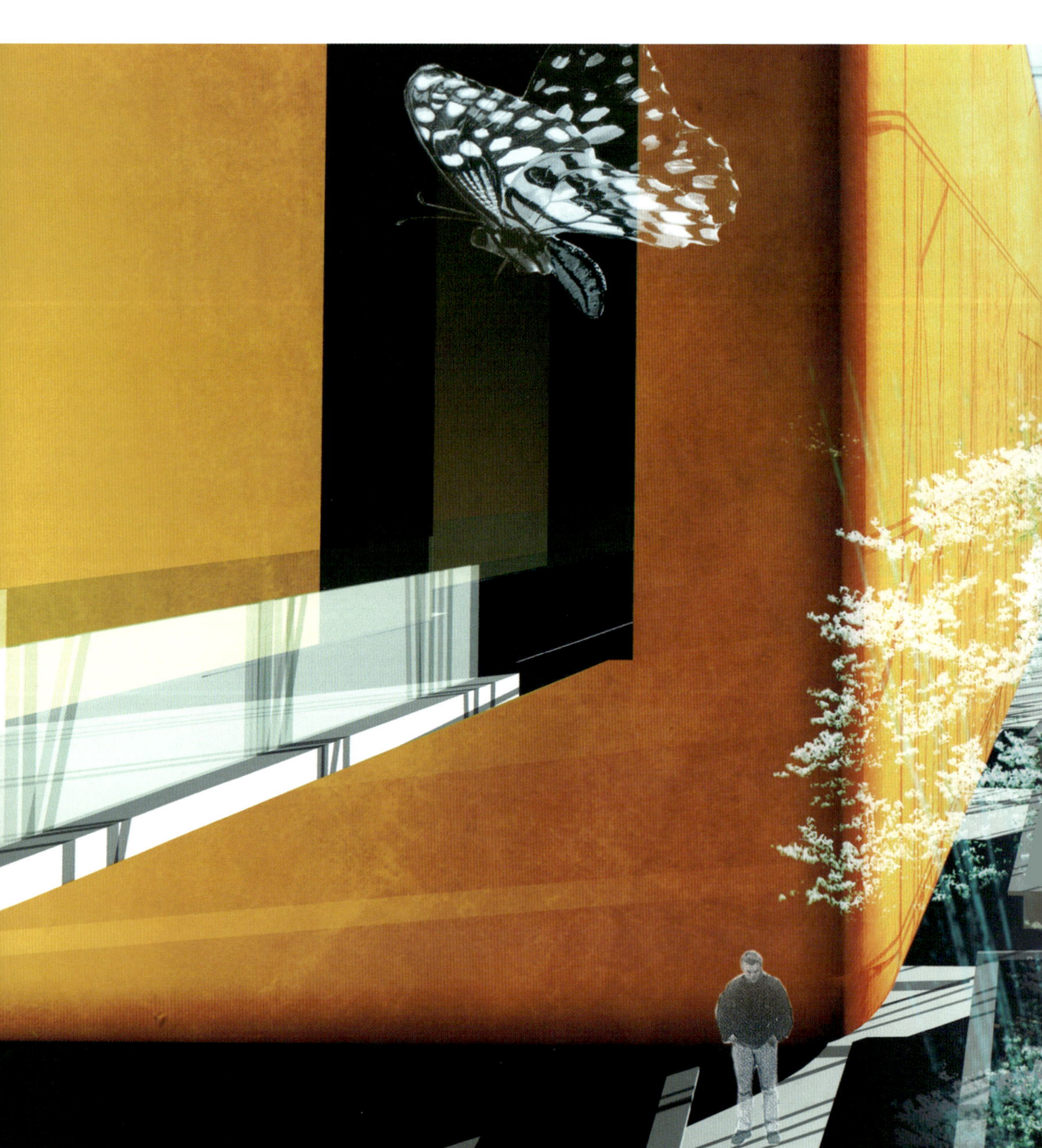

The reason for that was that Ferrier, like Woods and Kahn, went beyond the potential of the room-and-corridor plan to divide and separate activities in a sequential manner and to link them through a common path, interpreting it as a place that enables social interaction between the participants of the facility. In this manner, the reinterpretation of the stoa offered a solution to the new need for community and social quality. Yet, neither Wood's nor Kahn's buildings brought about the kind of social quality environment they dreamt. Despite the fact that their projects were built, they remained powerful utopian diagrams of a social idea[4]. Like Woods and Kahn, Ferrier is preoccupied with the idea that learning and research facilities

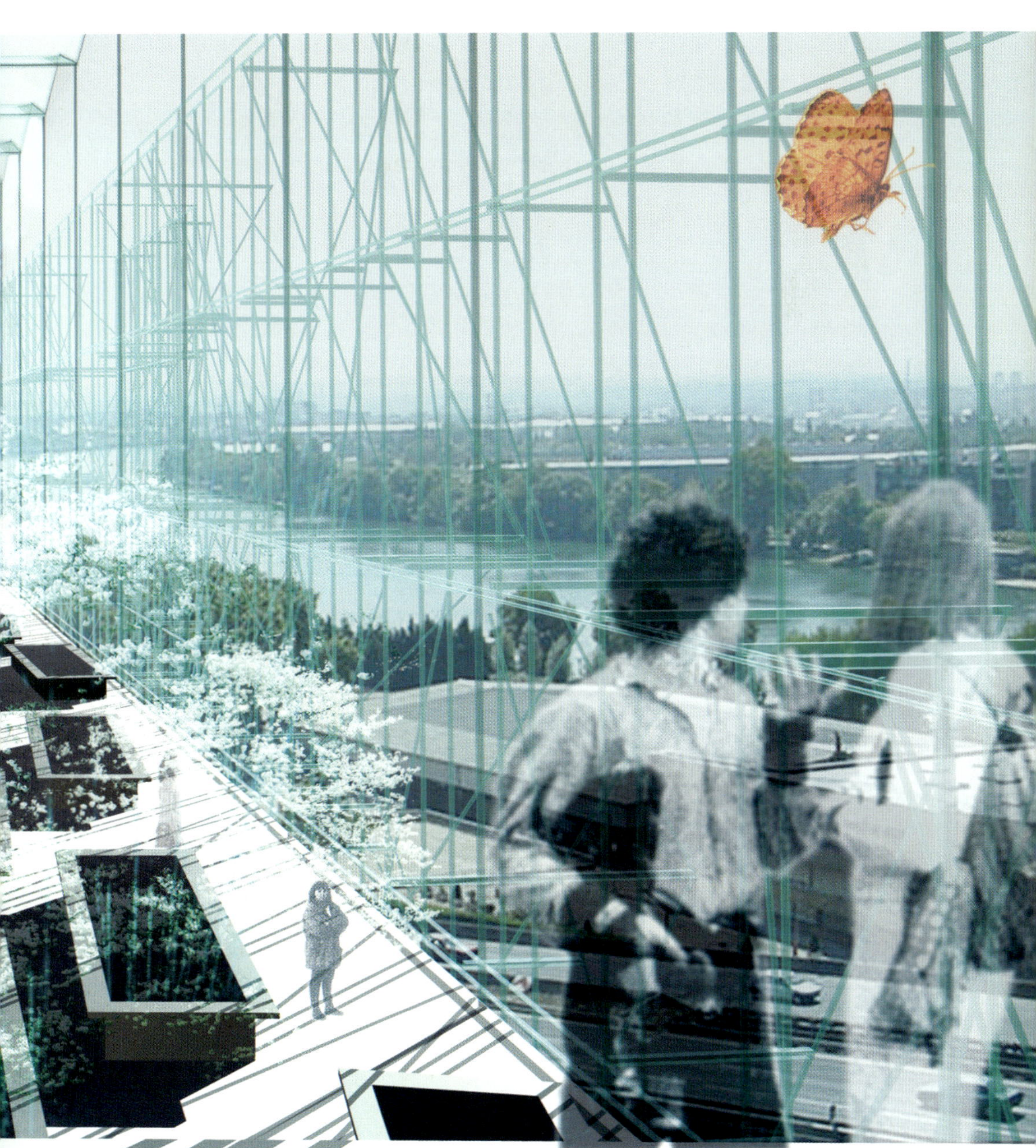

n'engendrèrent l'environnement social de qualité dont ils rêvaient. Certes, leurs projets furent concrétisés mais ils demeurent d'impressionnants diagrammes exprimant une vision sociale utopique plutôt que des constructions efficaces.

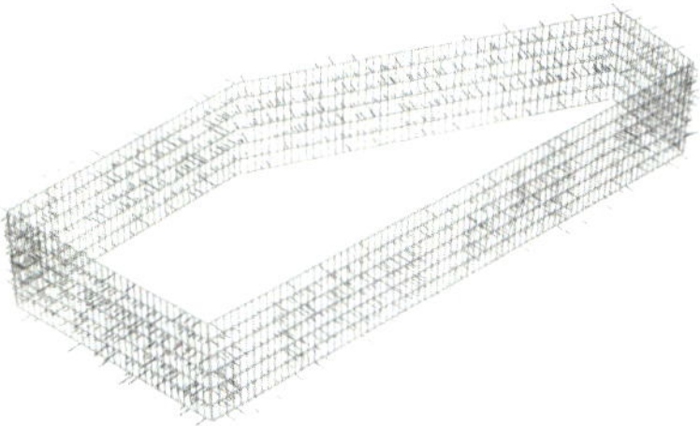

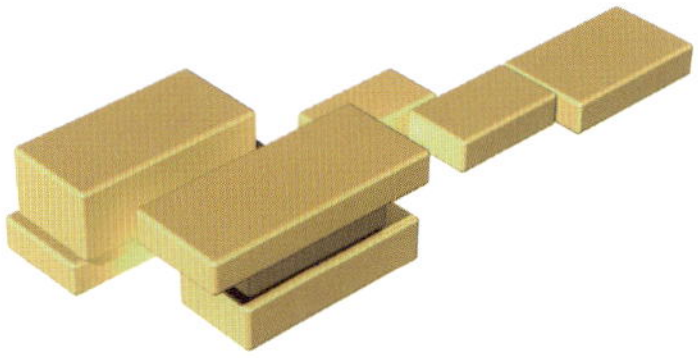

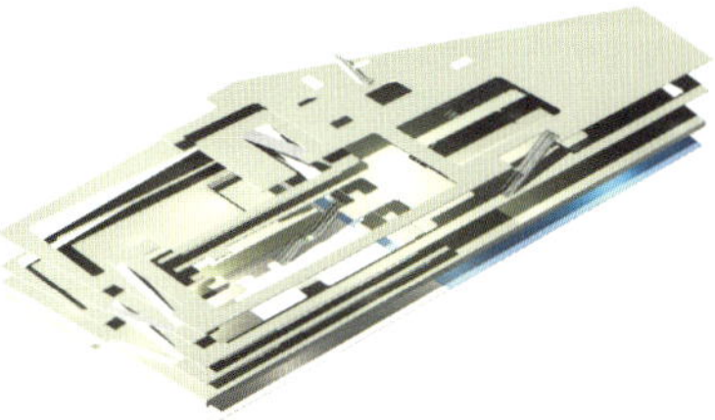

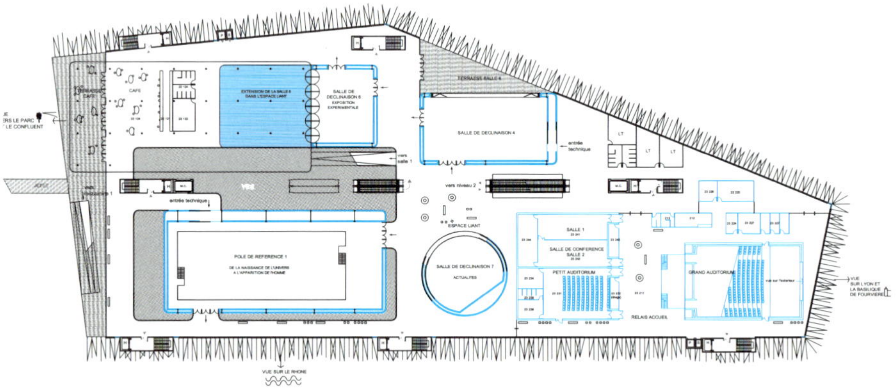

Ferrier, comme Woods et Kahn, tient à voir dans les institutions éducatives et scientifiques le défi architectural par excellence de l'ère contemporaine. Comme eux, il fait primer le plan sur les considérations esthétiques. Contrairement à eux, il ne se contente pas d'idées prospectives et schématiques : il cherche à exprimer les besoins pratiques de notre époque. Il s'est engagé à définir les conditions nécessaires requises pour satisfaire les aspirations communautaires, pour fournir les dispositifs minimaux susceptibles d'accueillir

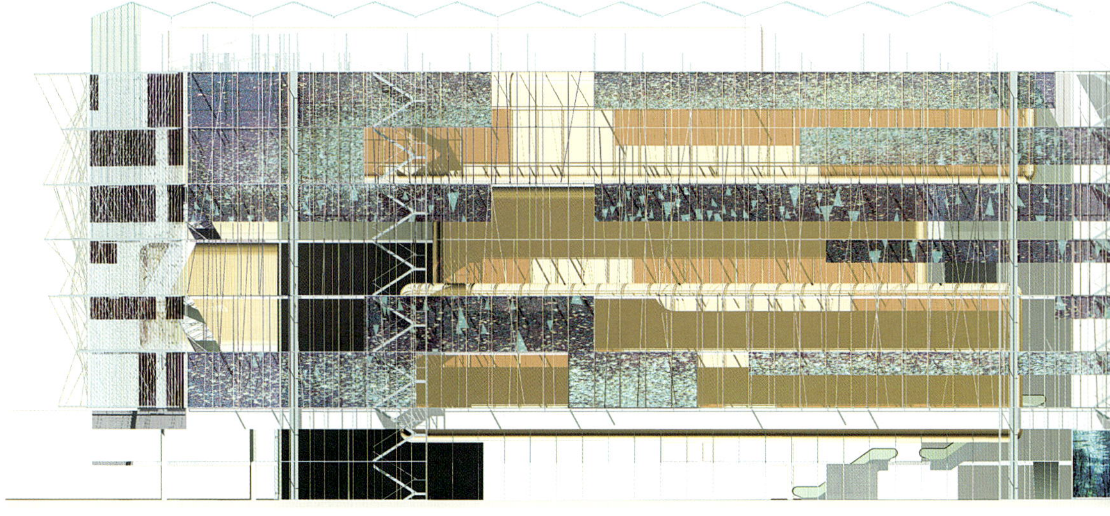

are the leading design problem of our time. Like them, he believes the priority is with the plan rather than with the profile of the building. But unlike Kahn and Woods, Ferrier, rather than being content with projective and diagrammatic ideas, expresses the pragmatic needs and aspirations of our time. As a result he has committed himself to defining the necessary conditions needed to fulfil the programmatic aspirations of community, the minimal basic spatial settings that would enable the maximum of human interaction; thus the choice of the stoa scheme. His second commitment relates to the physical constitution of the building which is considered as important as the conceptual spatial configuration of the plan, the materials, especially

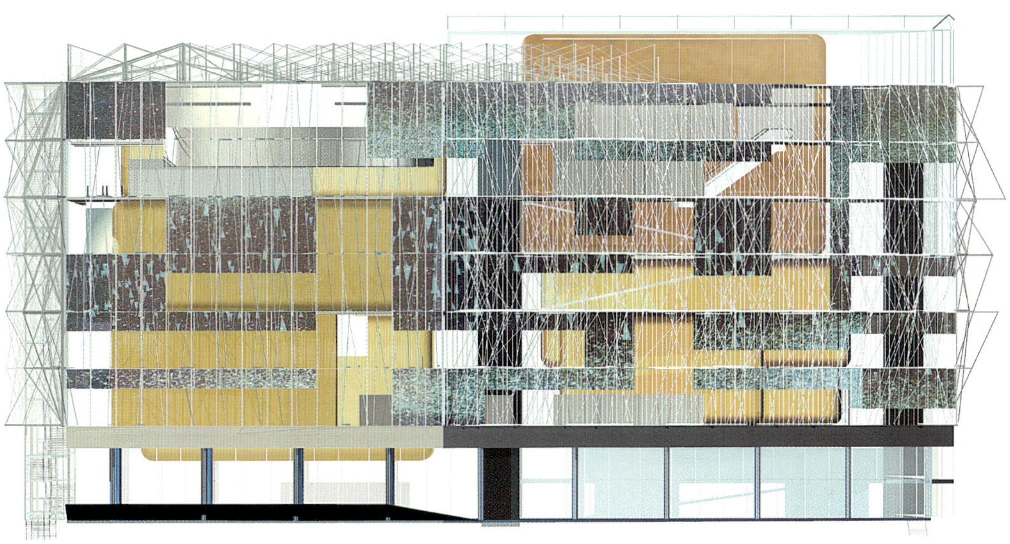

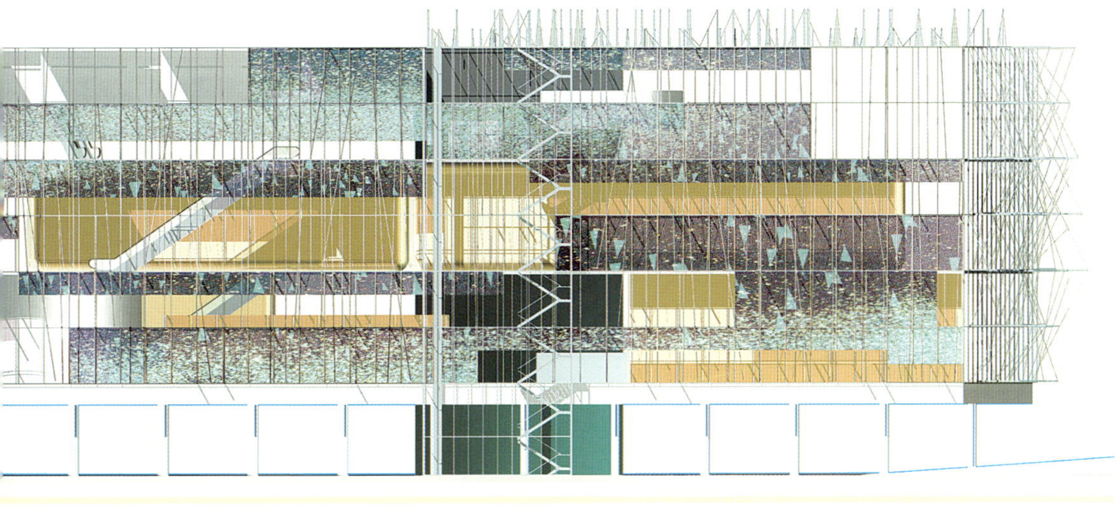

un maximum d'interactions sociales : c'est pourquoi il a privilégié le plan de type *stoa*. Il s'est aussi préoccupé de la matérialité du bâtiment, et notamment de sa «peau», tout aussi importante à ses yeux que le diagramme spatial. J'ai évoqué ailleurs, à ce sujet, ce que j'appelle le «rigorisme épidermique»[5] de Ferrier. Ce concept m'avait permis d'établir un parallèle entre l'engouement récent des architectes pour les enveloppes matérielles de leurs bâtiments et le rigorisme, ce mouvement initié au XVIIe siècle par le Vénitien Carlo Lòdoli[6]. Un peu auparavant, la France et l'Italie avaient vu leurs architectes réagir au formalisme maniériste. Au cours du XVIIIe siècle, de nombreux théoriciens (Memmo et Milizia en Italie, de Cordemoy et Laugier en

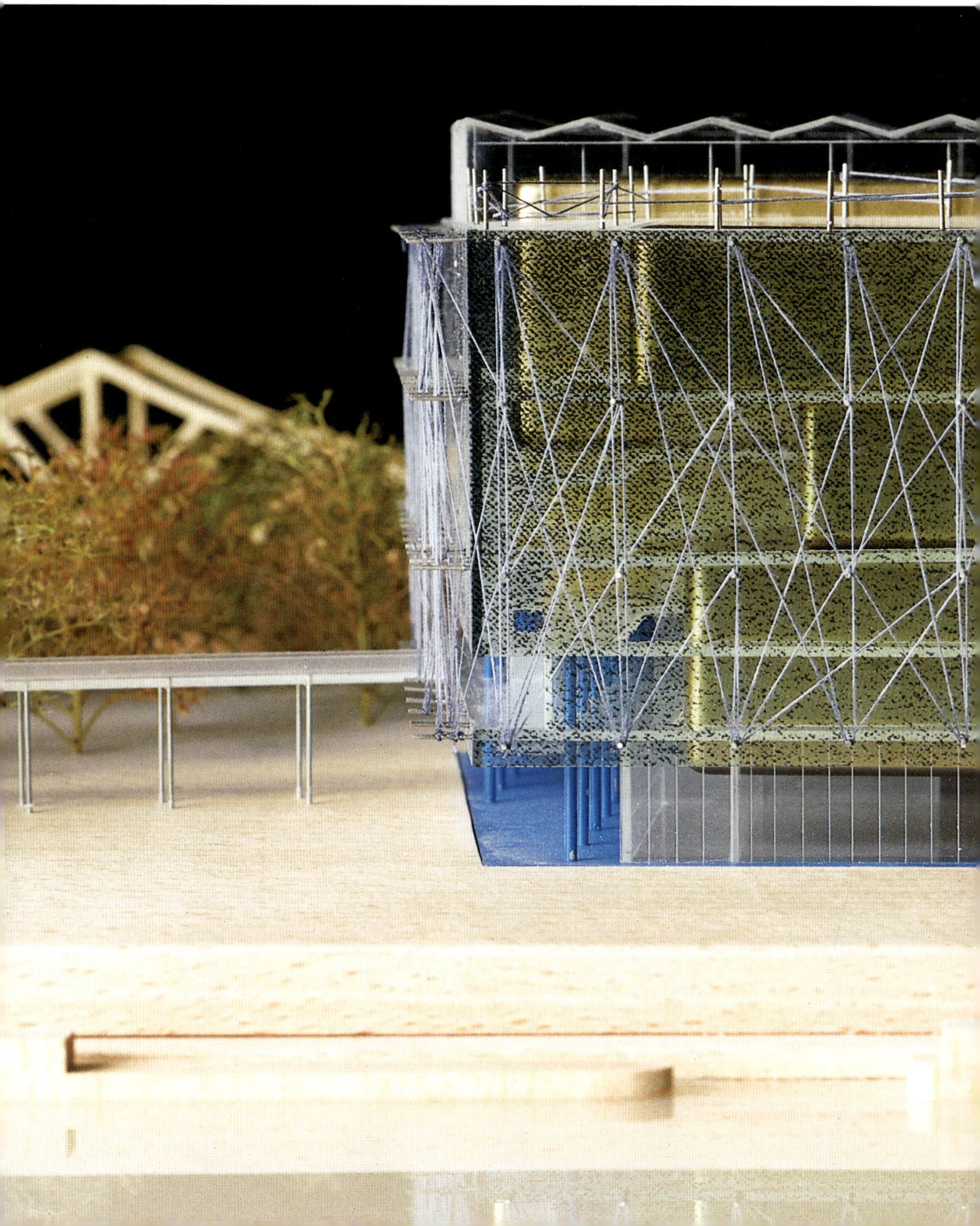

those of the *skin*.

Accordingly, Ferrier's architecture can be characterized also as "skin rigorist"[5]. I have used this concept in the past to link the more recent preoccupation of architects with the material envelope of buildings that has parallels with the earlier focus on their structure. Rigorism has been identified as a predecessor to functionalism with the 17th century Venetian theoretician Carlo Lòdoli considered as its initiator[6]. The fact is that a critical movement was emerging even earlier, with both Italy and France reacting to the formalist preoccupations of late Mannerism. During the 18th century a number of writers like Memmo and Milizia

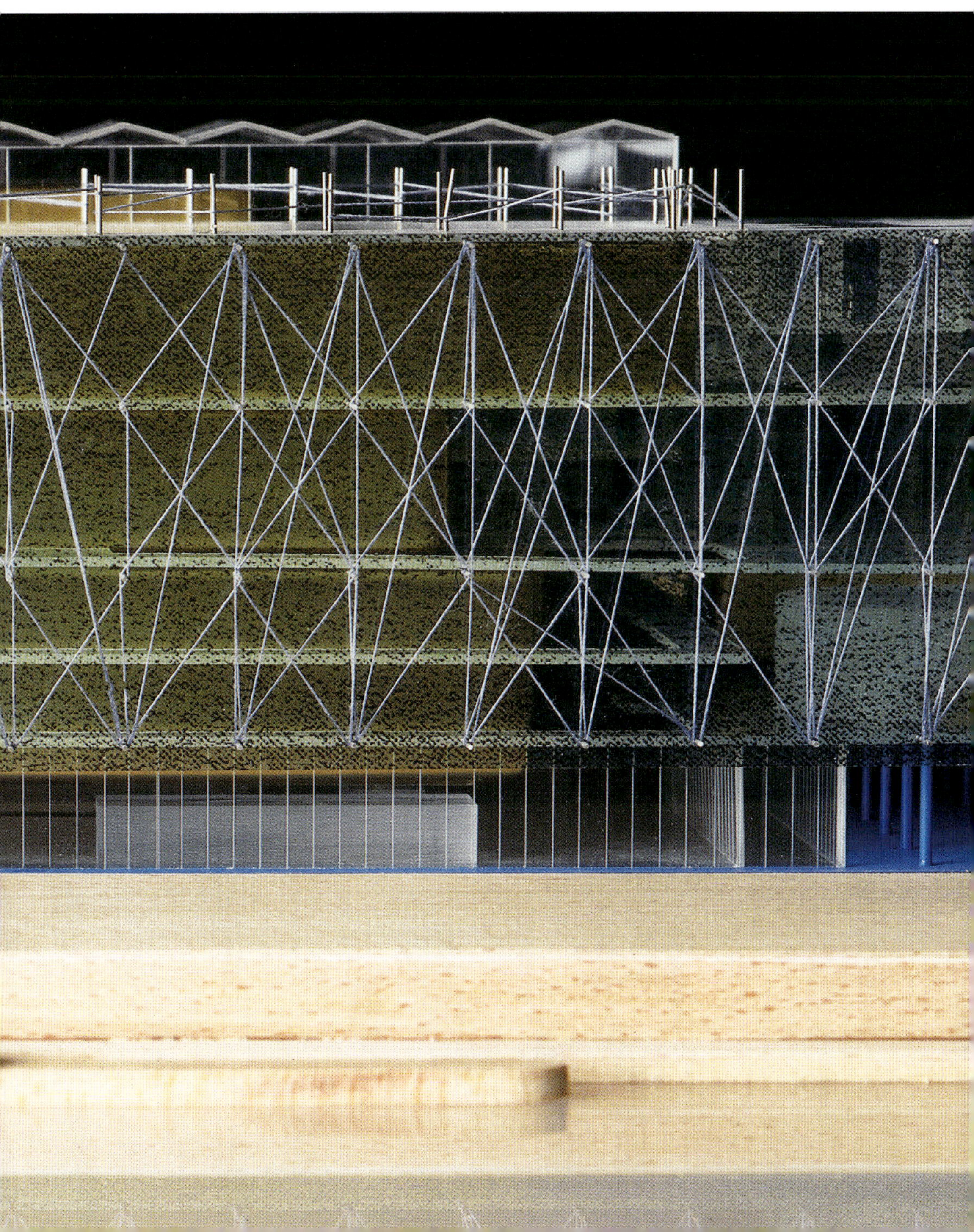

France) réclamèrent une architecture fondée sur le bon sens, dénuée d'ornements conventionnels, qui n'exploiterait que des éléments authentiques, naturels et indispensables. Ils entendaient par là une structure de base susceptible de soutenir le bâtiment. Gottfried Semper élargit cette vision de façon à prendre en compte l'enveloppe du bâtiment. Il démontra que le «vêtement», pour citer sa métaphore, était aussi essentiel que la structure[7]. Plusieurs architectes du XXe siècle, dont Mies van der Rohe et Albert Kahn, explorèrent le potentiel technique et poétique de cette «peau» architecturale. Toutefois, la plupart d'entre les modernes ignorèrent cette question, au prix d'échecs retentissants : ce n'est qu'au cours des vingt dernières années que la «peau»

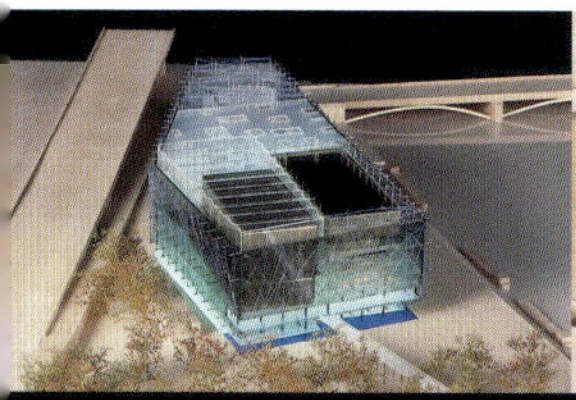

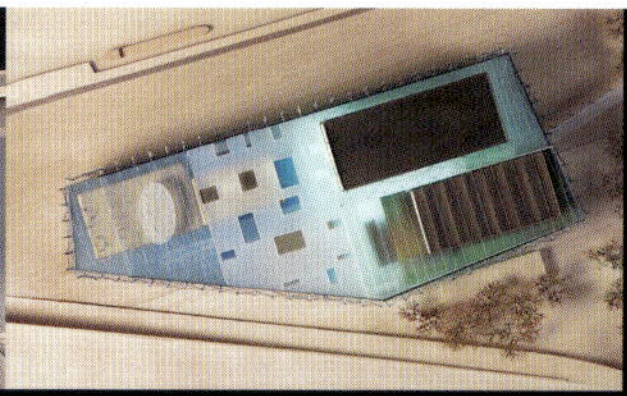

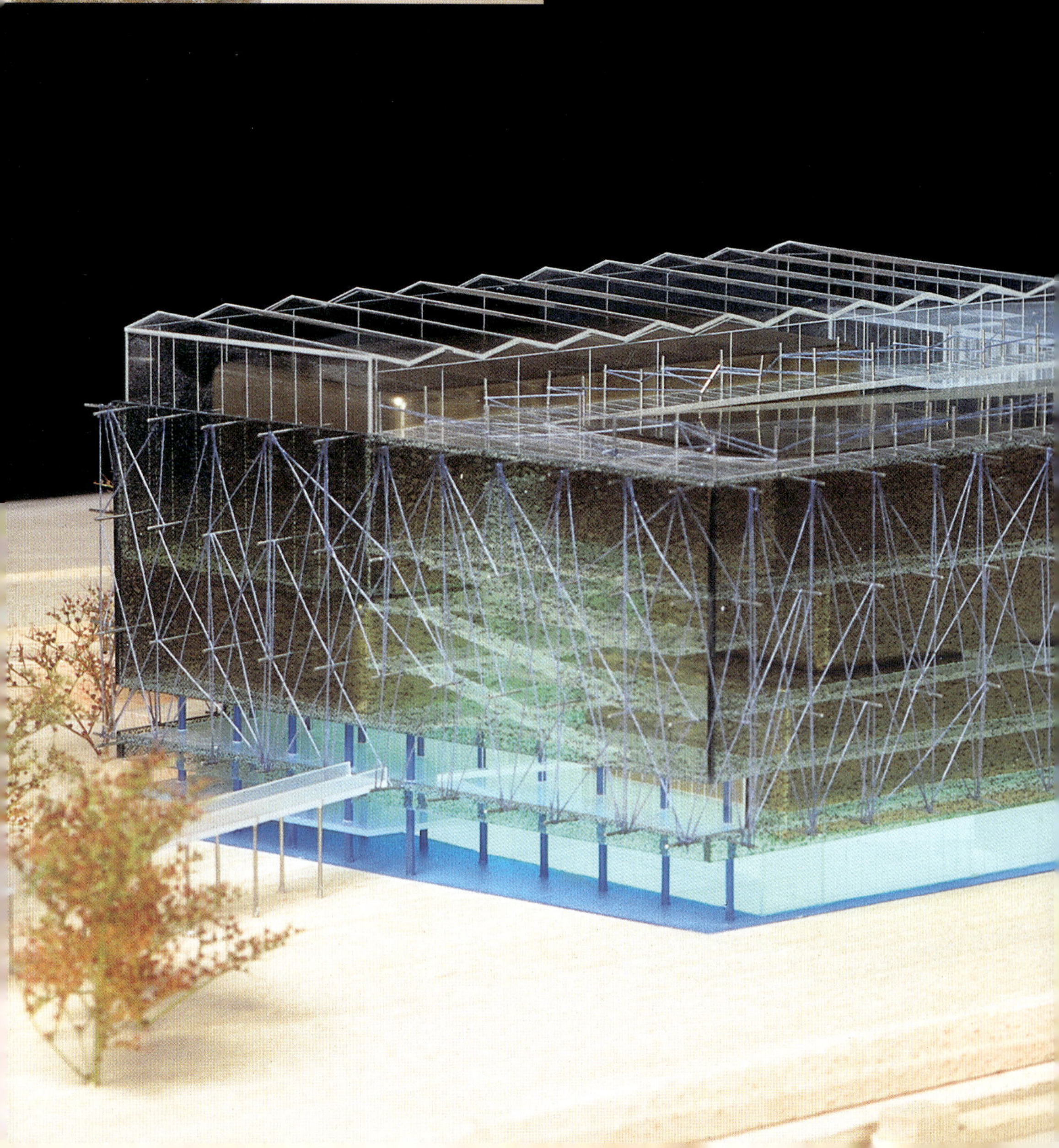

in Italy, and Cordemoy and Laugier in France, advocated an architecture beyond superstition, superfluity and conventions using only true, natural and essential elements. By that they meant the basic structural elements that make a building stand. Gottfried Semper extended this idea to include, in addition to structure, the enclosure of a building. He argued that what he metaphorically called "clothing", is equally important in design[7]. Several architects of the 20th century including Mies van der Rohe and Albert Kahn, explored the technological as well as poetic potential of the skin of their buildings. However most modern architects ignored the problem with disastrous results and it has only been during the last two decades, and after

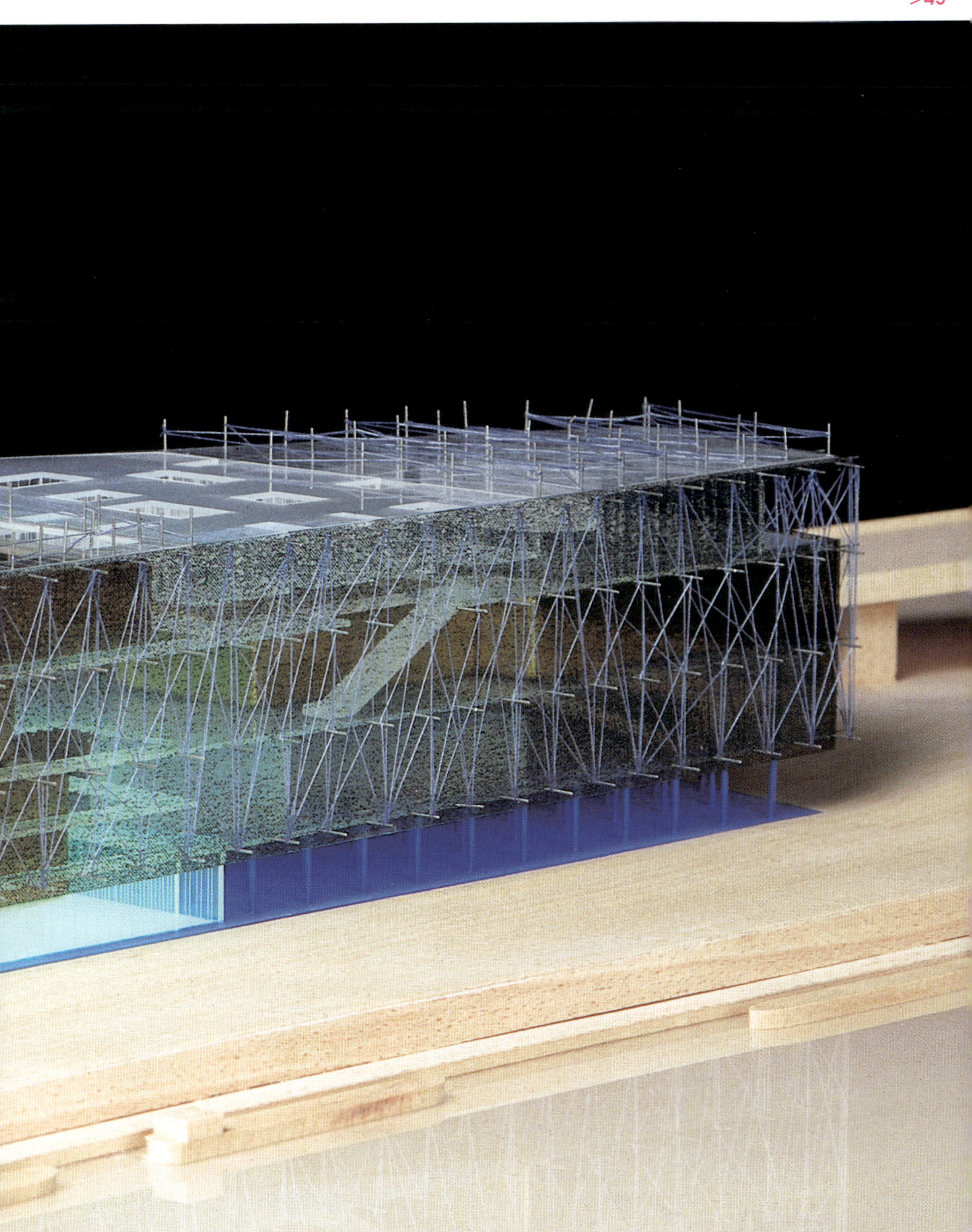

est la préoccupation centrale d'une nouvelle génération d'architectes[8].

Presque toutes les constructions de Ferrier montrent quelle attention extrême l'architecte porte à leur enveloppe. Sa connaissance solide des matériaux industriels et sa ténacité à leur découvrir des usages architecturaux apparaissent dans la scénographie qu'il a proposée en 1997 pour l'exposition «Paris sous verre», au Pavillon de l'Arsenal. Déjà, pour l'usine des eaux, à Joinville-le-Pont, il employait des panneaux massifs de béton bleu, disposés à la façon de blocs pesants, montrant précision et sensibilité dans son traitement des joints, de la surface et de la couleur. Il a utilisé le cuivre avec une égale dextérité pour la couverture des ateliers du tramway de Bordeaux.

> RER STATION
> GARE RER

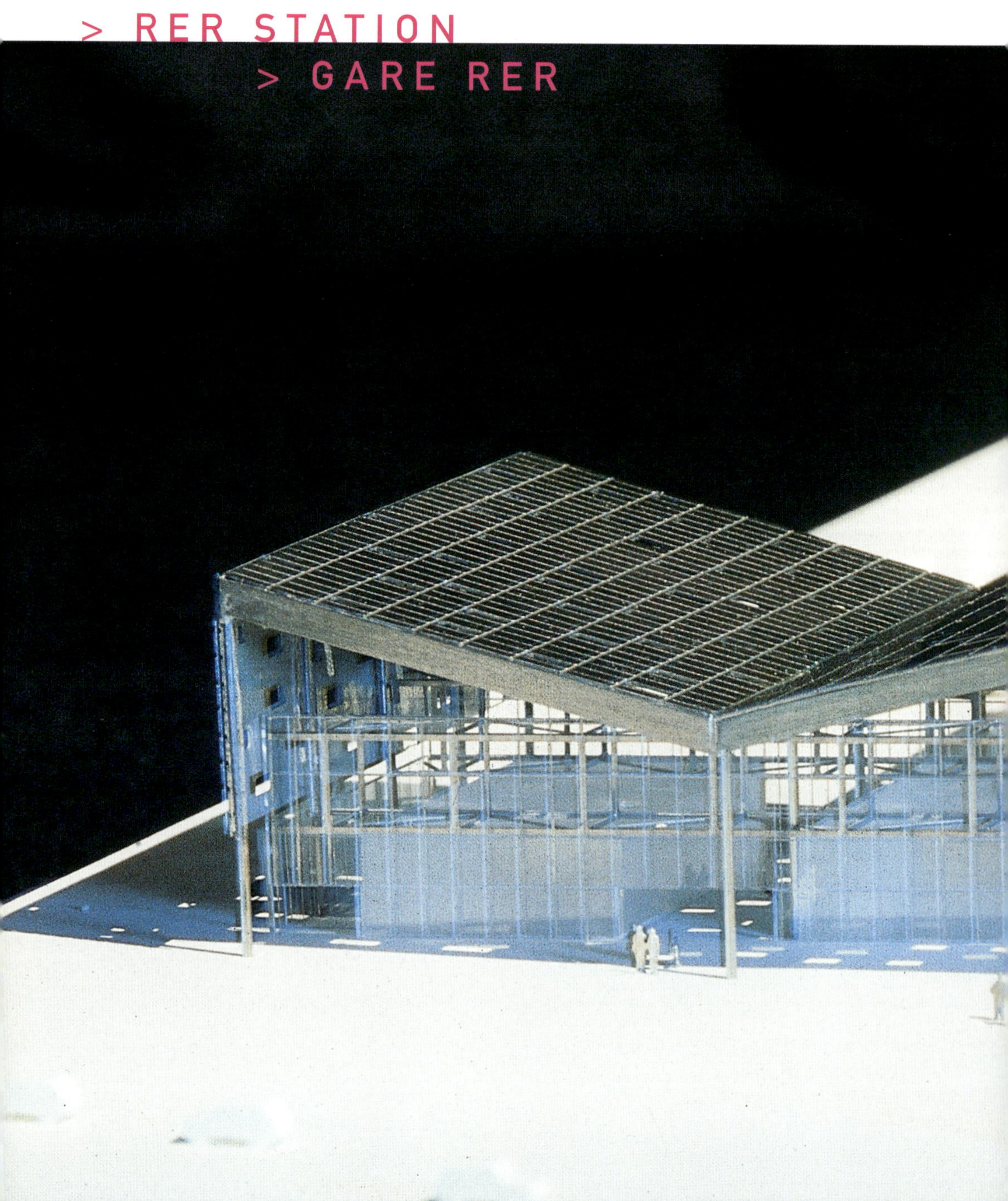

spectacular failures that the skin has become
a central concern for a new generation of
architects[8].
Almost all of Ferrier's buildings demonstrate
an extreme attention to the way they are
enveloped. Ferrier's deep knowledge of industrial
materials and passion to discover architectural
applications was manifested in his "scenography"
for the exhibition on glass and glass architecture
at the Pavilion de l'Arsenal in 1997. Already
in his Usine des eaux, in Joinville, he employed
blocks of blue concrete, a weighty element, with
a sensitivity and precision in the surface joints
and the choice of colour for the skin. Copper
was also used with extreme dexterity in his
design for the Batiments des Ateliers et Garages

SERRIS-MONTÉVRAIN, FRANCE, 1997

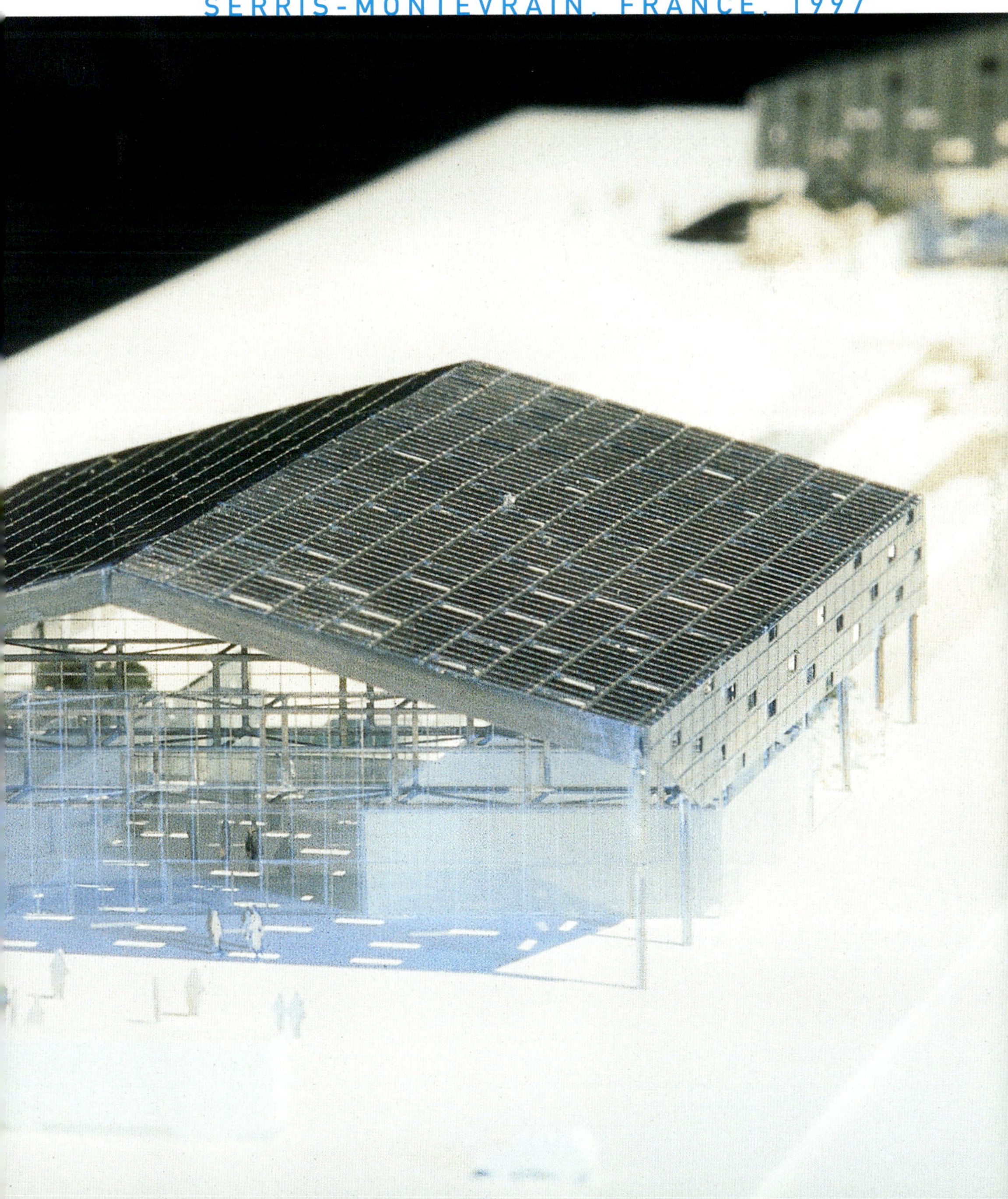

Comme Louis Kahn l'a fait remarquer dans les années 50[9], le rapport entre espace intérieur et environnement extérieur était bien mieux géré par les bâtiments traditionnels, aux murs épais en brique ou en pierre, que par les façades excessivement minces des constructions modernes. L'évolution du concept de «peau-enveloppe» en «enveloppe feuilletée» permet de dépasser ce problème, comme le montrent les laboratoires de l'Inria à Sophia-Antipolis, les laboratoires Isomer de l'université de Nantes, ou le laboratoire interrégional d'Oullins. En décomposant la façade en plusieurs couches de filtres successifs, on obtient un meilleur contrôle de l'environnement et la transition entre espace naturel et espace artificiel s'adoucit. Ce feuilletage

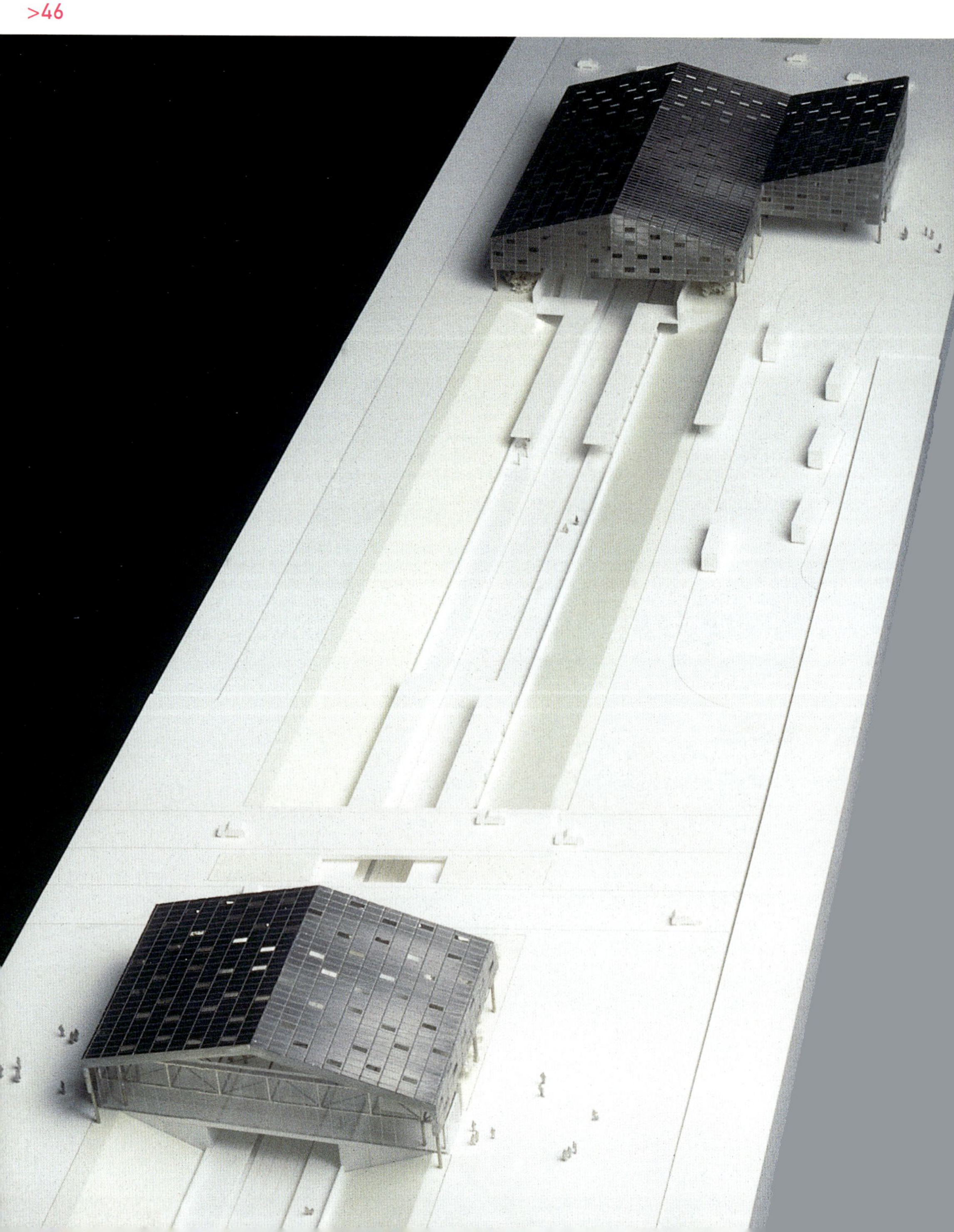

for the Bordeaux Tramway. The relationship between interior and exterior environment, as Louis Kahn had already wisely remarked in the 1950s[9], was much better accommodated in traditional thick-wall stone or brick buildings than the intolerably thin skin of modernist structures. This problem was surmounted by a mutation of the idea of the "enveloping skin" into a "layered envelope" as seen at the Inria laboratory in Sophia-Antipolis, the Isomer laboratories at the University of Nantes, and the Oullins interregional laboratory – that permits a higher degree of environmental control and temperate transition from natural to artificial space. This layering generates the possibility of adding a special usable zone to the building,

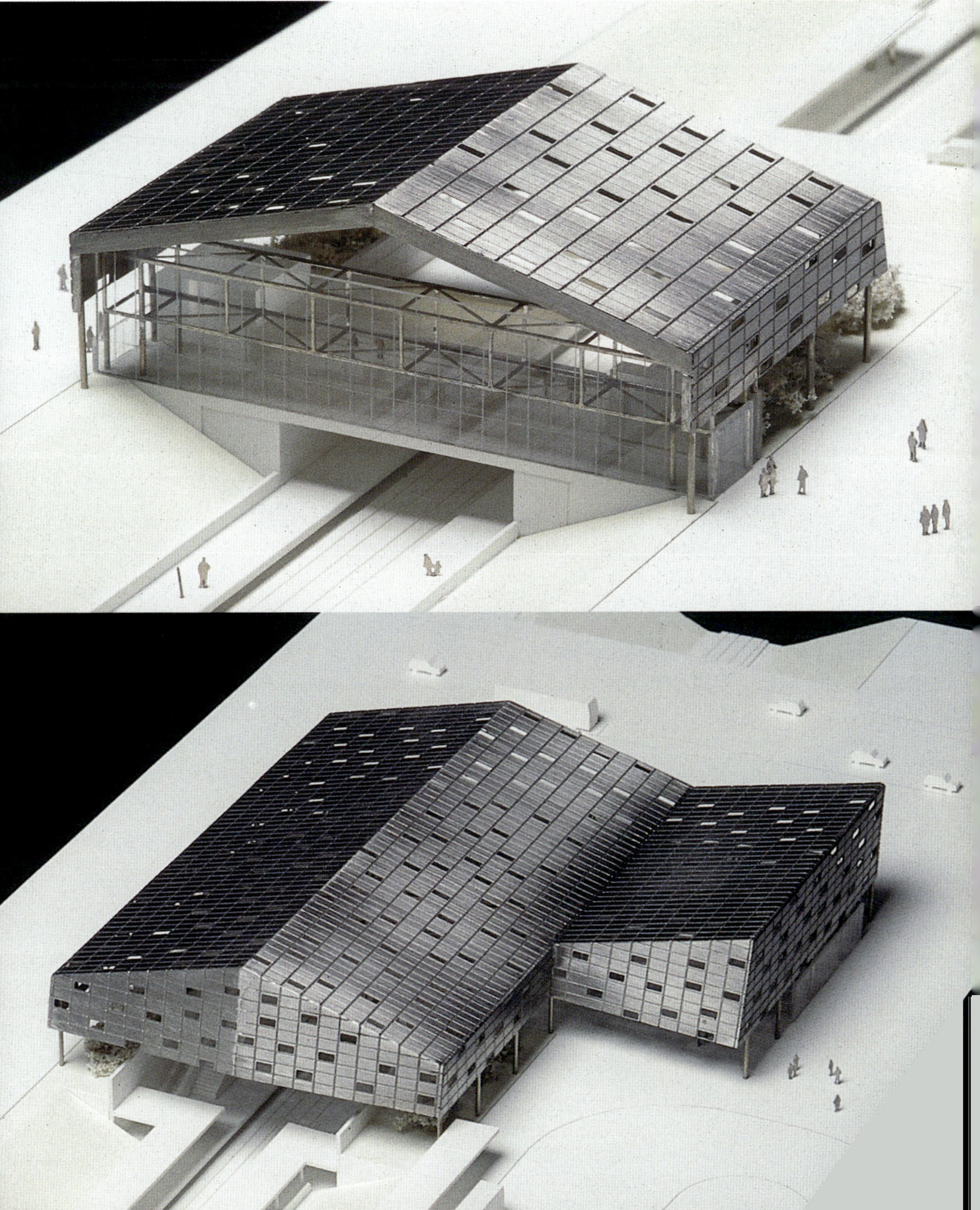

permet d'articuler au bâtiment une zone de travail spécifique, laquelle constitue un axe supplémentaire. Ferrier a fait évoluer ainsi la *stoa* en couloir et décelé dans ce feuilletage l'occasion de créer un lieu d'interaction sociale, un lieu communautaire, et d'ajouter un axe de circulation extérieur à l'axe intérieur. Cette approche est formulée de façon très séduisante dans les bureaux Philidor à Paris, où la zone externe autorise en outre une forme de transition sociale : elle inscrit le nouvel espace de travail, d'aspect austère, dans un environnement domestique et résidentiel. Nous avons précédemment qualifié la stratégie architecturale de Ferrier de «néo-cartésienne». Descartes, quoiqu'il n'ait pas consacré d'essai à l'architecture, lui a emprunté certaines

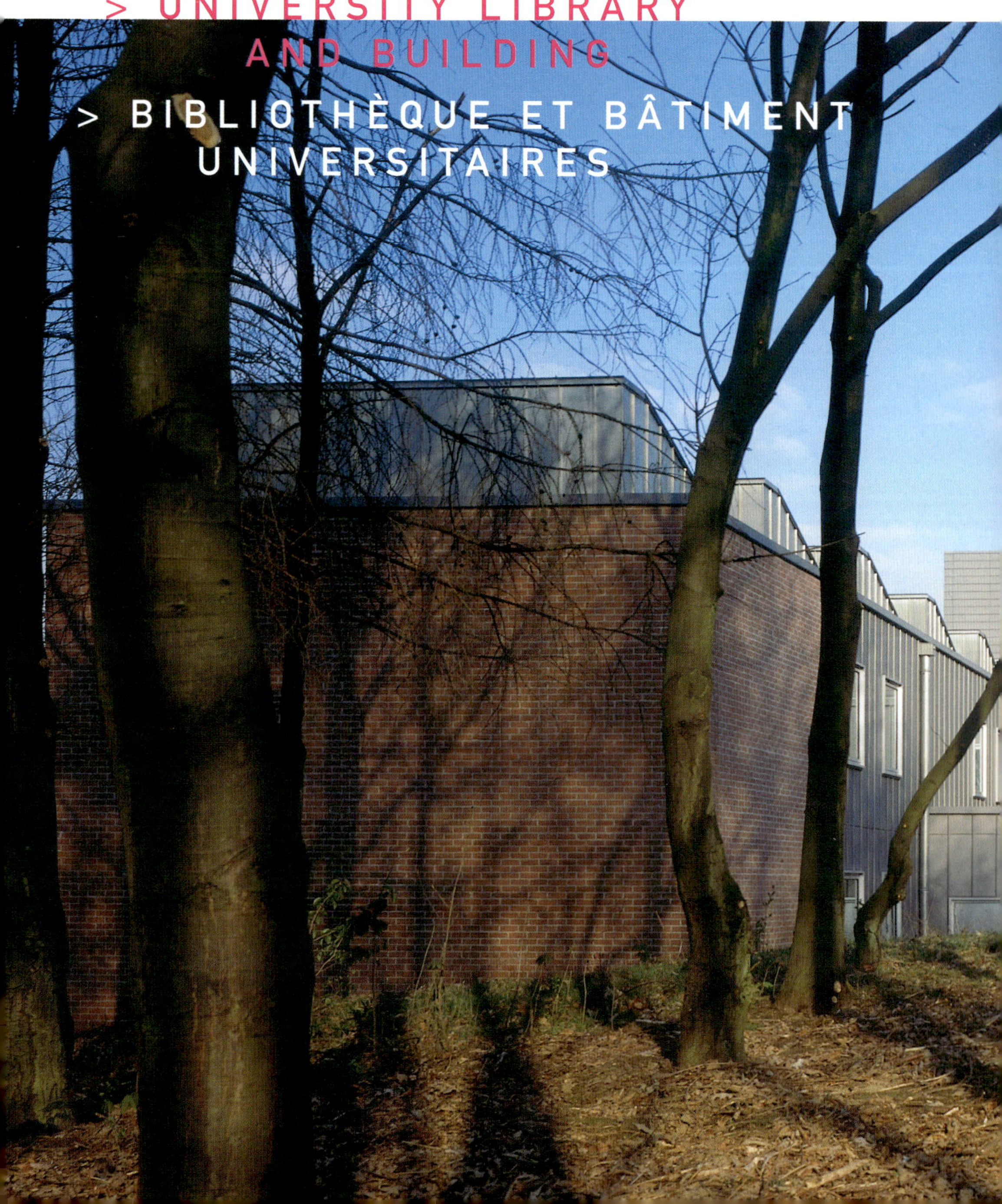

an additional channel. Reversing the history that mutated the stoa into a corridor, Ferrier discovered in this layering the opportunity to generate a place for social interaction and community and to add an exterior circulation channel to the interior one. This is demonstrated very attractively in the Philidor Bureaux in Paris where, in addition, the exterior zone serves as a social transition zone, helping to integrate the new austere work place with the existing domestic residential environment. Previously, we have characterized Ferrier's approach to architecture as "New Cartesian". Descartes did not dedicate any of his writings to architecture but he used architecture as a metaphor to talk about thinking in general.

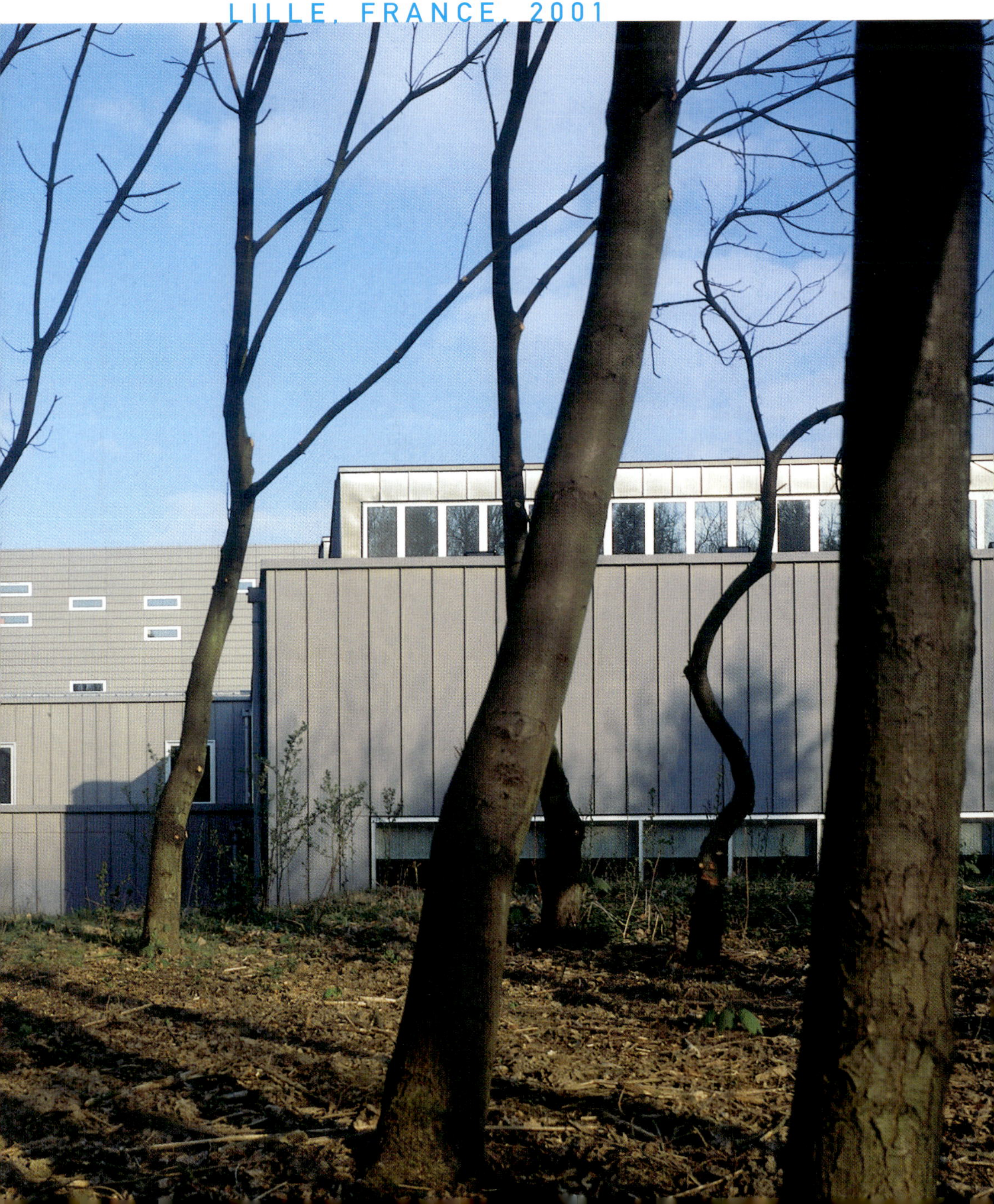

métaphores pour étayer une réflexion générale sur la pensée. Recourir à l'épithète «cartésien» pour définir les travaux de Jacques Ferrier en l'absence de références explicites, c'est risquer de produire de fausses impressions. Tout comme le quadrillage orthogonal et le réseau tramé de circulations employés par Ferrier dans ses constructions, le mot «cartésien» n'évoque-t-il pas une certaine sévérité, une certaine rigueur? Non pas. «Cartésien» renvoie à un cadre de pensée universel, soit la méthode élaborée par Descartes dans *Le Discours de la Méthode*[10], ce dispositif minimal indispensable pour distinguer le connu de l'inconnu, le simple du complexe, le certain de l'incertain, le démontrable du spéculatif – tout ceci pour permettre les opérations de la pensée

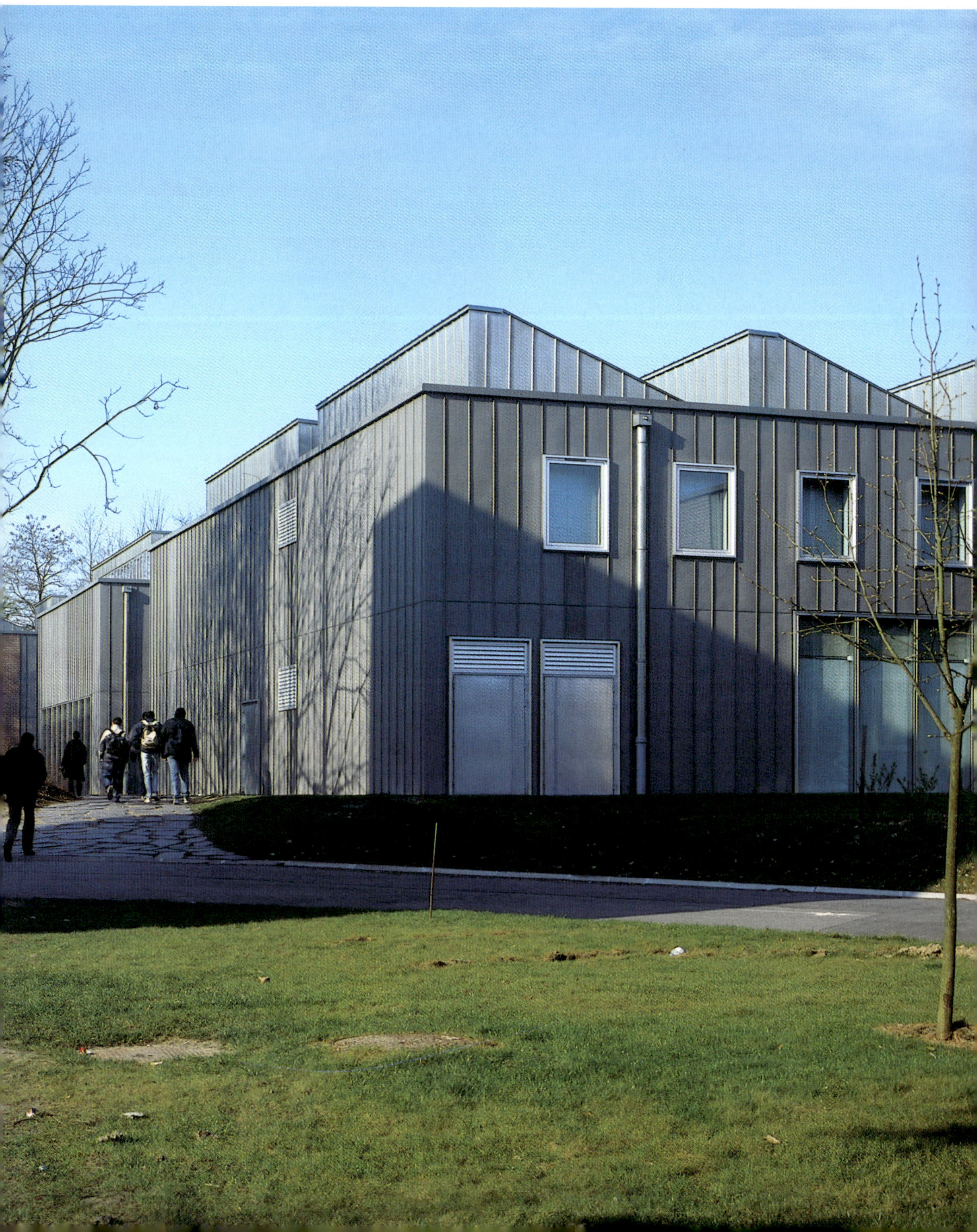

In the absence of such explicit text, using the term Cartesian in reference to Ferrier's architecture might lead to false impressions. Like the orthogonal grid and articulated circulation system that Ferrier uses in his buildings, "Cartesian" brings to mind the idea of strictness and rigidity. Far from that, "Cartesian" relates to a universal framework for thinking, a Method that Descartes developed in his *Discours de la méthode*[10] as the minimal necessary system for splitting issues between known and unknown, simple and difficult, certain and uncertain, graspable and speculative, in order to enable the development of creative thinking. In a similar manner, Ferrier establishes in his buildings minimal necessary structure splitting

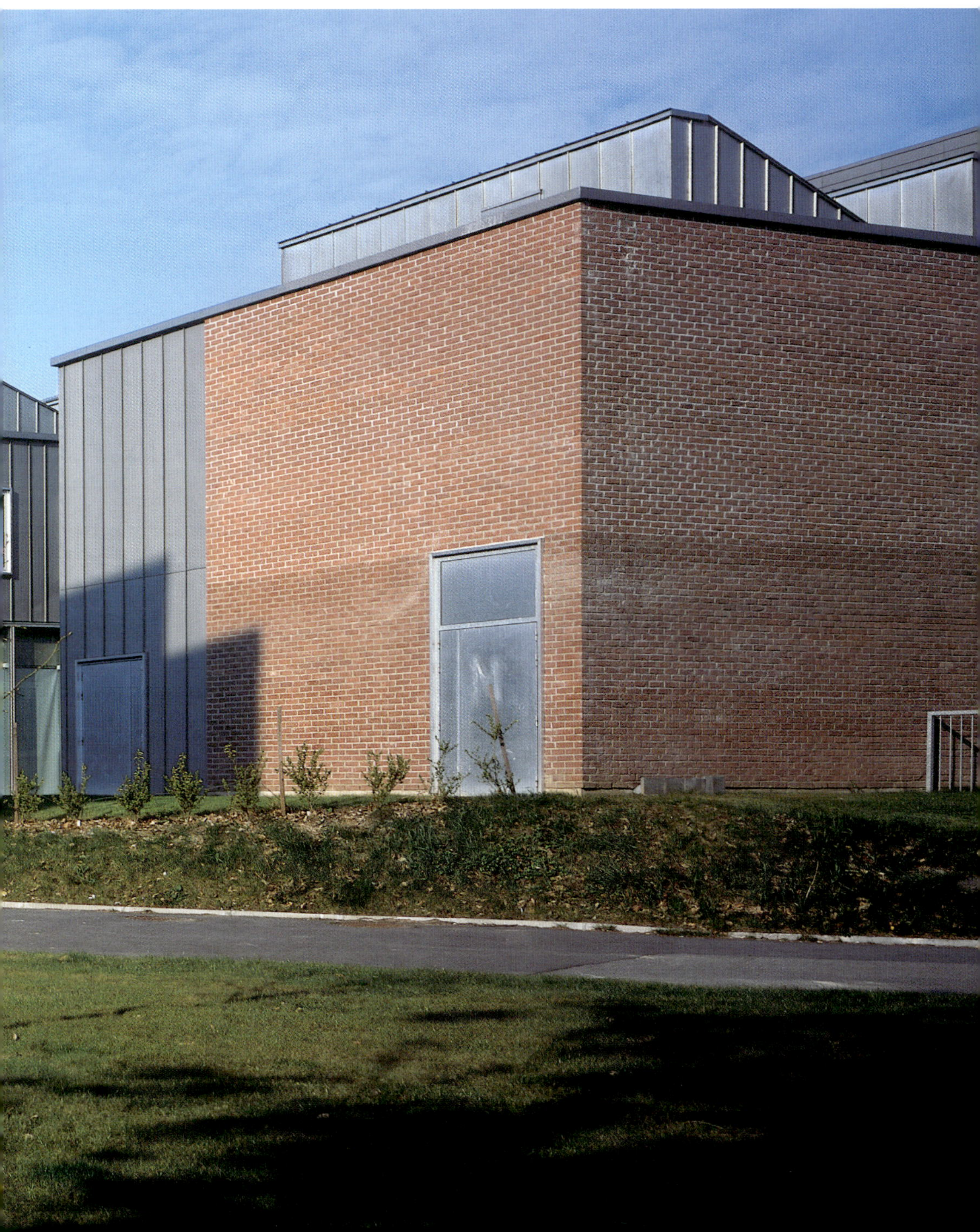

créative. De même, Ferrier fonde ses travaux sur une structure minimale indispensable pour distinguer entre les composantes définissables (qu'il construit ensuite) et indéfinissables (qu'il laisse à même d'évoluer dans le futur). Ferrier est tout aussi cartésien dans sa conception de la technologie. Dans *Le Discours de la Méthode*, Descartes affirme qu'il préfère les «bâtiments qu'un seul architecte a entrepris et achevés» en ce qu'ils sont «plus beaux et mieux ordonnés que ceux que plusieurs ont tâché de raccommoder en faisant servir de vieilles murailles qui avaient été bâties à d'autres fins». Il préfère aussi les villes élevées sur une plaine désaffectée, selon un cadastre régulier, à celles qui se sont développées avec le temps, sur un mode irrégulier et aléatoire.

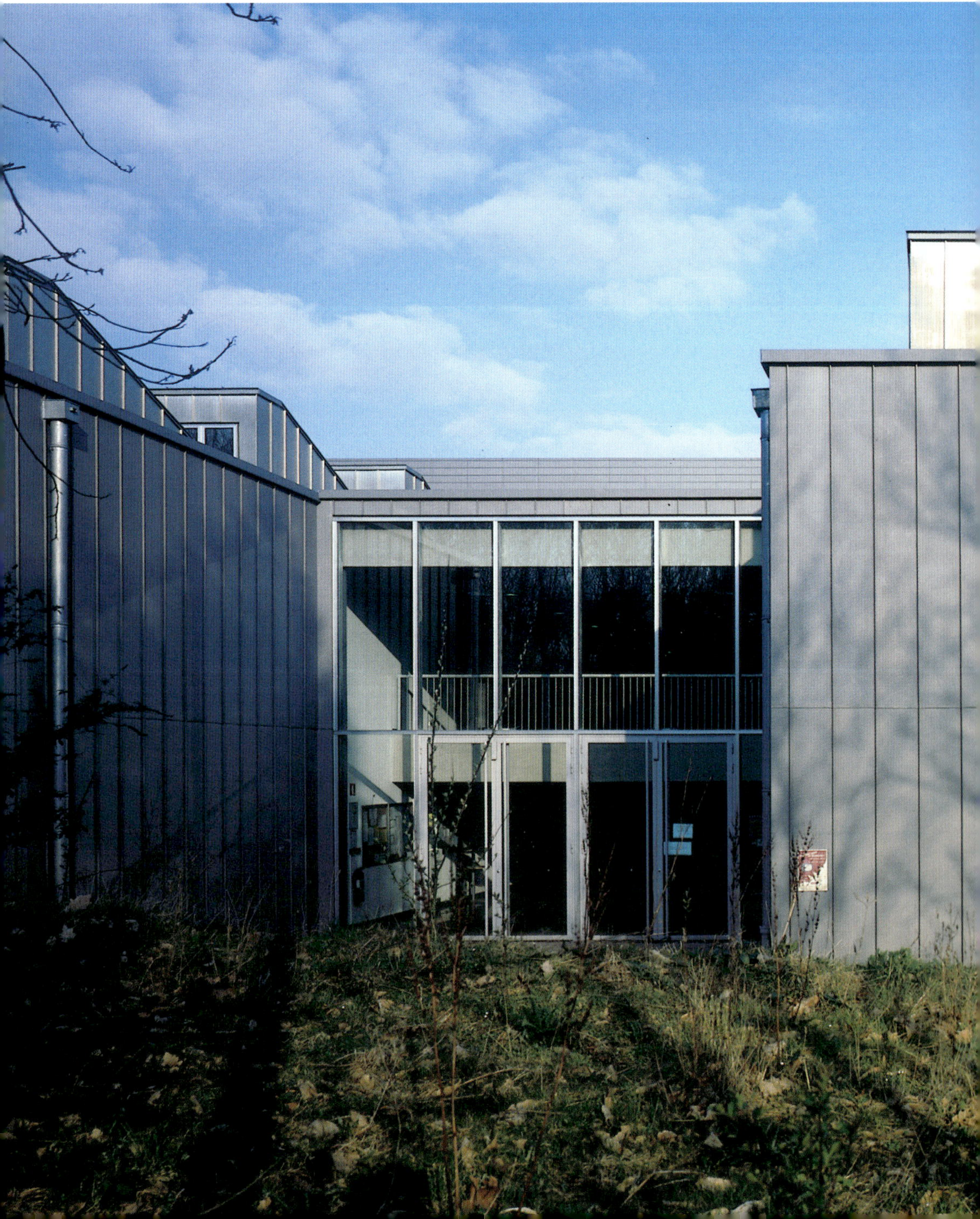

determinable elements, which he proceeds
to build, and indeterminable which he enables
to evolve in the future.
A second Cartesian aspect in Ferrier's
architecture relates to his approach to technology.
In his *Discours de la Méthode* Descartes argued
that although he preferred "planned buildings" as
"more beautiful and better proportional than those
that resulted from improvements of other
structures built with other ends in mind".
Descartes also preferred cities that were laid out
regularly on an empty plain to those that started
out slowly as villages and grew through time
irregularly and haphazardly. In the end he would
recommend to build in continuity with existing
structures and not to start from scratch

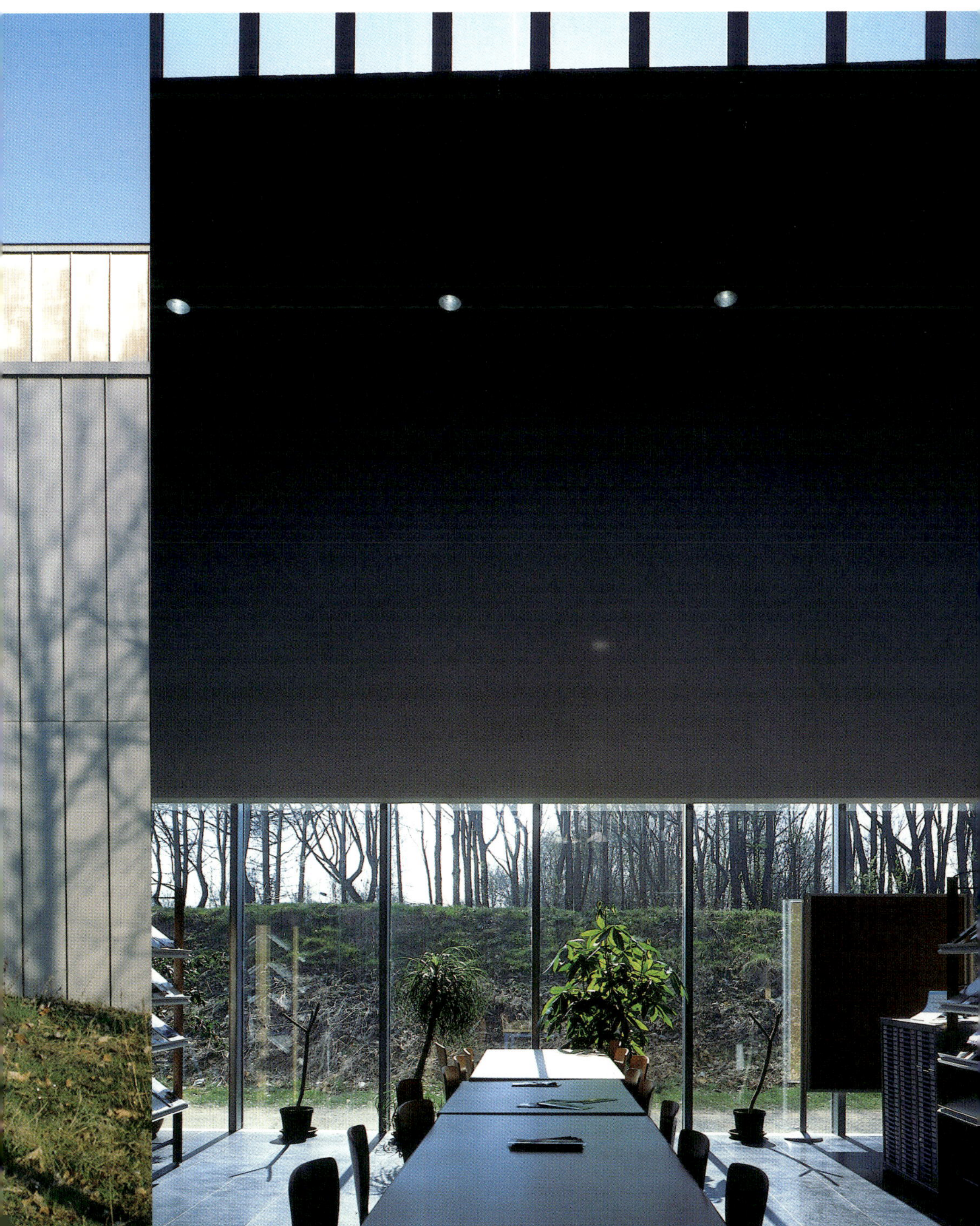

Toutefois, il recommande en dernier lieu de bâtir
en tenant compte des structures préexistantes
plutôt que de faire table rase du présent pour
tout reprendre à zéro. «Ce n'est pas assez»,
observe-t-il, «de commencer à rebâtir le logis
où on demeure, que de l'abattre [...] il faut aussi
s'être pourvu de quelque autre, où l'on puisse
être logé commodément pendant le temps
qu'on y travaillera.»

De même, Ferrier a pour principe d'intégrer
des produits finis industriels à ses constructions,
même s'ils ne sont pas «l'idéal» au sens abstrait
du terme, au lieu de reprendre tout l'ensemble
en s'efforçant d'imposer de nouveaux éléments
de facture inédite, ou de plier à ses normes
certains de ces matériaux jusqu'à les mutiler.

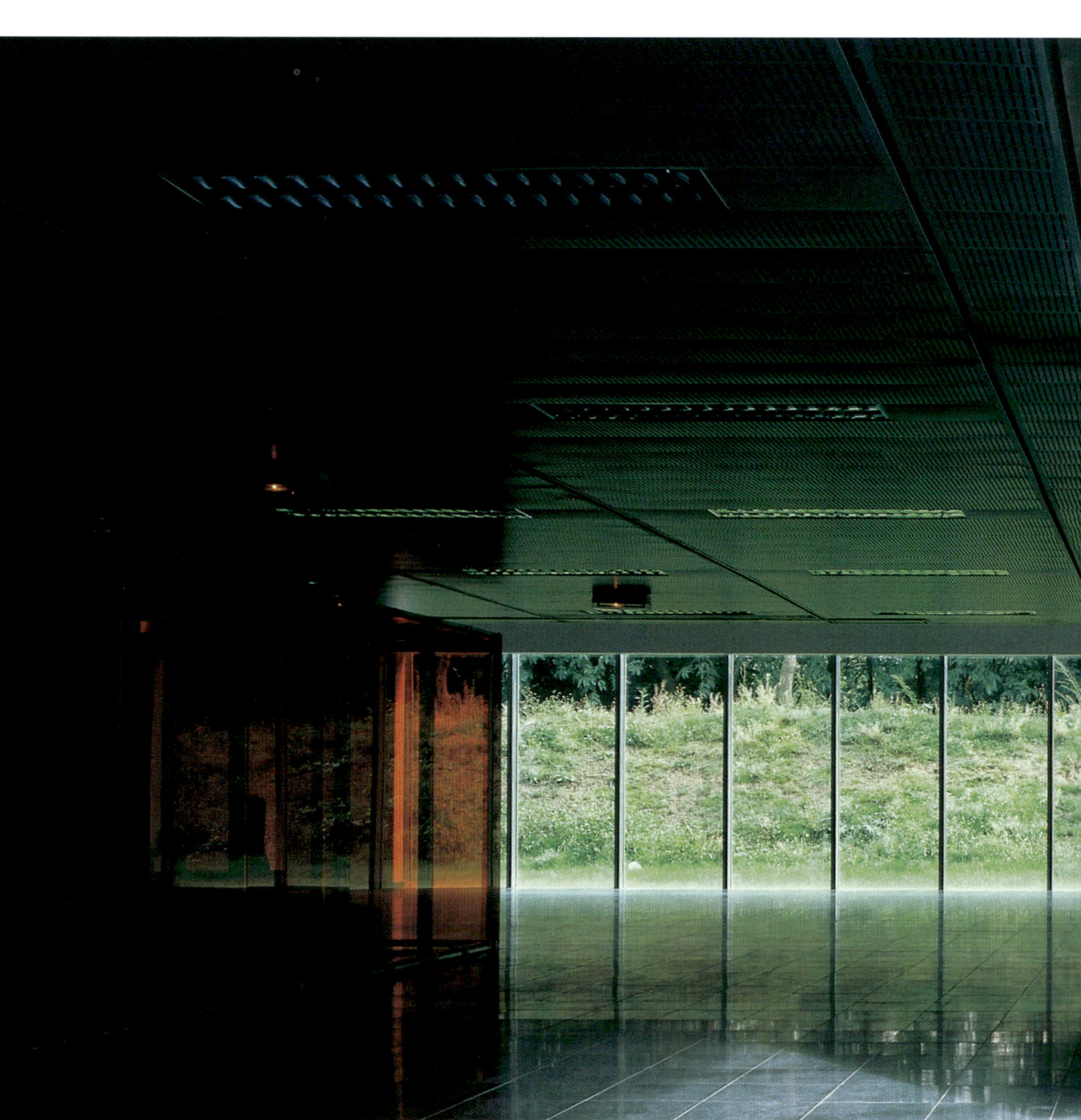

by completely destroying what already existed.
"A person cannot build a house," he remarked,
"inside a house he inhabits by pulling it down
without having provided some other house where
he can comfortably be lodged during the time
of the building."
Similarly Ferrier's attitude to technology
is to adopt existing industrial products of
technology for the construction of his projects,
even if they are not ideal in some abstract sense,
and not to start from scratch trying to dictate
to industry new components with new
characteristic profiles, or bending and mutilating
industrial products to fit his requirements.
Industrial products are givens, "off the shelf",
and "ready made".

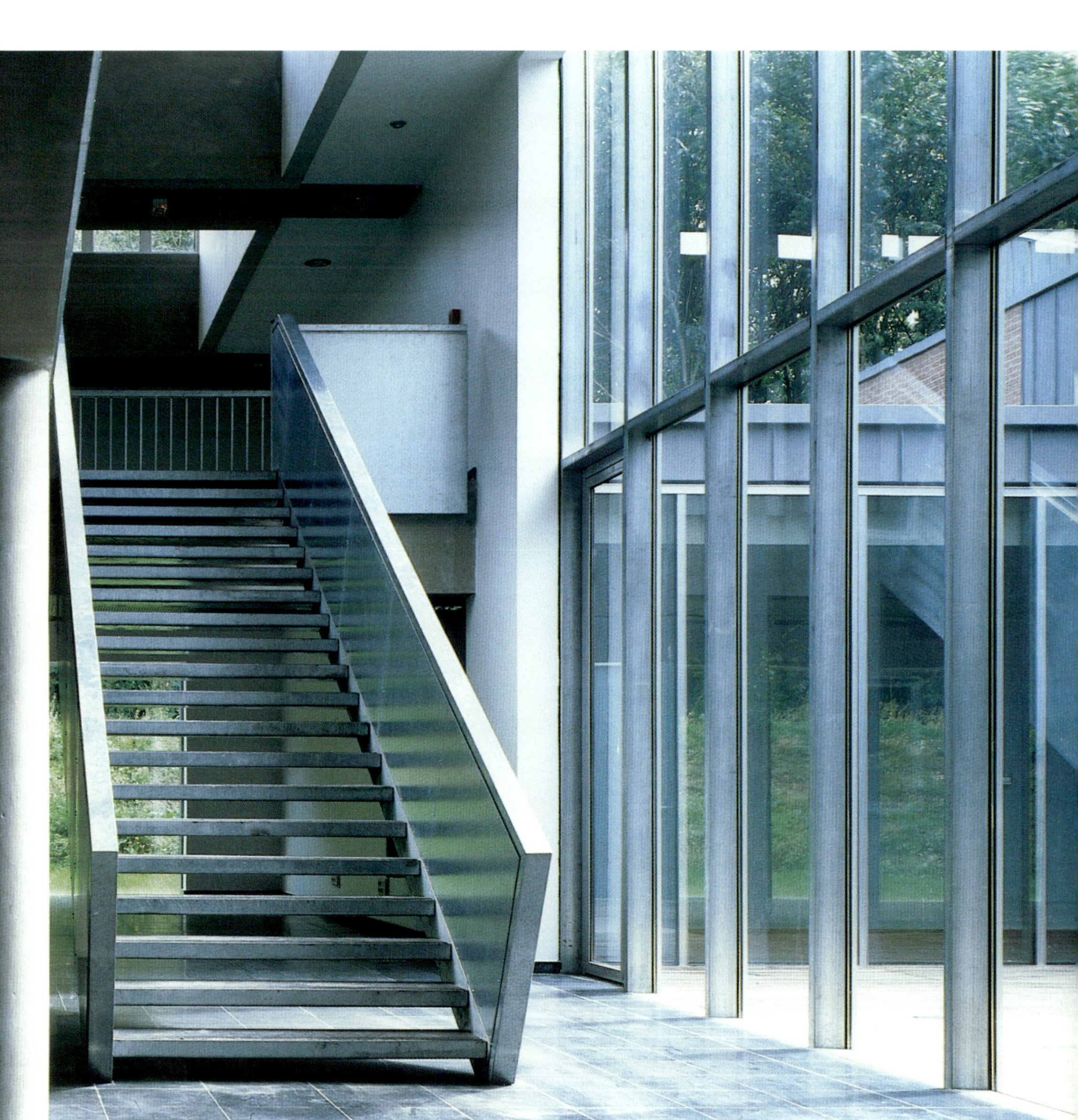

Les matériaux industriels sont déjà là – «prêts-à-
construire» ou «clé-en-main».
L'attitude de Ferrier en matière de technologie,
si elle contraste fortement avec celle de Mies,
rappelle davantage celle de Charles Eames.
On connaît l'histoire des époux Eames qui
élaborèrent une nouvelle approche des matériaux
industriels en 1949, lorsqu'ils bâtirent leur maison
de Pacific Palisades. Ce projet relevait du
programme Case Study House institué par John
Entenza : il s'agissait d'imaginer des maisons
qui puissent être fabriquées en série à partir
de matériaux industriels comme l'acier et le verre.
Le couple venait d'achever ses plans et, au jour
de la livraison, guettait l'arrivée des matériaux.
Or, lorsque l'acier fut acheminé sur le site,

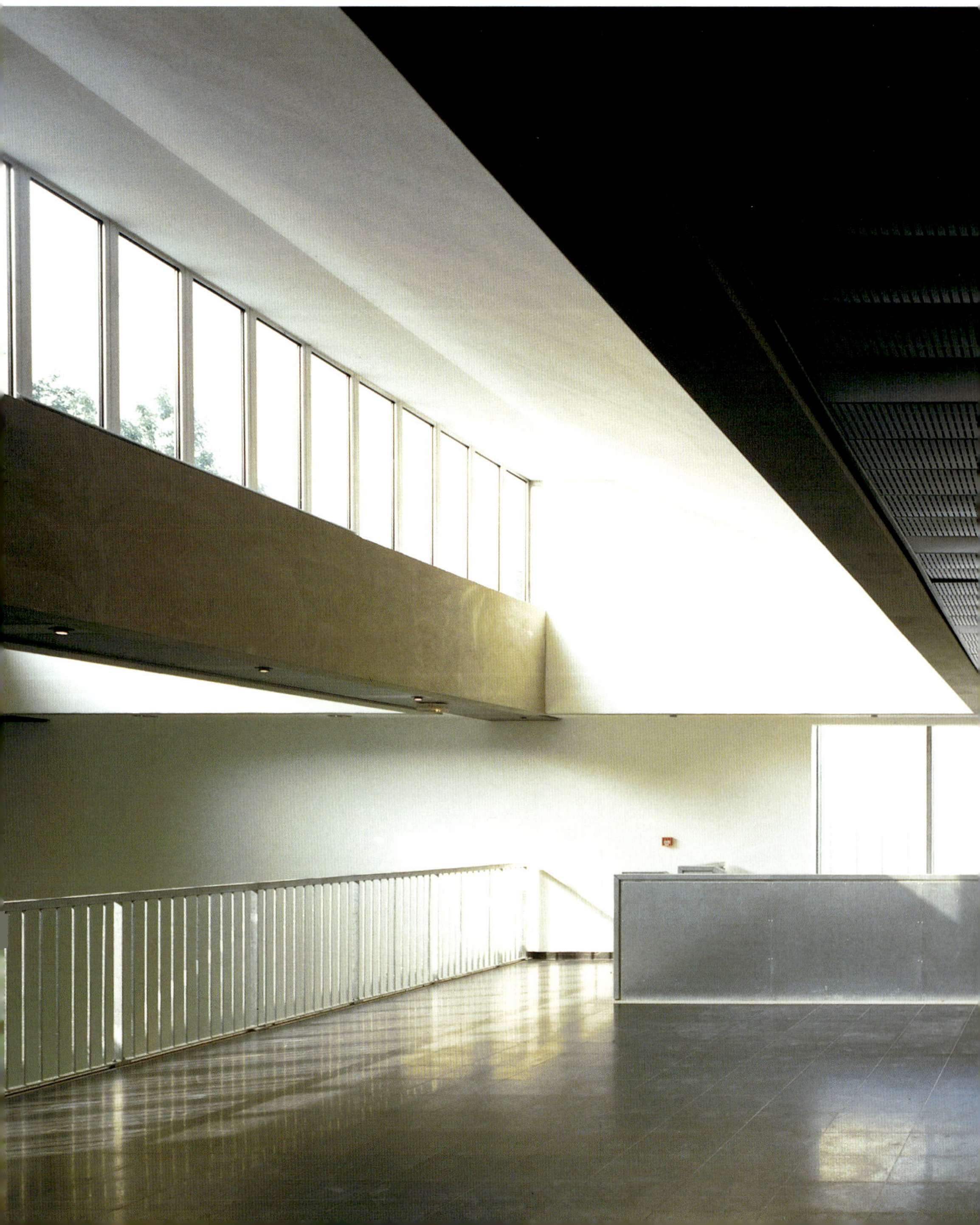

Ferrier's attitude toward technology is in great contrast to that of Mies and is very similar to that of Charles Eames. The story of how the Eames couple conceived their approach to industrial products during the construction of their house in Pacific Palisades in 1949 is well known.
The project was part of the Case Study House Program set up by John Entenza who wanted to create mass-produced houses using unorthodox (for that time) industrial materials such as steel and glass. The couple had just completed their design in full and, on the set delivery date, waited for the materials to arrive. Once the steel was delivered on the site, however, they were disturbed by the fact that they were employing a large amount of steel

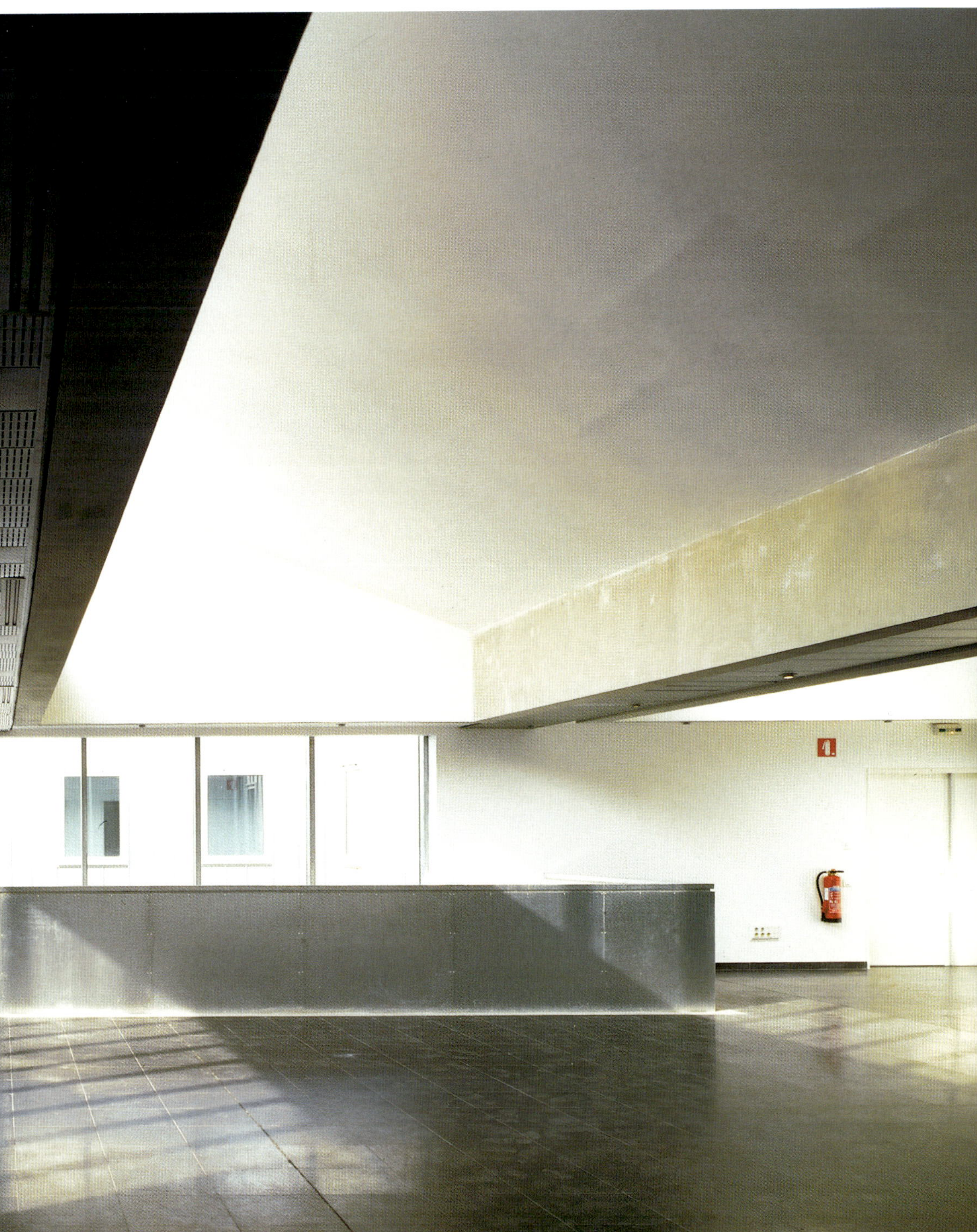

ils furent stupéfaits de constater qu'ils allaient
devoir employer une grosse quantité d'acier pour
circonscrire un espace limité. Au lieu de gâcher
du matériau en respectant strictement leur projet,
ils en conçurent un nouveau dans lequel chaque
élément d'acier trouvait à s'intégrer. Il leur avait
suffi d'ajouter une poutre[11]. On voit ainsi que
sélectionner des éléments dans des stocks
de fournitures industrielles sur mesure
n'est ni se plier à une pratique routinière,
ni s'accommoder d'un univers technologique déjà
donné. L'artisanat est de nature mentale plutôt
que manuelle; il procède de façon éminemment
intelligente, par «recrutement» (concept emprunté
à la biologie évolutive[12]) : le potentiel d'un produit
technique disponible est évalué, puis réinterprété.

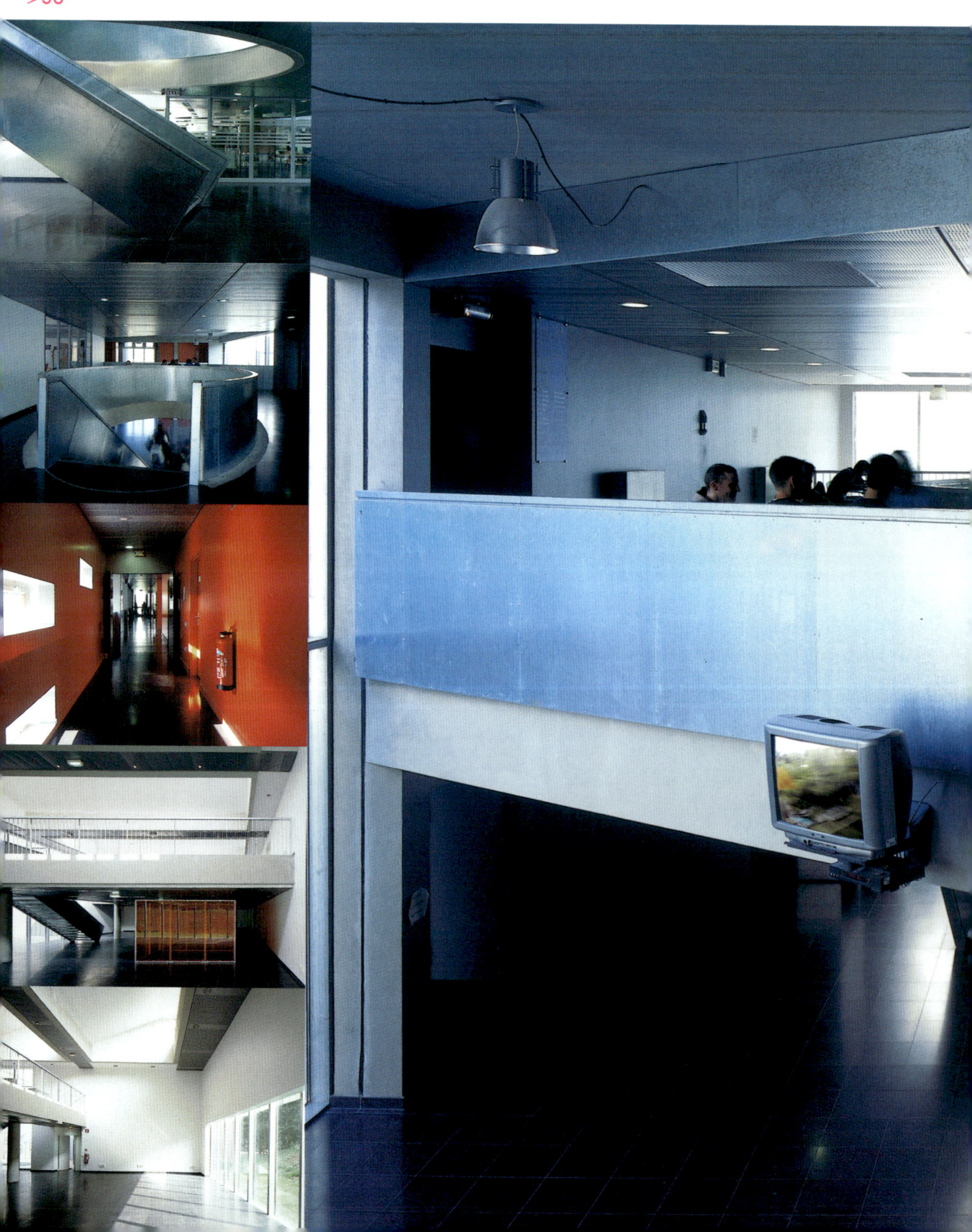

to enclose a small amount of space. Thus, instead of proceeding to spoil the material to make it fit the scheme, and while the stockpile of steel remained in the yard, they developed a new design. In this second scheme every piece of steel found its way into the construction of the building. Only one additional beam was required[11].
Thus the act of selecting components from on hand industrial stocks is not just a passive routine adapting with the existing world of technology. The craftsmanship is in the mind rather than the hands, in the highly intelligent act of "recruitment" to quote a concept from evolutionary biology[12], involving the exploration and reinterpretation of the potentials of the available technological product. This explains

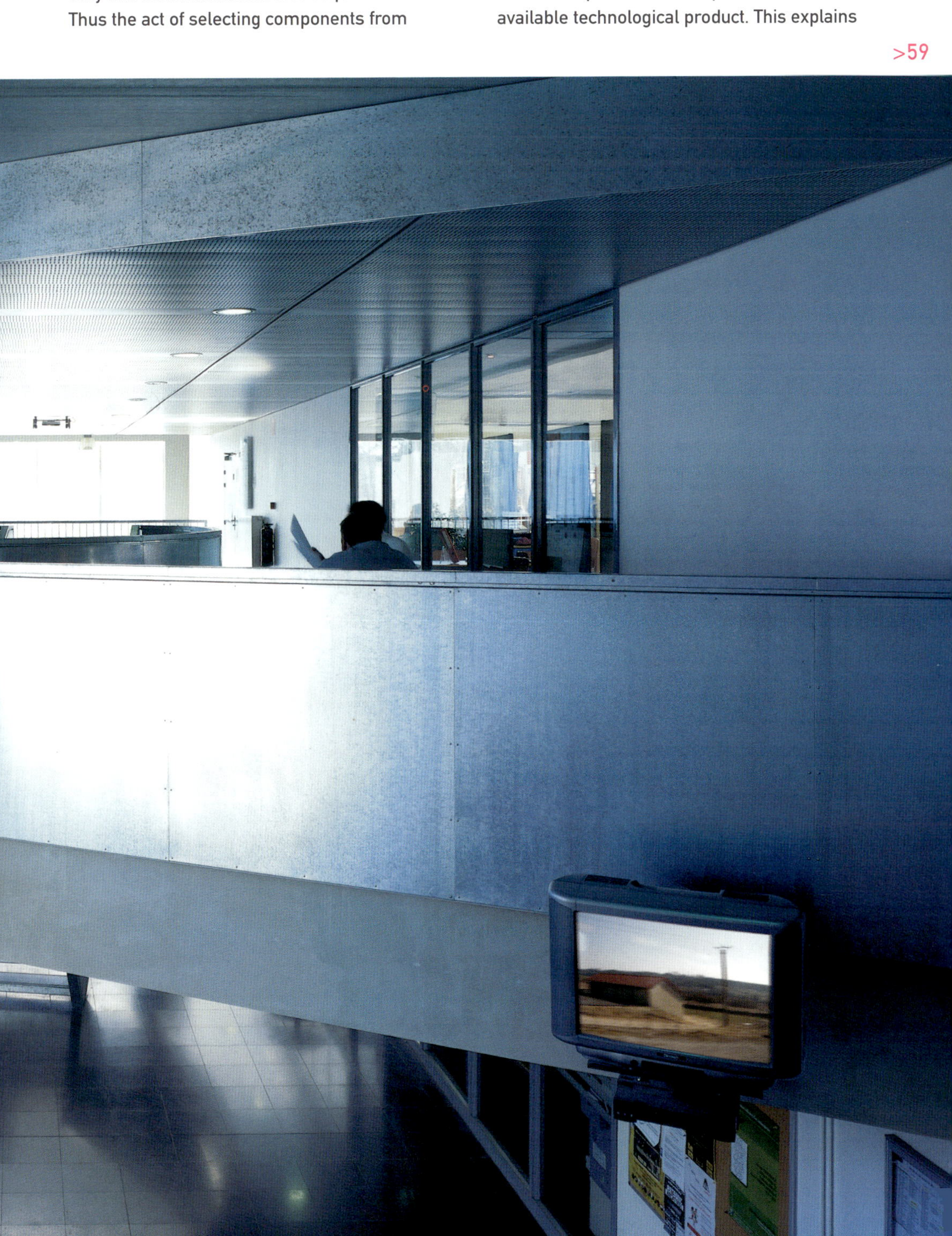

C'est pourquoi Ferrier est fasciné par les structures certes modestes, mais infiniment variées, d'un Gruissan : des cabanes de vacanciers au sud de la France, sur la côte méditerranéenne, bâties à partir de matériaux recyclés, souvent trouvés sur les lieux ou aux alentours : planches et poutres de bois, tôle ondulée, toutes sortes de panneaux provenant de voitures, de trains ou de sites industriels voisins. Loin de pécher par conservatisme, cette conception architecturale reconçoit en employant à des fins techniques des éléments préexistants, intelligemment conservés et économisés. La maison des Canisses[13] de Limoux est l'illustration la plus récente de ce parti pris : elle traduit sans doute par excellence ce modèle de la «cabane rustique».

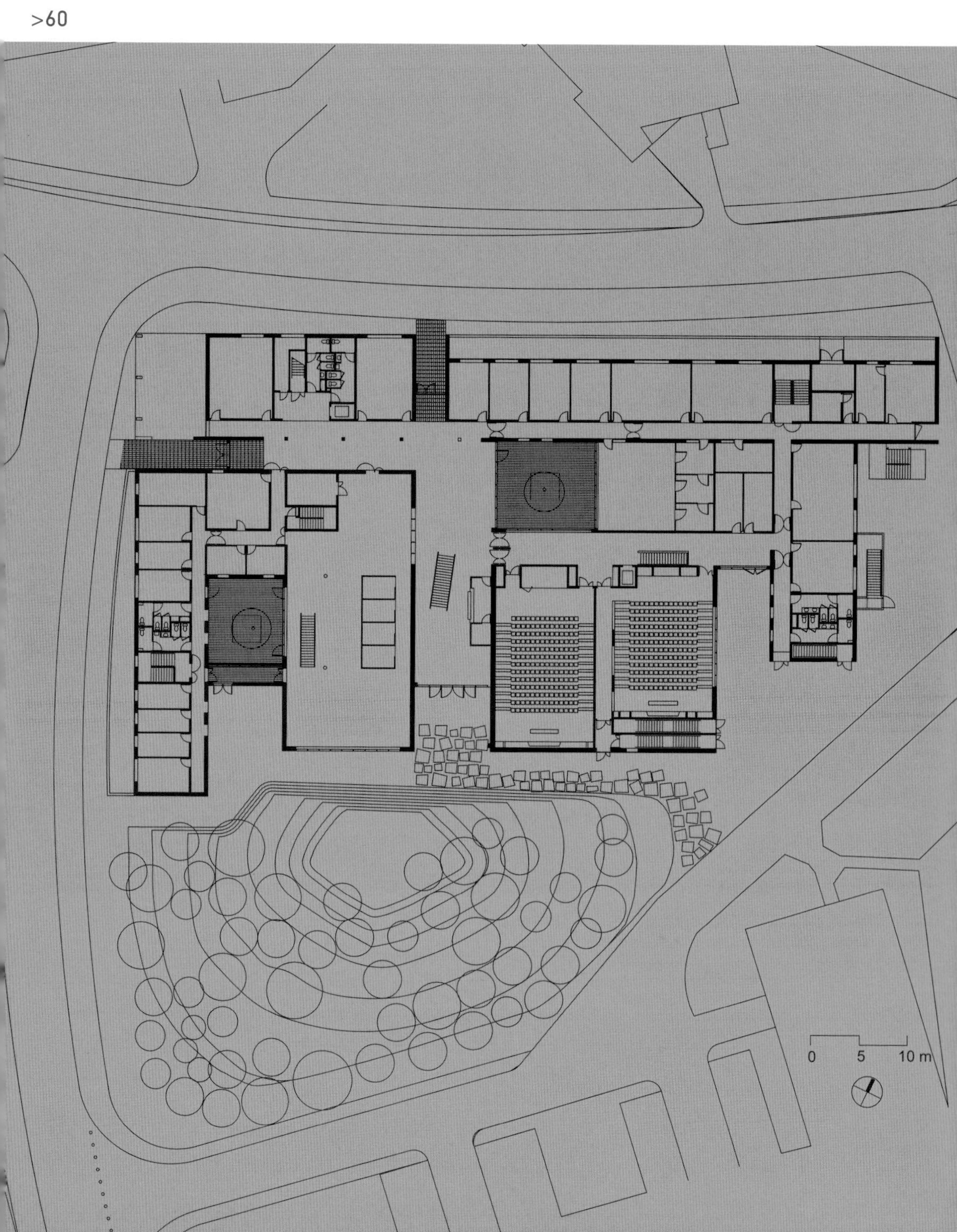

Ferrier's fascination with the very modest but infinitely varied structures of Gruissan: vacation shacks on the Atlantic coast in the South of France, assembled from second hand materials often found on or near the site – wooden planks and beams, corrugated tin, painted iron, all collected from cars, trains, industrial sites. Far from being conservative, this design re-designing by techno-recruiting existing products is an intelligent act of conservation and economy. In the same spirit, the Maison Individuelle[13], Limoux is the latest version; it is made out of recruited components, and is, perhaps, one of the most successful interpretations of the *cabane rustic*. Furthermore, the choice of components is dictated by their local availability,

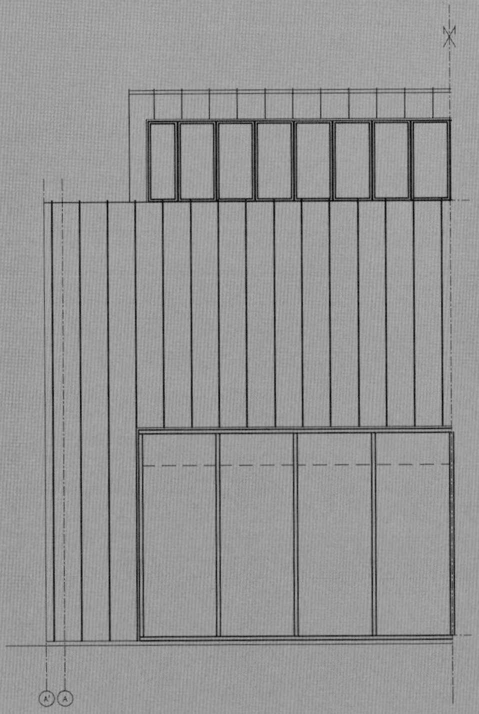

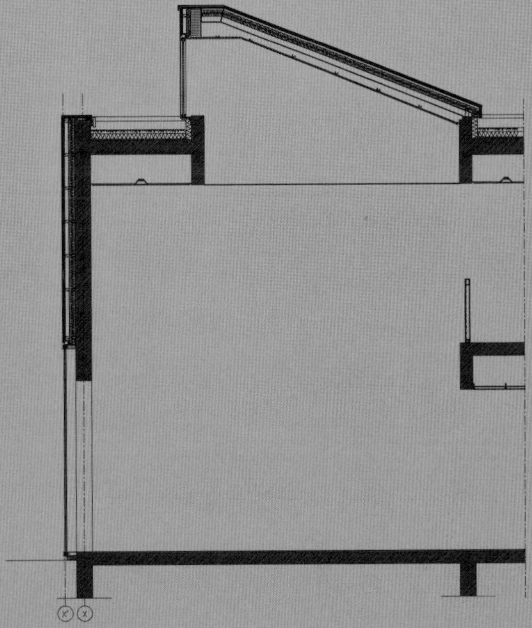

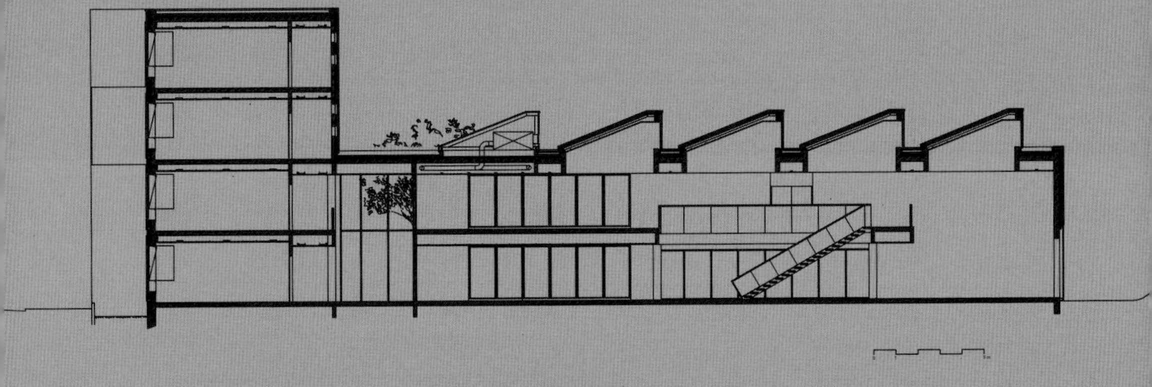

De plus, le choix des composantes se fait selon leur disponibilité locale : la construction emploie des matériaux contemporains, utilisés dans la région. L'architecte n'adopte pas une position anachronique. C'est un peu l'équivalent du conseil donné autrefois par Descartes : construire une maison à l'intérieur de son propre domicile, tant que celui-ci existe encore. C'est là faire preuve d'un régionalisme critique autant que rationnel, d'un point de vue écologique autant qu'économique. Descartes écrivait à une époque de grands soulèvements, de guerres et de destructions, mais aussi bien d'expéditions vers des terres nouvelles, aux cultures inconnues, où s'inventaient de nouveaux instruments permettant d'accéder à des informations inédites, parfois étranges.

> LOUIS-JOUVET COLLEGE
> COLLÈGE LOUIS-JOUVET

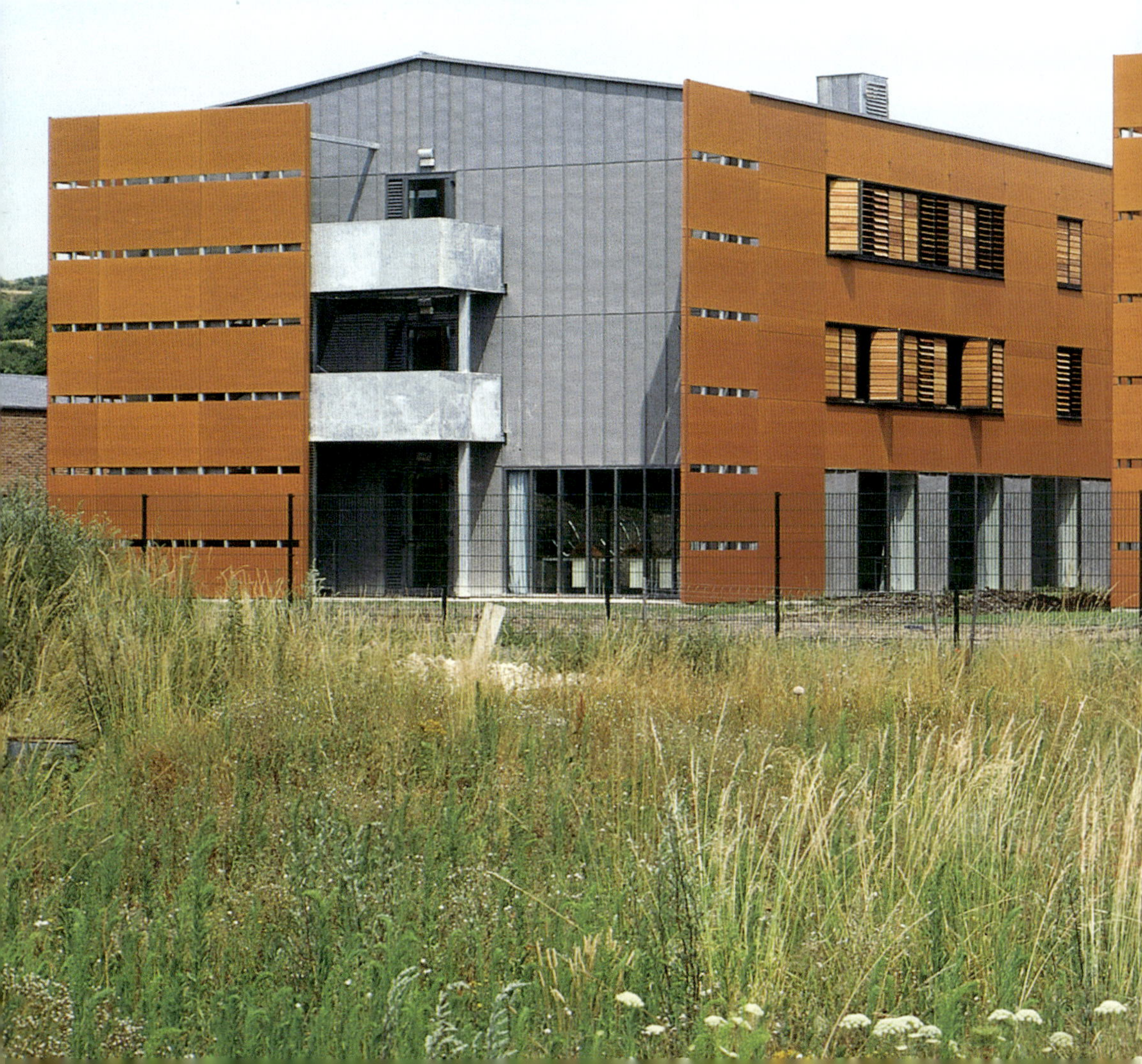

it employs contemporary materials in use in the region. The designer's stance is not anachronistic. It is equivalent to the Cartesian idea of building a house within ones own house while it is still in ex-istence. It is critically regionalist, and deeply rational ecologically and economically.

Descartes wrote in a period of great upheaval, war and destruction but it was also a time of exploration to new lands with alien cultures and invention of new instruments producing novel, strange data. In his *Règles pour la direction de l'esprit*, his proposal on method was an effort to establish the necessary, minimal conditions required to enhance creativity despite the uncertain and hostile conditions of the times.

GAMACHES, FRANCE, 2003

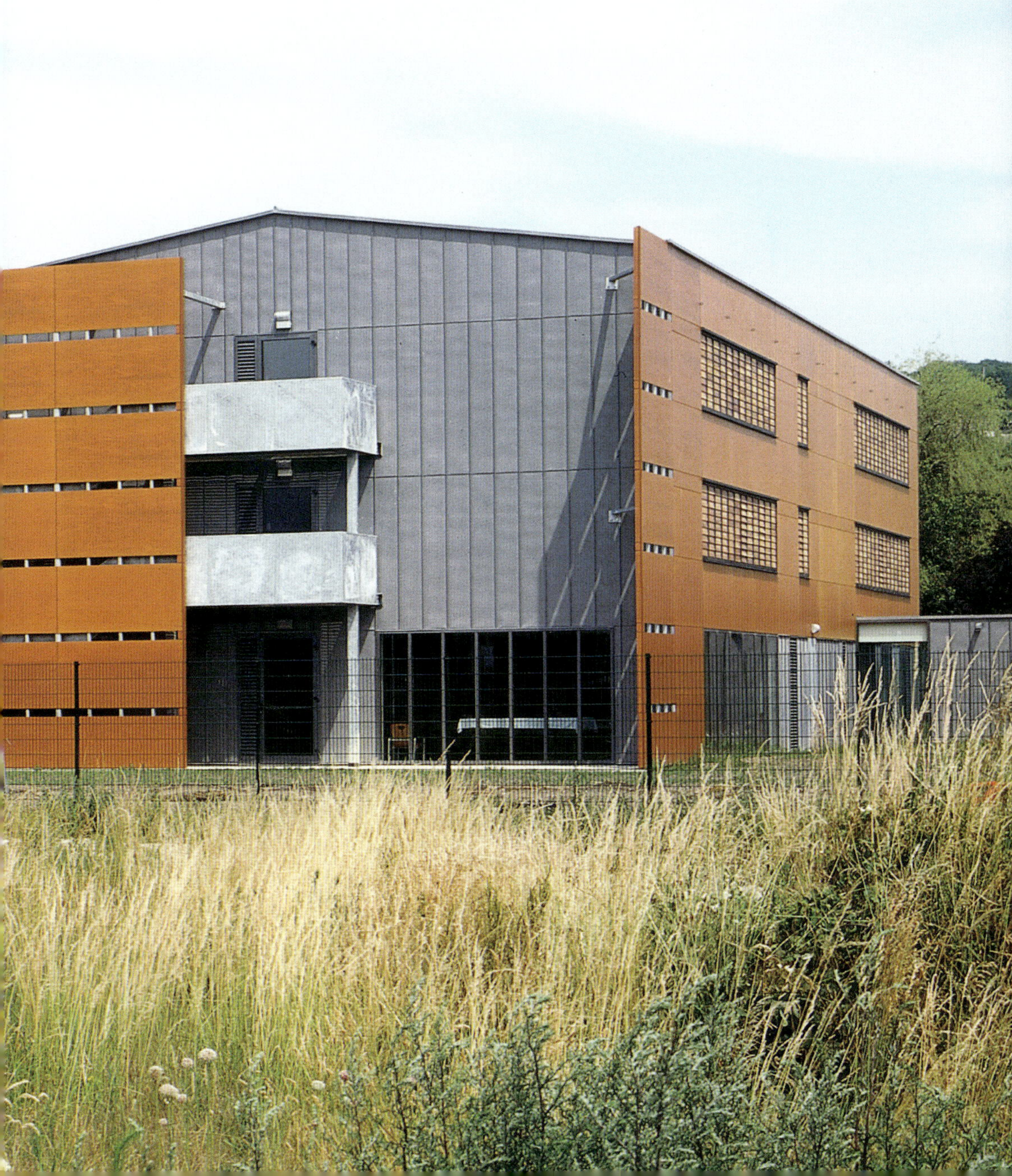

Dans les *Règles pour la direction de l'esprit*,
il propose une méthode afin d'établir les conditions
minimales requises pour accroître la créativité
malgré un contexte incertain et hostile. Il recourt
à une métaphore architecturale pour plaider en
faveur d'une évolution continue des idées. Son
époque ressemble à la nôtre à bien des égards.
En inversant l'analogie entre pensée abstraite
et matérialisme architectural, on pourrait dire
que les bâtiments offrant des conditions minimales
indispensables à l'interaction communautaire
sont peut-être ceux qui invitent à se montrer
créatifs, même si les circonstances actuelles
semblent s'y opposer. Toute l'œuvre de Ferrier
nous montre cette voie.

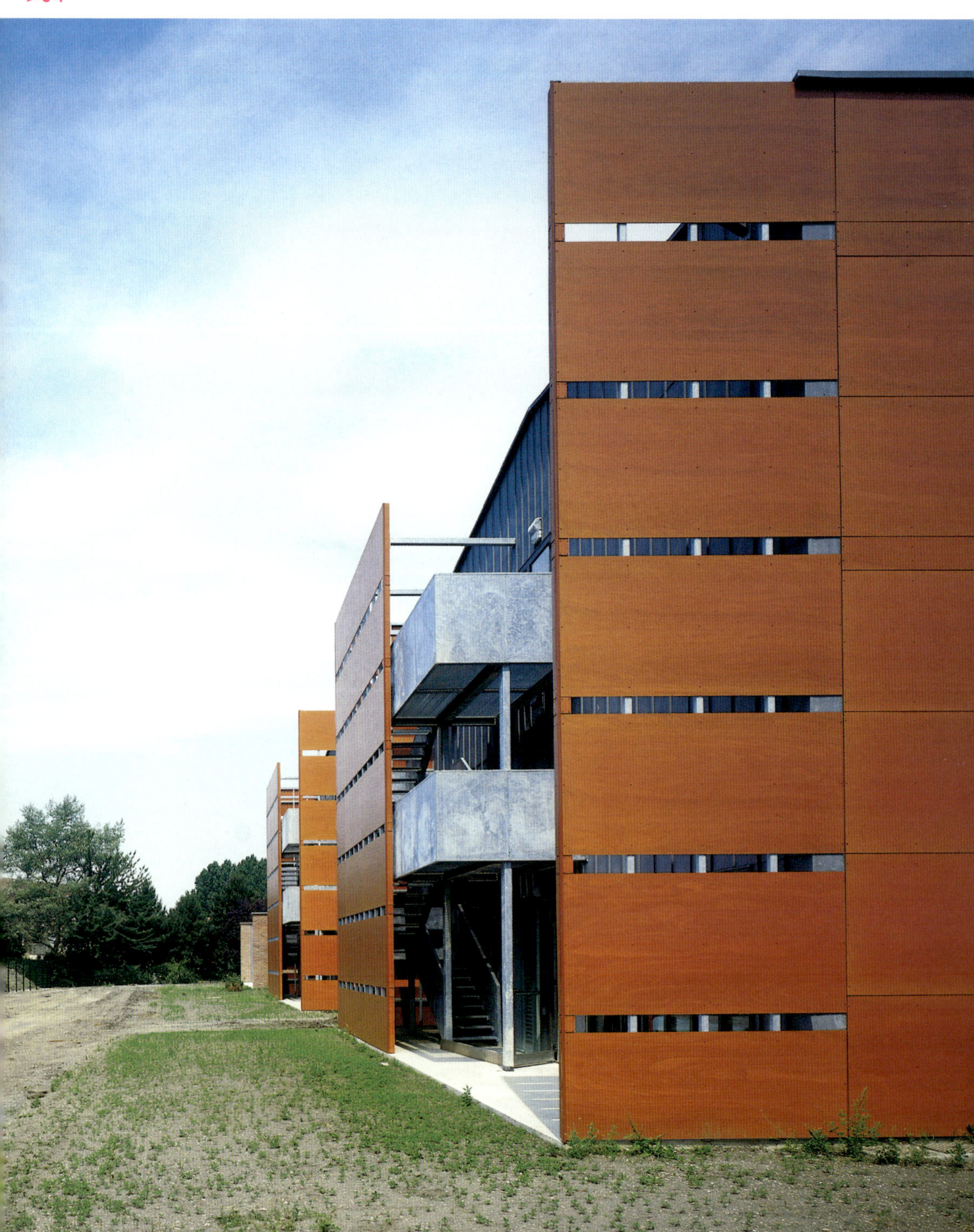

Using an architectural metaphor, he argued for a strategy for sustainable evolution of ideas. In many respects his times have strong similarities with ours. Reversing the analogy from abstract thinking to the concreteness of architecture, one might say that buildings that offer the necessary, minimal conditions to enable human interaction and community, may invite human creativity despite the adverse circumstances of the times. Ferrier's work offers this direction.

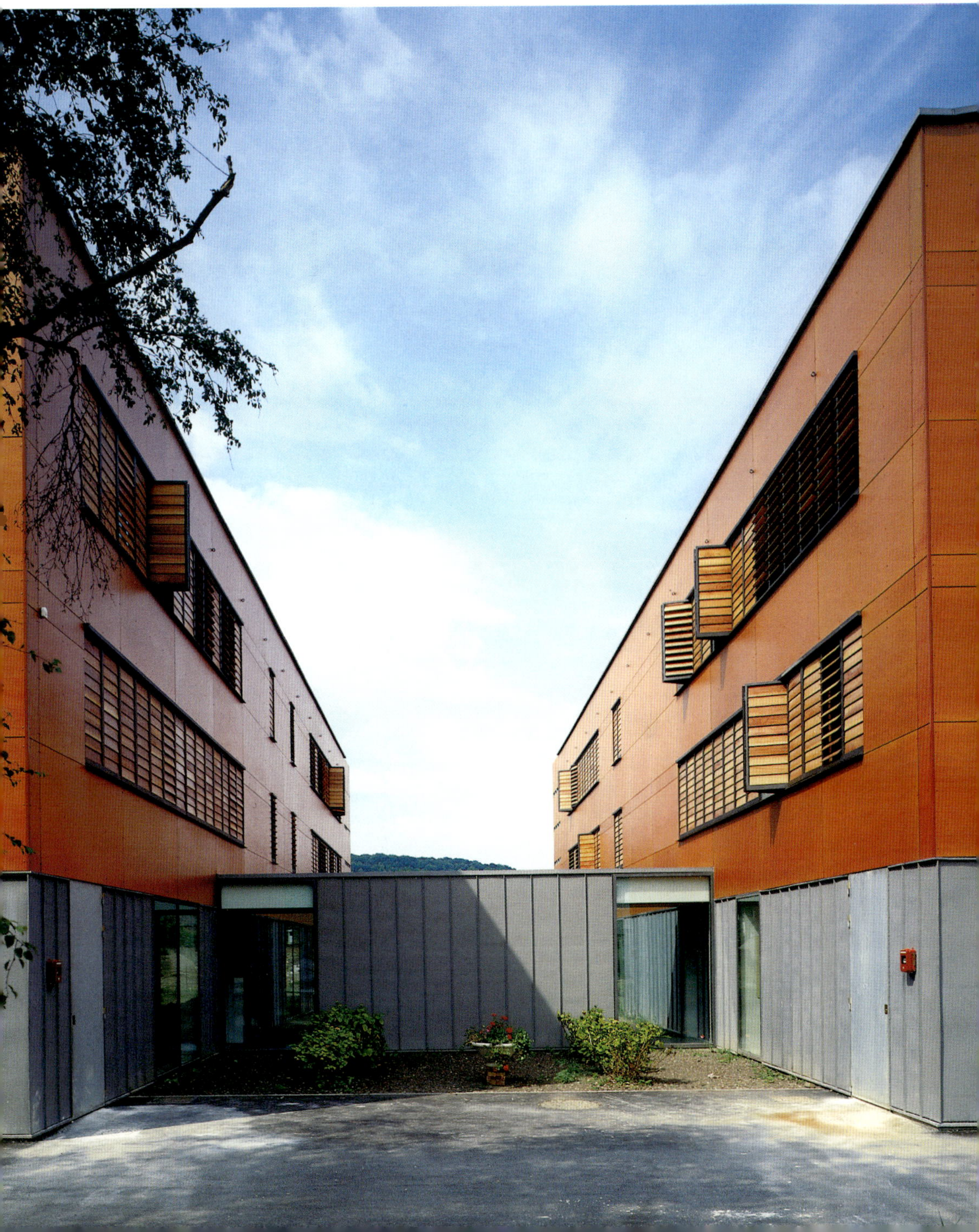

Notes

1. Ce qu'illustre notamment le travail de Hendrik Petrus Berlage sur l'ancienne Bourse d'Amsterdam, le «Beurs von Berlage», création qui devait avoir une forte influence sur l'architecture de son temps.

2. Voir l'article «Urban Environment. The Search for System» in *World Architecture*, n°1 (1964), p. 151.

3. Voir les articles de Shadrach Woods dans *Le Carré Bleu*, Revue internationale d'architecture, n°1 (1961) et n°2 (1963).

4. Alexander Tzonis, Liane Lefaivre, «Beyond Monuments», *Université Libre de Berlin, Candilis, Josic, Woods, Schieldhem*, Architectural Association, London, 1999.

5. Alexander Tzonis et Liane Lefaivre, «Le rigorisme épidermique» in *Le Moniteur Architecture - AMC*, n°70 (avril 1996), pp. 78-81.

6. Emil Kaufmann, *Architecture in the Age*

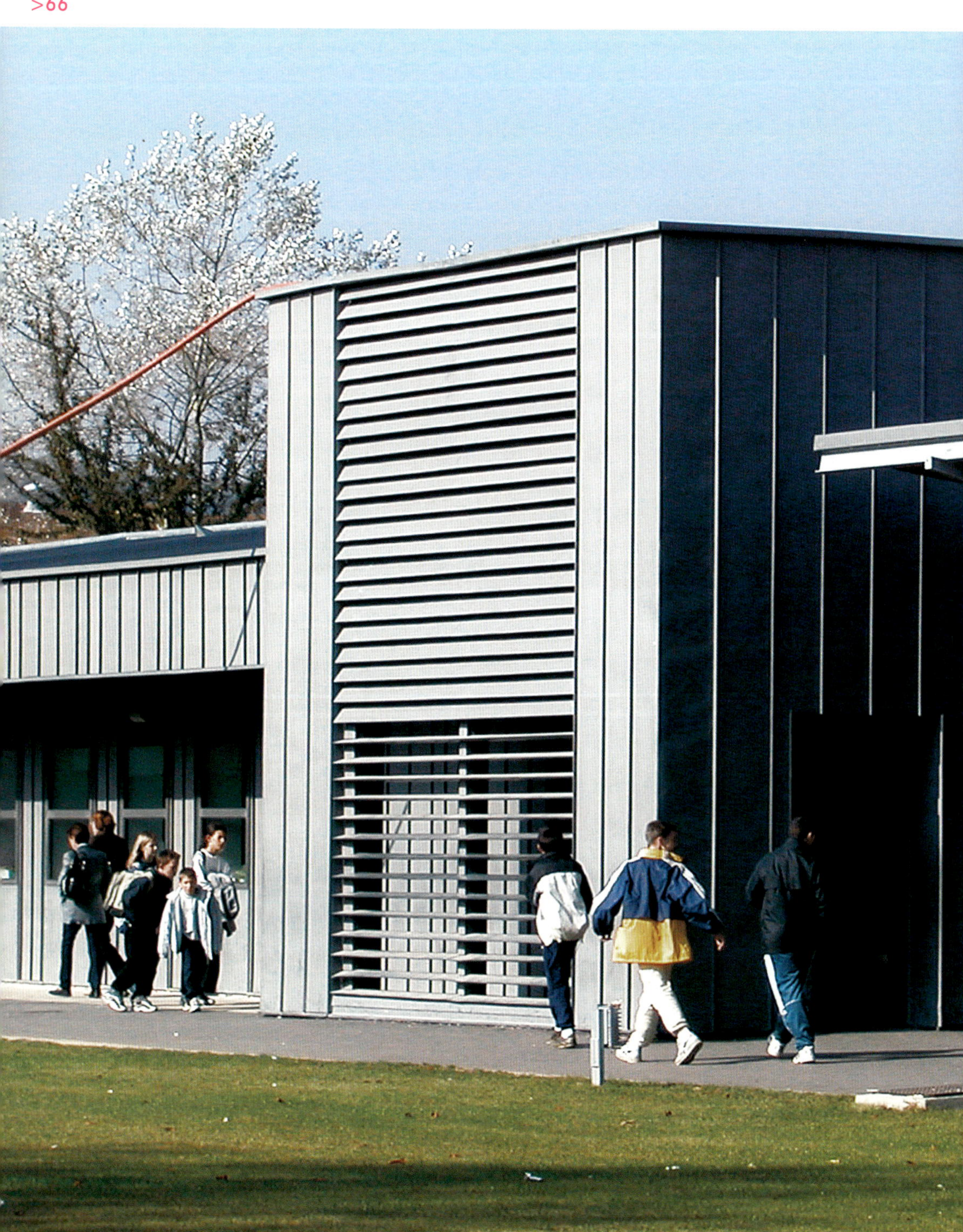

Notes

1. A most significant and influential example is certainly Berlage's Amsterdam Exchange (1898–1903).

2. *World Architecture*, n°1, "Urban Environment. The Search for System", 1964, p. 151.

3. Shadrach Woods articles in *Le Carré Bleu*, n°1 (1961) and n°2 (1963).

4. Alexander Tzonis, Liane Lefaivre, "Beyond Monuments", *Free University Berlin, Candilis, Josic, Woods, Schiedhelm*, Architectural Association, London 1999.

5. Alexander Tzonis Liane Lefaivre "Il rigorismo epidermico: un nuovo non-stile internazionale", "Skin Rigorism: A New International Non-style", *Casabella, Anno 6o*, n° 630–631, 1996, pp. 128–136, "Le rigorism épidermique", *Le Moniteur Architecture-AMC*, n° 70. Avril, 1996, pp. 78–81.

6. Emil Kaufmann, *Architecture in the Age of Reason*, Cambridge, 1955.

7. See Wolfgang Herrmann, Gottfried Semper, *In Search*

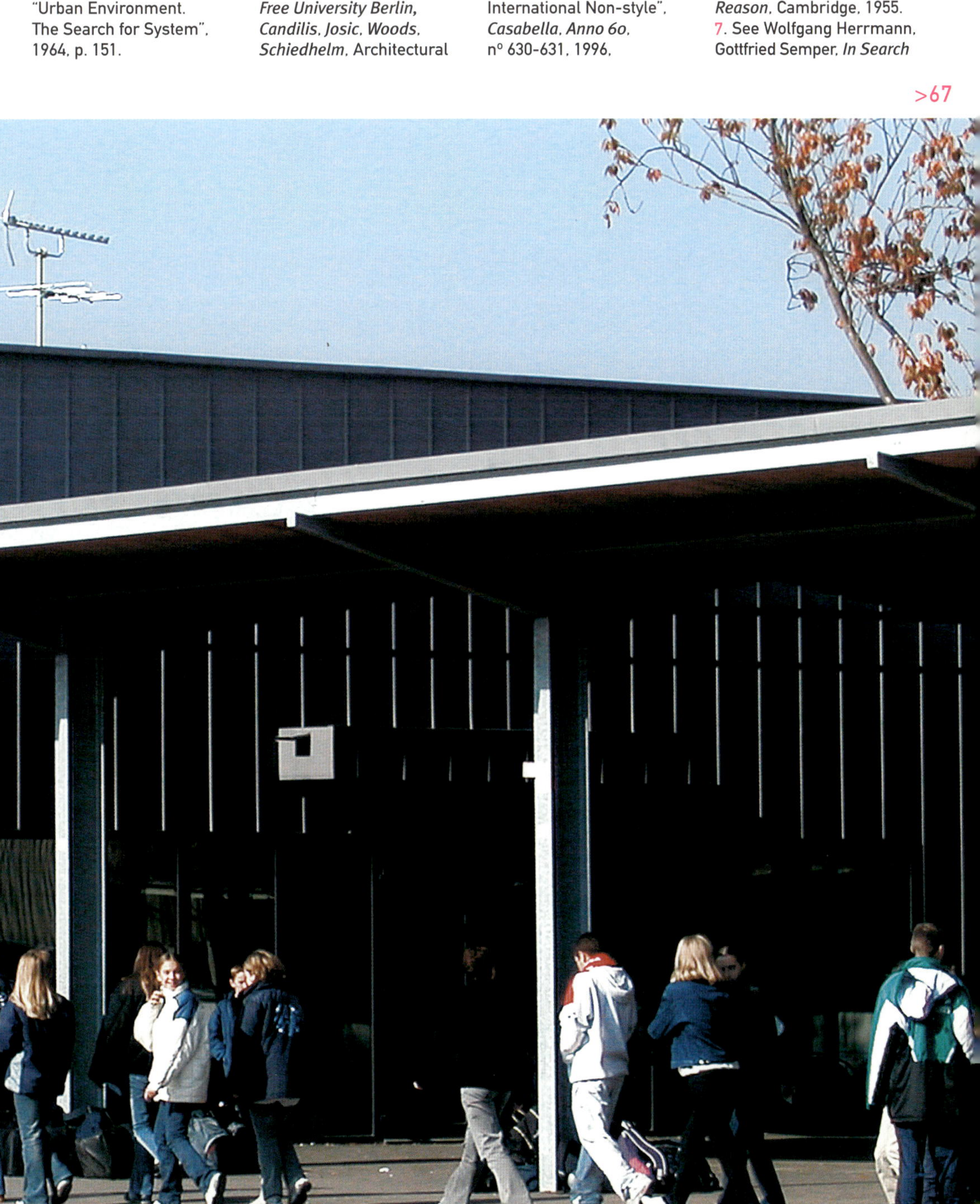

of Reason, Cambridge, 1955.

7. Wolfgang Herrmann, *Gottfried Semper, in Search of Architecture*, MIT Press, Cambridge, 1984.

8. Alexander Tzonis, Liane Lefaivre, *Architecture in Europe since 1968 : Memory and Invention*, Thames & Hudson, NY, 1997.

9. Louis Kahn, il est vrai, songeait plus à des enveloppes d'acier et à des édifices en verre, aux murs de béton imitant la pierre «avec effet de ruine» qu'à la conception d'une «peau» en matière d'architecture.

10. René Descartes, *Discours de la Méthode* (1637).

11. Voir Barbara Goldstein et Esther McCoy, *Arts & Architecture. The Entenza Years*, MIT Press, Cambridge 1990, pp. 32 et 66. Voir également John Neuhart, Marilyn Neuhart et Ray Eames, *Eames design*,

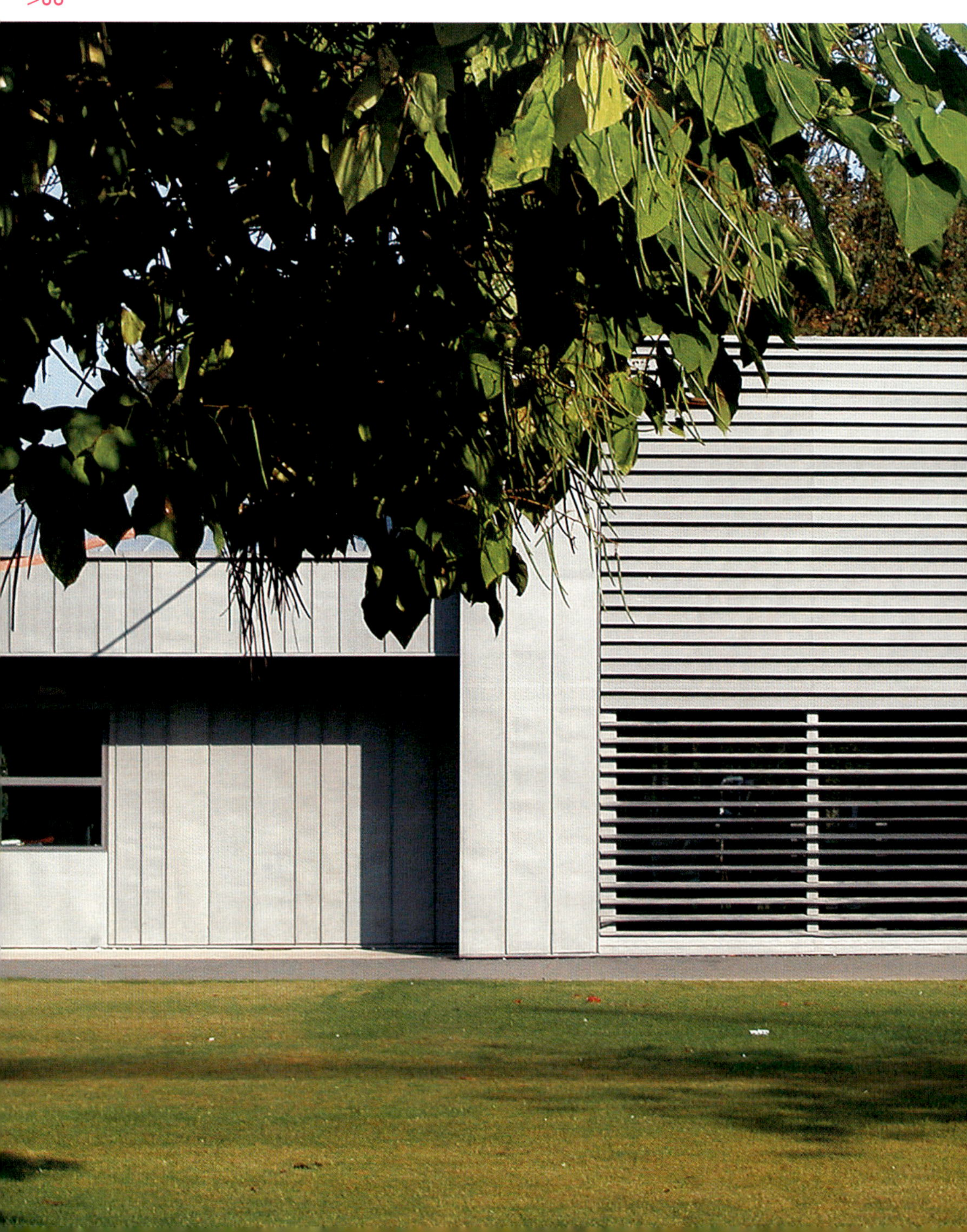

of Architecture, Cambridge, The MIT Press, 1984.
8. Alexander Tzonis, Liane Lefaivre, *Architecture in Europe since 1968 : Memory and Invention*, Thames & Hudson, NY, 1997.
9. However Louis Kahn was thinking more in terms of enveloping steel and glass buildings with 'stone-wall', 'ruins-like' concrete walls rather than skin.
10. René Descartes, *Discours de la méthode*, 1637.
11. See Barbara Goldstein and Esther McCoy, *Arts & Architecture. The Entenza Years*, Cambridge, The MIT Press, 1990, pp. 32, 66. See also John Neuhart, Marilyn Neuhart and Ray Eames, *Eames Design*, New York, Abrams, 1986, pp.102-124.
12. The term recruitment is used in the sense of "birds and bats recruiting bones of the front limbs to make wings" during long term evolution. See the Harvard biologist, Richard Lewontin, "The Evolution

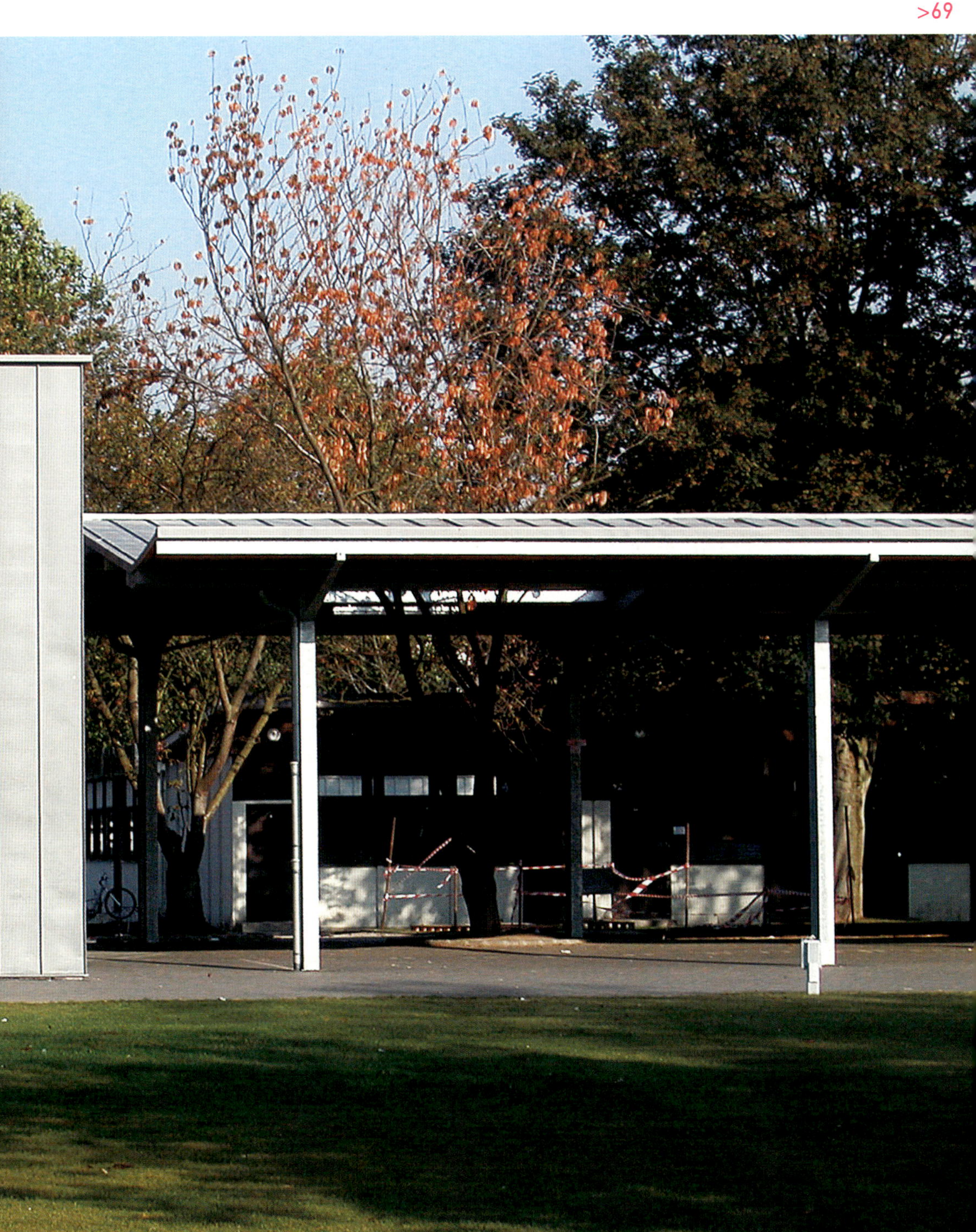

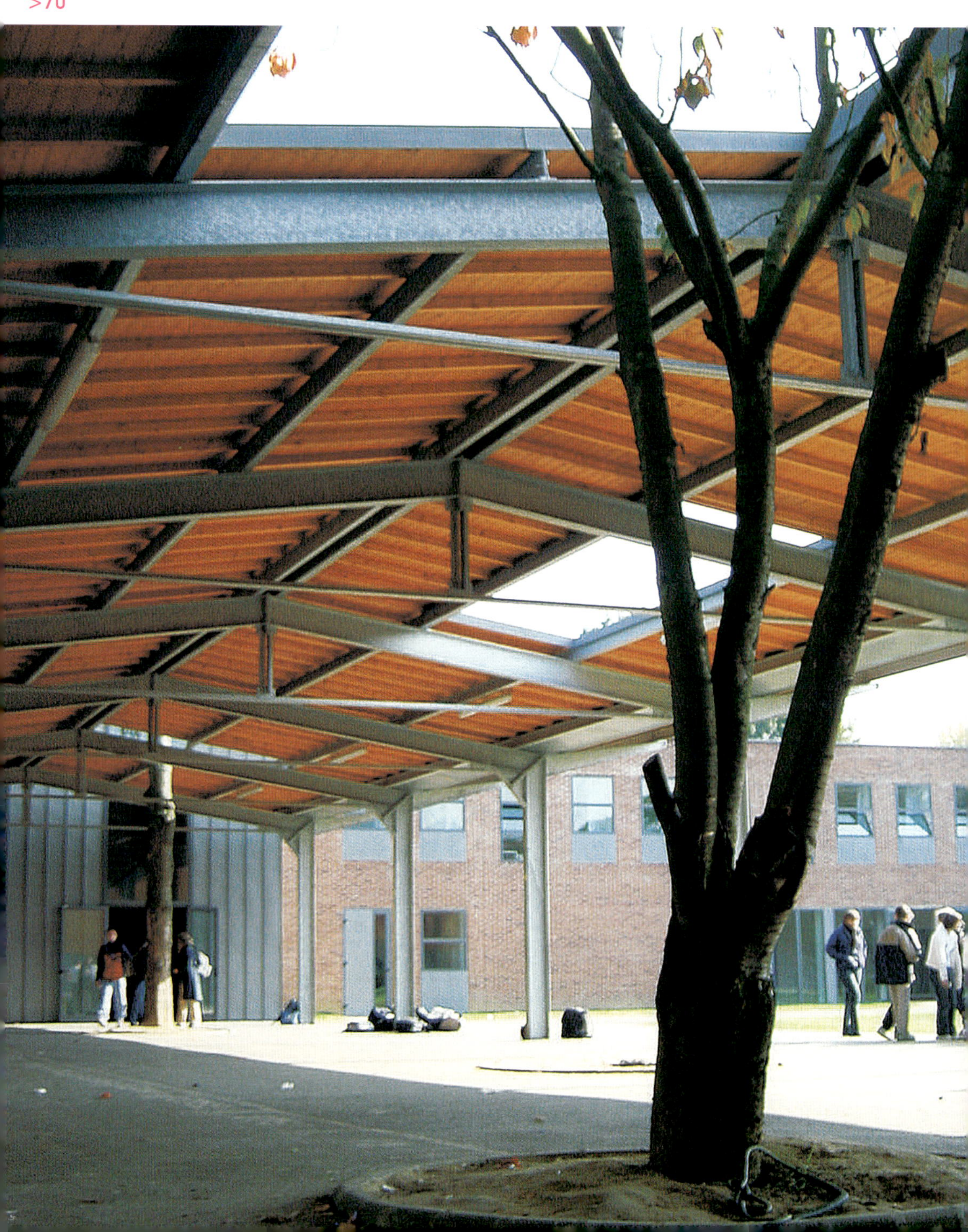

Abrams, New York, 1986, pp. 102-124.
12. Les chercheurs en biologie évolutive parlent de « recrutement » lorsque des oiseaux ou des chauves-souris « recrutent les os des membres inférieurs pour fabriquer des ailes » au cours d'une évolution à long terme. On se rapportera à l'article de Richard Lewontin, biologiste à Harvard, « The Evolution of Cognition » dans le tome III de *An Invitation to Cognitive Science*, *Thinking*, éd. Daniel N. Osherson et Edward F. Smith, MIT Press, Cambridge, 1990. Bien qu'il eût pour spécialité les sciences naturelles, Lewontin côtoya Buckminster Fuller aux débuts de ses études (le fait a été mentionné à Alexander Tzonis lors d'un échange personnel).
13. Réalisée avec Sandra Planchez.

of Cognition," in *An Invitation to Cognitive Science*, *Thinking*, Cambridge, The M.I.T. Press, 1990, vol. III, edited by Daniel N. Osherson and Edward E. Smith. Lewontin, although a natural scientist, was close to Buckminster Fuller at an early stage of his studies. This was told to Alex Tzonis through personal communication.
13. In collaboration with Sandra Planchez.

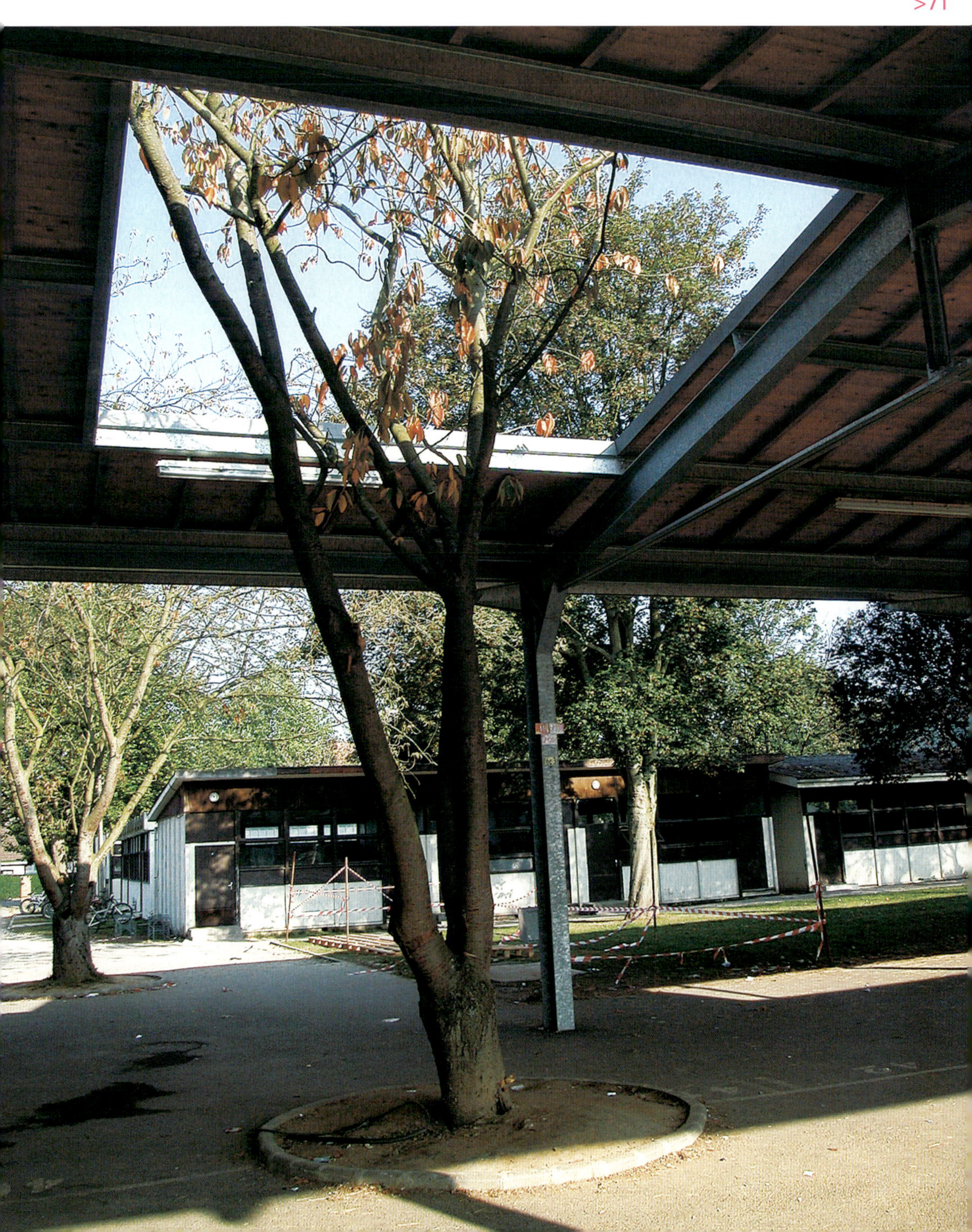

ENTRETIEN
EMMANUEL CAILLE
JACQUES FERRIER

JUIN 2003

[Notes aux pages 228-230]

Les premiers projets de l'agence Jacques Ferrier étaient liés au monde de l'entreprise et de la recherche, des laboratoires, des lieux de production, à l'environnement industriel. En quoi ont-ils d'emblée créé une « philosophie d'agence », une façon d'aborder différemment les programmes ?

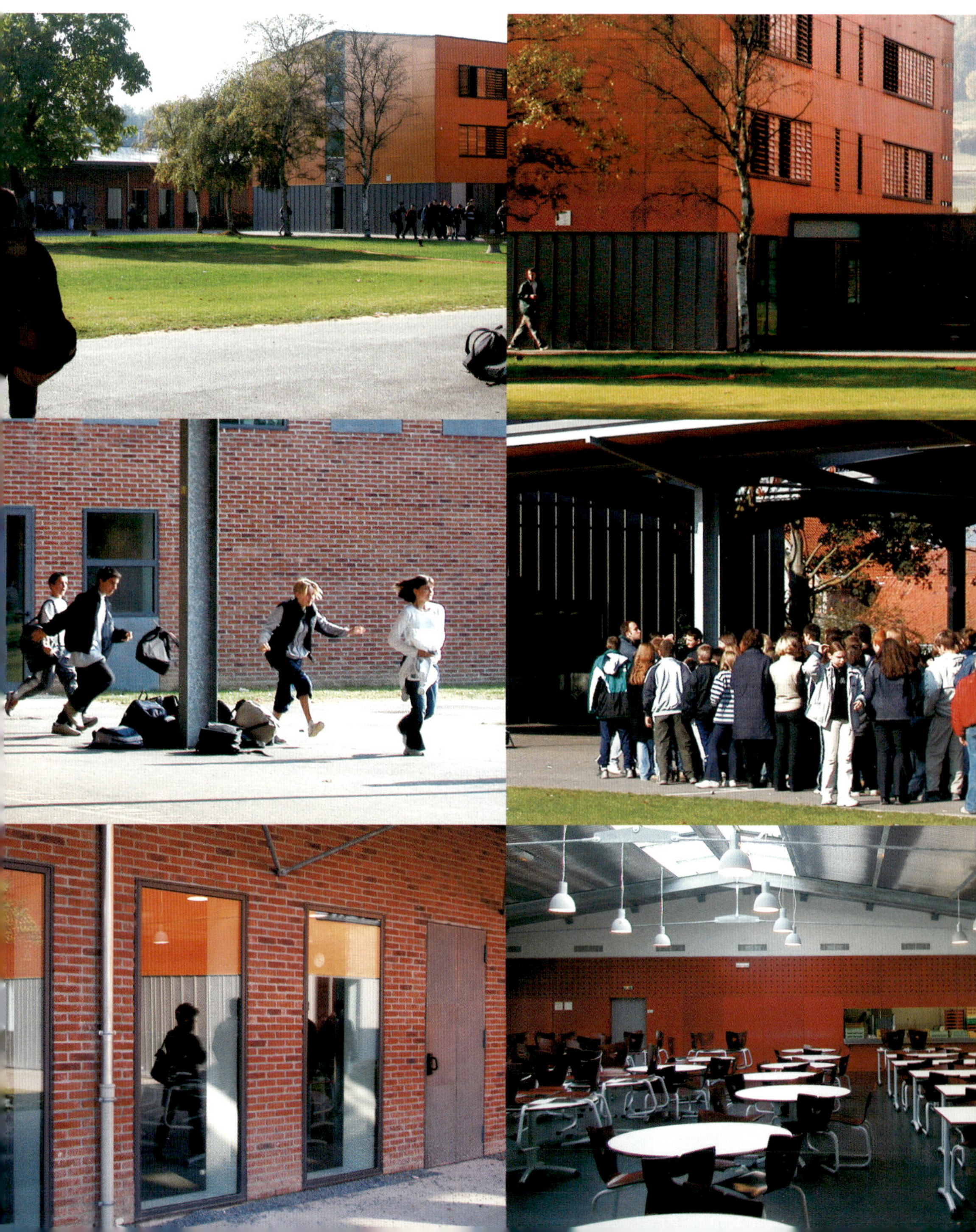

CONVERSATION
EMMANUEL CAILLE
JACQUES FERRIER

JUNE 2003

[Notes on pages 229-231]

The first projects of the Jacques Ferrier Studio had to do with the industrial world, with research laboratories, factories, workshops, and working environments, situated in an industrial setting. Did these first projects contribute to a "studio philosophy" from the beginning, a unique approach to its projects?

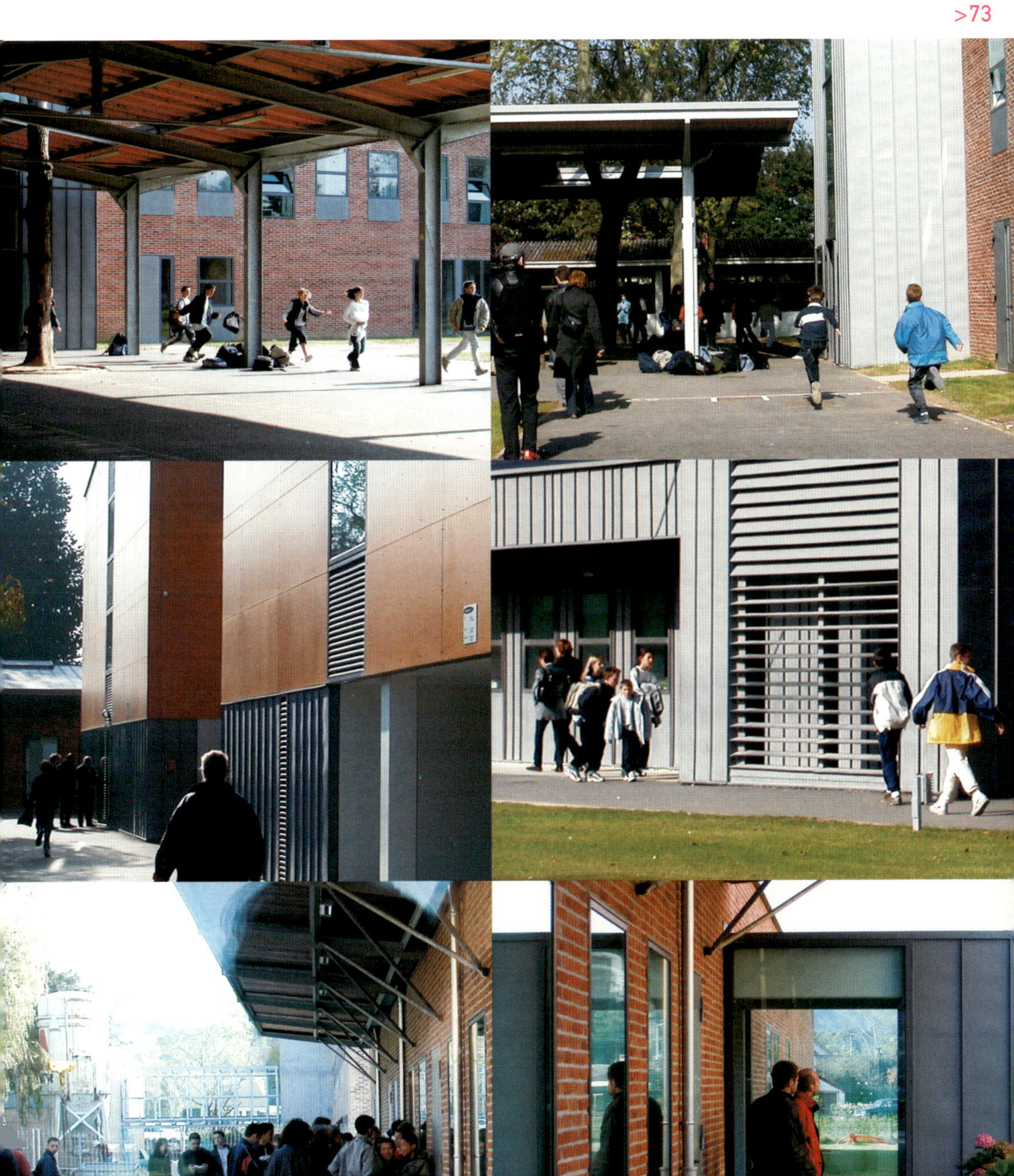

Les programmes pour la science et pour
la production sont par nature des espaces voués
à l'innovation ; dès le départ, c'était pour moi
une opportunité et une motivation d'inscrire
le projet lui-même comme un travail de
recherche. Avec ma première réalisation – le
centre de recherche sur les matériaux pour
l'École des mines de Paris[1], j'ai dû changer
radicalement mon regard sur ce qu'était un projet
d'architecture. Les équipements contenus
dans le bâtiment, et notamment des microscopes
électroniques extraordinairement puissants,
se révélaient plus chers que le bâtiment lui-
même. Ce contenu représentait pour les
chercheurs la raison d'être du nouvel équipement
qui, lui, n'en était que la boîte nécessaire.

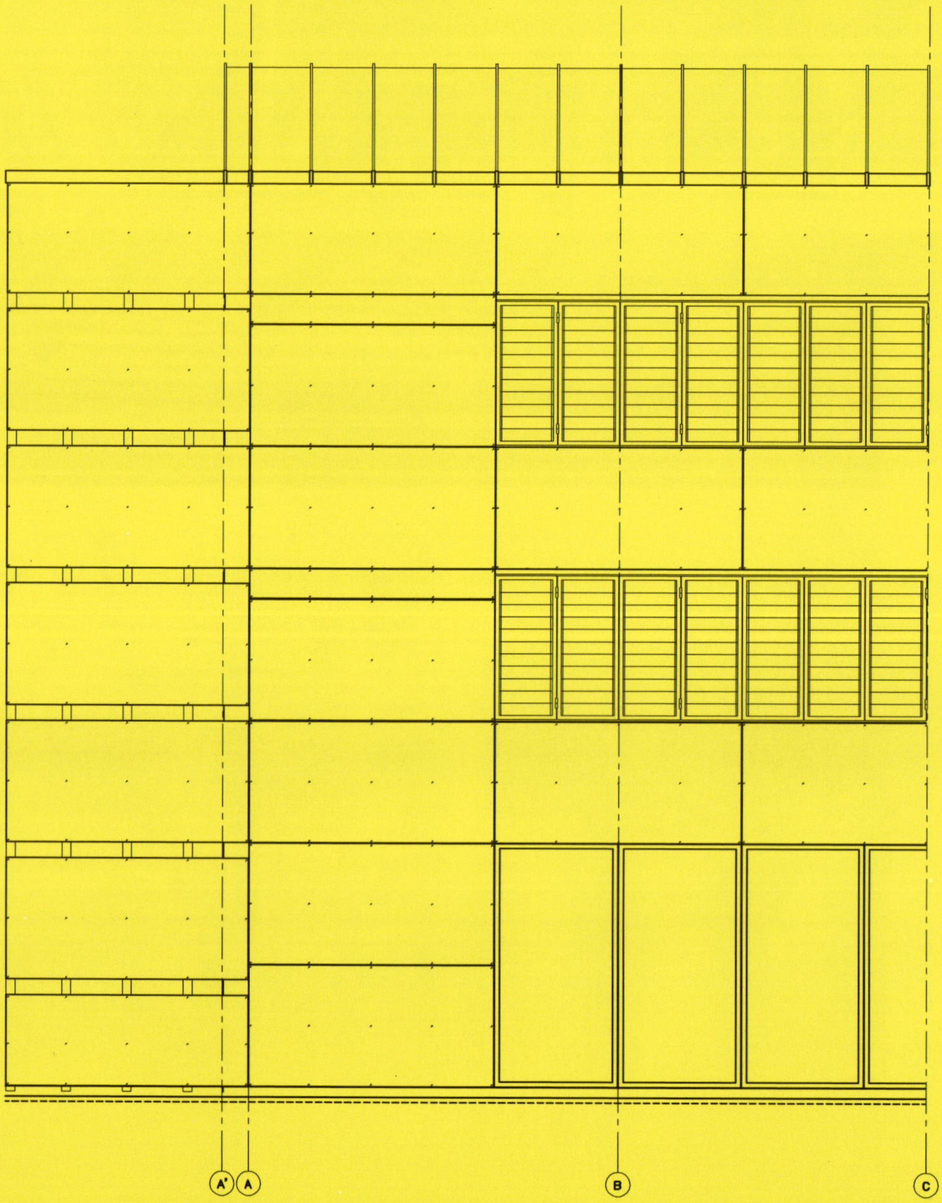

Commissions for research and production facilities involve, by their very nature, spaces dedicated to innovation. From the beginning, these projects provided me with the opportunity and the stimulus to define the architectural projects themselves as a research projects. In my first building, the Materials Science Research Centre for the École des mines in Paris[1], I had to radically change my attitude to what an architectural project actually was. The equipment contained in the building, particularly the extraordinarily powerful electronic microscopes, turned out to be more expensive than the building itself. The content represented, for the scientists, the justification for the new building; the building, in fact,

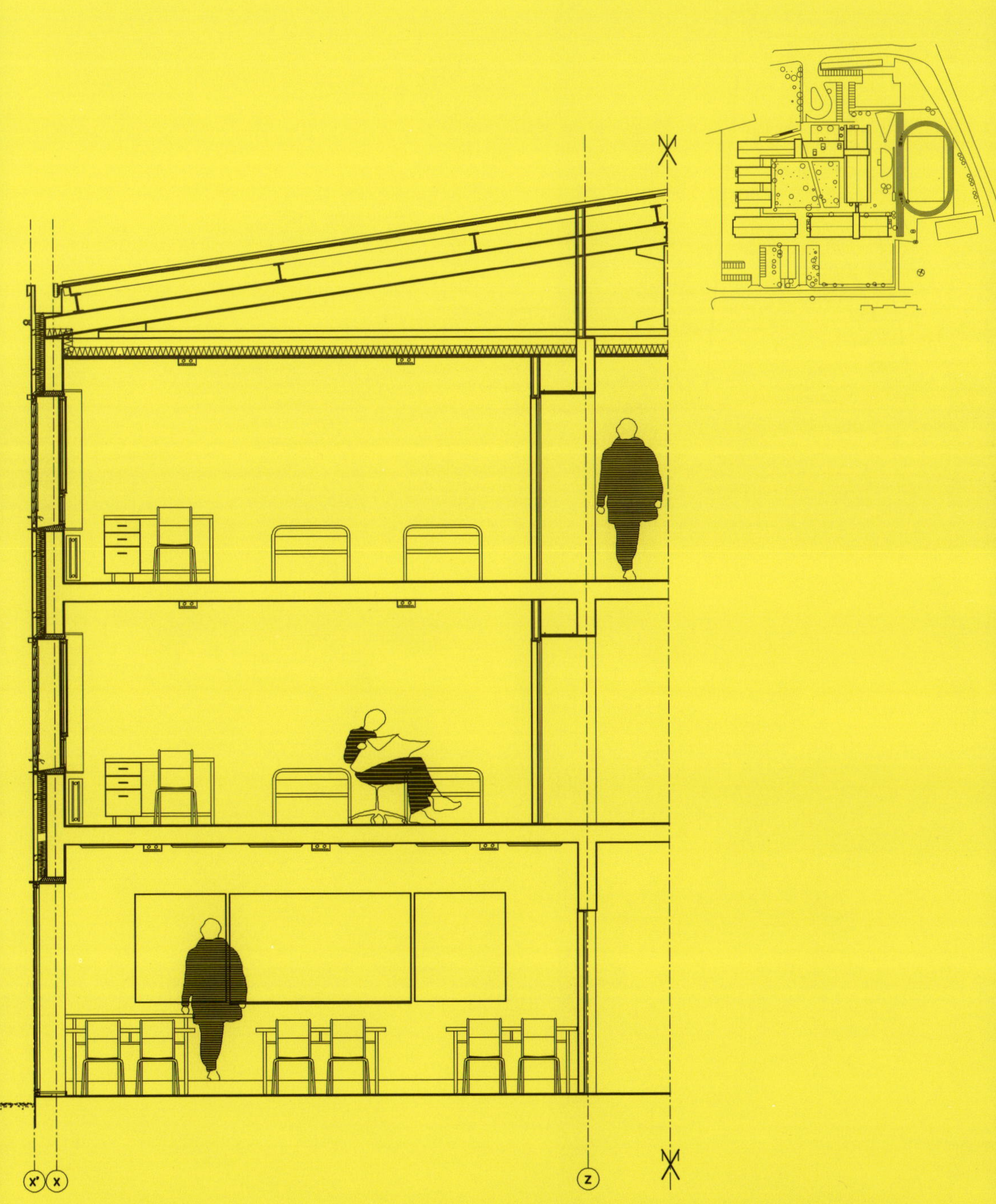

Les discussions sur les choix et les décisions prises étaient donc constamment placées dans un angle de vision très global où l'architecture n'apparaissait pas comme l'élément central et moteur du projet, mais son accompagnement. L'économie se révélait à chaque étape le critère décisif et la balance des priorités me semblait toujours en défaveur de l'architecture. Si nous avons réussi à réaliser un projet qui répondait à un haut niveau d'exigence architecturale[2], c'est parce que nous avons décidé d'utiliser des matériaux et des dispositifs constructifs ordinaires correspondant plus à un bâtiment industriel qu'au centre de recherche d'une grande école française. Je me plaçais ainsi dans une esthétique où l'économie n'était plus un élément

> INTERREGIONAL LABORATORY

> LABORATOIRE INTERRÉGIONAL

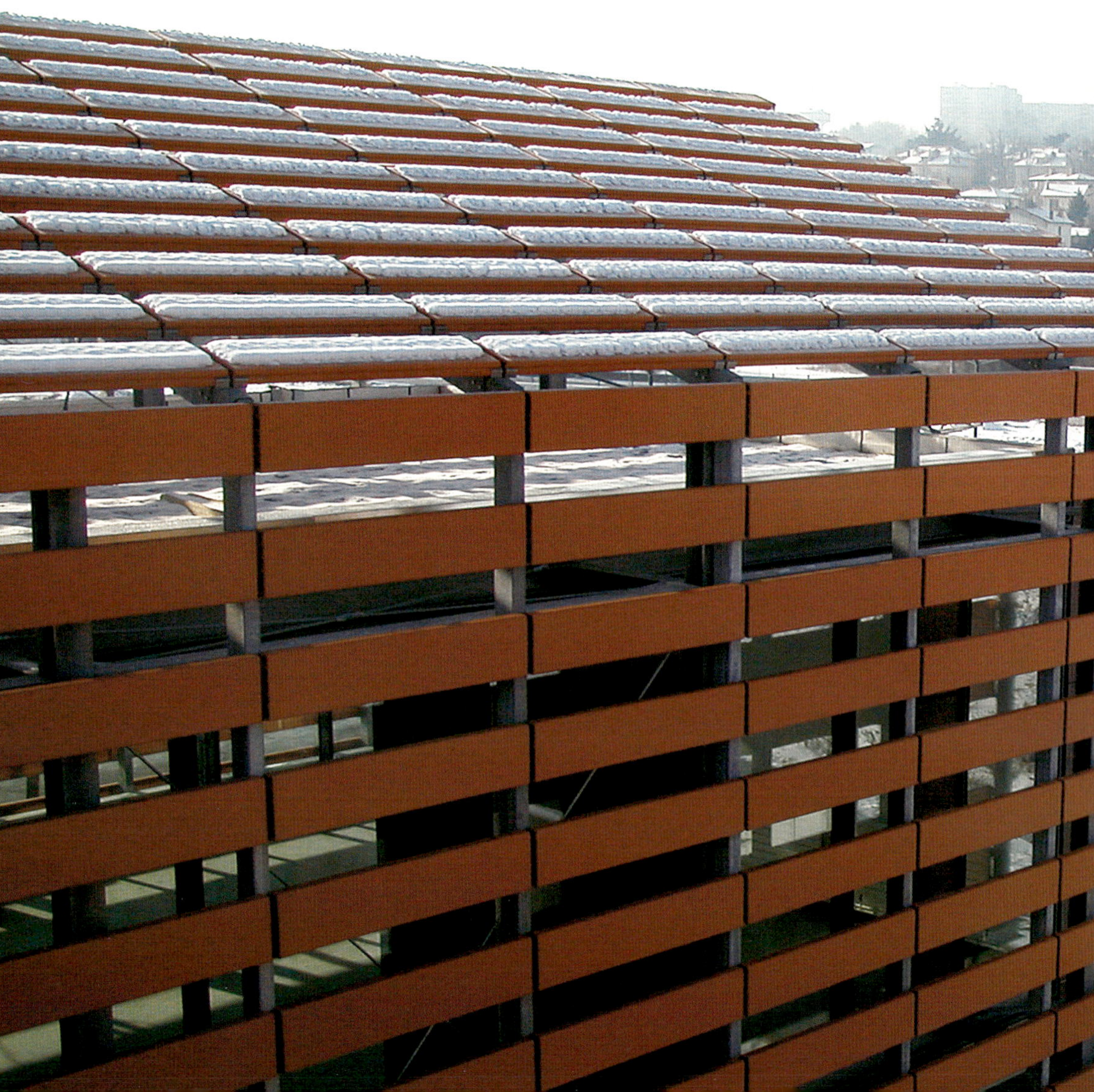

merely served as a container. Discussions about our options and decisions were therefore constantly placed in a very general context where the architecture was not the central element and driving force of the project but merely an accompaniment. At each stage, economics turned out to be the decisive factor in establishing priorities; and always, it seemed to me, to the disadvantage of the architecture. If we did succeed in creating a project of high architectural value[2], it's because we decided to use ordinary materials and structural components: elements usually considered more appropriate to an industrial building than to the research centre of a prestigious French university. So I adopted an aesthetic where

OULLINS, FRANCE, 2003

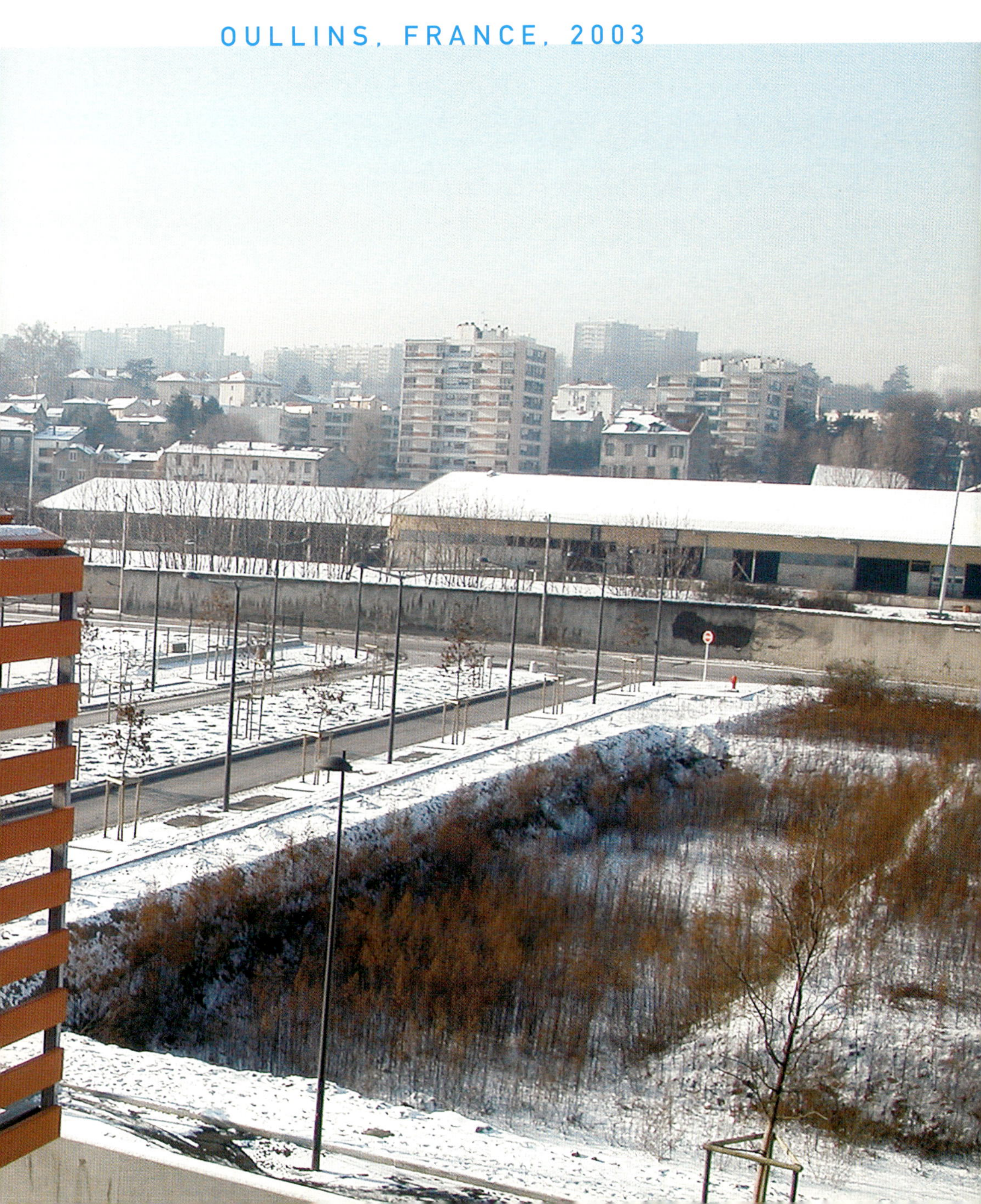

d'opposition, mais devenait une des données qui servait de matière au projet. Pendant les études, je me souviens de discussions particulièrement délicates avec tel ou tel chercheur m'interrogeant sur la différence entre le bardage métallique, «très laid», d'un supermarché ou d'un garage et celui du futur centre de recherche. «Aucune» devais-je avouer devant mon interlocuteur interdit. Il nous a fallu tenir bon pour garder ce cap décisif : en prenant le parti d'utiliser des matériaux industriels disponibles sur catalogue ; ce qui nous a laissé une marge de manœuvre financière suffisante pour travailler sur des détails d'assemblage soignés et précis. Je dois dire, qu'une fois le bâtiment construit, plus aucun de ses utilisateurs n'a fait de parallèle avec

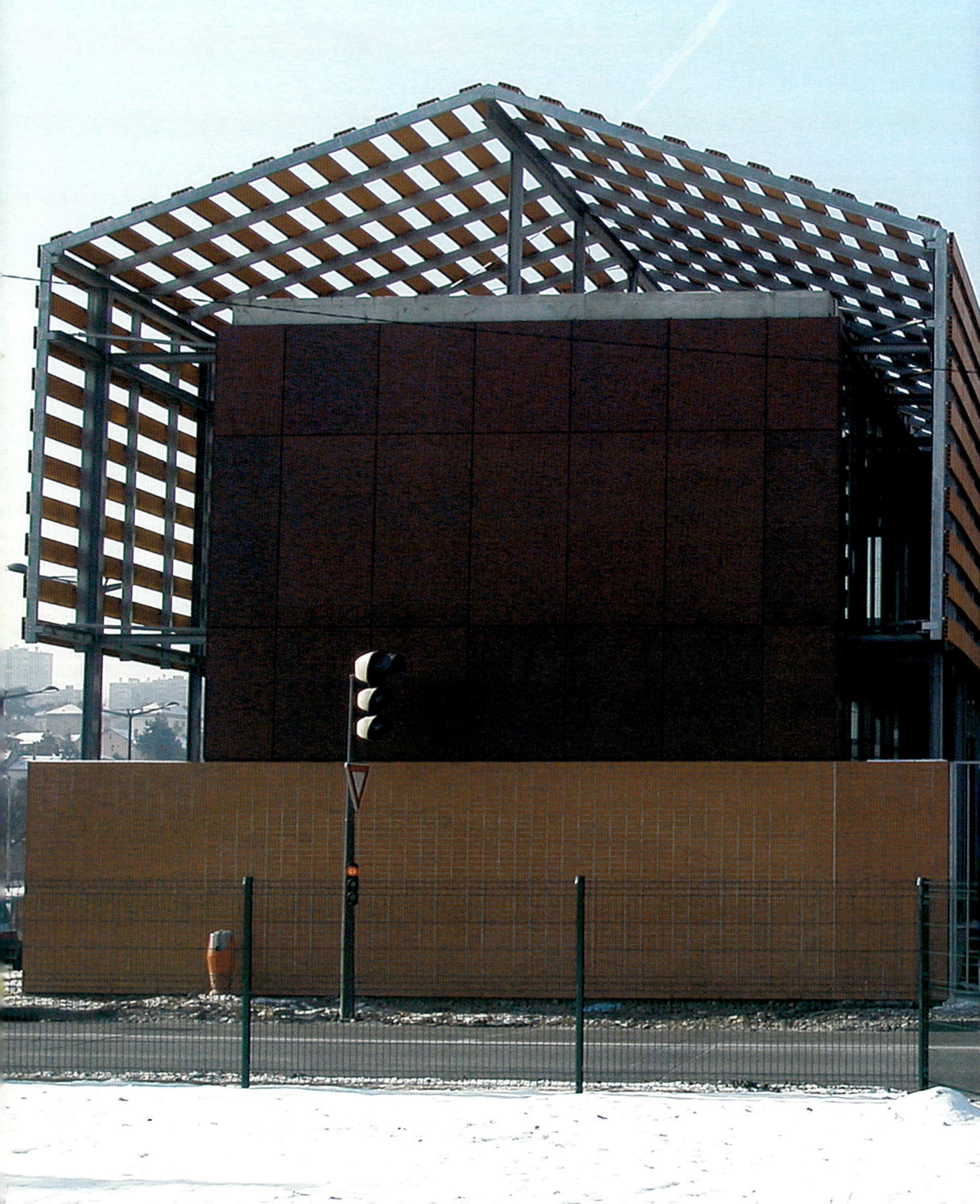

economic constraints were no longer an
obstacle; they became one of the givens
that served as an inspiration for the project.
While we were preparing the initial studies,
I remember some particularly difficult
discussions with the scientists; they grilled
me about the difference between the "extremely
ugly" metal siding of a supermarket or garage
and the metal siding I was proposing for
the future research centre. "No difference,"
I had to say; this shocked my discussion
partners. We had to fight to stick to
our essential objective: this was our decision
to use ordinary industrial materials available
out of ordinary building catalogues; this choice
left us sufficient financial margin so that

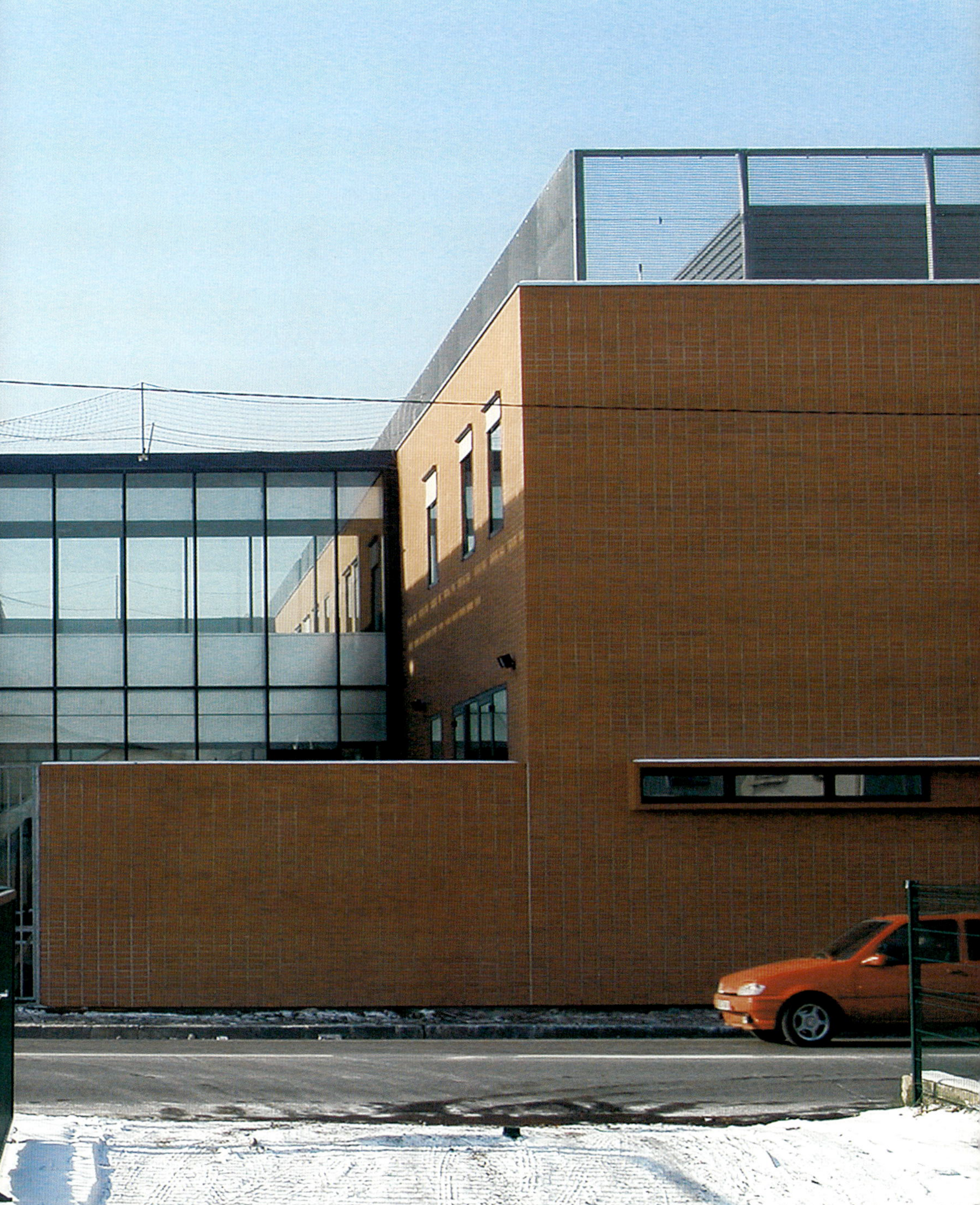

des constructions commerciales et industrielles.
Le centre de recherche et le bardage métallique
avaient acquis une identité propre. La manière
dont le bâtiment avait été mis en œuvre avait
changé le regard, elle donnait à son enveloppe
une matérialité qui me paraissait intéressante,
offrant une texture dense avec un matériau
mince. Une résonance s'était également créée

avec les supermarchés et entrepôts disséminés
dans le paysage alentour ; c'était aussi une façon
de se situer dans le contexte.
La demande pour de semblables projets s'est
confirmée par la suite avec les laboratoires de
biologie marine Isomer à Nantes, les laboratoires
de recherches en informatique de l'Inria
à Sophia-Antipolis, le pôle d'essai des véhicules

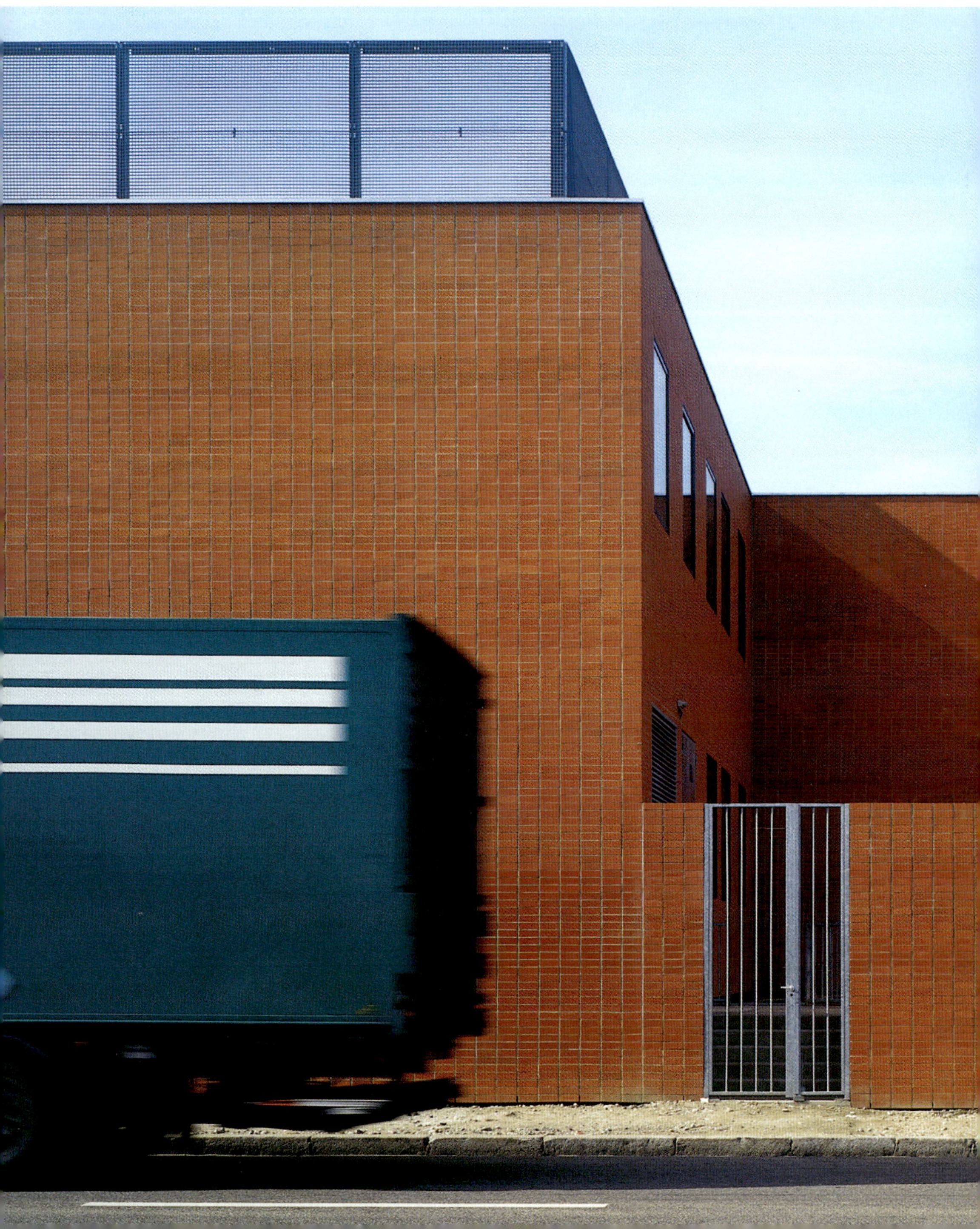

we could concentrate on precise and careful details in the construction. I have to say, that once the building was completed, none of the people who used it compared it to an industrial or commercial building. The research centre and the metal siding acquired their own identity. The way in which the materials were used had changed people's perception of the building and gave to the outside of the building what I think is an interesting presence, using thin materials to create a dense texture. A resonance was equally created with the supermarkets and warehouses in the nearby landscape; this was also a way of situating the building firmly in its context. Similar projects followed: the Isomer Marine

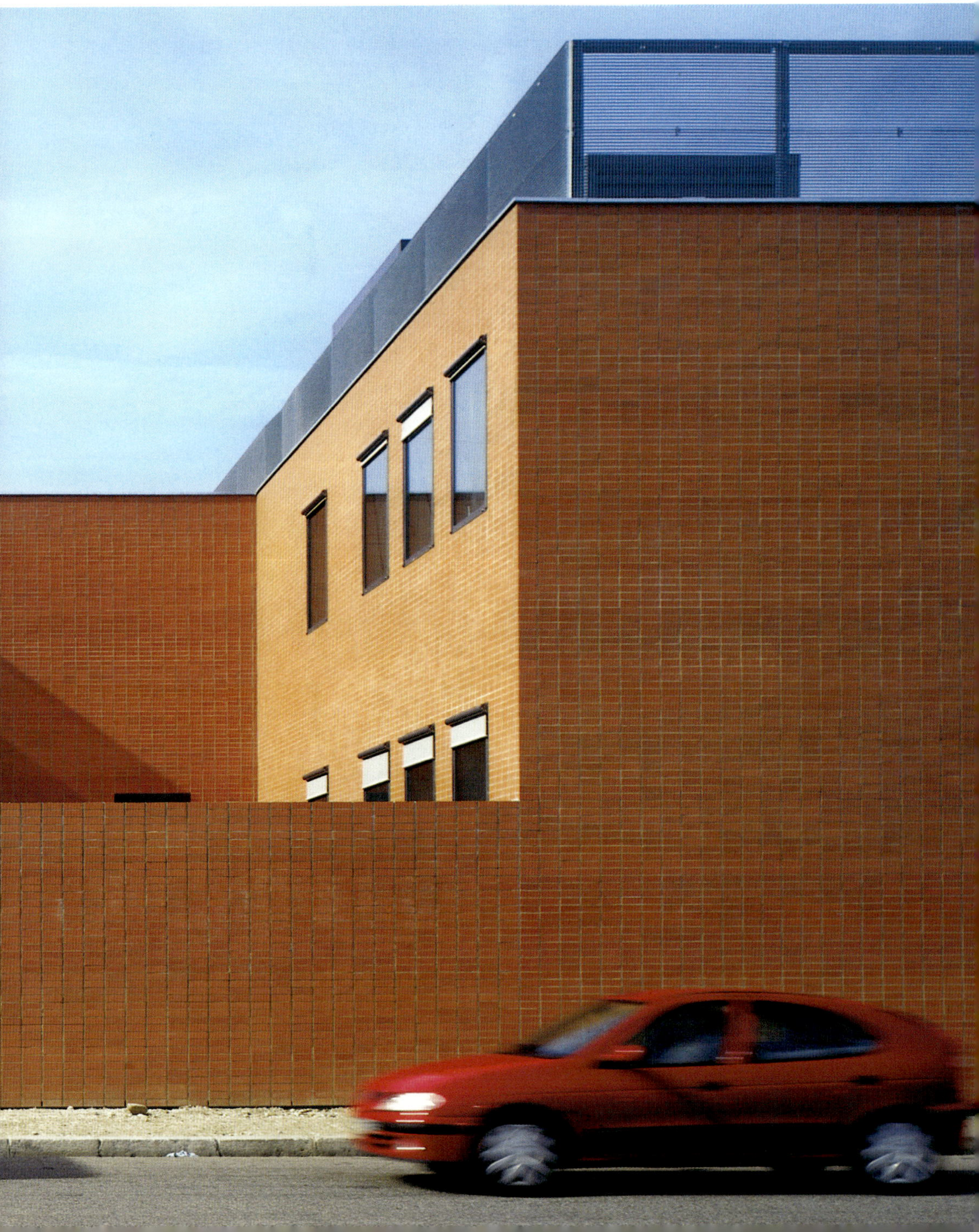

du technocentre Renault à Guyancourt. Cette grande exigence de fonctionnalité et cette faible demande sur la formalisation m'ont conduit à travailler une esthétique de l'efficacité; ces deux aspects ont donc influencé durablement la philosophie de l'agence. Toutes les discussions que nous avons eues autour des projets de laboratoires étaient placées sous l'angle du fonctionnement et de l'adaptabilité, critères déterminants pour les chercheurs à chaque étape de décision. Pour ma part, je commençais à percevoir un paradoxe fondateur d'une écriture architecturale actuelle qui consiste à organiser précisément un bâtiment autour d'une fonction, tout en prévoyant la permanence et la légitimité de celui-ci quand cette fonction sera

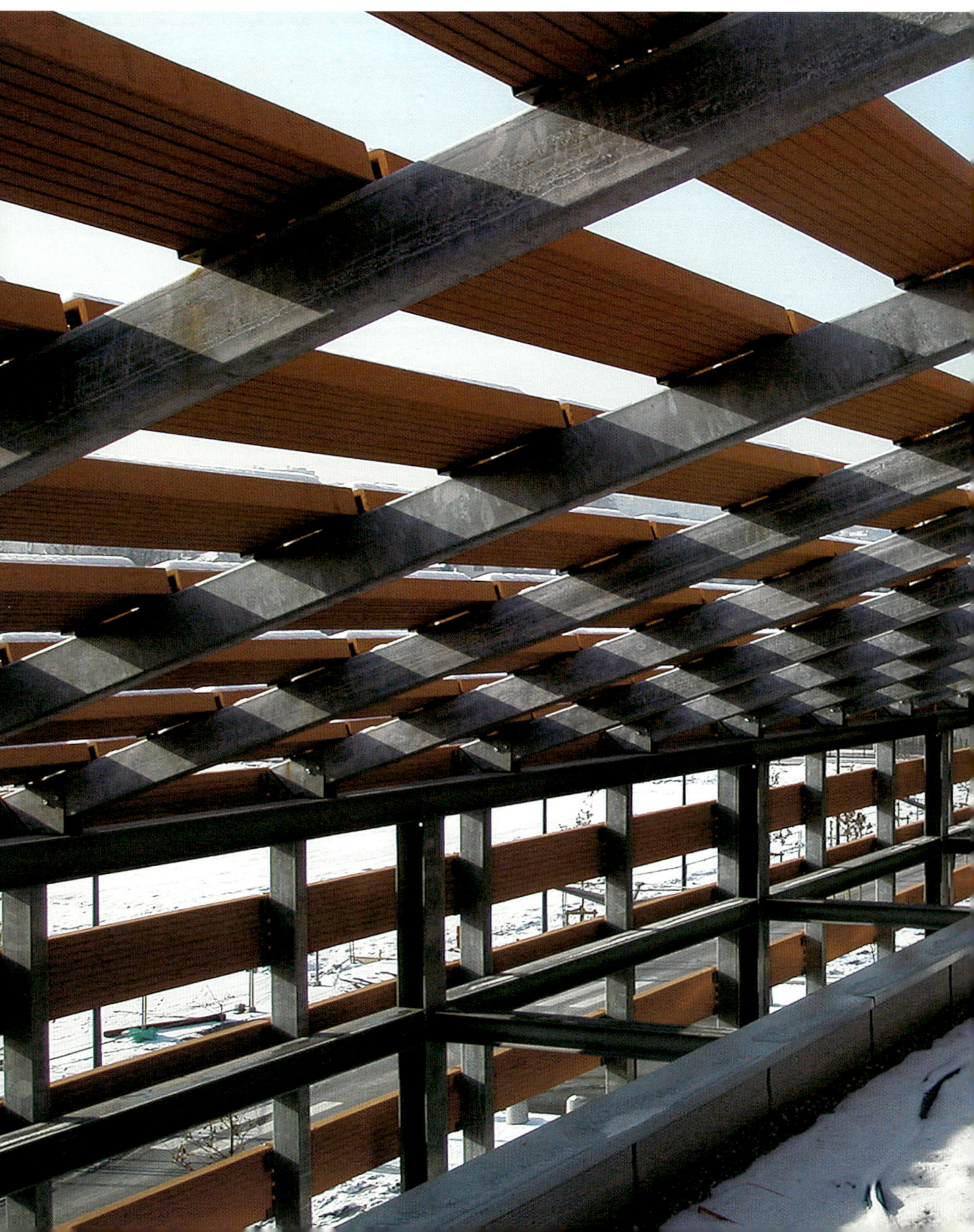

Biology Laboratory in Nantes, the Inria Information Technology Laboratory in Sophia Antipolis, and the vehicle testing facility in Renault's Technocentre at Guyancourt.
All combined a radical demand for functionality with a weak demand for formal values; and this led me to work on an aesthetic of efficiency. The two aspects thus had a permanent influence on the Studio's philosophy. All the discussions we had concerning laboratory projects were dominated by exigencies of utility and adaptability; at every stage of decision-making, these were the decisive criteria for the scientists. As for me, I began to perceive a basic paradox at the root of a contemporary architectural style that consists in organizing

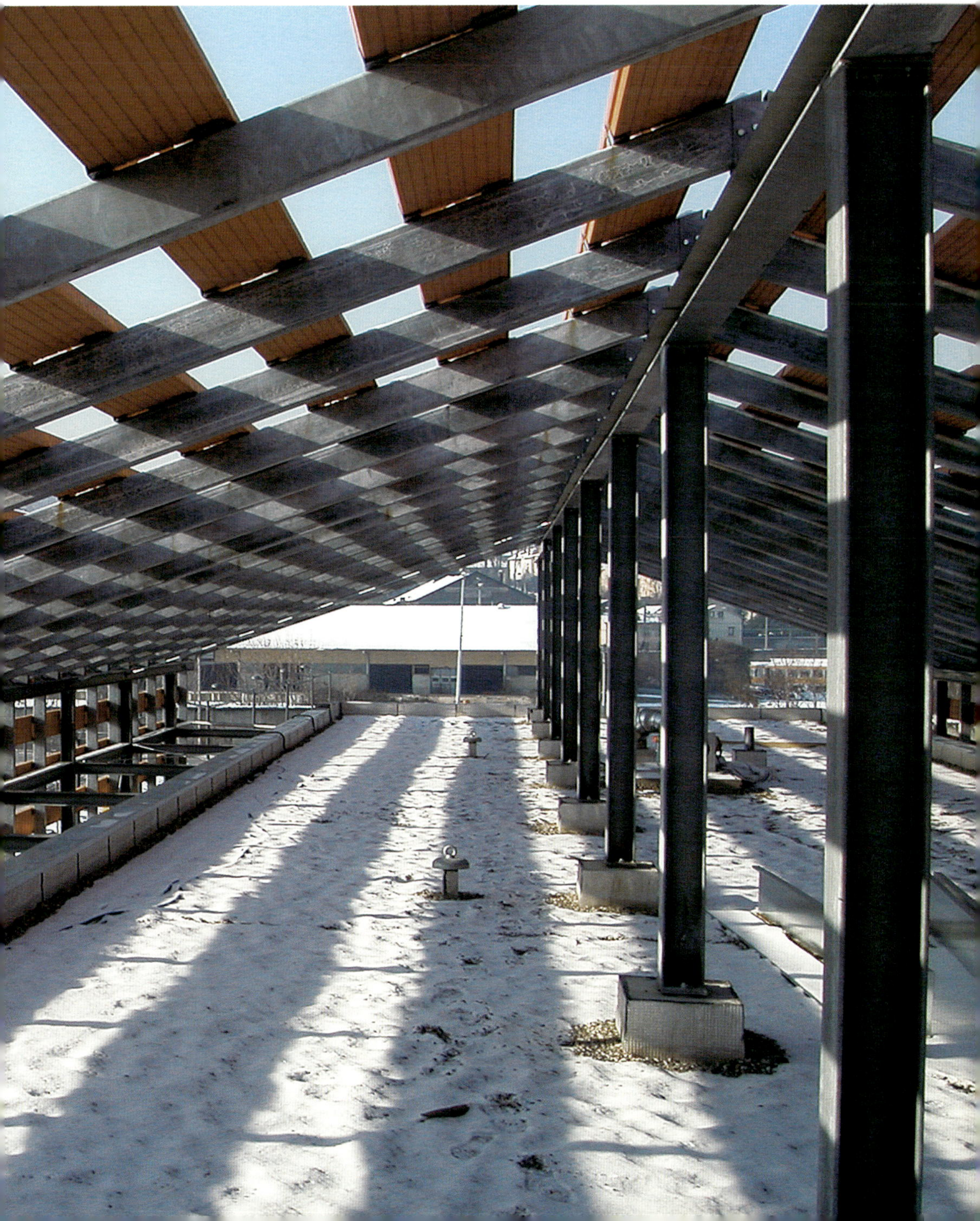

considérablement modifiée, voire remplacée. Par définition, le bâtiment n'est que l'enveloppe des activités de recherches, mais celle-ci doit avoir une raison d'être qui survit au changement de ces activités ! Cette contrainte m'a marqué, mais elle correspond à ma démarche créative : imaginer un bâtiment non pas comme un objet s'imposant de façon autonome, existant par lui-même, mais comme un dispositif qui est avant tout le support à de futures activités. C'est une démarche dans laquelle je me suis finalement senti à l'aise et qui s'est même transformée en une méthode fructueuse pour d'autres réalisations.

Ces premiers projets m'ont permis de découvrir précisément et concrètement ce que signifie

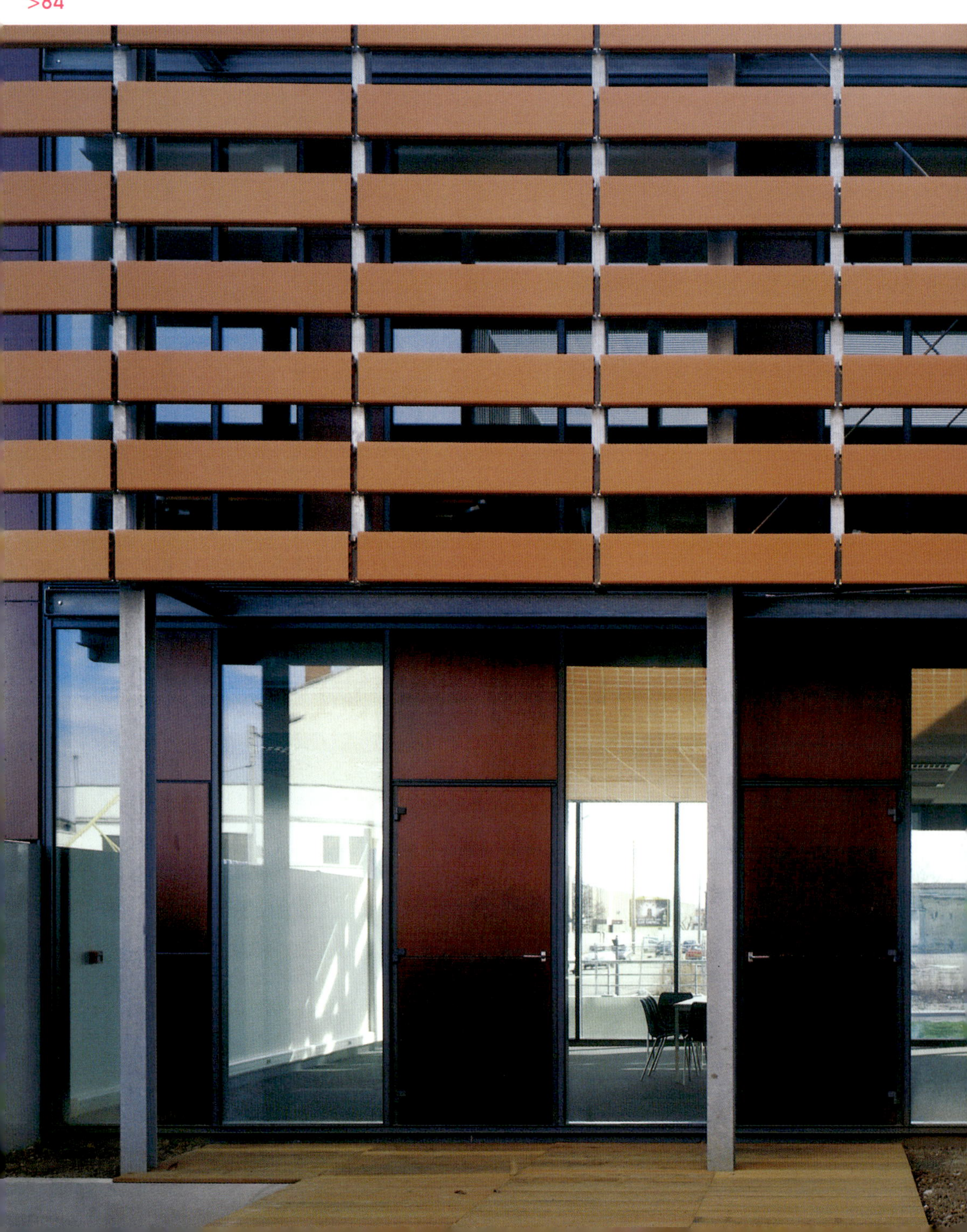

a building around a function, while attempting
to ensure the permanence and legitimacy
of the building even when that original function
is radically changed or replaced by another.
By definition, the building is merely an envelope
for the research activities; but it also has to
justify its existence after these activities have
changed. This constraint influenced me,

but it also corresponded to my own creative
approach: to imagine a building not as an
object that imposes itself independently,
existing by and for itself, but as a mechanism
that is above all a support for future activities.
It's an approach with which in the end I found
myself comfortable and which has even
developed into a fruitful method to apply to

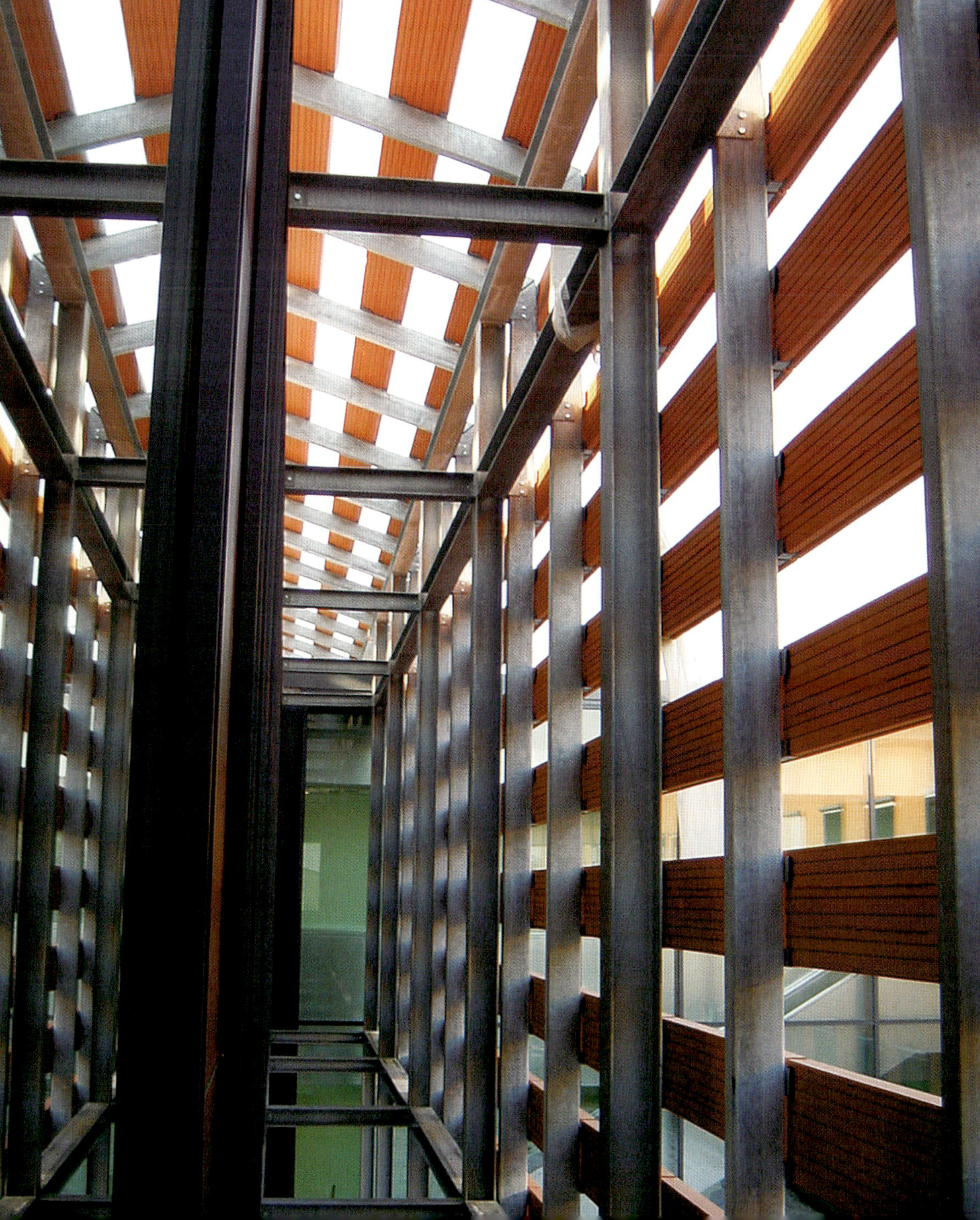

la notion de flexibilité, puisque les espaces pour la recherche, comme ceux pour la production, sont liés à des périodes de temps relativement courtes. Chacun sait qu'au bout de cinq ans les méthodes de recherche, comme les process de production, changent. Le bâtiment fonctionne comme un contenant d'un point de vue non seulement spatial, mais aussi temporel : il y a une hiérarchie à définir au niveau des échelles du temps. Pour durer l'architecture doit être capable de se transformer. C'est très visible pour des laboratoires, mais je pense qu'il en va de même pour des bâtiments *a priori* moins fonctionnels. Quel que soit le programme, nous sommes maintenant habitués à détecter cette composante temporelle pour laisser

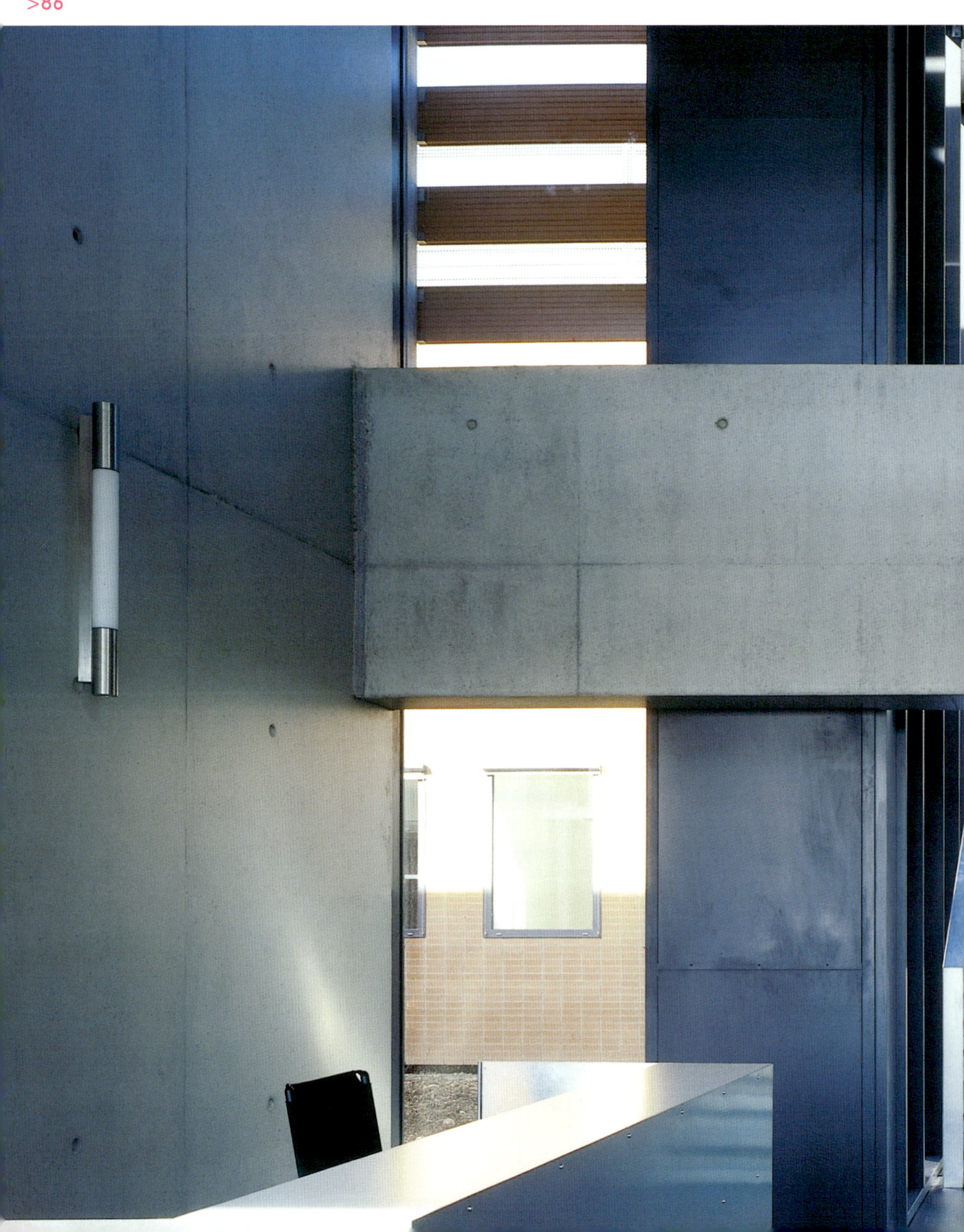

other types of project.
Through these initial commissions, I discovered the precise and practical meaning of the notion of flexibility, because research spaces, like production areas, are defined by a relatively short timeframe. We all know that in five years research methods and production processes will have changed. So a building is a container not only in a spatial sense but also in a temporal sense: a hierarchy through time has to be established. In order to last, an architectural structure must be adaptable. This is obvious for research laboratories; but I think the same principle applies to buildings that are by their nature less subservient to their function. Whatever the project, we are now automatically

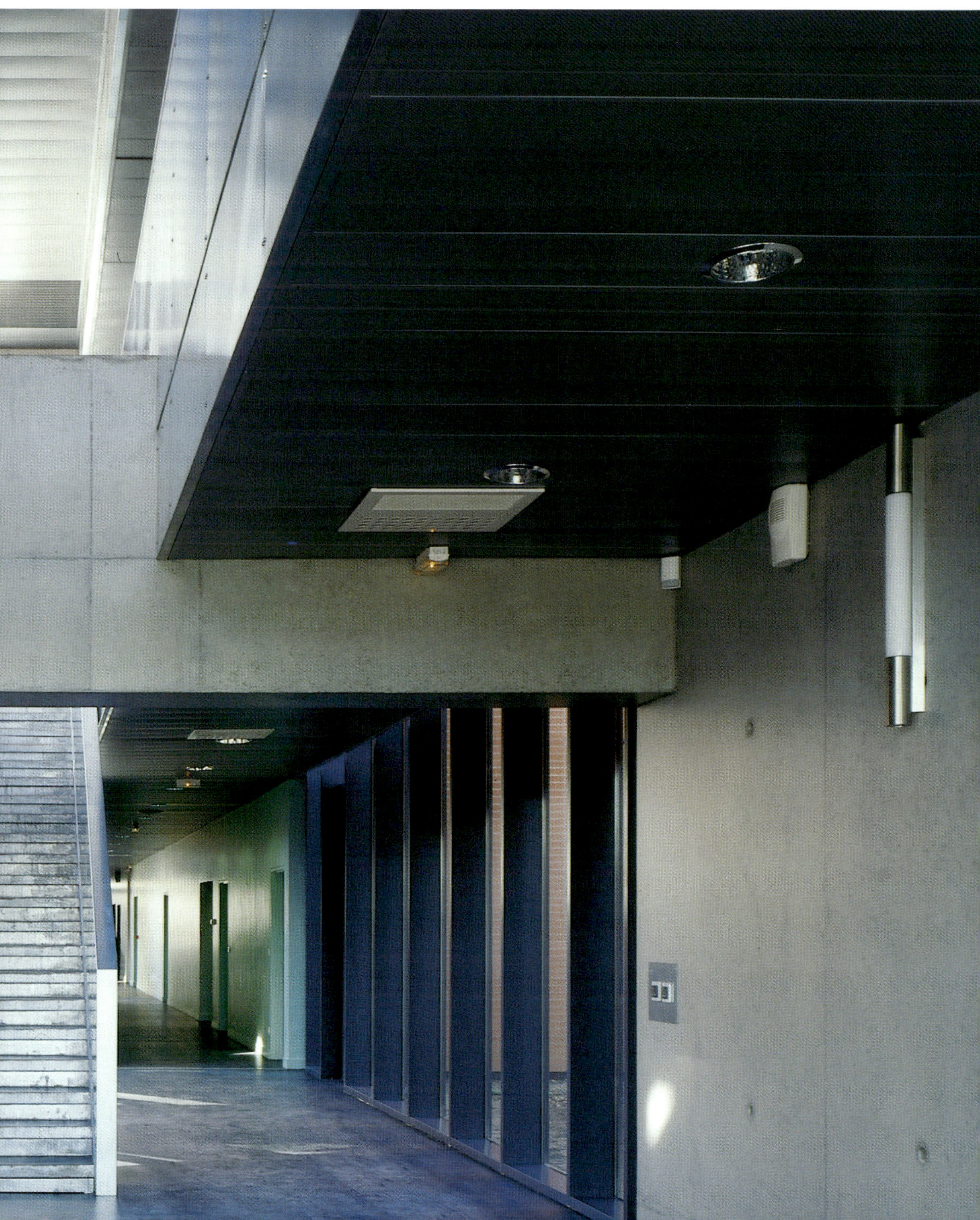

ouvertes et multiples les possibilités d'évolutions
ou de changements dus à de nouveaux usages.

Le bâtiment pour Total Énergie est notre première
commande privée, et pour un programme
des plus banals : un bâtiment de 2 500 m^2,

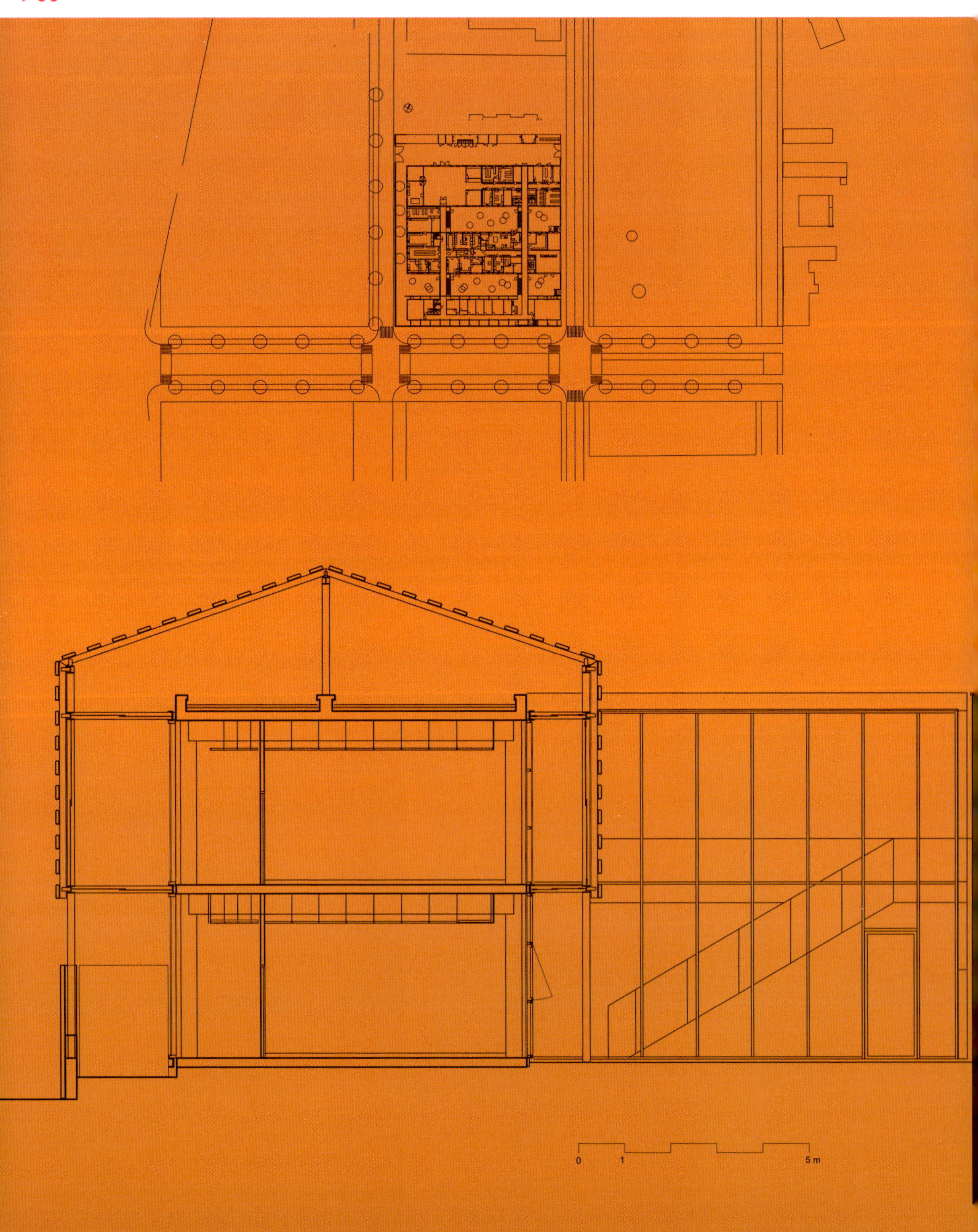

sensitive to this temporal aspect, thus keeping open multiple possibilities of evolution made necessary by the new uses to which the building may be put.

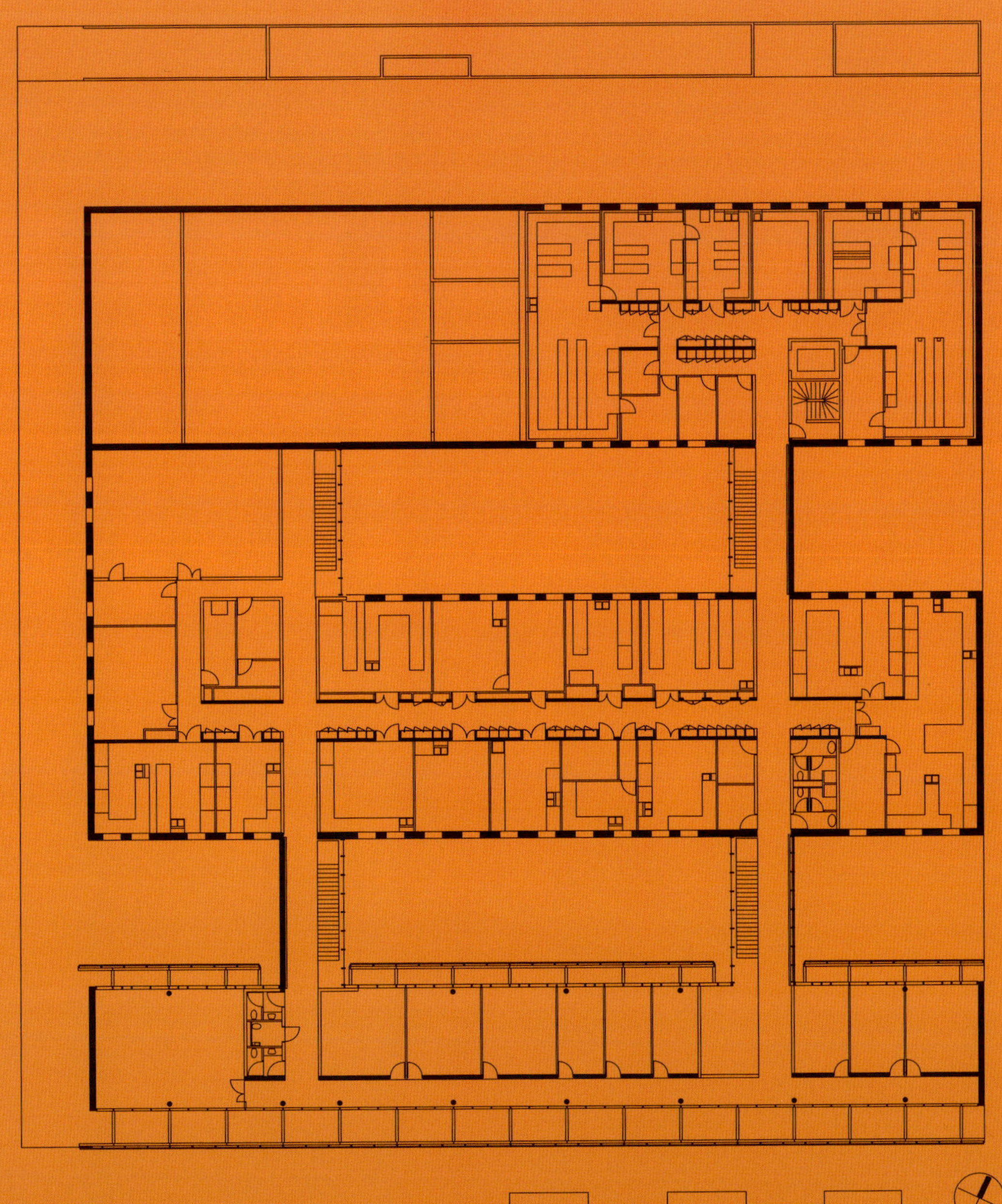

des bureaux pour un tiers, des ateliers et
du stockage pour le reste. C'est la jauge moyenne
des nombreux bâtiments qu'on peut voir dans
les zones d'activités un peu partout en France ;
en terme d'impact sur le paysage, c'est le
pendant industriel du pavillon de lotissement.
La mission était minimale et les délais très
courts. Mais ce défi nous intéressait. À l'agence,

nous étions préparés à travailler sur ce type de
programme où l'architecture n'est que le support
efficace d'un process de production. En plus
des laboratoires, nous avions déjà une bonne
expérience des lieux de travail avec le
technocentre Renault et l'usine des eaux
de la Sagep. C'était d'autre part une occasion
concrète d'intervenir dans le réel de la production

> TRAM SYSTEM WORKSHOP AND SHEDS

> ATELIER ET GARAGE DU TRAMWAY

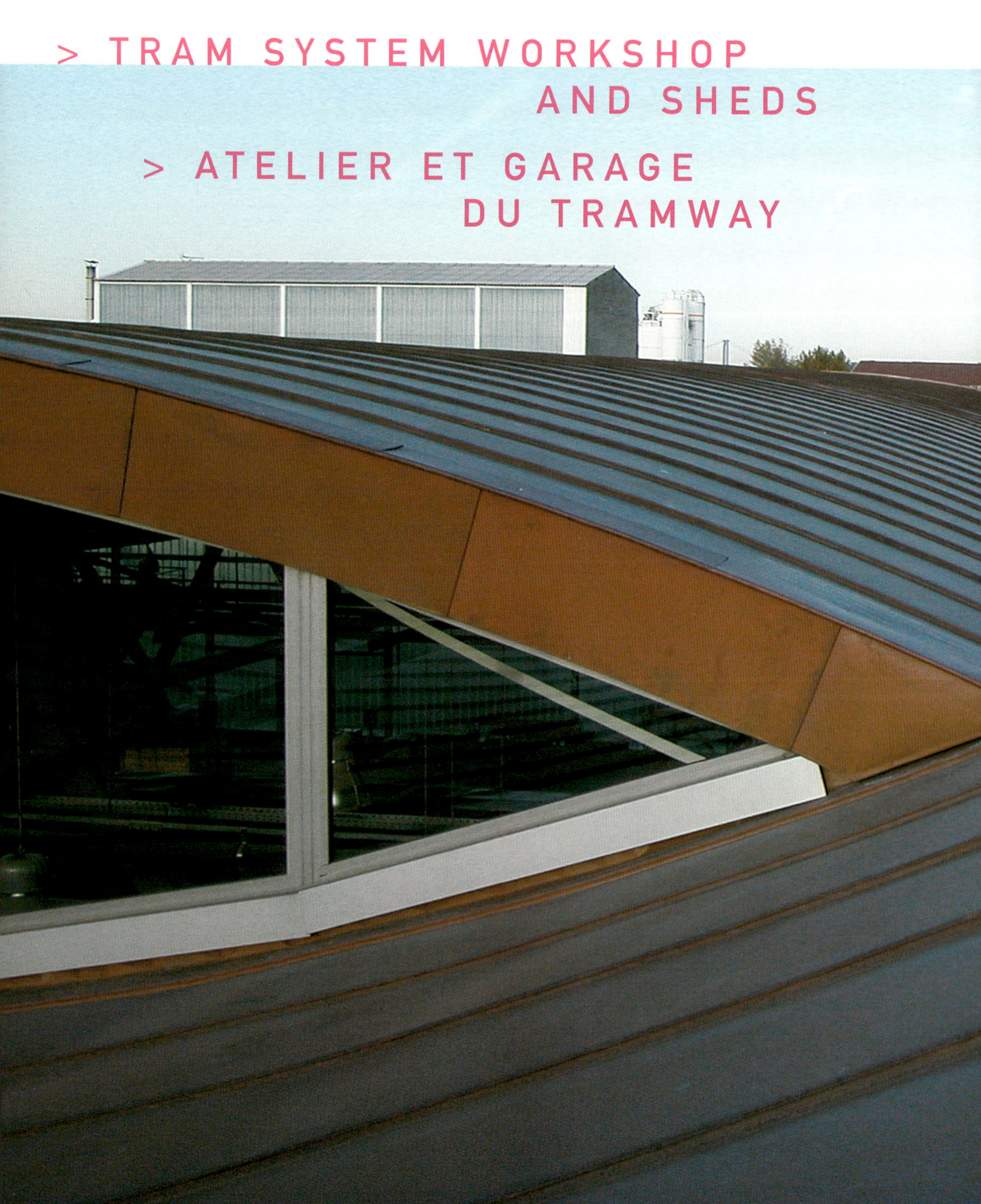

The Total Energy building was our first private commission, and it was for a very ordinary project: a 2500 m^2 building, one third for offices, and two thirds for workshops and warehouses. Those are average dimensions for many buildings you see in industrial zones all over France. In terms of its impact on the landscape, it's the industrial equivalent of a house in a suburb. The specifications were very simple; and the deadlines were very short.

The challenge was stimulating. In our studio, we were well prepared for work on this type of project – where the architecture is merely an efficient and effective support for a production process. In addition to research laboratories, we had already had experience

BORDEAUX, FRANCE, 2003

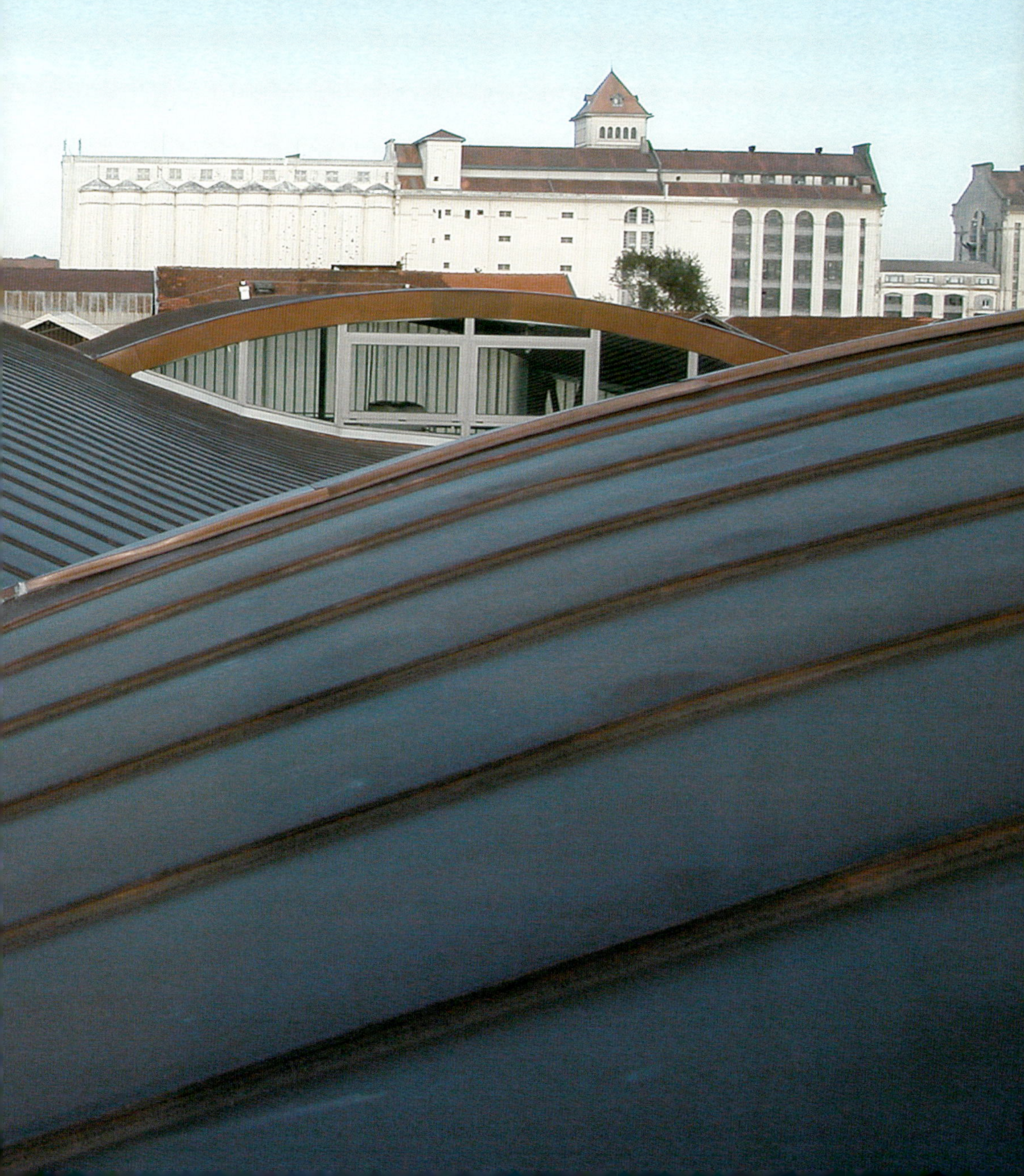

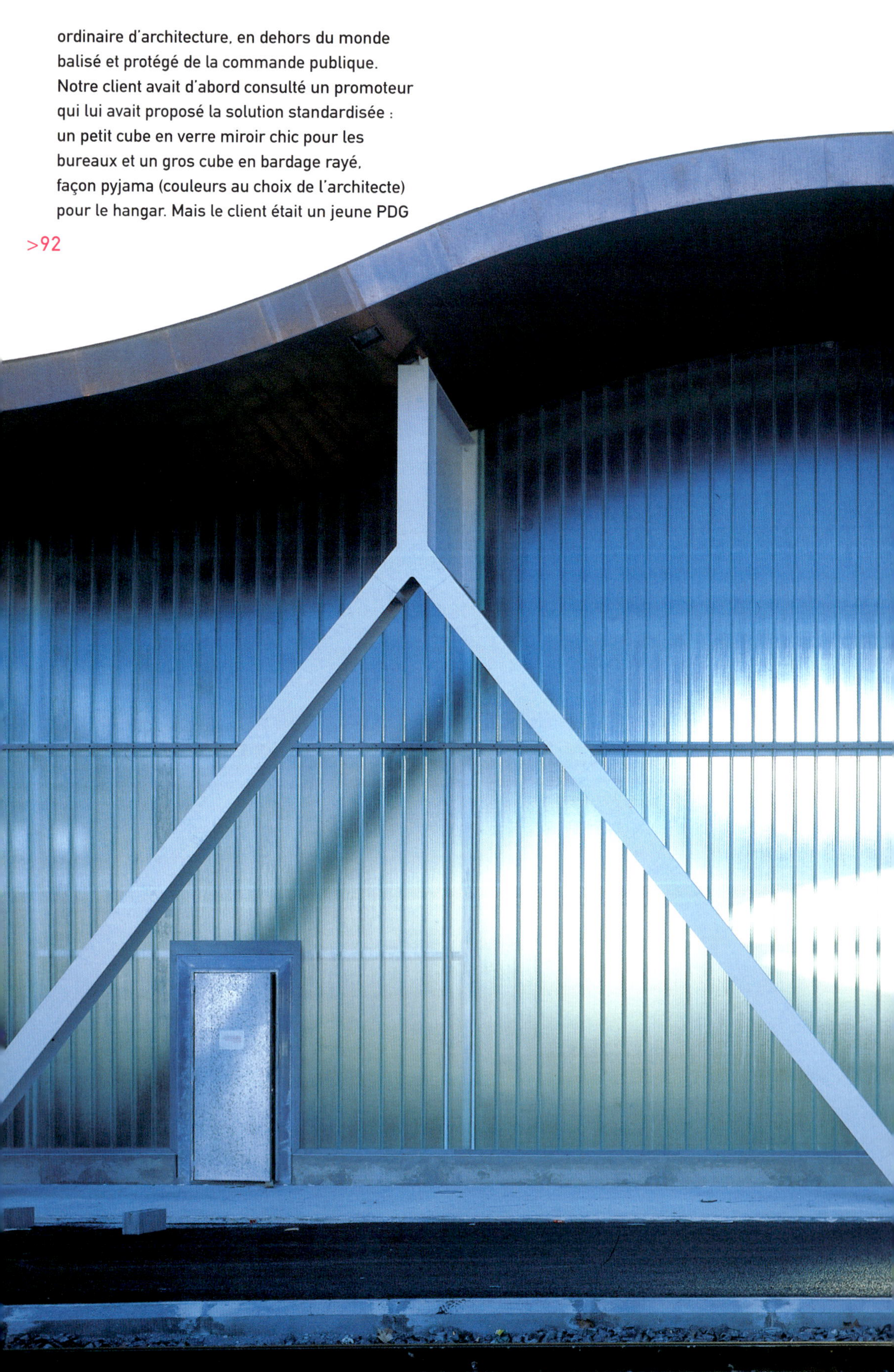

ordinaire d'architecture, en dehors du monde
balisé et protégé de la commande publique.
Notre client avait d'abord consulté un promoteur
qui lui avait proposé la solution standardisée :
un petit cube en verre miroir chic pour les
bureaux et un gros cube en bardage rayé,
façon pyjama (couleurs au choix de l'architecte)
pour le hangar. Mais le client était un jeune PDG

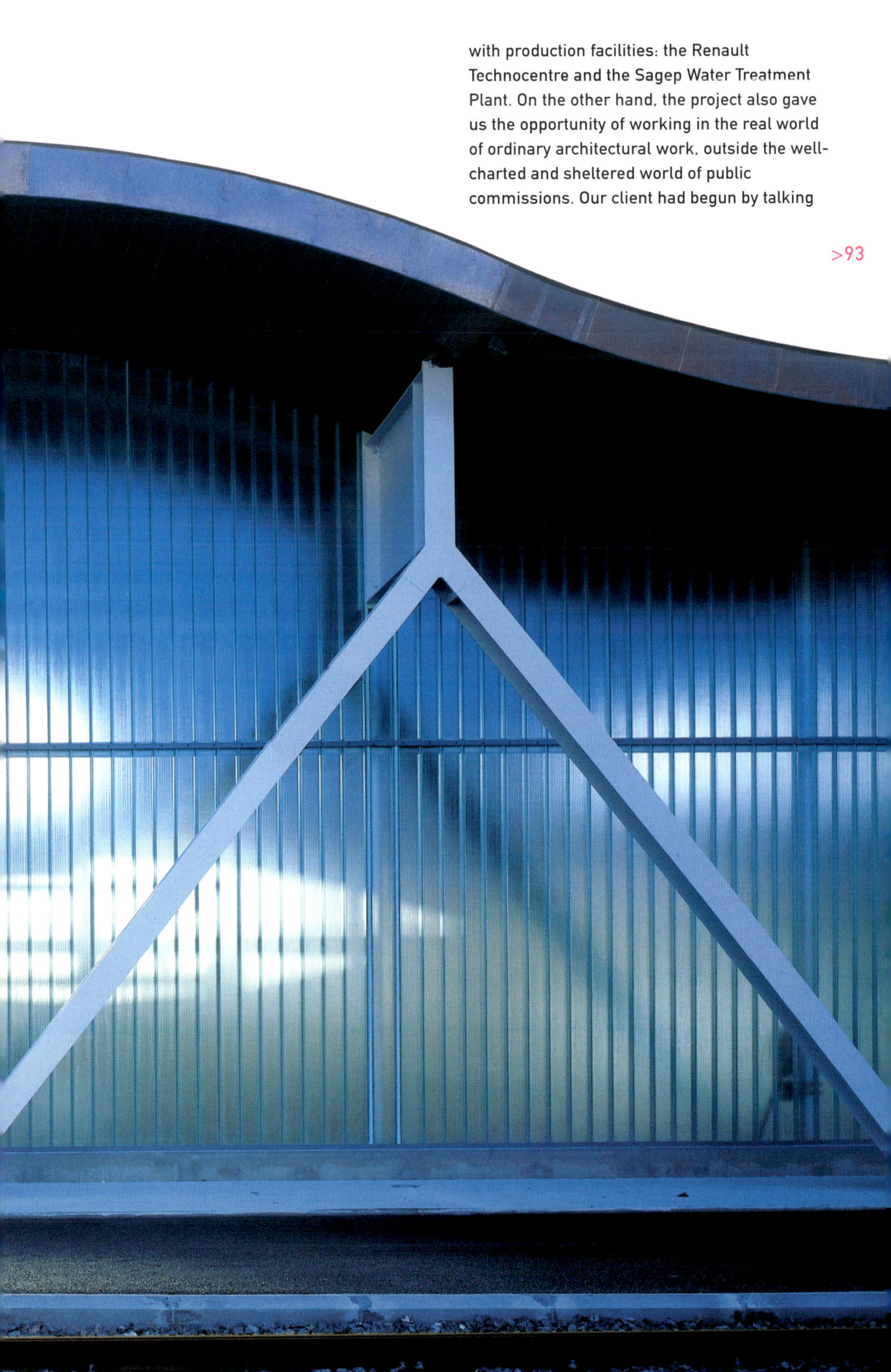

with production facilities: the Renault Technocentre and the Sagep Water Treatment Plant. On the other hand, the project also gave us the opportunity of working in the real world of ordinary architectural work, outside the well-charted and sheltered world of public commissions. Our client had begun by talking

dont l'entreprise, pionnière dans le domaine de l'énergie solaire, travaillait avec la Banque Mondiale pour créer des puits dans des régions désertiques et équiper des pays en voie de développement. Il voyait une sorte de hiatus entre le bâtiment très quelconque qu'on lui proposait et l'image qu'il se faisait de son entreprise. C'est à partir de là que nous avons été mis en contact, non pas pour faire un «beau» bâtiment, mais pour concevoir une architecture qui soit cohérente avec son projet d'entreprise. Cette demande m'a vraiment intéressé, malgré le cadre économique très serré ; j'ai deviné qu'il y avait une réelle opportunité, et plus encore un devoir d'intervention. J'ai toujours eu à l'esprit la réflexion de Charles Eames qui soutenait

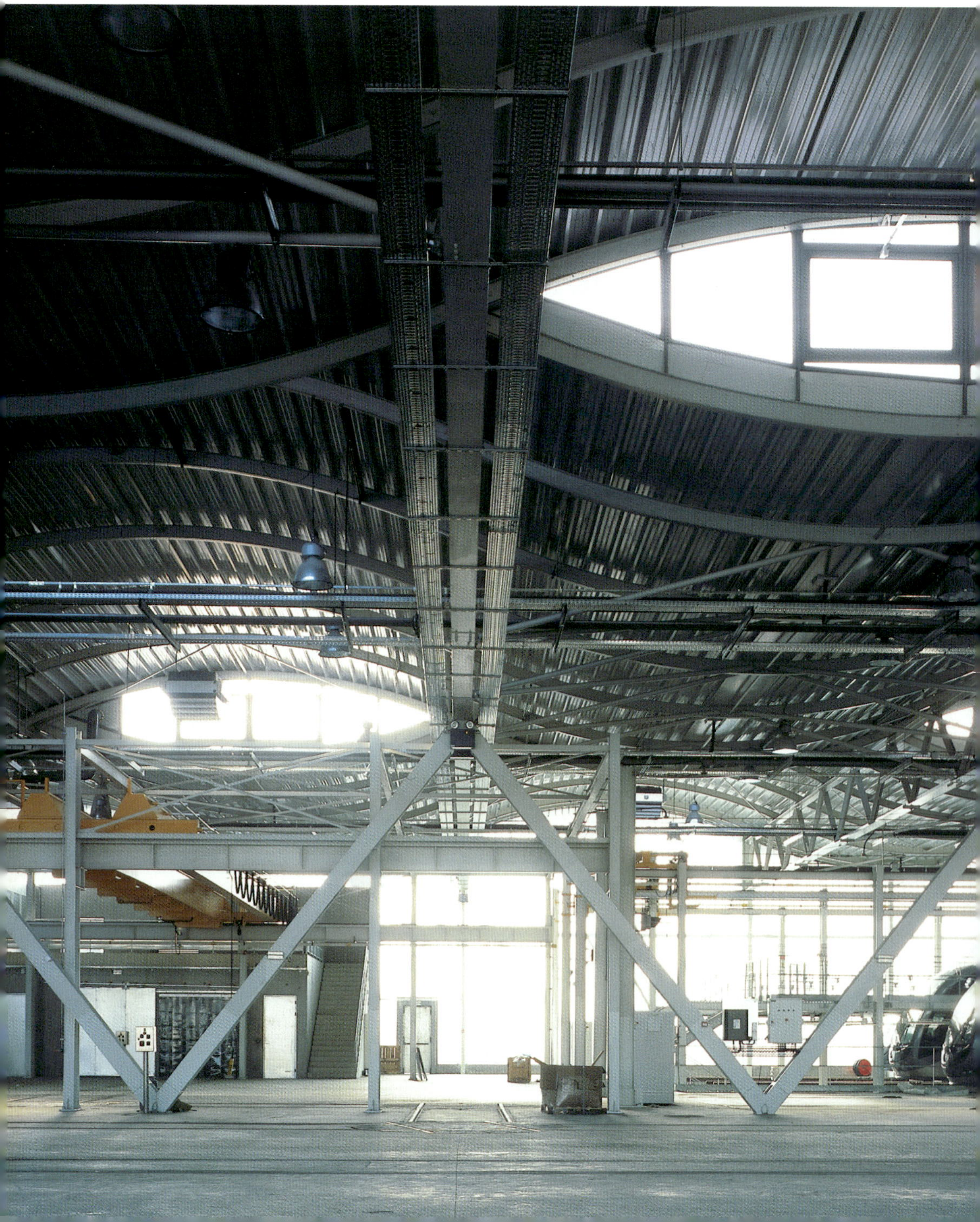

to a promoter who proposed the usual solution: a small cube of chic reflecting glass for the offices; and a large cube in pyjama-like striped siding – the architect could choose the colours – for the production sheds. But the client was a young chief executive, a pioneer in solar energy, whose business worked with the World Bank to create wells in desert regions and to equip developing countries. He saw a gap between the very nondescript building proposed and his own image of the company. At that moment, we were put in touch, not to design a "beautiful" building, but to create a project that would be consistent with the ambitions of the company. This commission really interested me. In spite of the very small budget,

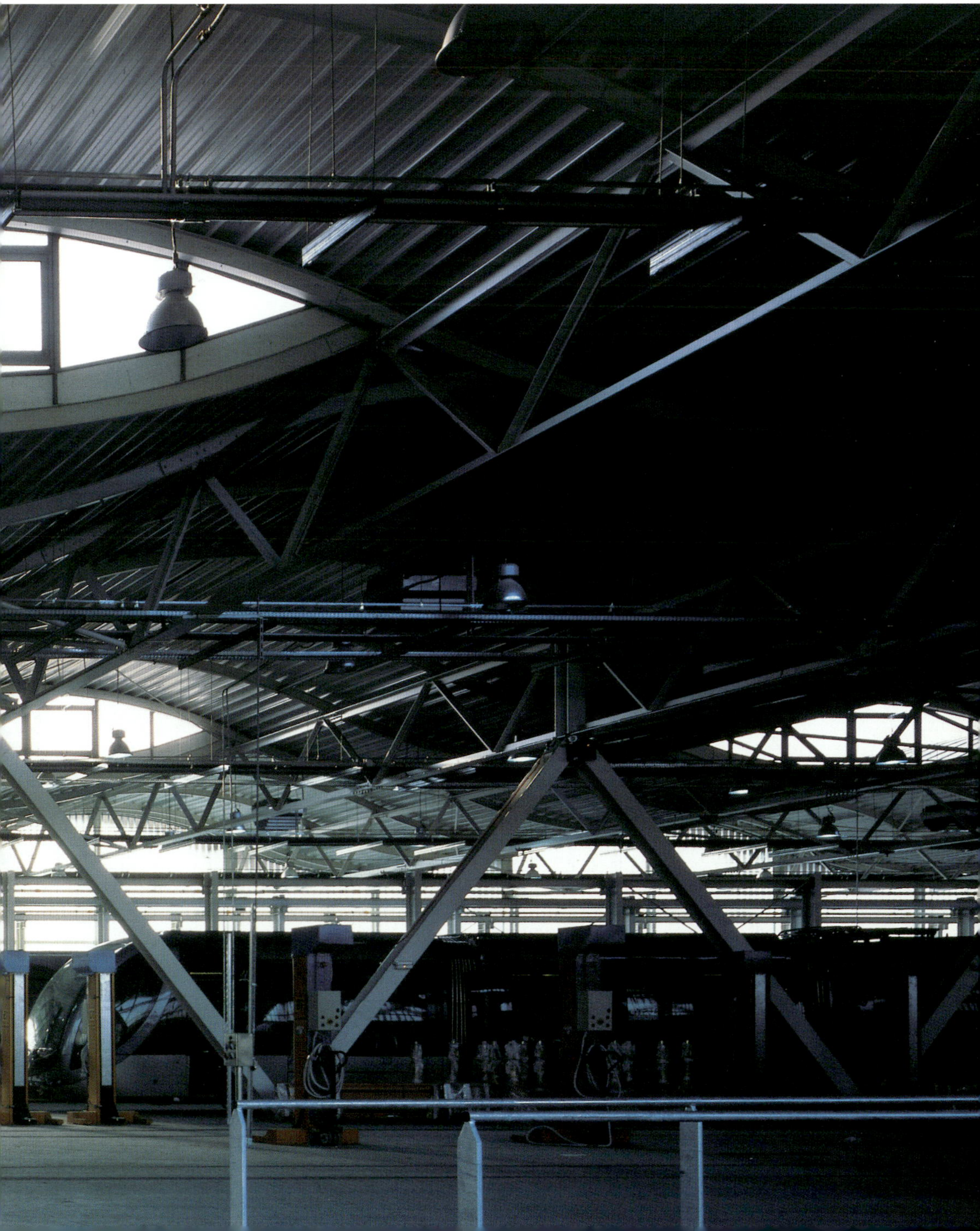

qu'indépendamment des conditions de la commande, nous pouvons toujours donner *le meilleur* de nous-même. Par ailleurs, je ne faisais que constater la nécessité de s'engager dans le réel, de retisser un lien entre l'architecture et la société.

Nous avons pu proposer un bâtiment qui correspondait à la demande de ce chef d'entreprise en élaborant notre projet à partir d'une réflexion sur le budget imposé : plutôt que de dépenser de l'argent à faire des bureaux plus luxueux que les ateliers, nous avons au contraire traité les bureaux avec la même écriture modeste, avec la même technologie que les ateliers. Du coup, au lieu de commencer avec un déficit, nous partions avec un léger bénéfice

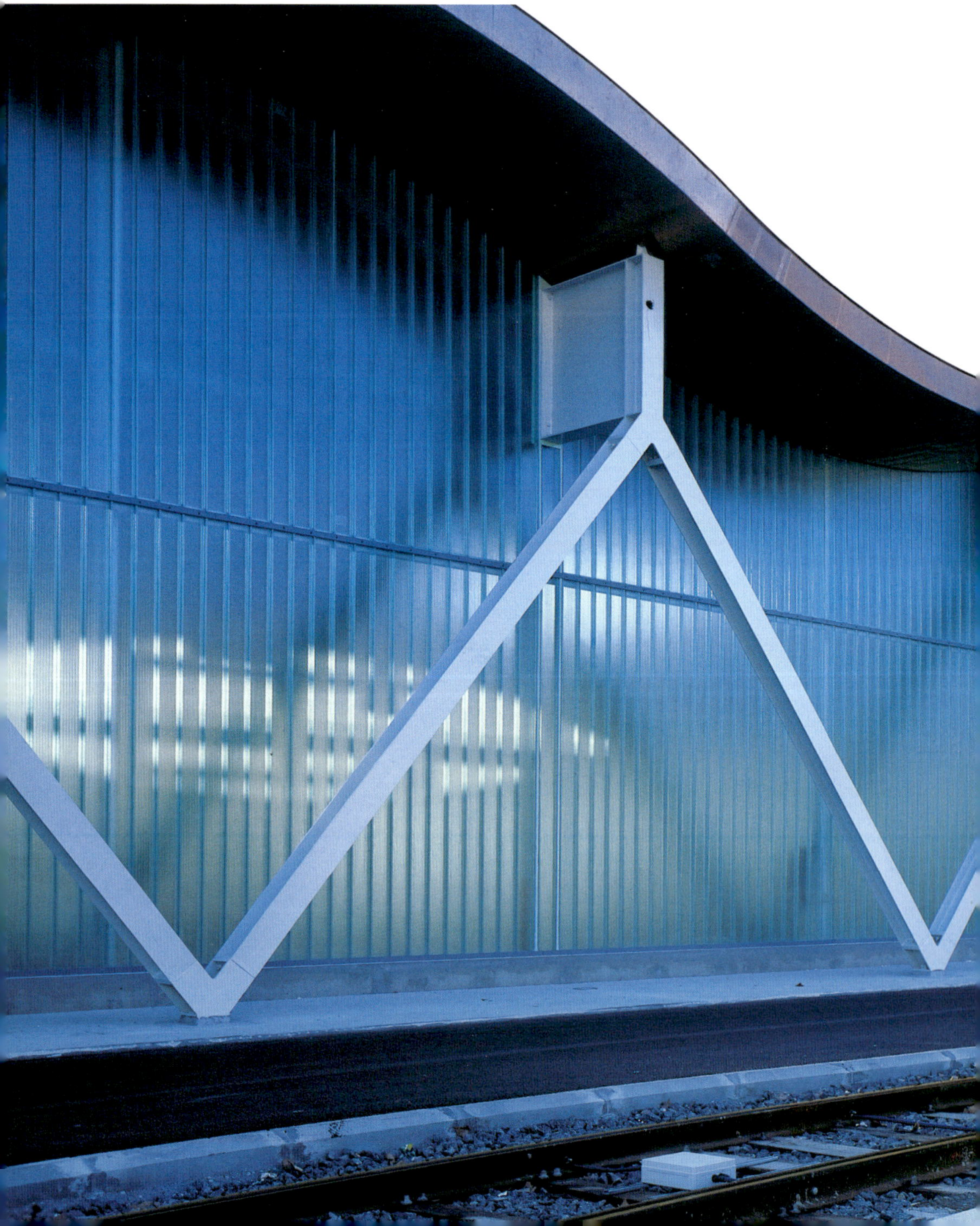

I felt it offered some real possibilities, and even more, I felt almost a duty to work on it. I've always remembered Charles Eames' remark: he said that, whatever the conditions of the commission, we can always give the best of ourselves. In any case, I was merely recognizing the need for relevance, to forge a new bond between architecture and society.

We were able to design a building that corresponded to the requirements of the executive: we prepared our project on the basis of an analysis of budgetary limits; and, rather than spending money to make the offices more luxurious than the workshops, we treated the offices in the same modest style, using the same technology as in the workshops.

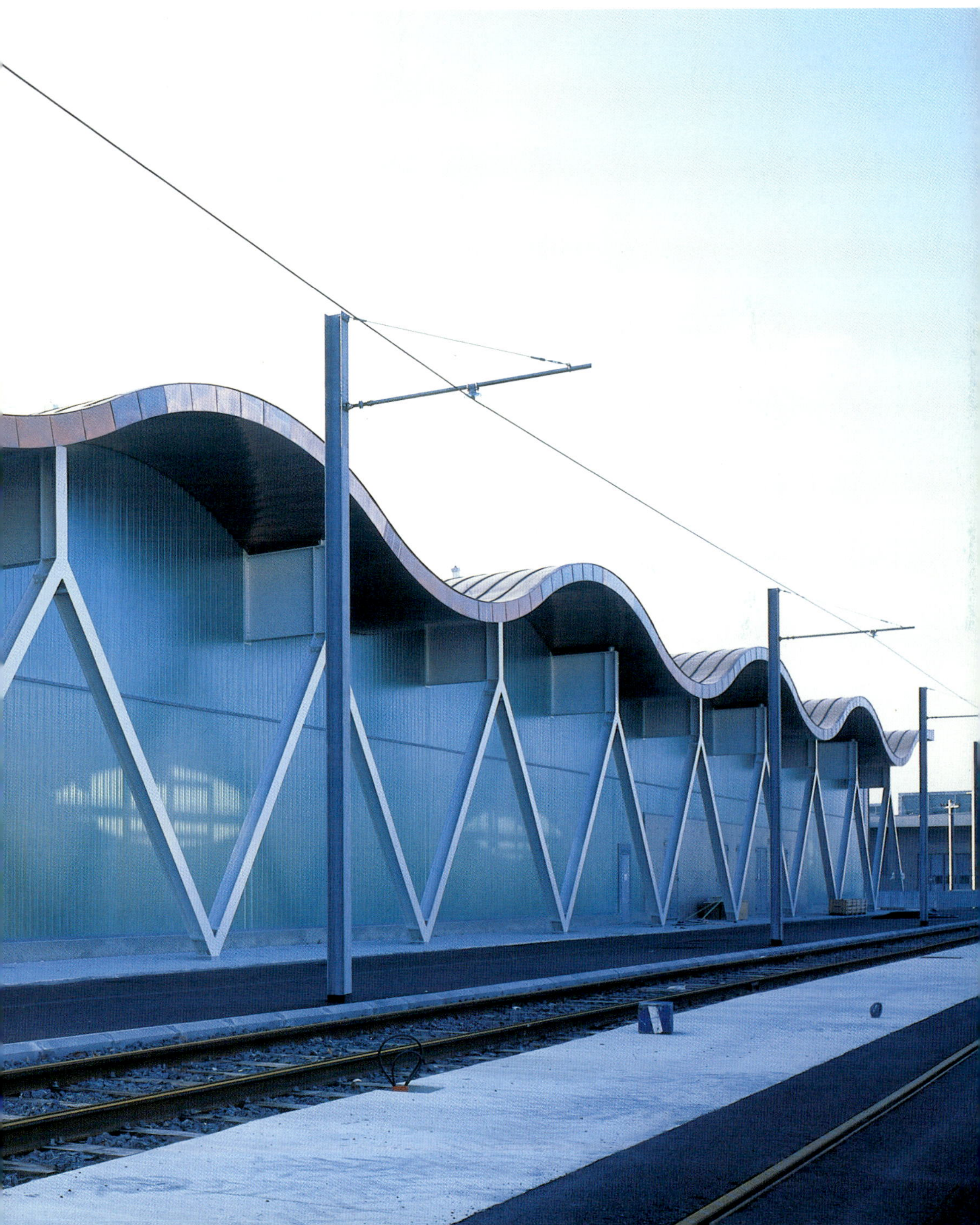

que nous avons pu utiliser pour des pignons
en bois qui suffisent à changer complètement le
regard sur le bardage employé partout ailleurs :
le bardage apparaît dès lors comme un choix
et non pas comme une contrainte. Le projet peut
se lire comme trois hangars agricoles accolés
et ce choix a permis de s'installer dans le
paysage en étant en sympathie avec les grandes
fermes alentour.

Nous avons également utilisé des panneaux
photovoltaïques pour des brise-soleil en façade
sud et pour une verrière au-dessus de l'atelier;
ainsi le bâtiment produit plus de 15 % de sa
consommation en électricité. Ces panneaux
donnent une belle lumière bleutée à l'intérieur.
Notre approche pragmatique, fondée sur

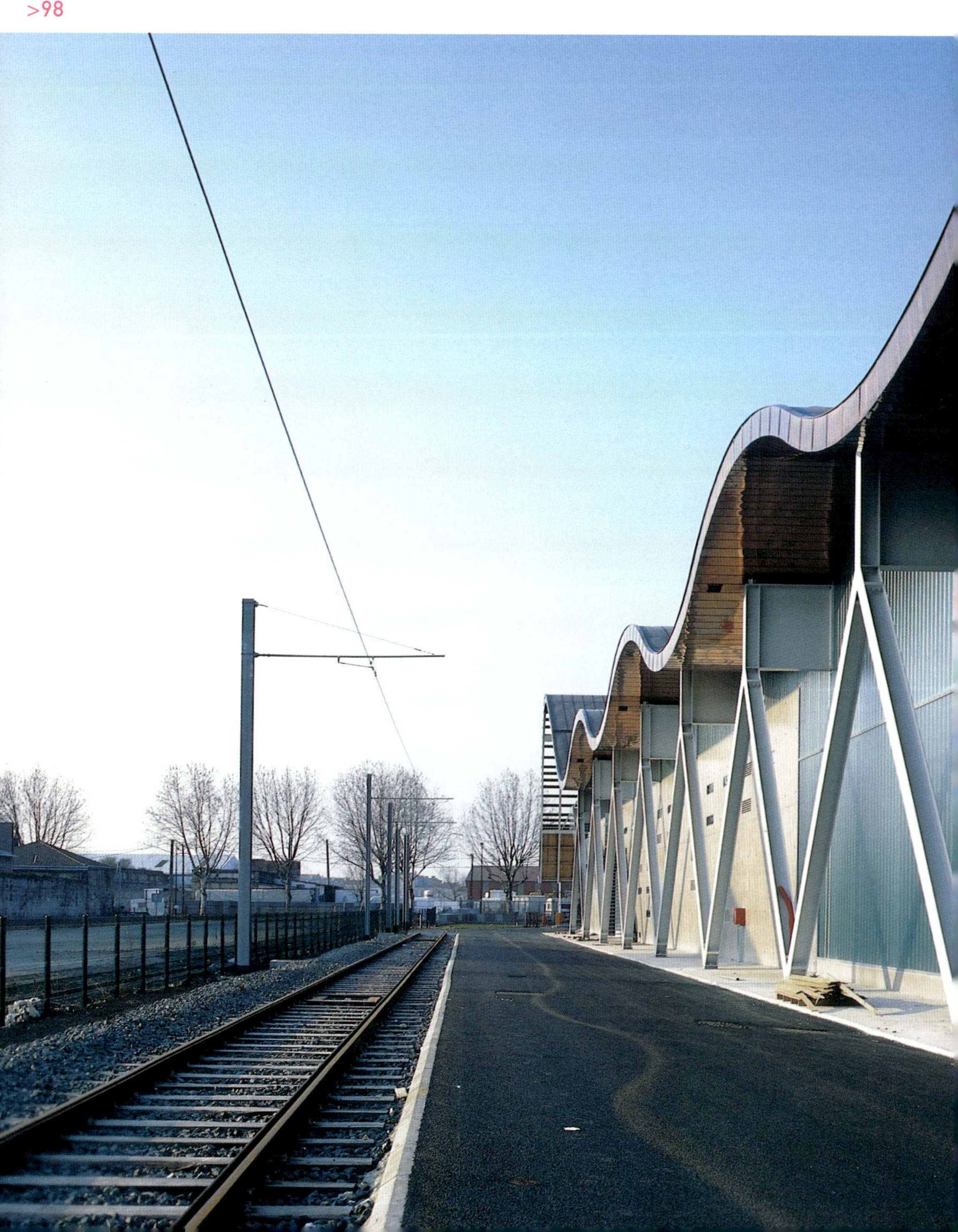

So, instead of beginning with a deficit, we began with a small surplus; and we were able to use this for the wood gables that are enough to completely transform the look of the siding which is used in all sorts of other buildings: so the siding appears as a choice and not a limitation. The project can be looked upon as three agricultural sheds placed side by side; and in effect this choice inserts the buildings into the landscape, completely in harmony with the large farms nearby.

We also used photovoltaic panels for the sunshades on the south façade and for a glass roof above the workshop: so the building produces more than 15 per cent of the electricity it consumes. These panels

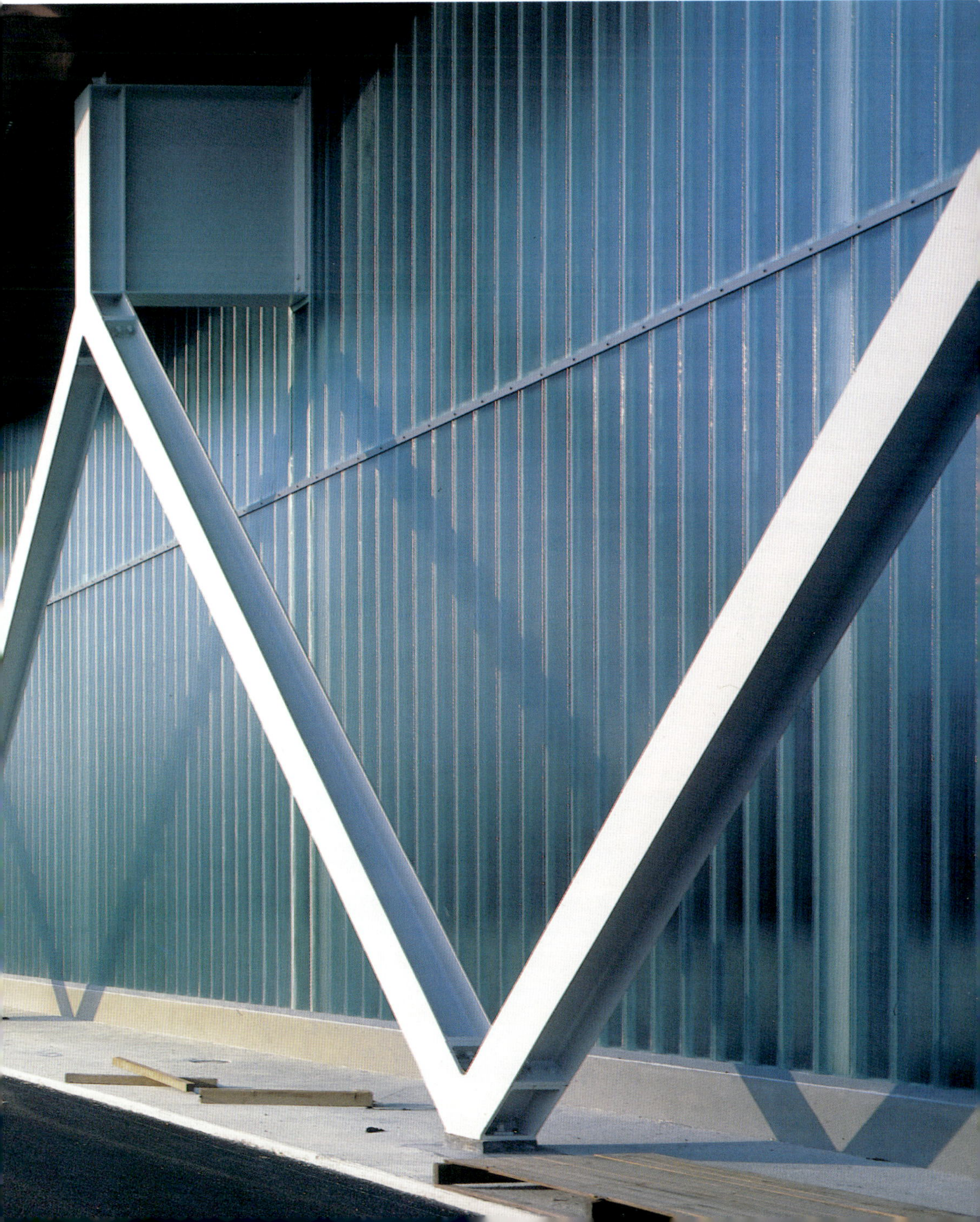

l'économie, nous a permis d'intervenir sur ce programme en proposant des innovations techniques et en créant une identité architecturale singulière[3].

C'est avec cette réalisation que vous avez pour la première fois poussé aussi loin que possible ce que vous avez appelé la « stratégie du disponible » au point que l'expressivité du bâtiment en soit presque l'incarnation. Pouvez-vous expliquer ce que cela signifie et pourquoi pensez-vous que cette attitude est aujourd'hui pertinente ?

La technique a été au cœur de la société du XXe siècle et je suis convaincu qu'elle va le rester

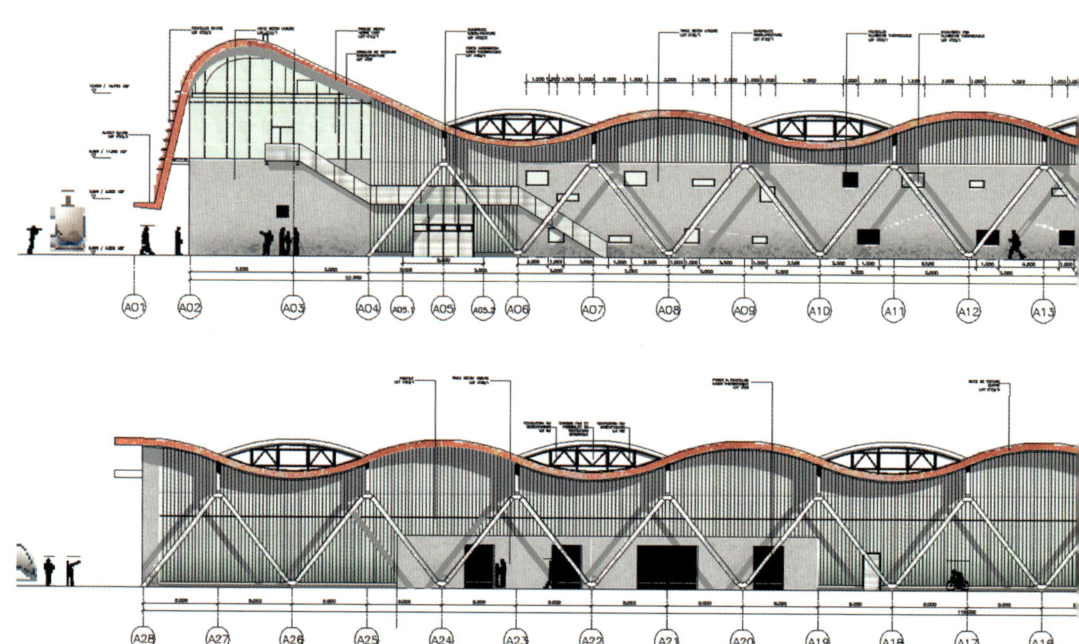

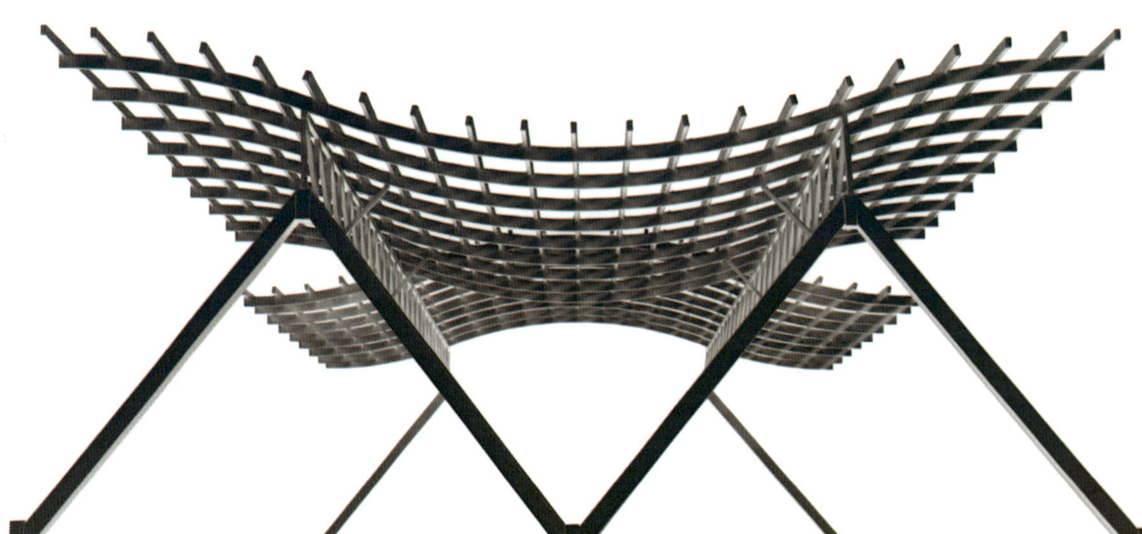

create a beautiful bluish light in the interior.
Our practical approach, based on economics,
allowed us to fulfil the commission
by proposing technical innovations and creating
a unique architectural identity[3].

It was with this project that you pushed what
you call the "strategy of what's available" to its

extreme, to the point where the expressive
nature of the building is almost an incarnation
of this theory. Could you tell us what the theory
means and why you think this approach
is relevant today?

We all know that technology was at the heart
of 20th-century society. I am sure that this will

>101

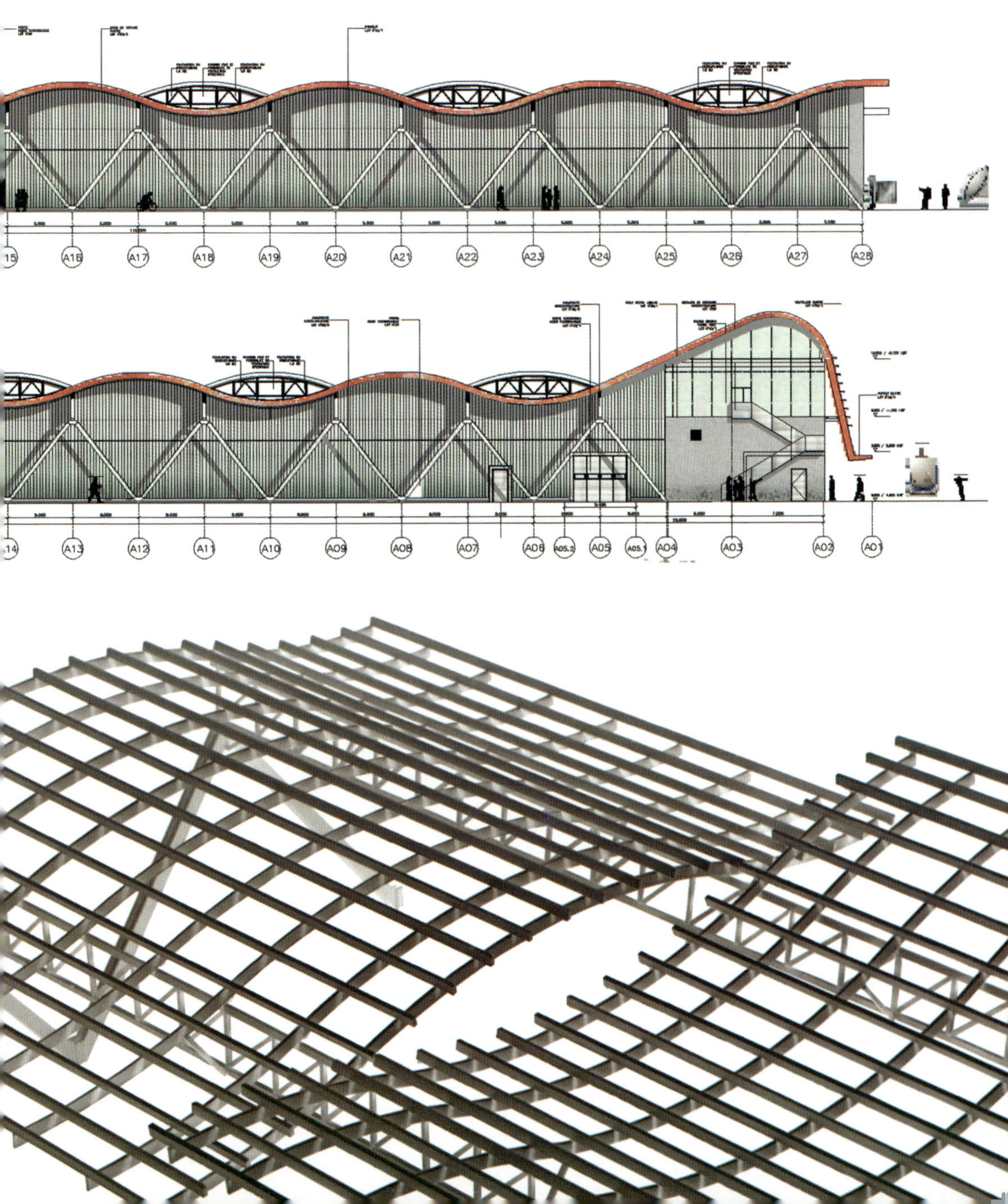

au XXIe siècle. Le positionnement vis-à-vis de la technique est donc une question cruciale posée à l'architecture et constitue depuis le départ un des thèmes privilégiés de mon travail. Ma position sur ce sujet a cependant considérablement évolué.

Lorsque j'ai créé l'agence[4], j'arrivais de chez Norman Foster à Londres. Je m'y étais forgé une culture *high-tech* qui tendait à inclure dans chaque projet une technicité de très haut niveau, voire à explorer des transferts de technologies avec l'aéronautique, l'architecture navale et l'industrie spatiale. Cela convenait bien à ma propre histoire, à mon goût pour la technique et pour la science, mais de retour en France j'ai vite réalisé combien cette voie était

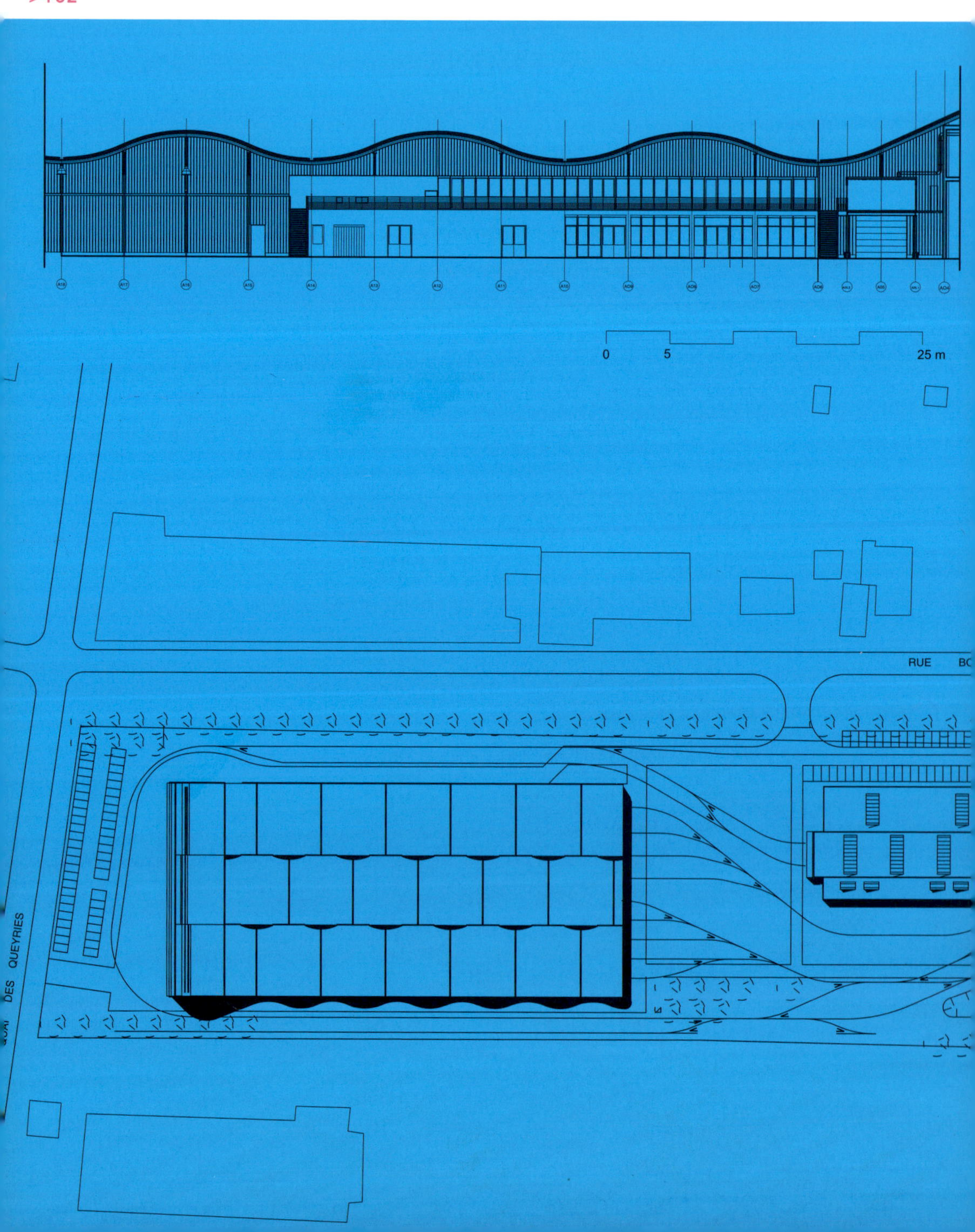

be true during the 21st century. Our attitude towards technology is therefore a crucial question for architecture and from the beginning has been one of the most important themes in my work. But my position on the question has undergone a considerable evolution. When I founded the studio[4], I had just come from Norman Foster in London. There I had acquired a high-tech culture that tended to include in each project technology of a very advanced level, even to the extent of exploring the transfer of technologies from aeronautics, shipbuilding and the space industry. That suited my own background, and my interest in technology and science; but when I came back to France I quickly realized that my approach

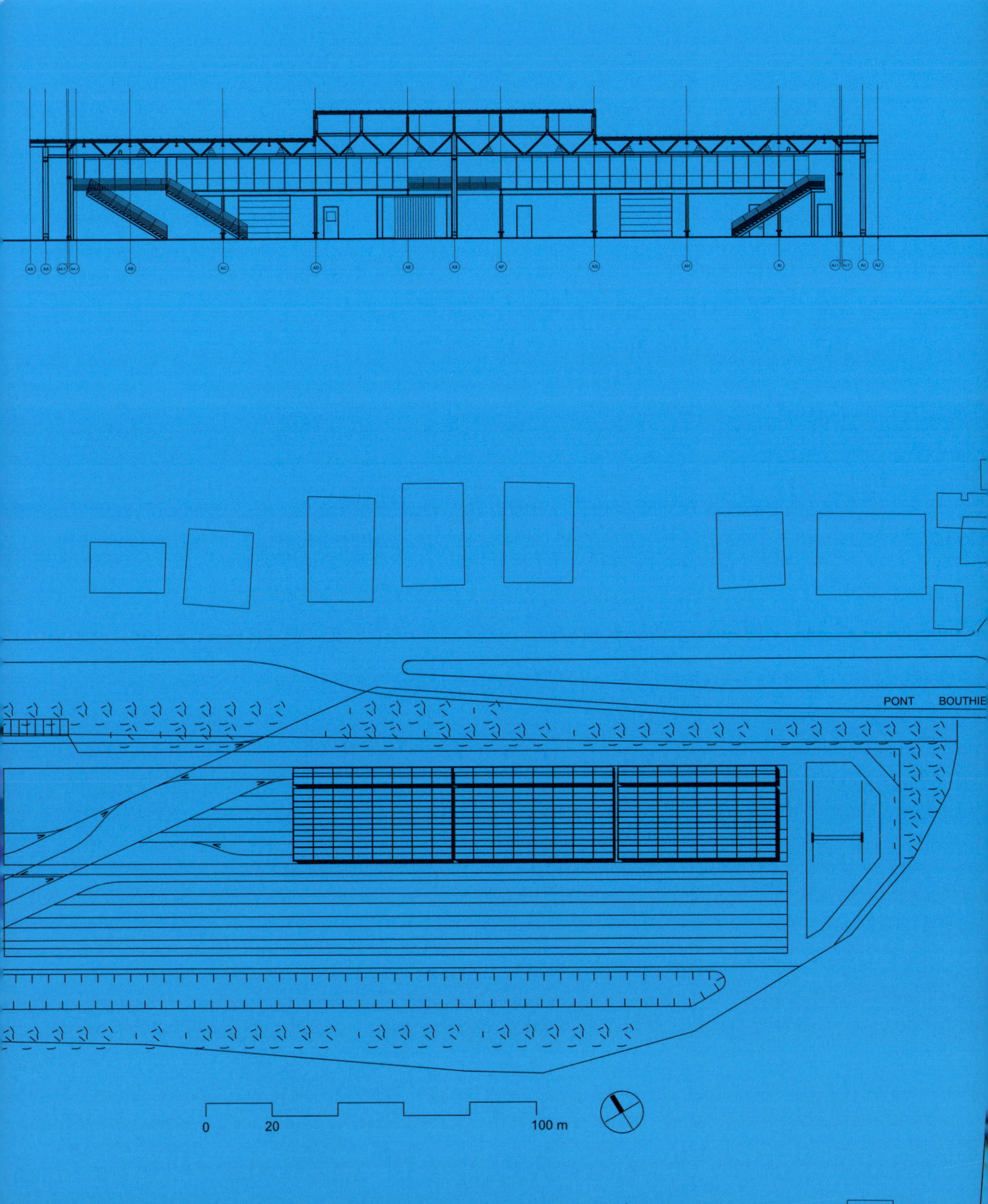

exceptionnelle, réservée à des commandes
hors du commun. Avec le centre de recherche
sur les matériaux, les laboratoires Isomer ou
encore le siège social de Total Énergie, j'ai
réorienté mon travail sur la technique pour rester
dans une démarche d'innovation, tout en offrant
une réponse aux questions effectivement posées
à l'agence. La «stratégie du disponible» a donc

consisté à puiser dans l'univers quasi infini des
catalogues, à recruter les diverses technologies
déjà toutes prêtes, des *ready-made* sans prestige,
car mis en commun et partagés potentiellement
par tous les concepteurs et sur toutes sortes
de projets, en bien ou en mal. Ils ont l'avantage
d'exister et ils demandent finalement à être
montrés sous leur meilleur jour. J'ai mis au point,

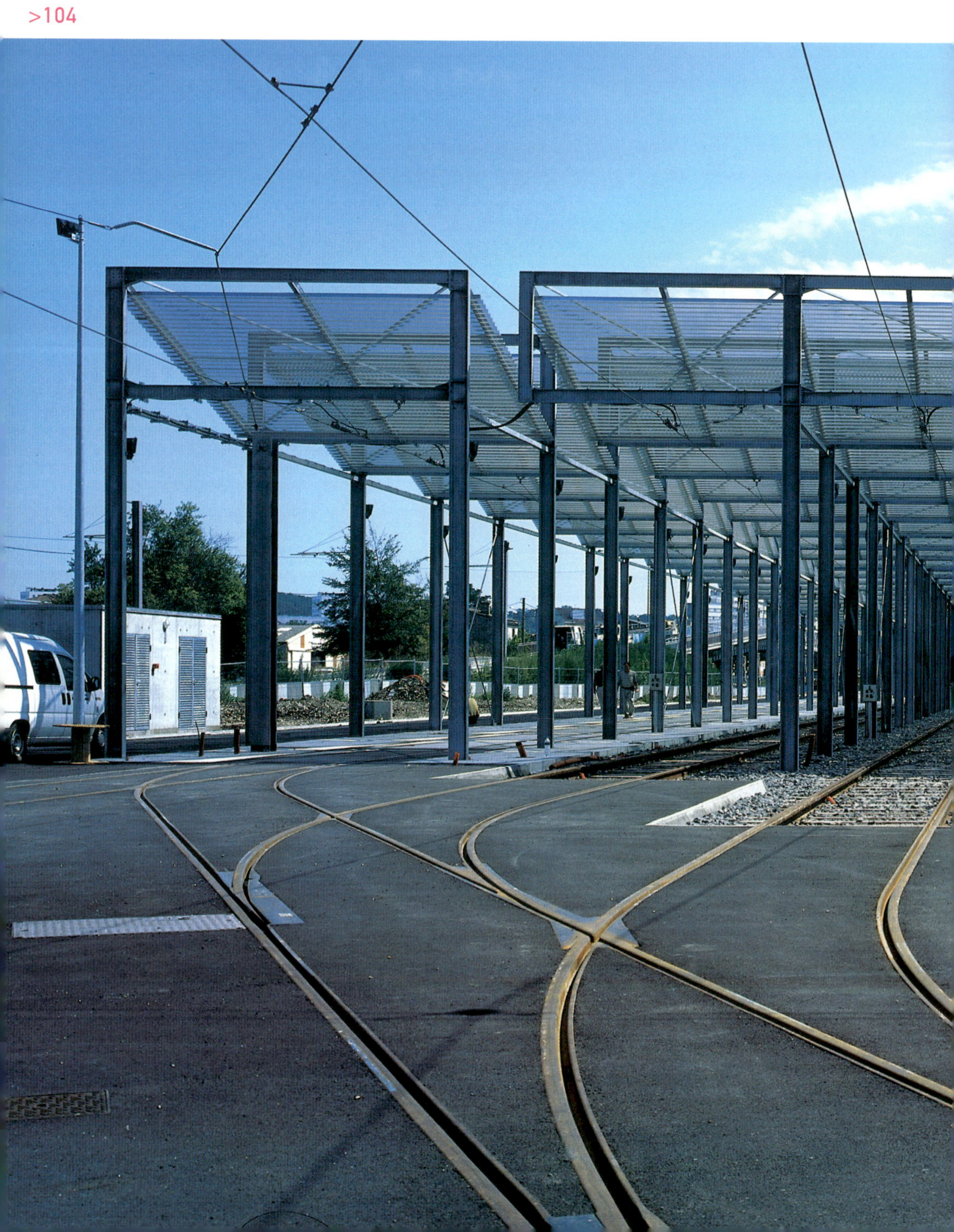

was rare, that it was reserved for unusual types of commissions or projects. With the Materials Research Centre, the Isomer Laboratories, and the Total Energy project, I shifted my approach to technology, remaining innovative, but aiming at offering a solution to the particular problems presented to our studio. The "strategy of what's available", therefore, consisted in exploiting the almost infinite number of construction catalogues, in using a variety of prefabrication techniques, ready-made materials that had no prestige because they'd been used and potentially shared by all sorts of builders and on all sorts of projects, good and bad. These materials have the advantage that they exist; and they are only asking,

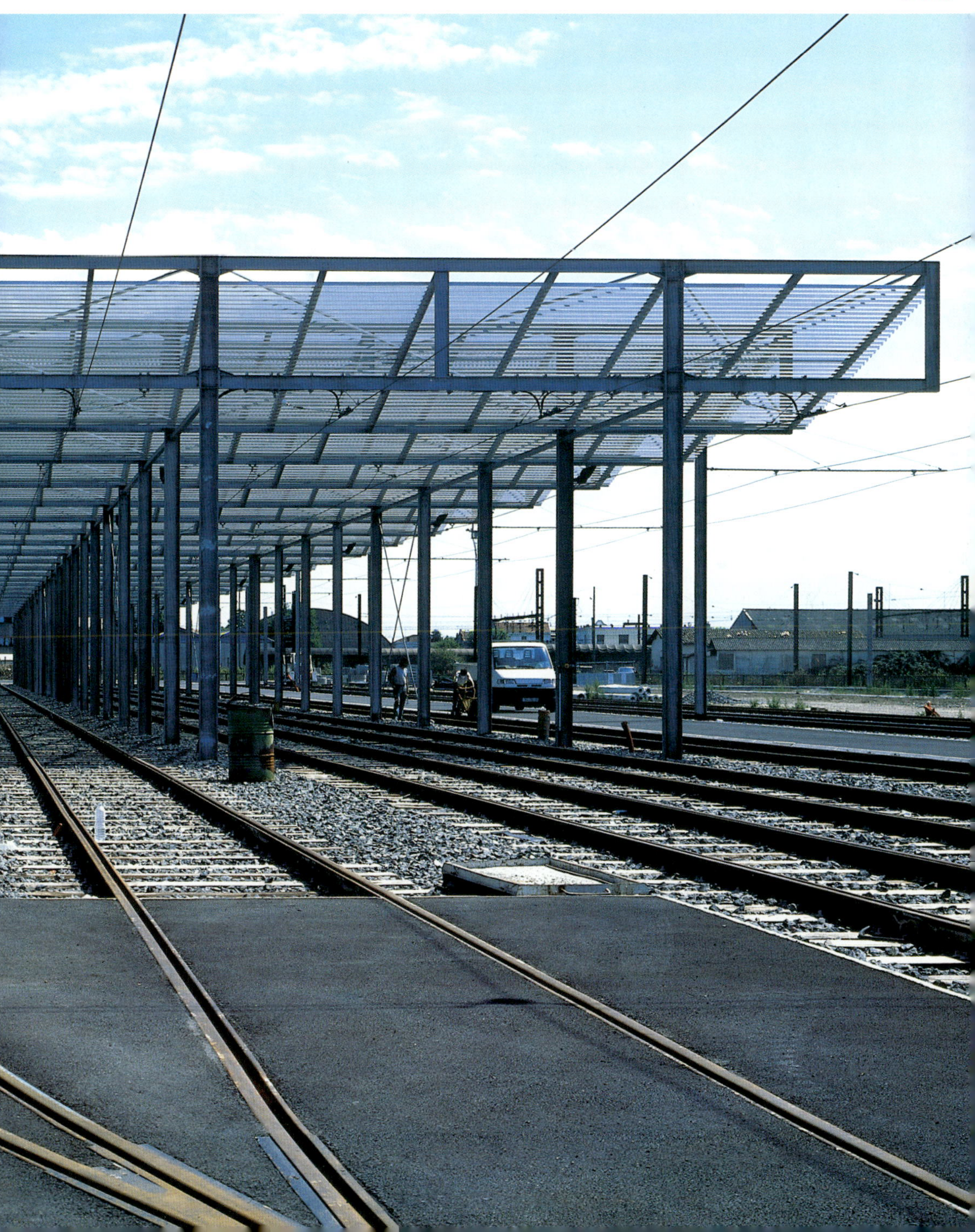

non pas une théorie, mais une attitude qui privilégie l'ouverture et la curiosité envers des matériaux et des produits courants. Ce nouveau regard nous permet d'explorer toutes leurs potentialités, de les assembler de telle sorte qu'ils s'adaptent à des projets bien précis. Comme vous le soulignez, j'utilise le même panneau de bardage employé habituellement pour les hangars industriels et les centres commerciaux, mais je m'attache, dans la façon d'assembler ces divers produits les uns avec les autres, à composer un langage qui finit par devenir propre à chacun des bâtiments. La manière de les associer change complètement le regard que l'on peut avoir sur ces matériaux ordinaires. Cette «stratégie du disponible» est

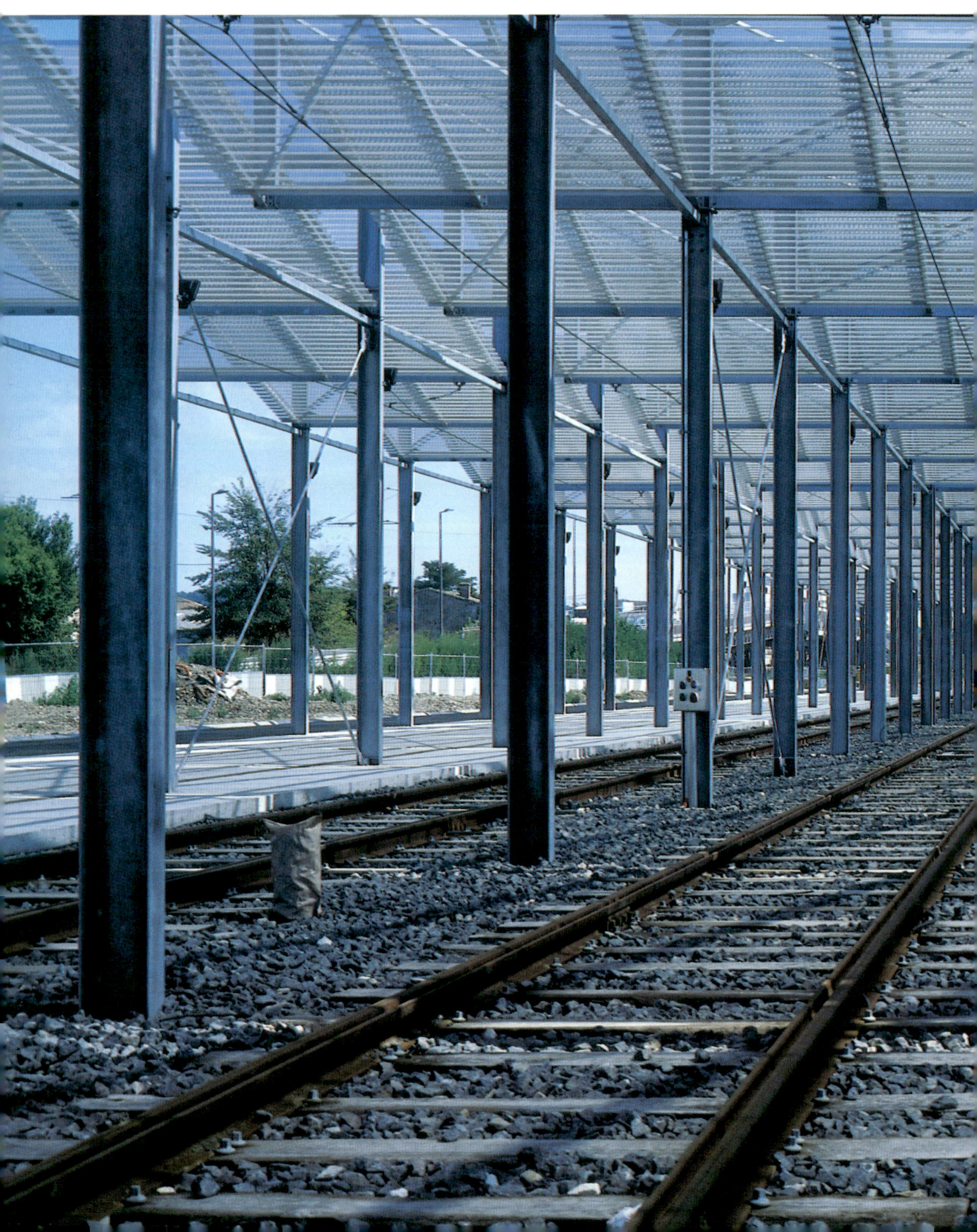

in a sense, to be shown in the best light.
I put together not a theory but an attitude that
emphasizes openness and curiosity towards
common everyday materials and products.
This new approach allows us to explore all
of their potential, to put them together so that
they serve very specific projects. As you pointed
out, I use the same siding that is employed

for industrial warehouses and for shopping
centres; but I try, in the way in which I put
the different materials and products together,
to create a language that ends up by being
specific to each of these buildings. The way
in which they are assembled completely
changes one's vision of these apparently
ordinary materials. This "strategy of what's

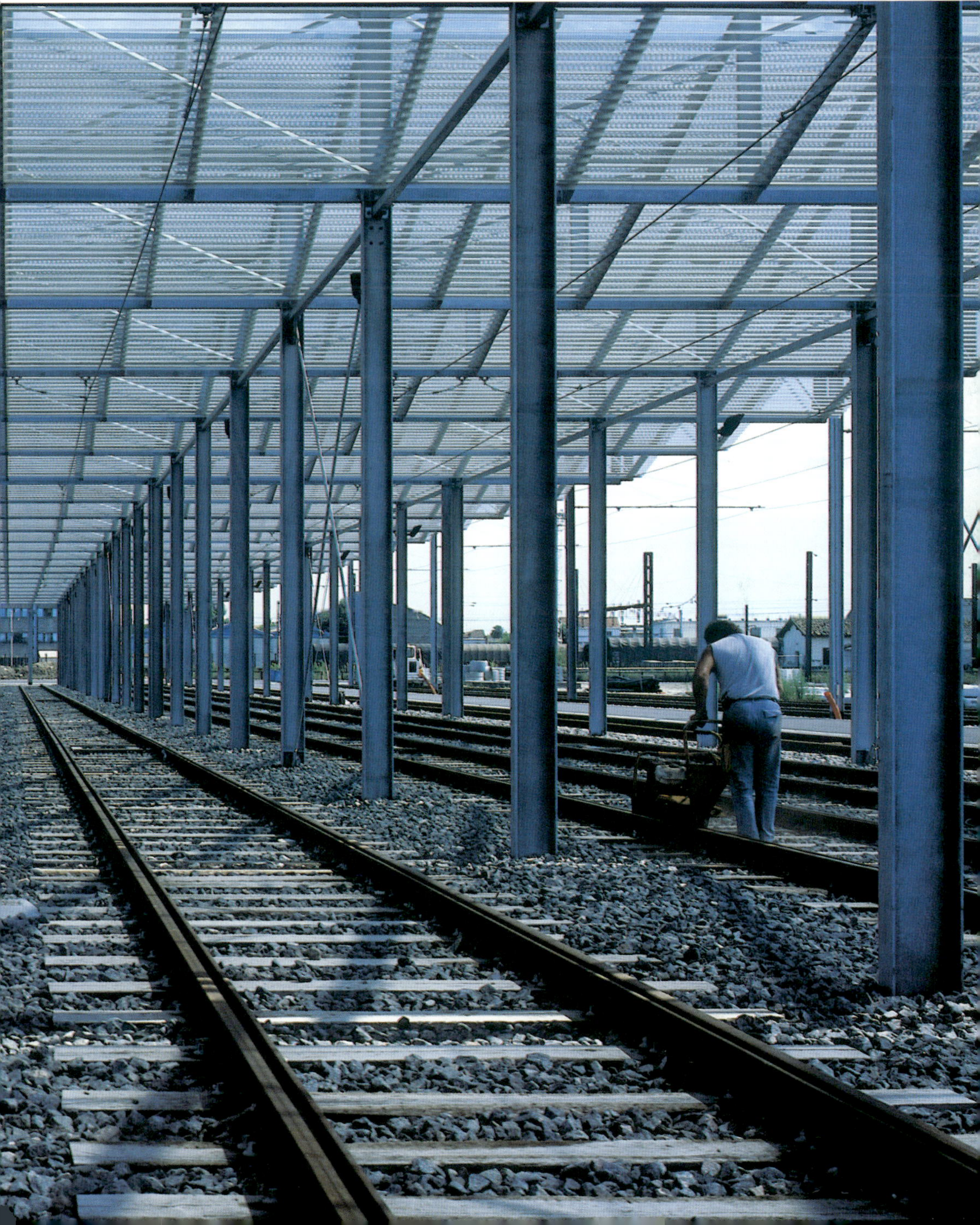

un moyen d'arriver à proposer des réponses généreuses, denses dans leur matérialité, tout en travaillant avec des matériaux absolument communs, des matériaux minces, des matériaux déjà vus partout ailleurs.

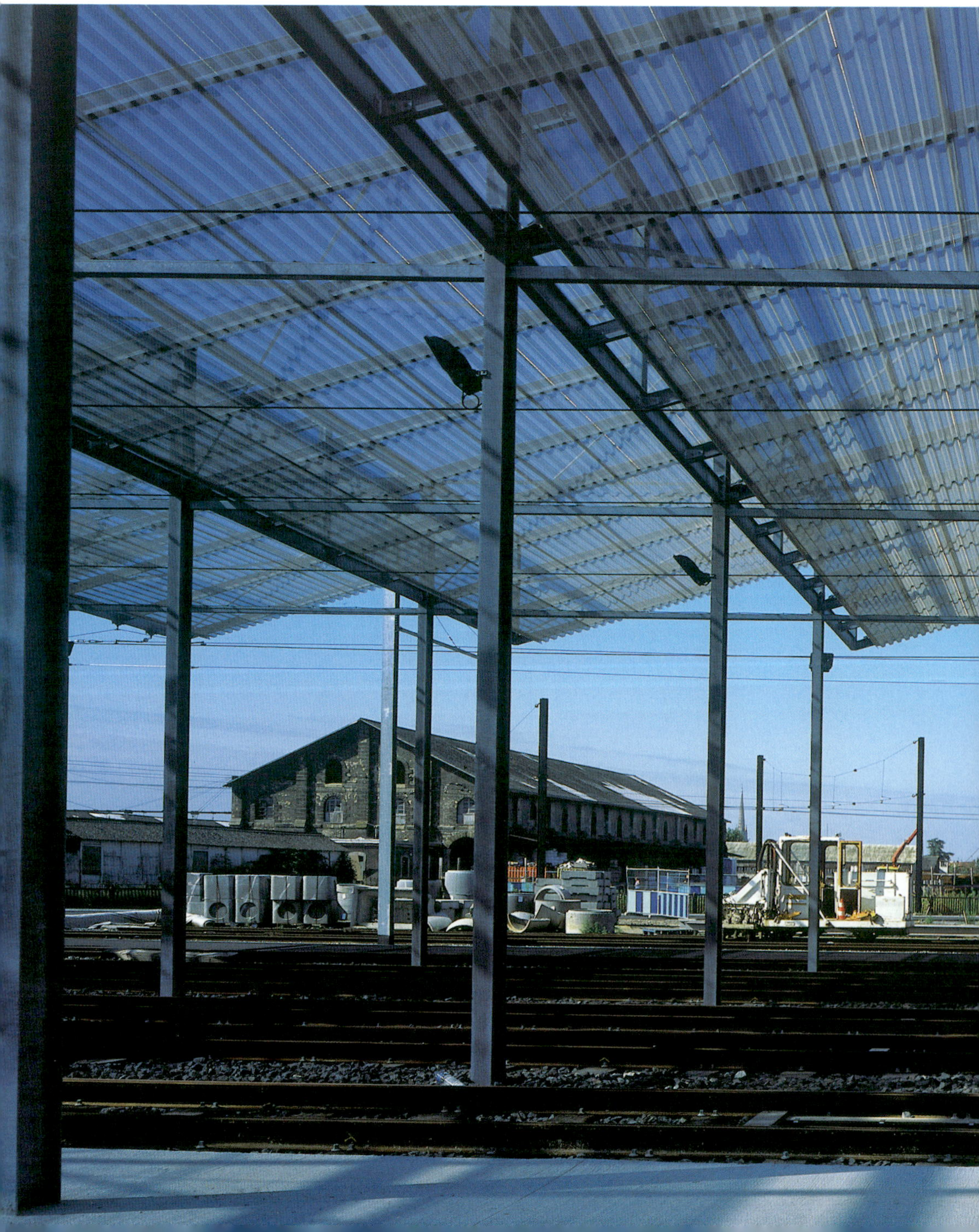

available" is a way of providing generous solutions, with an intense material presence, while working with absolutely banal materials, materials already seen everywhere.

Architects have always been in charge of a constructive logic the success of which is consecrated when the totality is recognizable down to the smallest detail. Mastery of the project depends on mastery over the linkages of construction.

It's in the details, precisely, that the problems generated by the confluence of several heterogeneous elements are resolved. In creating an intelligible link between each element, from the smallest to the largest,

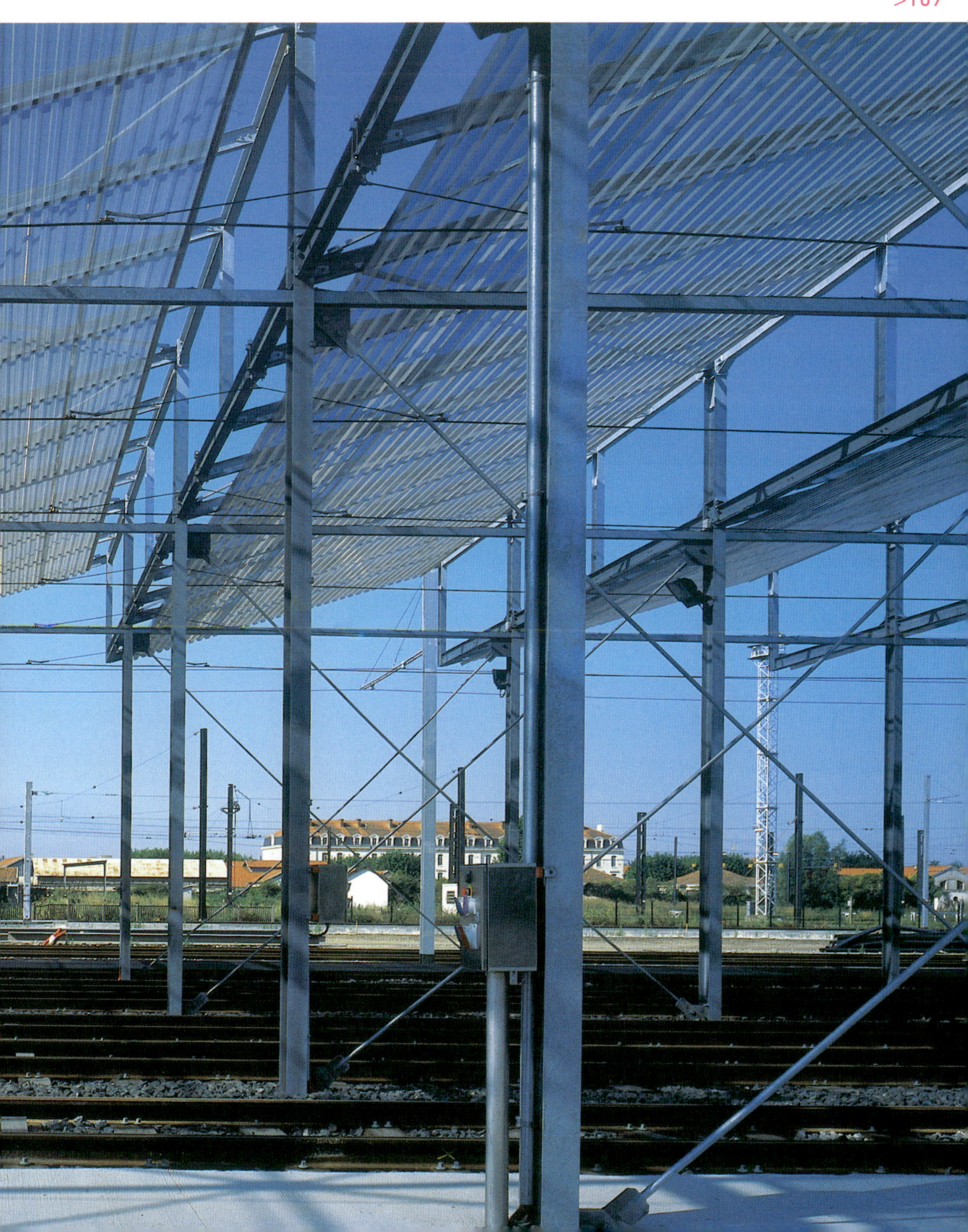

C'est une question absolument fondamentale
pour moi qui m'intéresse aux matériaux, à la
technique. Je pense qu'avant même la géométrie
d'un espace, c'est la façon dont celui-ci est
construit qui compte. Ma culture est certainement
une culture du Sud, où la matérialité des
architectures et même des paysages est en
quelque sorte excessive, révélée par un éclairage
contrasté et violent. Avant même l'élégance
éventuelle de leurs proportions, avant même
les rapports harmonieux de leurs dimensions,

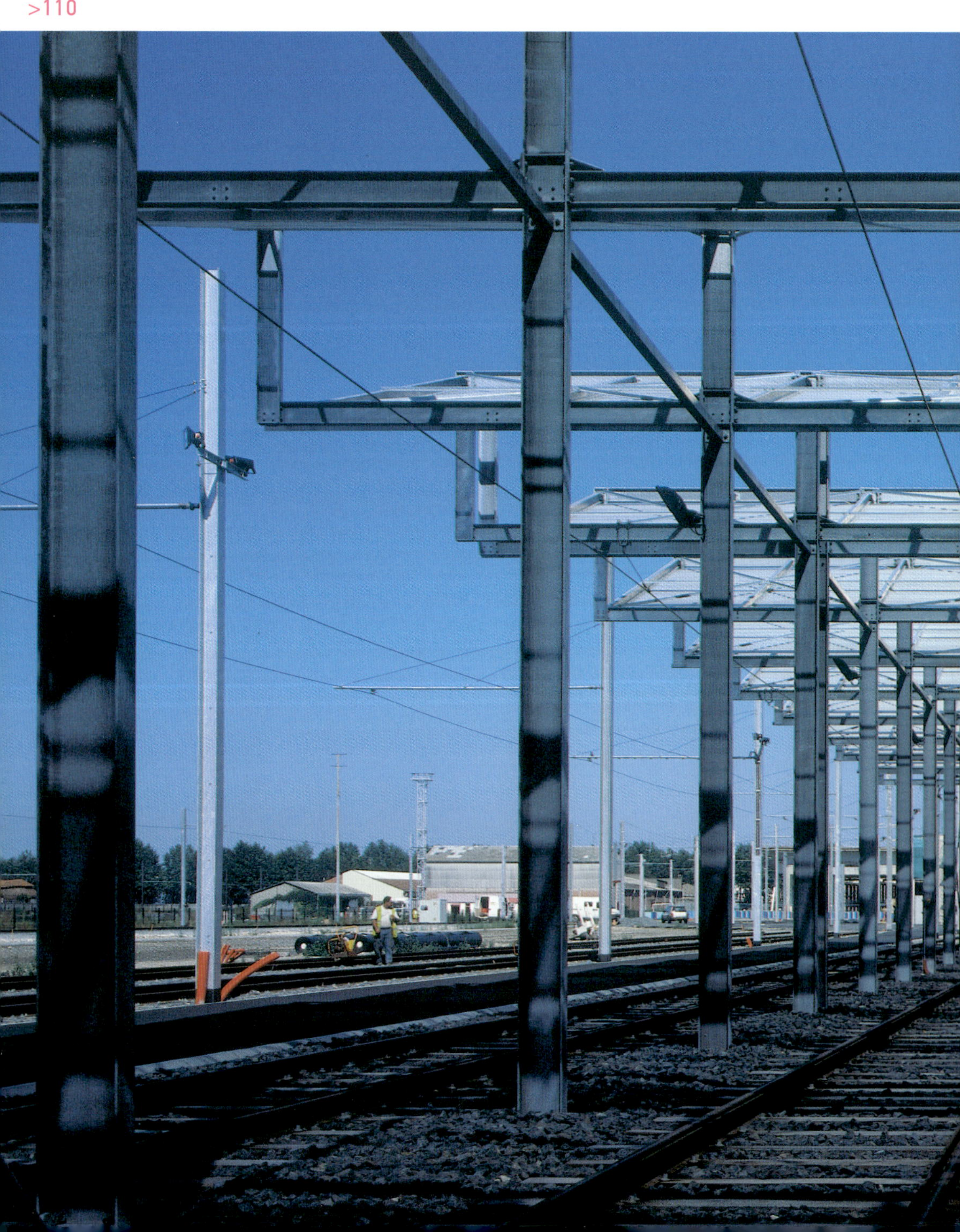

This an absolutely basic question, above all
for somebody like me who is interested in
materials and technologies. I think that what
matters, even before the geometry of a space,
is the way in which this space is constructed.
My culture is certainly a southern culture,
where the material presence of architecture
and even of the landscape is somehow
excessive, revealed by violent and contrasting
light. I believe that the pleasure and emotion

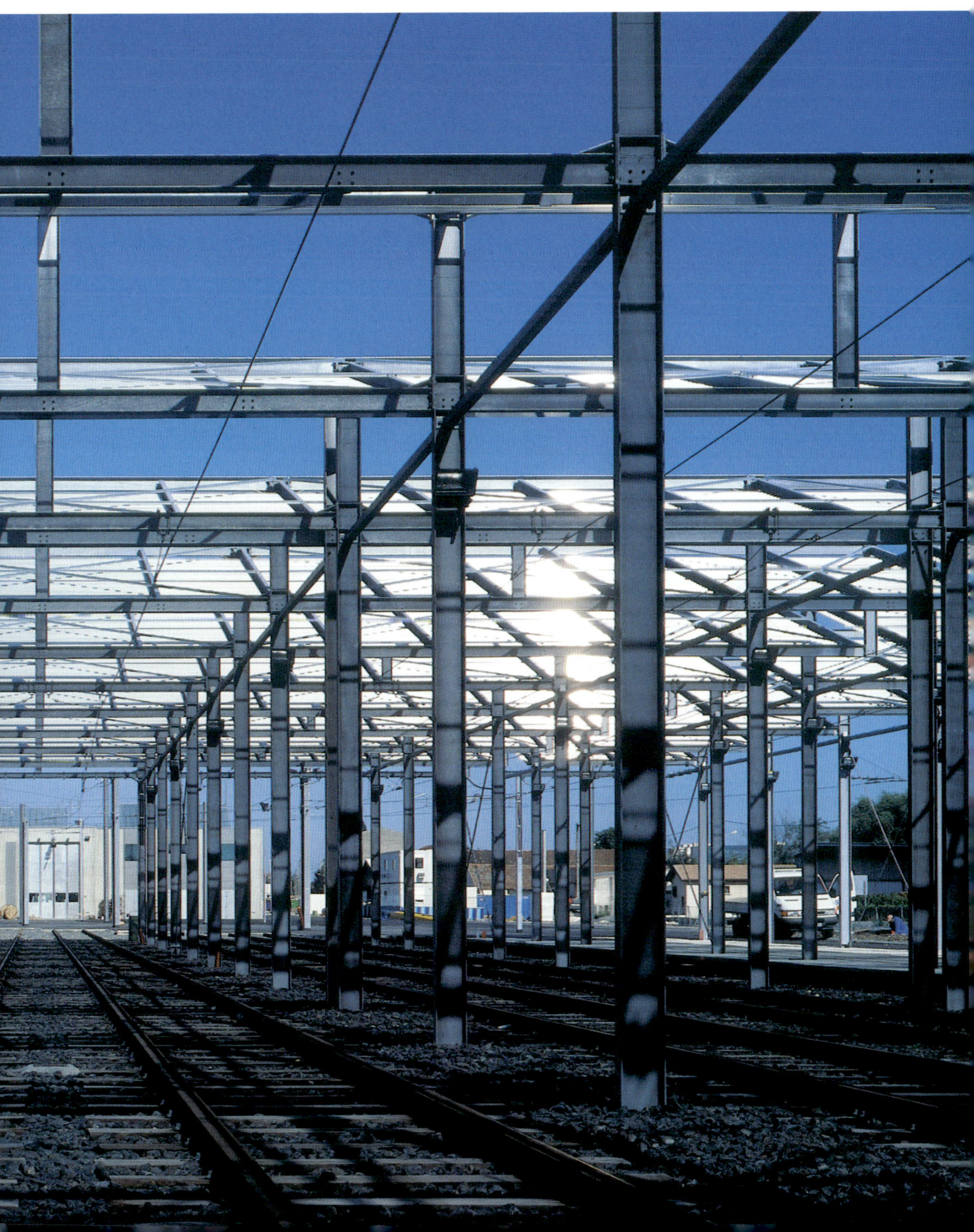

je crois que le plaisir et l'émotion qui se dégagent de constructions très simples telles un mas, une grange ou une cabane de vigne, viennent avant tout de la façon dont elles sont bâties. De même, on voit bien qu'une fenêtre ancienne et élancée remplacée par une fenêtre pataude en PVC suffit à changer profondément l'image d'un bâtiment réhabilité. Toute architecture est incroyablement fragile… une modification pouvant paraître technique et mineure introduit un changement radical du regard qu'on peut porter sur un bâtiment. Je suis convaincu qu'avant l'espace il y a la construction. D'ailleurs tous les enfants commencent leur apprentissage en manipulant des cubes, puis en les empilant. Nous avons tous un rapport intime et partagé dans la façon

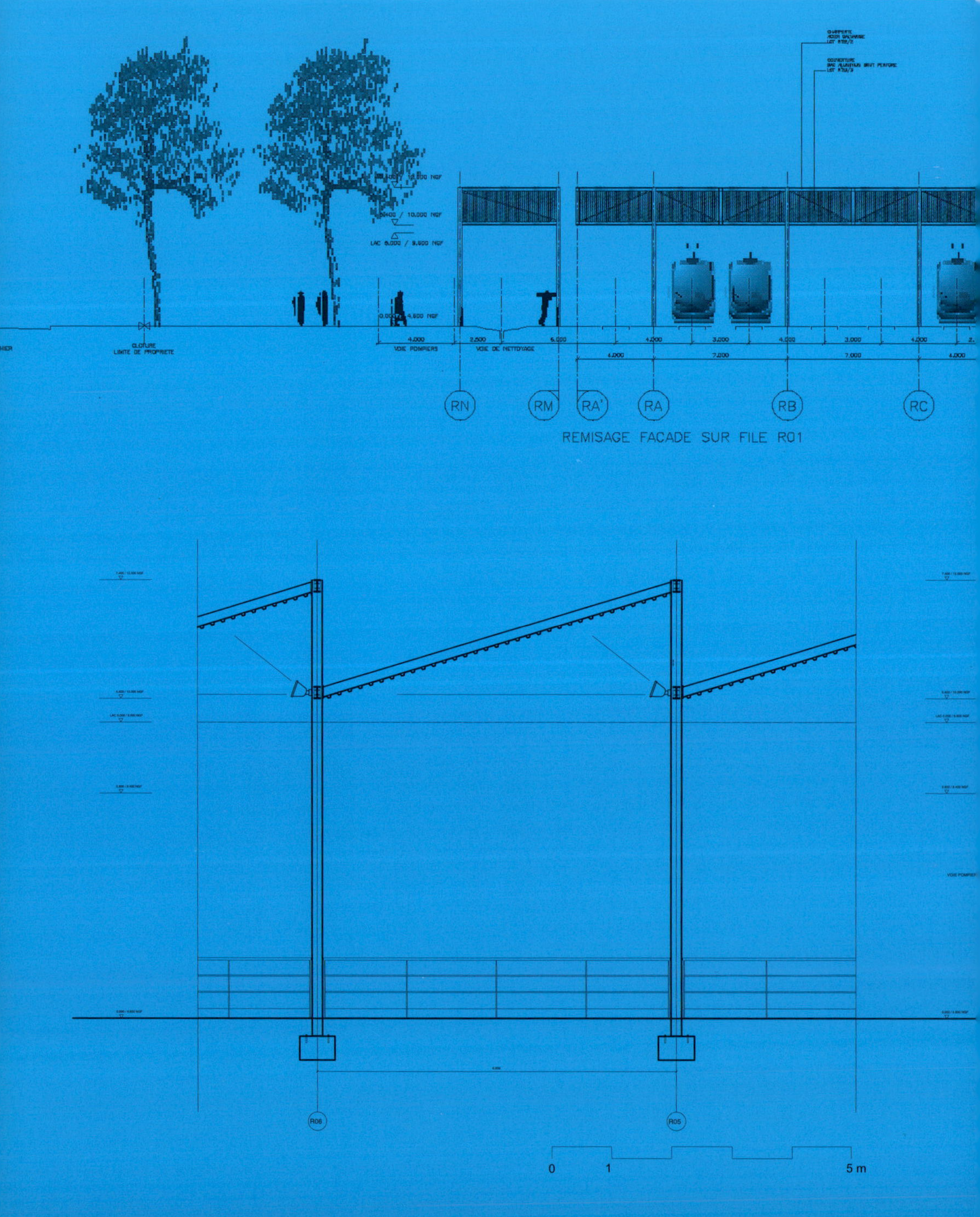

created by very simple structures such as
a Provençal farmhouse, a barn or a shed in
a vineyard come from the way in which they
are built even more than from the possible
elegance of their proportions or the harmonious
relationship of their dimensions. By the same
token, it's clear that replacing an old slender
window with an ungainly PVC window
is enough to profoundly change the whole
look of a restored building. Architecture
is incredibly fragile. A modification that might
seem merely technical and unimportant
introduces a radical change in the appearance
of a building. I'm absolutely convinced that
construction takes precedence over space.
In fact, children begin learning by playing

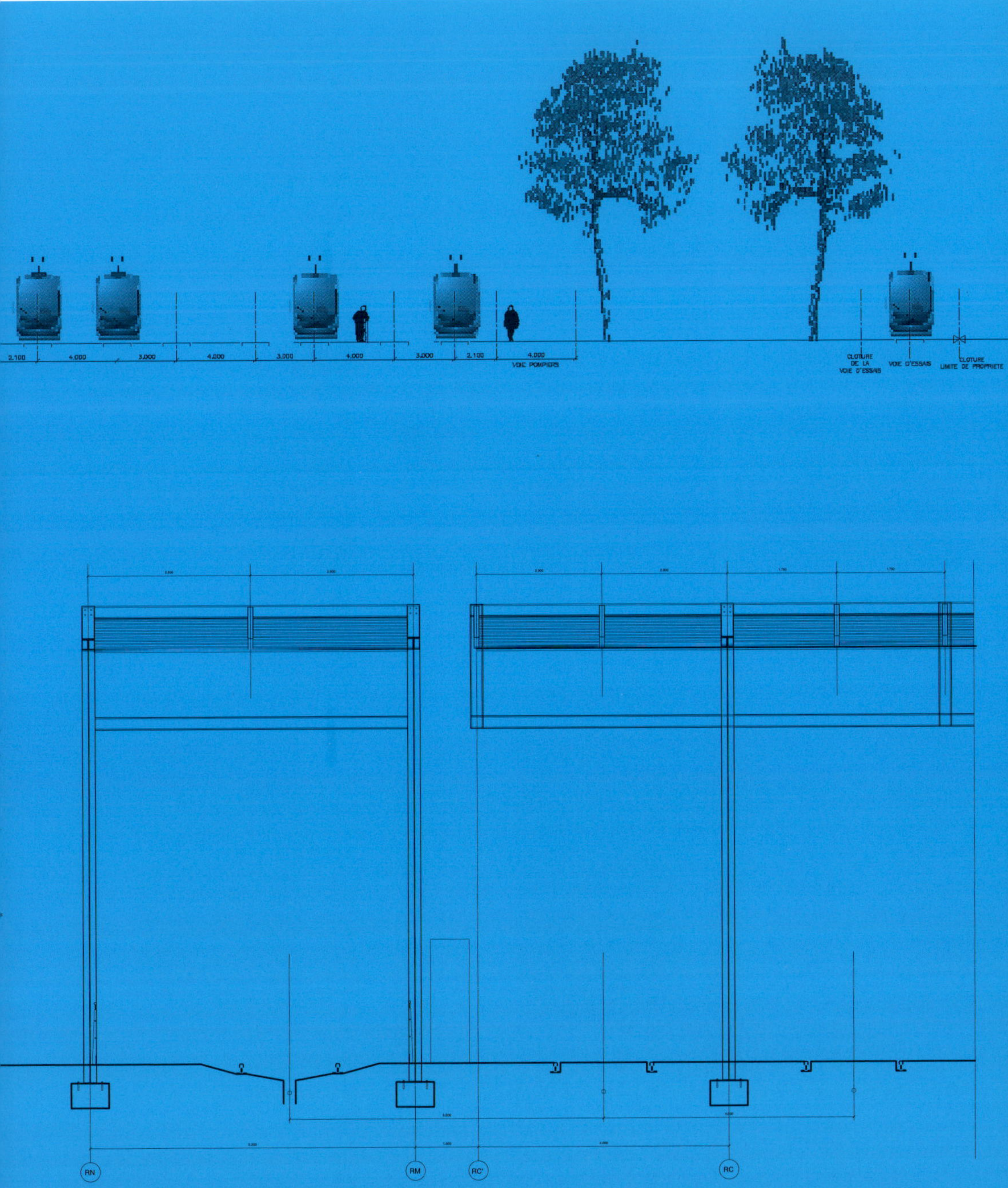

d'assembler les objets ; d'où une véritable poésie,
une véritable émotion dans le seul fait de voir
que les choses paraissent bien à leur place,
et du coup se révèlent avec une intensité
maximale…
Dans mon travail sur les détails, j'accorde
de moins en moins d'importance à la visibilité
des articulations entre les éléments constructifs.

Ma priorité est de montrer les matériaux tels
qu'ils sont, de montrer leur densité, leur aspect,
et de ne pas trop occuper le regard par la manière
dont ils s'assemblent.

Pour la réalisation du collège Louis-Jouvet
à Gamaches, nous avons pour la première fois
travaillé avec des matériaux traditionnels,

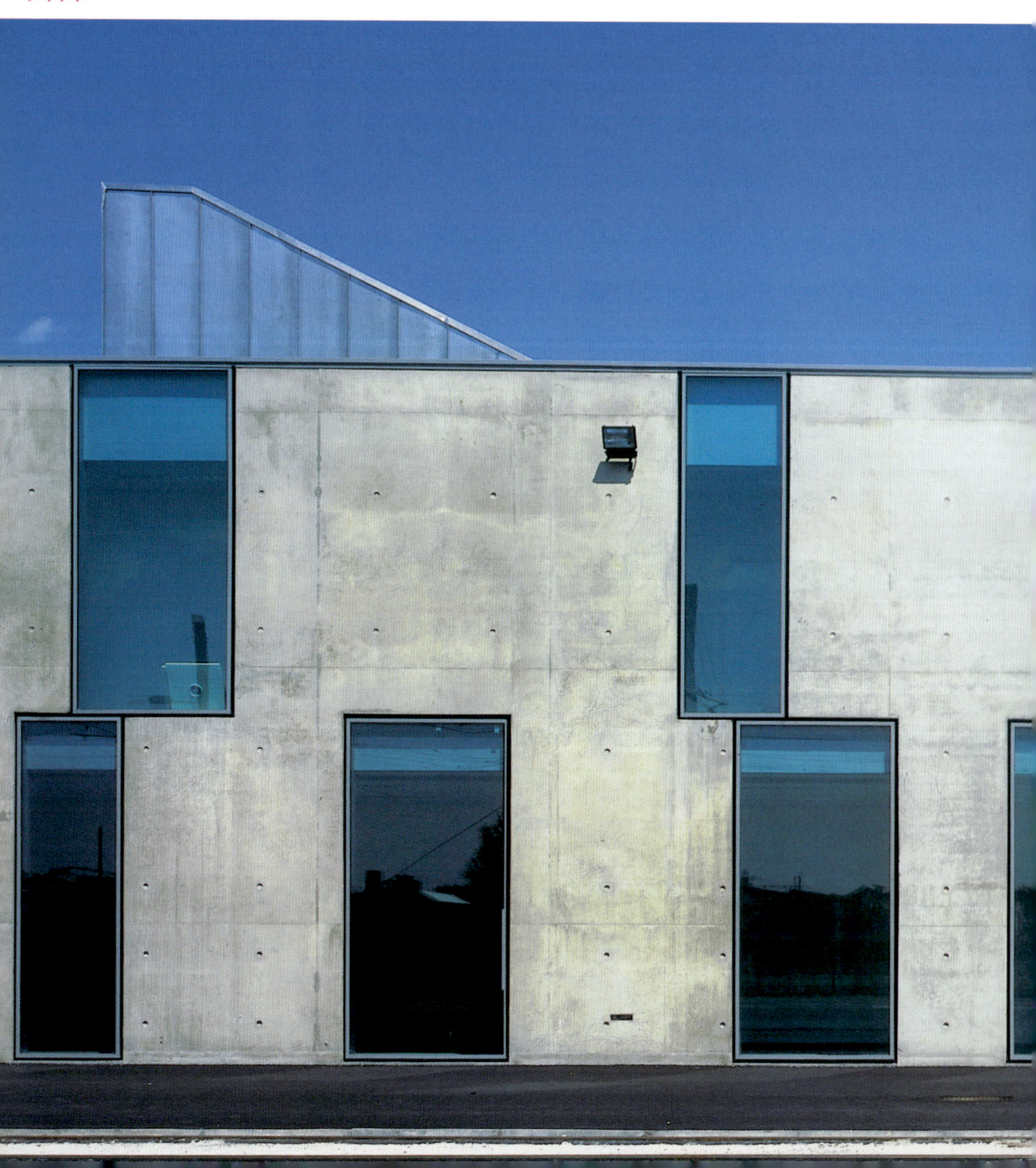

at manipulating cubes and piling them up.
We all have this intimate and shared
relationship in the way we assemble objects.
From this comes a real poetry, a real emotion,
in the simple fact of seeing that things
appear well in their place, and immediately
reveal themselves with a maximum intensity.
In my work on details, I pay less and less
attention to the visibility of the joints between
the structural elements. My priority is to show
the materials as they are; to show their density,
their appearance, and not to draw too much
attention to the way in which they are
assembled.

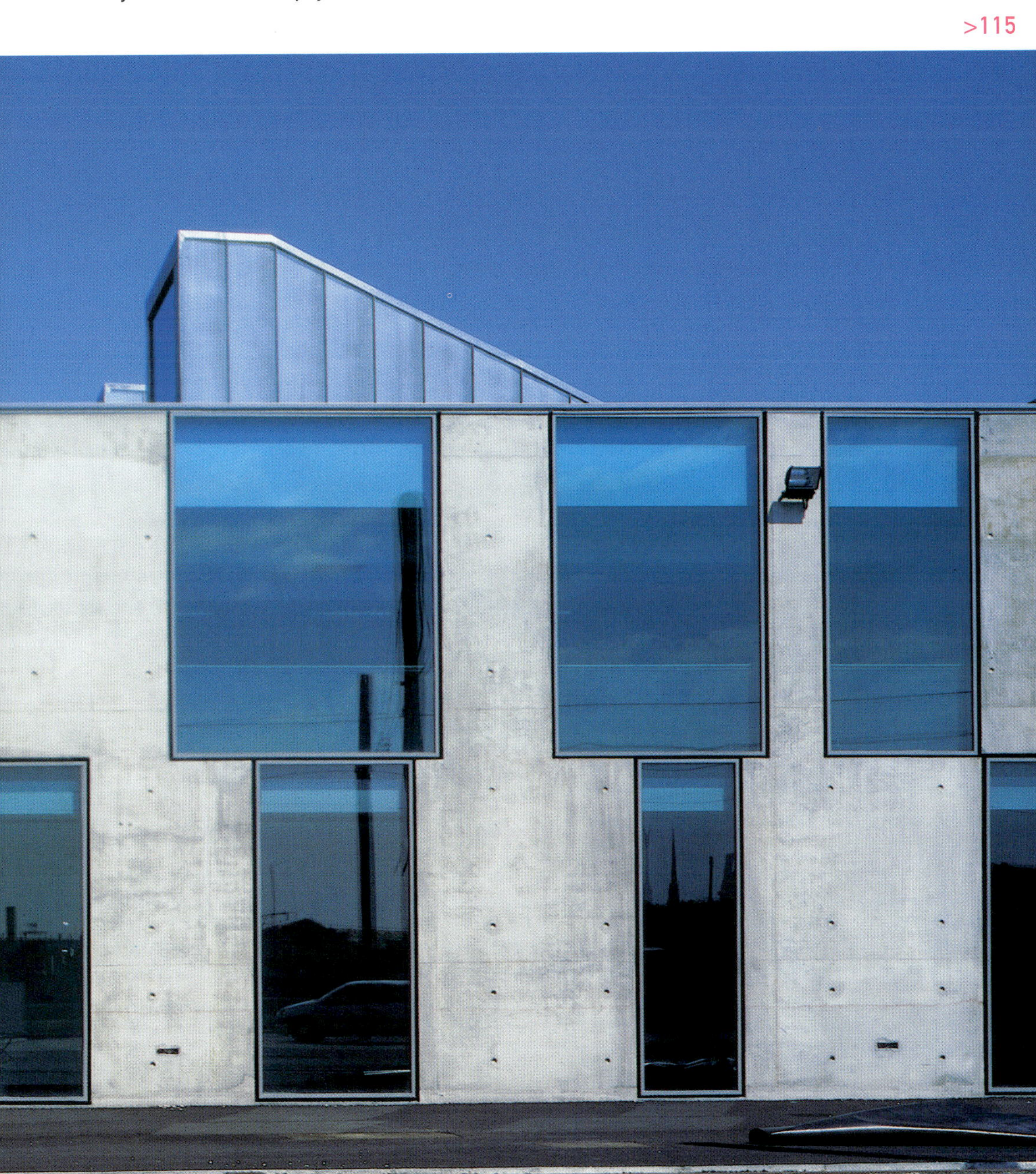

la brique, le bois et le zinc, en essayant de
les combiner entre eux de façon très directe,
comme par collage, ou comme si c'étaient
des pièces de textile qui se raboutaient
avec une couture minimale. Le but est d'avoir
à la fois une enveloppe continue et cohérente,
et en même temps de voir vraiment du bois,
du zinc, de la brique. C'est l'idée du détail bien

fait, mais du détail silencieux…
Ce détail silencieux demande lui aussi études
et savoir-faire, d'autant que les entreprises
qui soumissionnent pour ce genre de projet
ne s'attendent pas forcément à réaliser
un travail de haute couture. Dans nos projets,
toutes les potentialités des matériaux minces
sont explorées, cela peut se traduire par

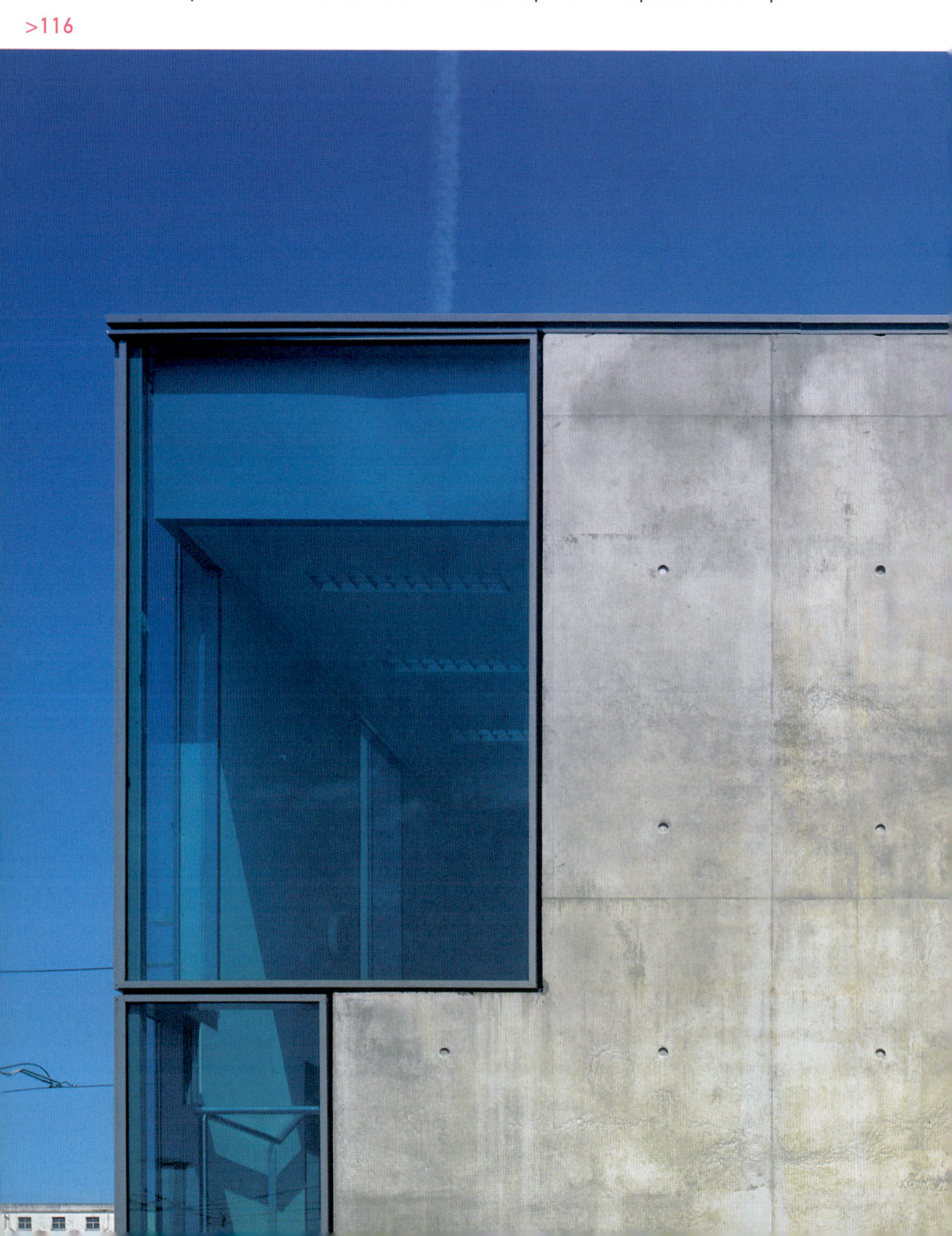

When designing the Louis-Jouvet College
in Gamaches, we worked with traditional
materials for the first time – brick, wood,
and zinc – trying to combine them in a very
direct way, as in a collage, or as if they were
elements in a fabric that were woven together
with minimal stitching. The aim is to have
a continuous and coherent container, but
at the same time to really see brick, wood,
and zinc. Our idea is this: details that
are well made, but silent.
This silent detail also requires careful
preparation and skill, particularly since
the companies that grant such commissions
aren't necessarily looking for a high fashion
product. In our projects, all the possibilities

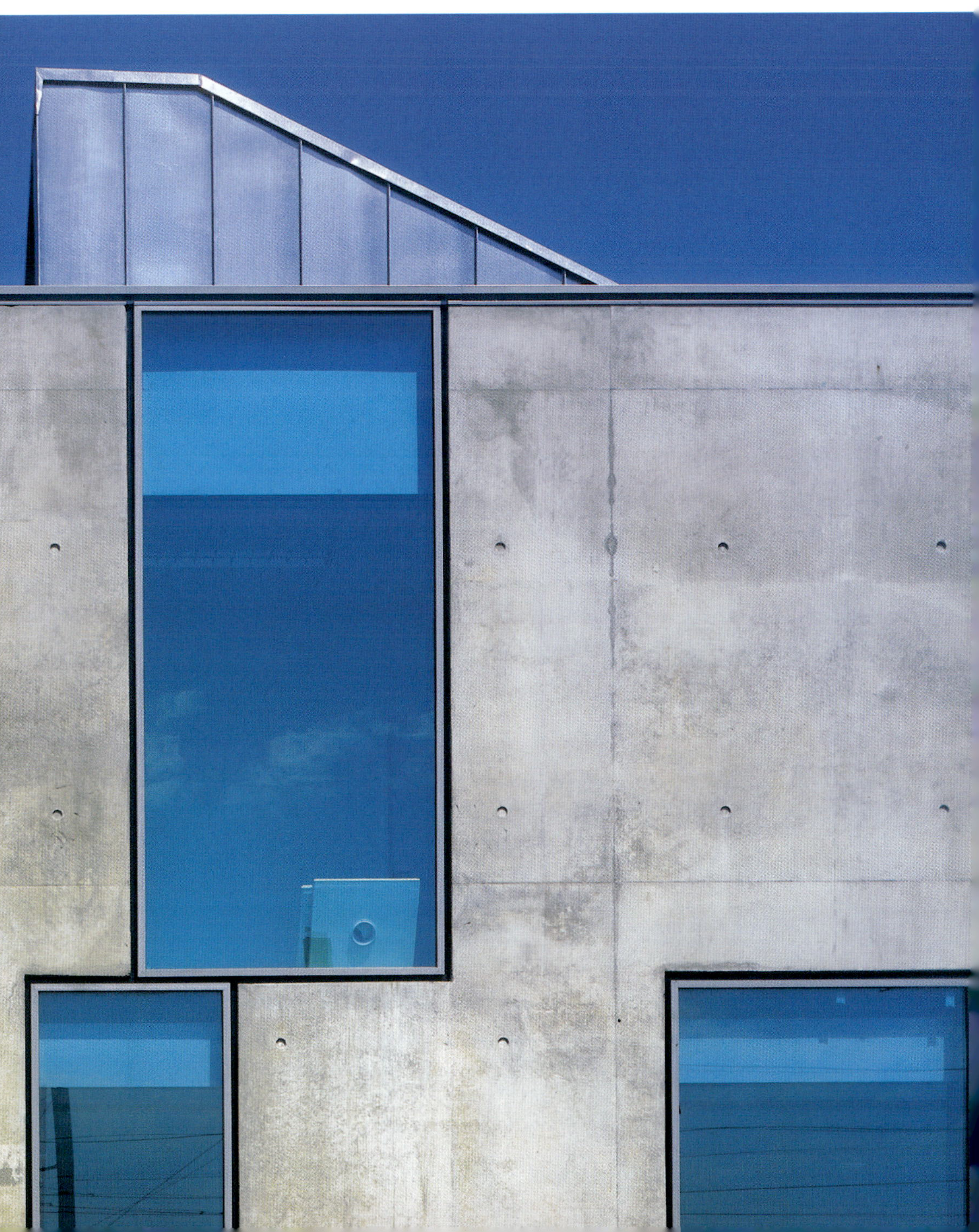

le feuilletage des façades et la juxtaposition
de ces matériaux, dans une attitude sans
nostalgie de l'épaisseur, donc plus proche
du stylisme que de l'architectonique.
C'est un travail sur la continuité de l'enveloppe,
avec le souci de révéler la versatilité des
matériaux d'aujourd'hui.

Les matériaux ont souvent un rôle déterminant.
Un seul pourrait donc contaminer un projet
générique en bâtiment contextuel?

Absolument. Si l'on prend l'exemple de la maison
de vacances que nous avons construite
à Limoux[5], nous voulions utiliser, au début, pour
se protéger du soleil un système sophistiqué

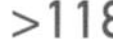

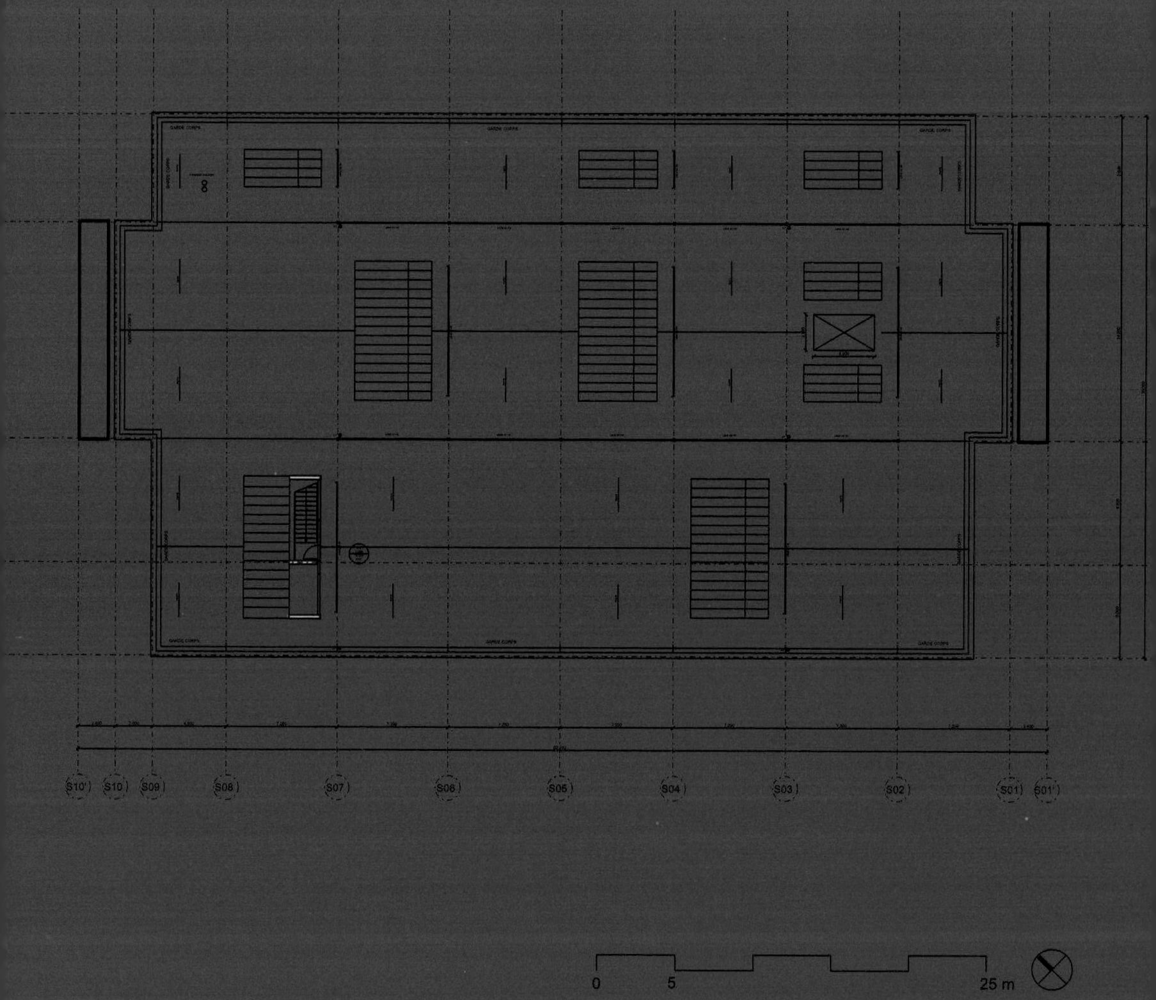

of these meagre materials are explored
– and this can result in the laminated
surface of the façades and the juxtaposition
of these materials – in a way that is free
of the nostalgia of thickness and weight;
it's closer to dress-designing than to
the architectonic. It's an elaboration
of the continuity of the envelope, with
the aim of revealing the versatility
of contemporary materials.

Materials often play a decisive role. Isn't
there the danger that a single material could
transform a generic project into a contextual
building?

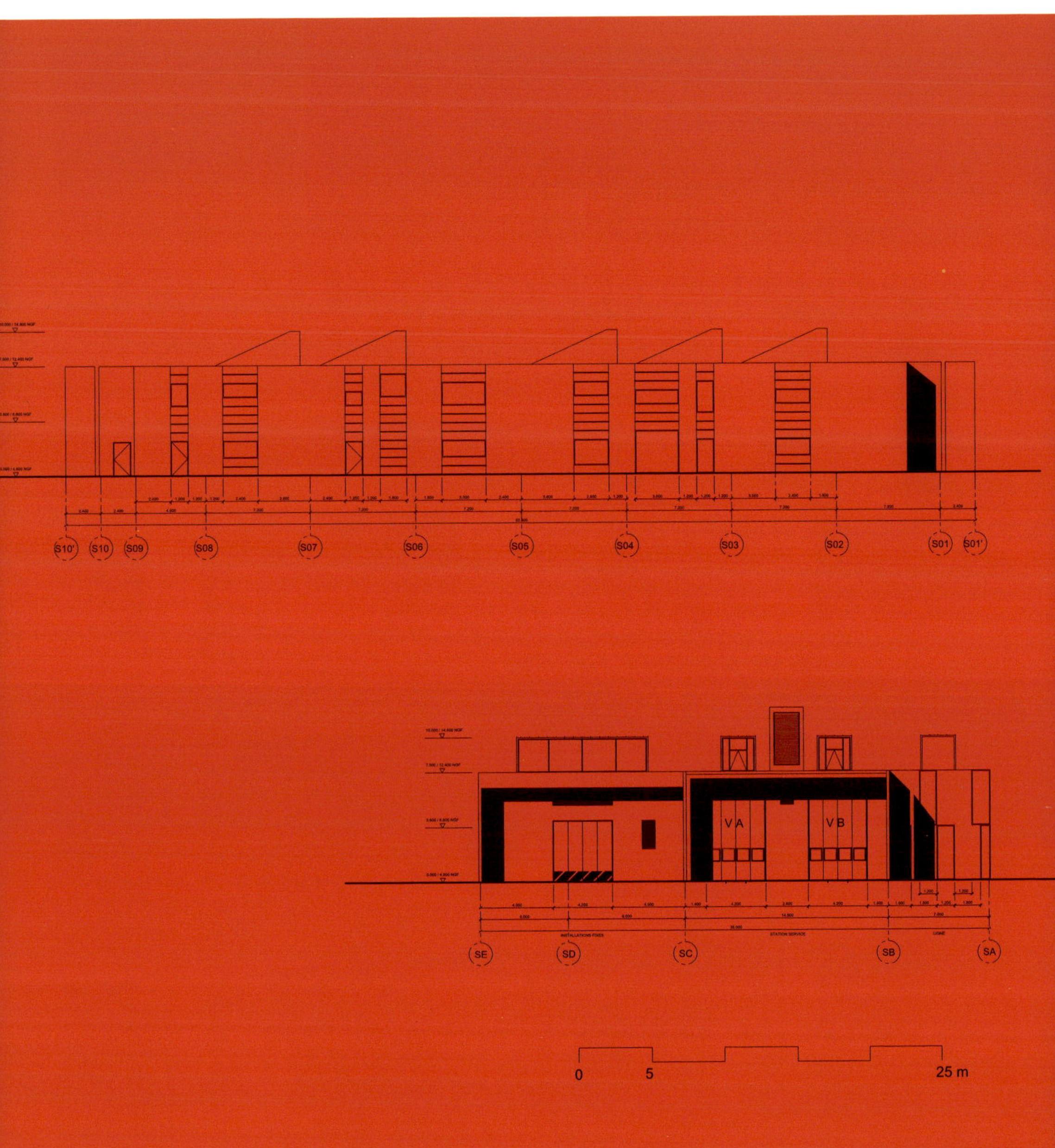

de persiennes mobiles, comme nous en avons
utilisé pour le collège de Gamaches, mises au
point en Espagne dans les années 50 pour les
logements construits par l'architecte catalan
Coderch et fabriquées en série depuis. Mais leur
coût nous a fait changer de dispositif, car
le budget de la maison était vraiment très limité.
J'ai regardé sur place ce que je pouvais trouver

comme solution de remplacement et j'ai bien
sûr porté mon attention sur les rouleaux
de cannisses qu'on voit un peu partout sur
les terrasses, mais toujours dans des
constructions bricolées, autoconstruites.
Les cannisses fabriquent de l'ombre tout
en jouant avec le soleil, le fragmentent en
des milliers de rais de lumière. C'est très beau

> RATP OFFICE BUILDING
> IMMEUBLE DE BUREAUX
  DESTINÉS À LA RATP

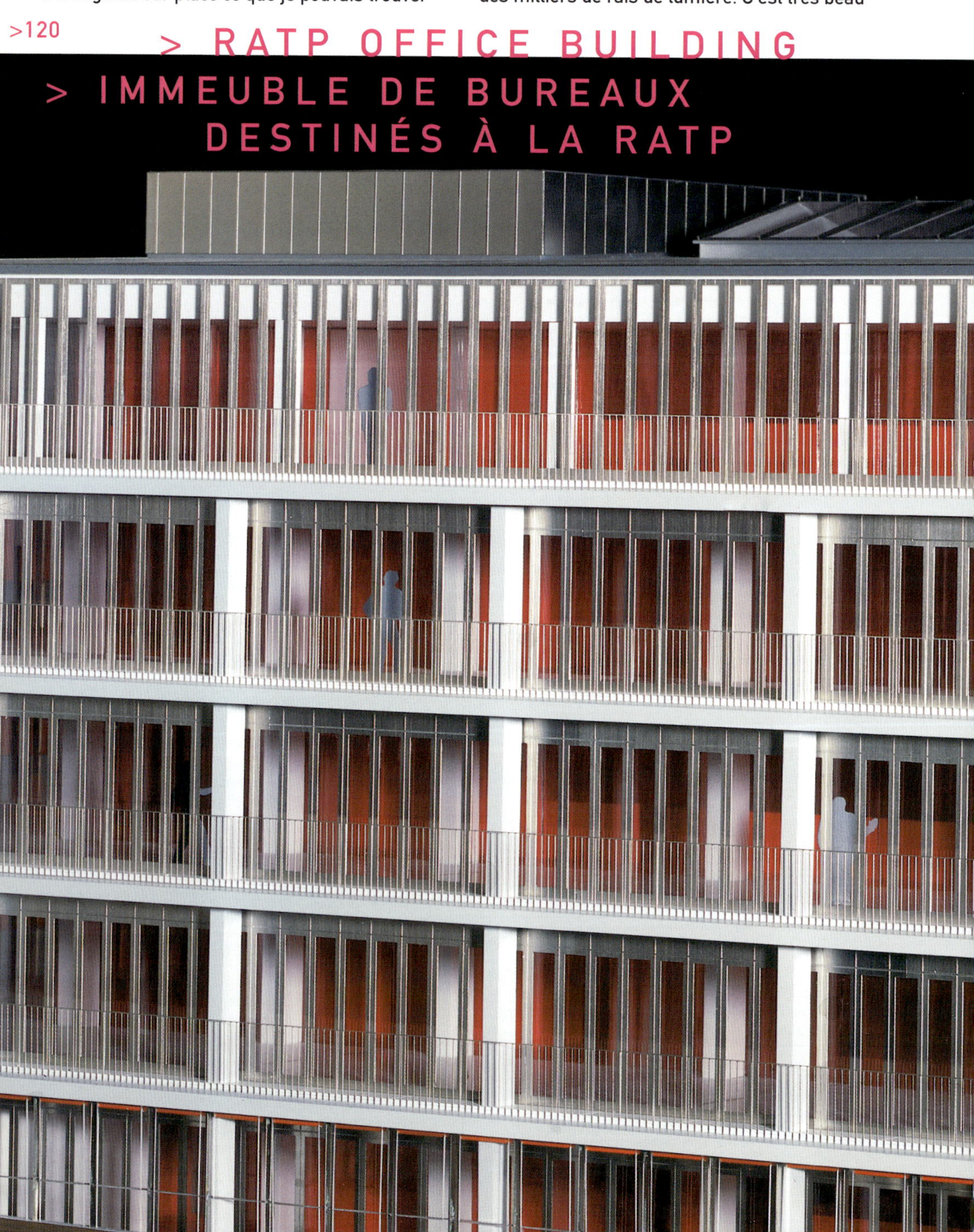

Absolutely. Take, for example, the vacation home we built in Limoux[5]. In the beginning, to provide protection from the sun, we intended to use a sophisticated system of adjustable shutters, just like the ones we used for the college in Gramaches; these shutters were designed in Spain in the 1950s for housing projects designed by the Catalan architect Coderch and they have been mass-produced since then. But the cost of these shutters made me change my approach because the budget for the project was really very limited. I looked around locally to see what could replace the shutters, and those rolled up wattle fences you find on people's terraces caught my eye. They're used in do-it-yourself, ramshackle

dans la journée, et nous avons découvert que c'était également magnifique la nuit, éclairé de l'intérieur par les lumières. L'ossature en acier galvanisé de la pergola a été dessinée de façon à pouvoir utiliser les dimensions standards des rouleaux de cannisses. Ceux-ci sont très peu chers, ils ont une durée de vie de cinq ans environ et se trouvent partout ; il est donc facile de les remplacer. À l'image des chalets de Gruissan qui emploient des matériaux modestes sans cesse renouvelés, cette maison de vacances utilise des technologies peu coûteuses, et la pérennité est obtenue par le remplacement.

>122

En regardant vos projets, j'ai d'abord cru qu'il y avait chez vous une volonté de se conformer

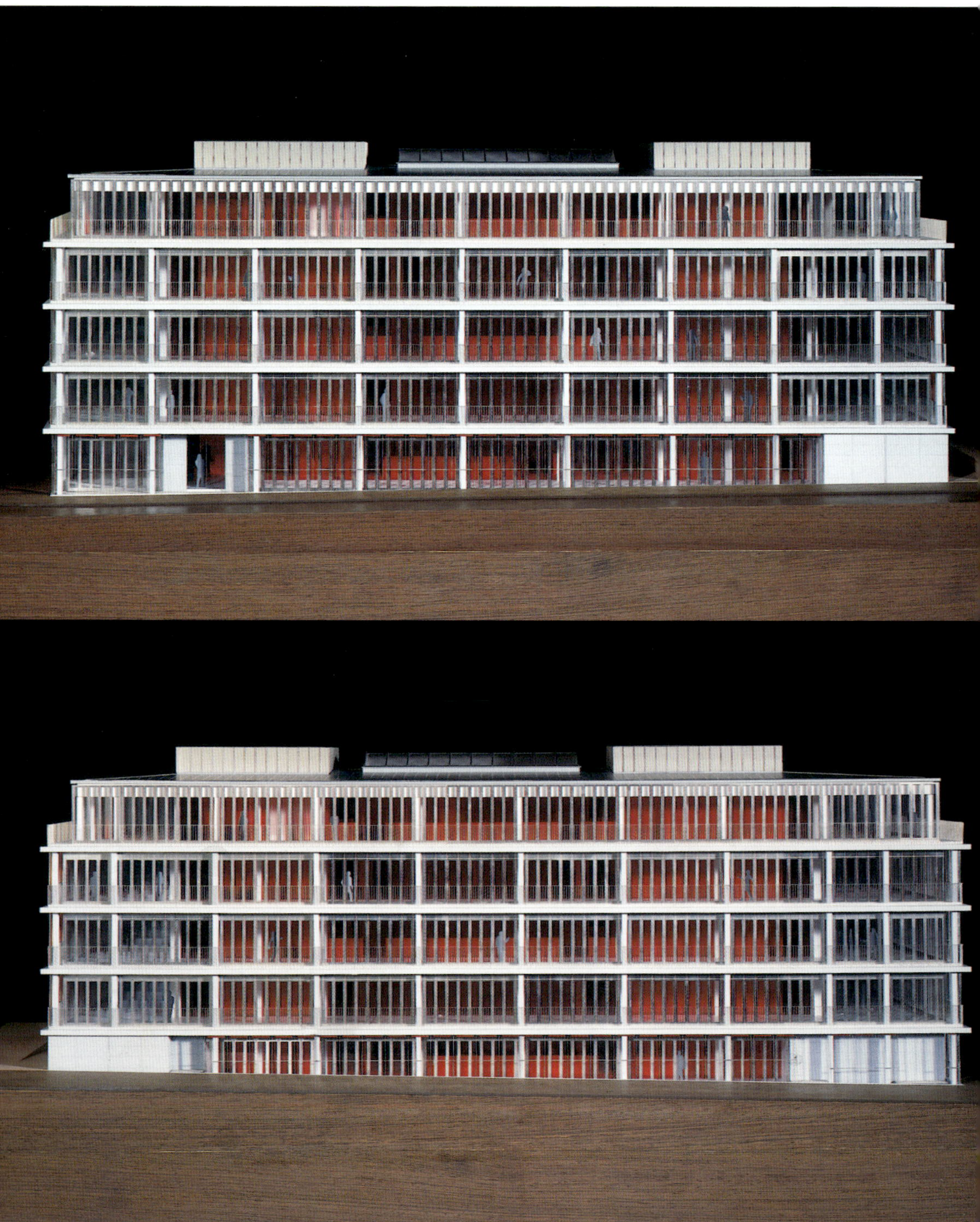

buildings. The wattle creates shade and fights the sun, fragmenting it into thousands of individual rays. It's very beautiful during the daytime; and we discovered it was equally beautiful at night, when the light is coming from inside. The stainless steel framework of the pergola was designed so that it could use the rolls of wattles in standard dimensions.

These rolls are very cheap. They last about five years; and you can find them anywhere. So they are very easy to replace. Like the cottages in Gruissan, which used perishable materials, this vacation home uses very cheap materials and technologies and its continuous existence is assured by replacing those elements.

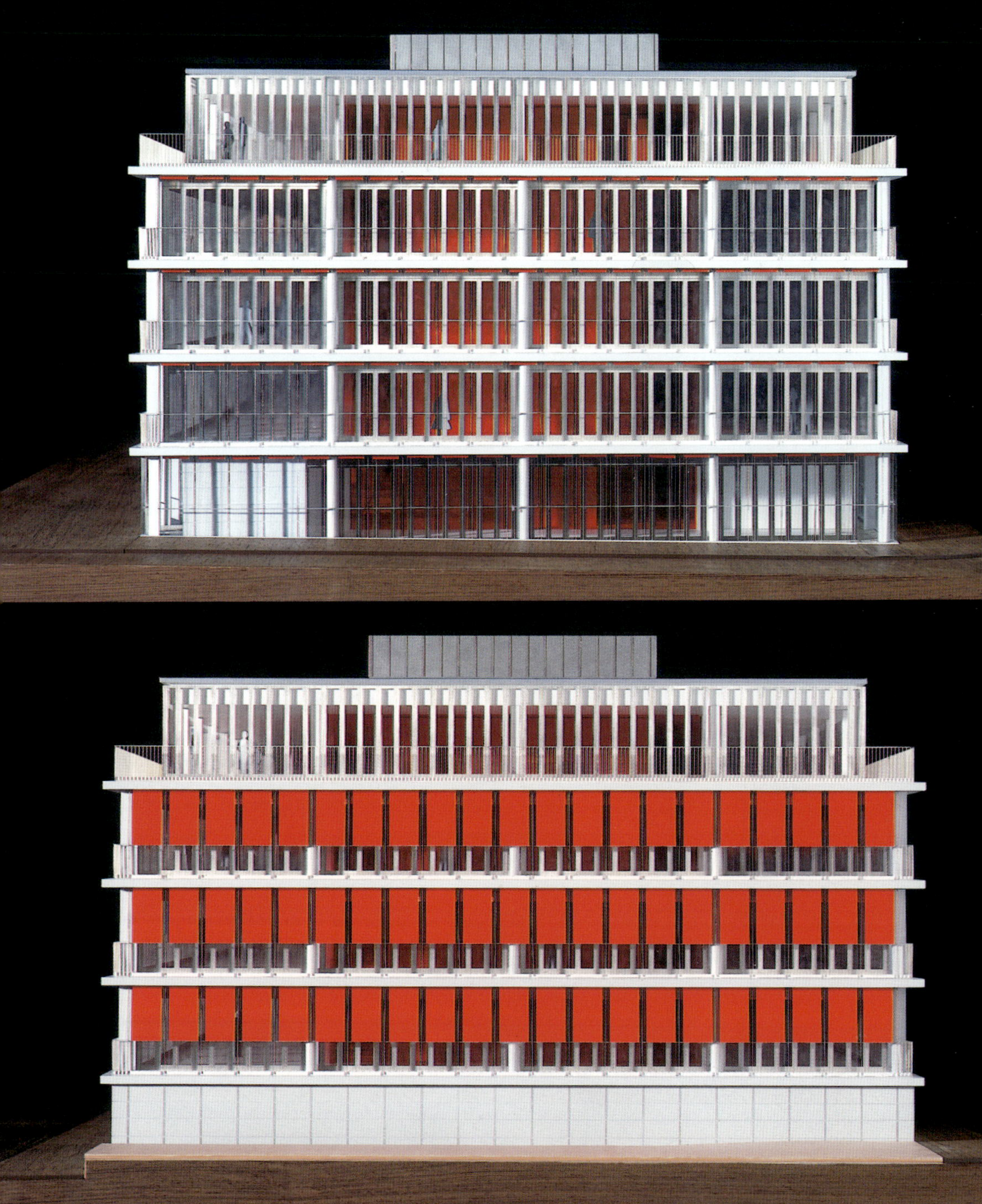

à une éthique de vérité constructive, une filiation
qui vous relierait à Viollet-le-Duc : votre formation
d'ingénieur, la rigueur de la mise en œuvre, votre
attachement à la mise en valeur des matériaux
et à la clarté d'expression entre chaque élément
de composition. Mais plus j'observe vos
bâtiments et vous écoute raconter comment
ils ont été conçus, moins cette idée de vérité

constructive me semble pertinente pour parler
de votre travail ; qu'en pensez-vous ?

L'idée de vérité est une question qui m'a
longtemps fasciné, car j'aime d'abord manipuler
les idées avant de manipuler les formes.
L'hypothèse d'une vérité constructive permet
de créer une sorte de chaîne continue entre

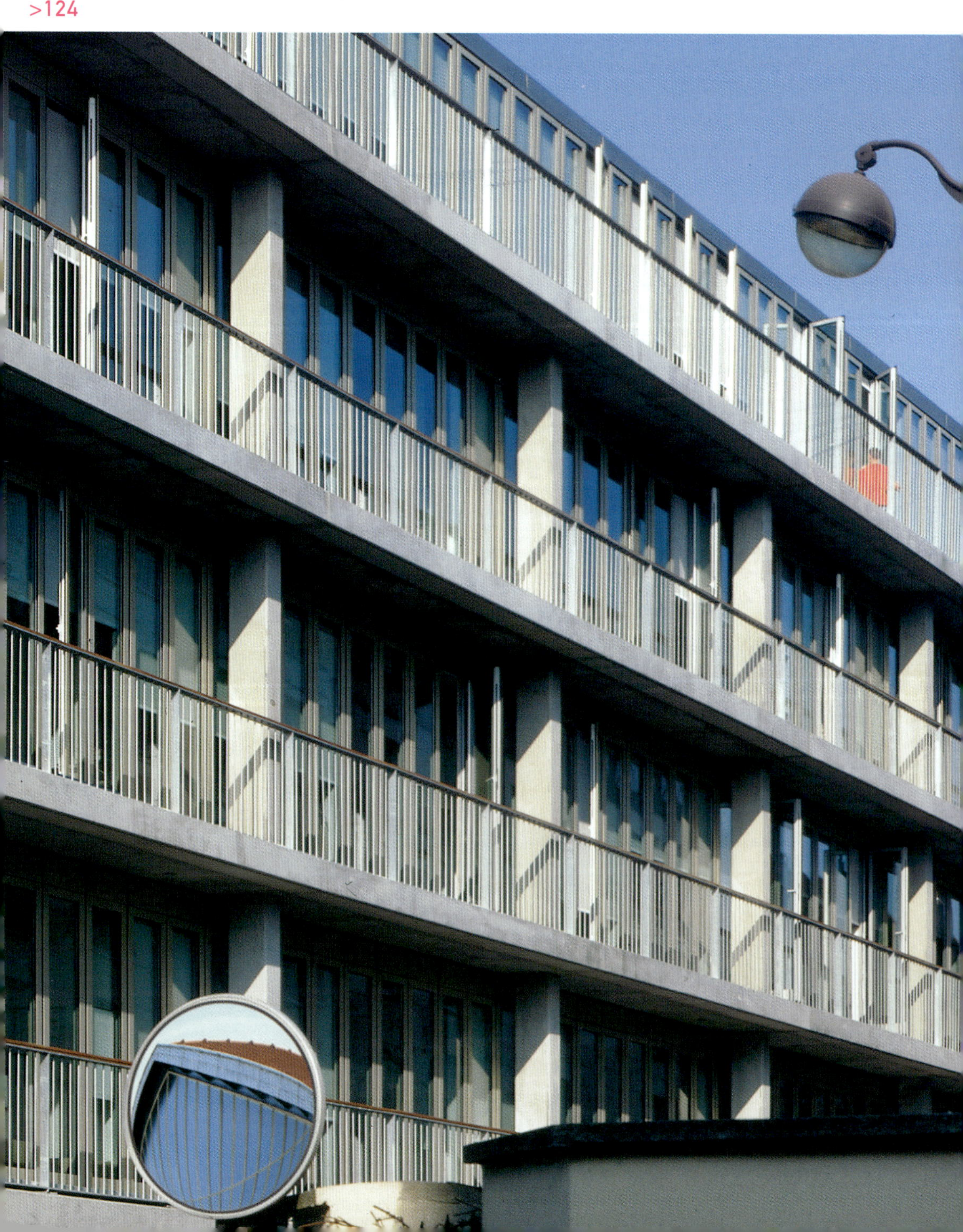

Looking at your projects, at first I thought you were adhering to an ethic of constructive truth, a tradition that would link you to Viollet-le-Duc: your training as an engineer, your rigour in carrying out your projects, your emphasis on materials and on the clarity of expression of each element of the design. But the more I look at your buildings and the more I listen to you talking about how you conceived them, the less this idea of "constructive truth" seems pertinent when speaking of your work. What do you think?

I've been fascinated by the question of truth for a long time – I like juggling ideas even more than juggling forms. The hypothesis of

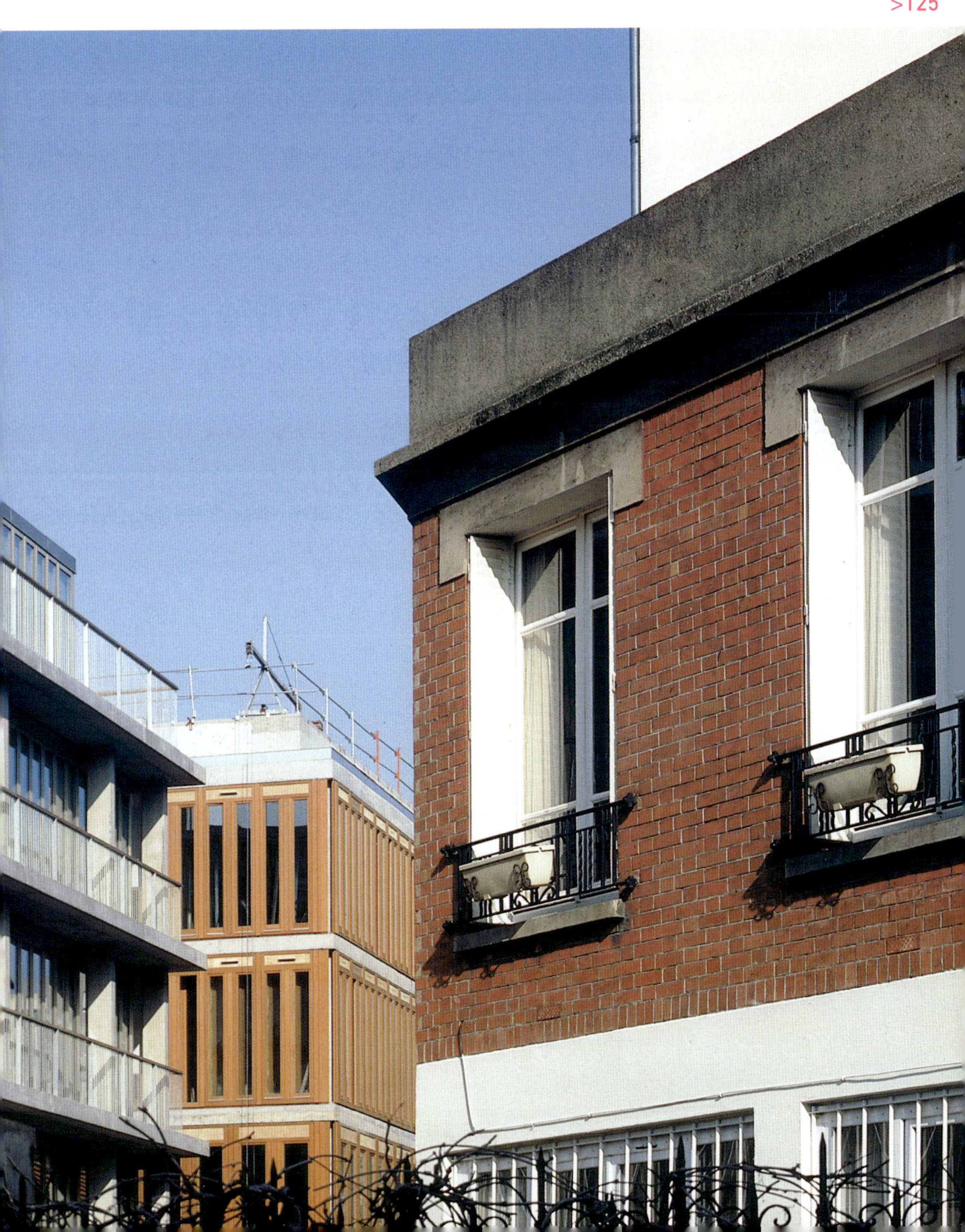

des données de départ et un résultat, comme le ferait une démonstration mathématique. Ma formation scientifique me prédispose à me sentir à l'aise dans tout ce qui ressemble à une construction de la raison, et j'aime bien la définition de Mies van der Rohe qui voit l'architecture comme «le champ de bataille de la pensée». Néanmoins, si on porte un regard tant soit peu distancié sur l'architecture, on s'aperçoit bien sûr qu'il y a plusieurs vérités, ne serait-ce qu'à considérer Mies justement, et les libertés qu'il a prises avec l'expression en façade de colonnes et de poutres qui sont l'illustration d'un principe constructif, sans être le principe constructif lui-même. Aujourd'hui les techniques sont absolument omnipotentes

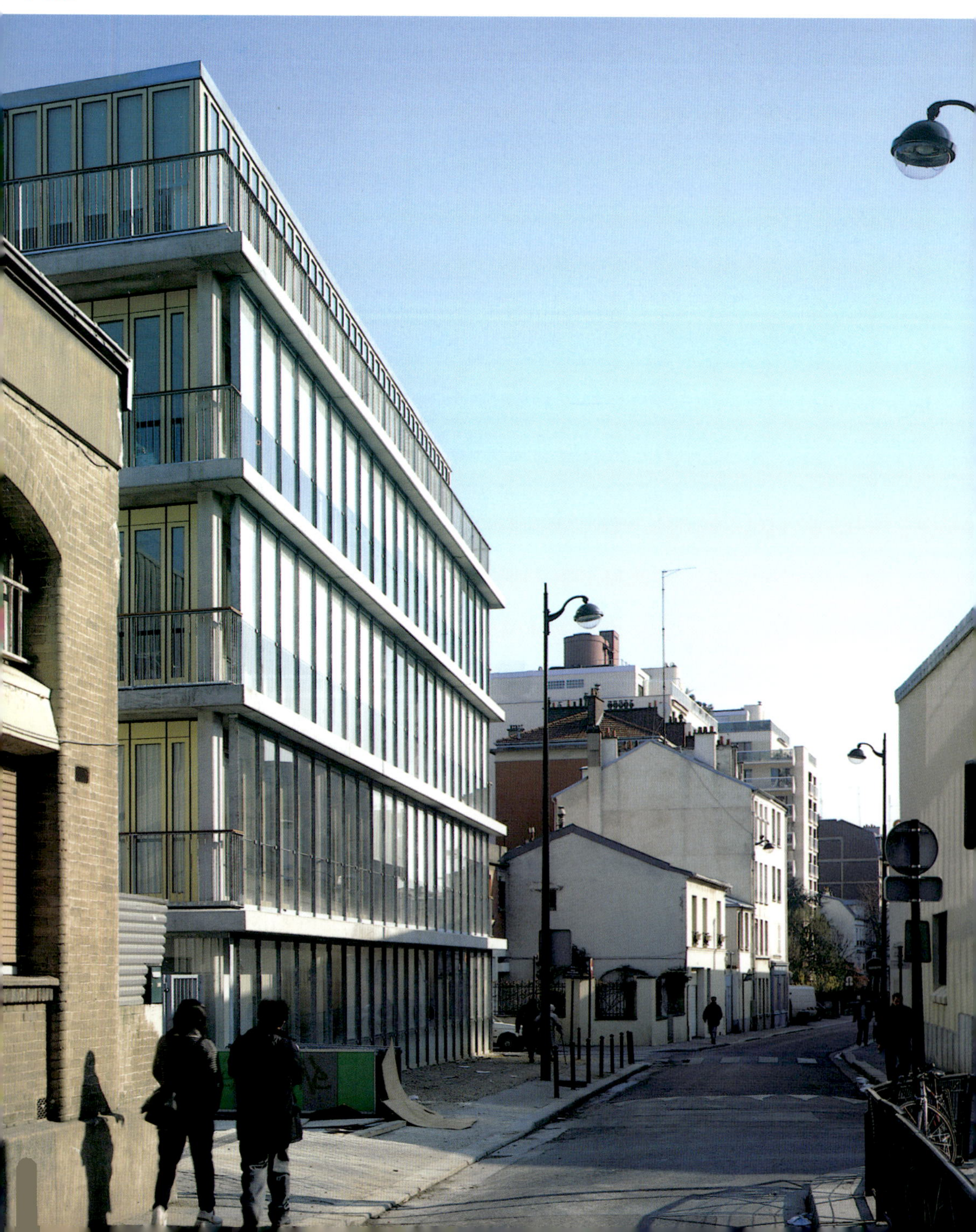

truth in construction enables one to create a sort of continuous chain of reasoning between the starting conditions and the result; it's just like the demonstration of a mathematical proof. My scientific background makes me feel at ease in everything that resembles a construct of reason; and I like Mies van der Rohe's definition of architecture as "a battlefield for thought". But if we adopt a slightly detached attitude to architecture, we certainly see that there are several truths; and this is true if you consider Mies himself, and the liberties he took with the expression of columns and beams in the façade, columns and beams that are the illustration of a principle of construction without being the principle of

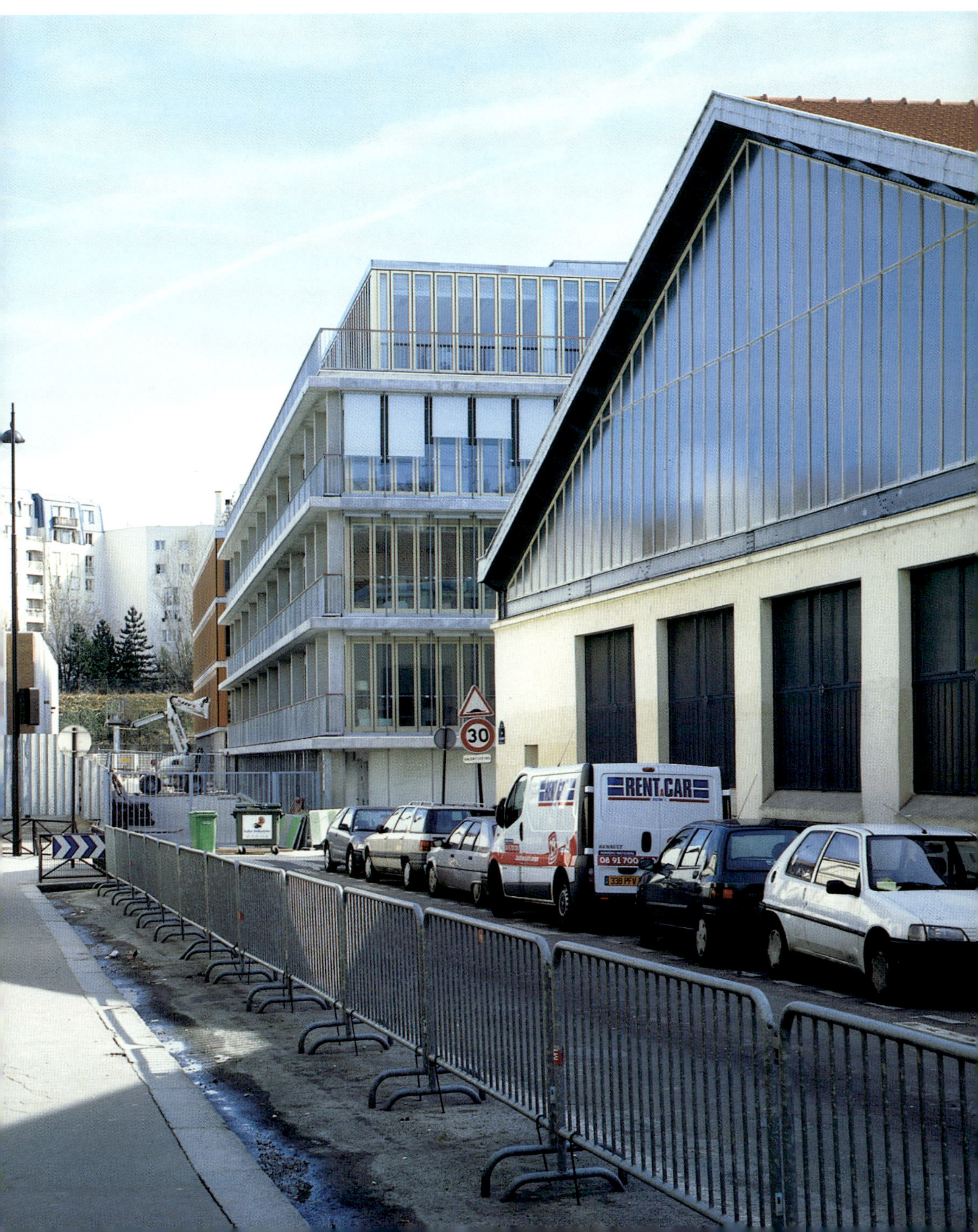

et donc du coup foncièrement ambiguës :
on peut avoir du béton aussi fin que de l'acier,
on peut avoir de l'acier qui imite le bois, etc.
Il n'est plus possible de trouver une légitimité,
un choix architectural par le seul argument
de la technique. Les techniques, en se
perfectionnant, brouillent les pistes et permettent
de multiples ruses, de fausses apparences,
des mensonges… Si la technique a été à
un moment donné une idéologie de substitution
pour l'architecture et a permis de fonder
une « morale », cette période est révolue.
Aujourd'hui la technique de découpe au laser
par machines-robots pilotées par ordinateur
permet de façonner une plaque d'acier aussi bien
et presque aussi vite en forme de fleur avec

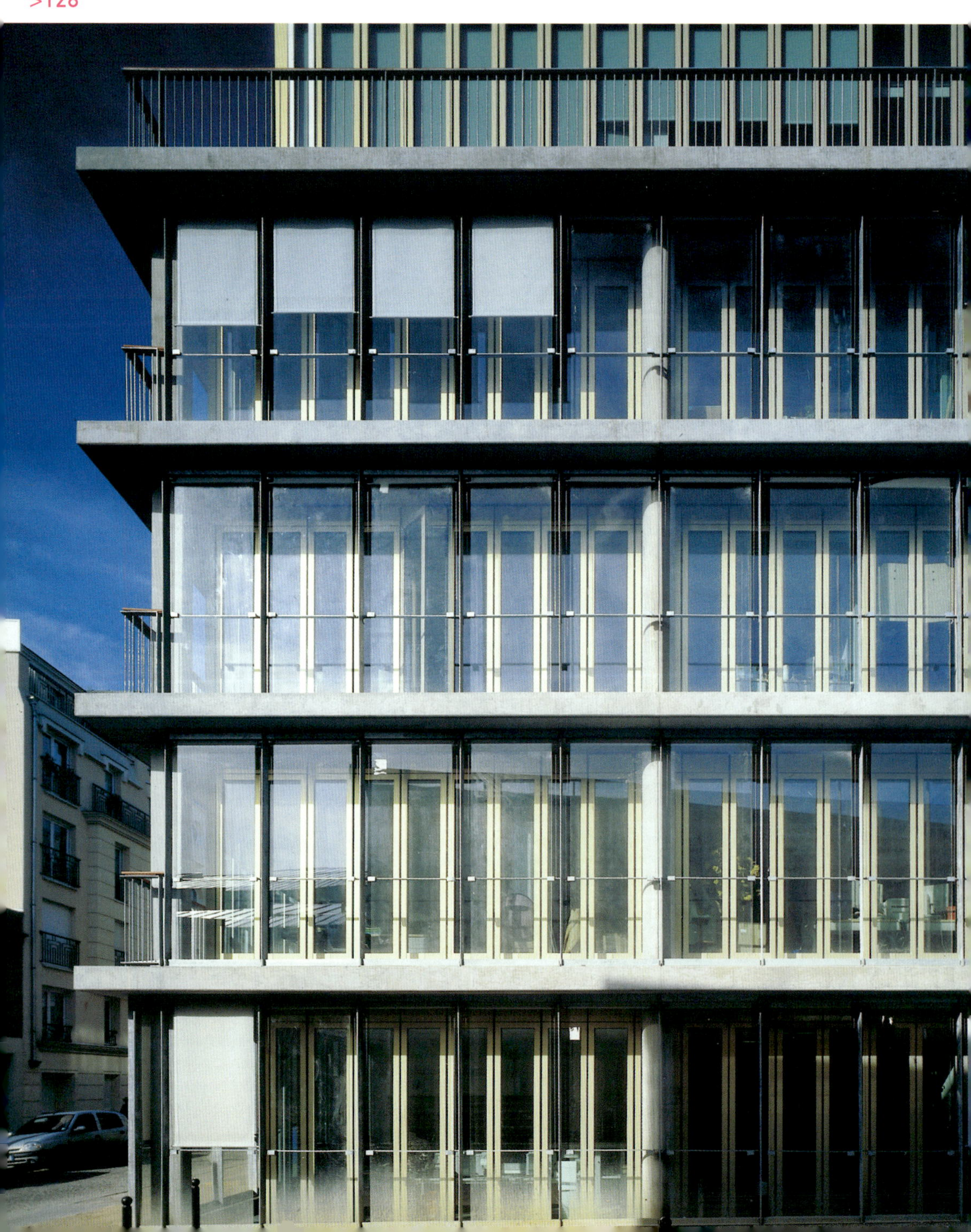

construction itself. Today, techniques
are absolutely omnipotent and thus at the
same time ambiguous: you can have concrete
that is as slender as steel; you can have steel
that imitates wood, etc. It's no longer possible
to legitimise an architectural choice by relying
exclusively on the technical argument.
As techniques get better and better,
they confuse the issue and facilitate all sorts
of tricks and false appearances, all sorts
of "lies". If technology appeared, for a moment,
to be an ideology that was going to supplant
architecture and create a new ethic, that period
is over. Today the technology of laser cutting
by computer-operated robots makes it possible
to fashion a steel plate in the form of a flower

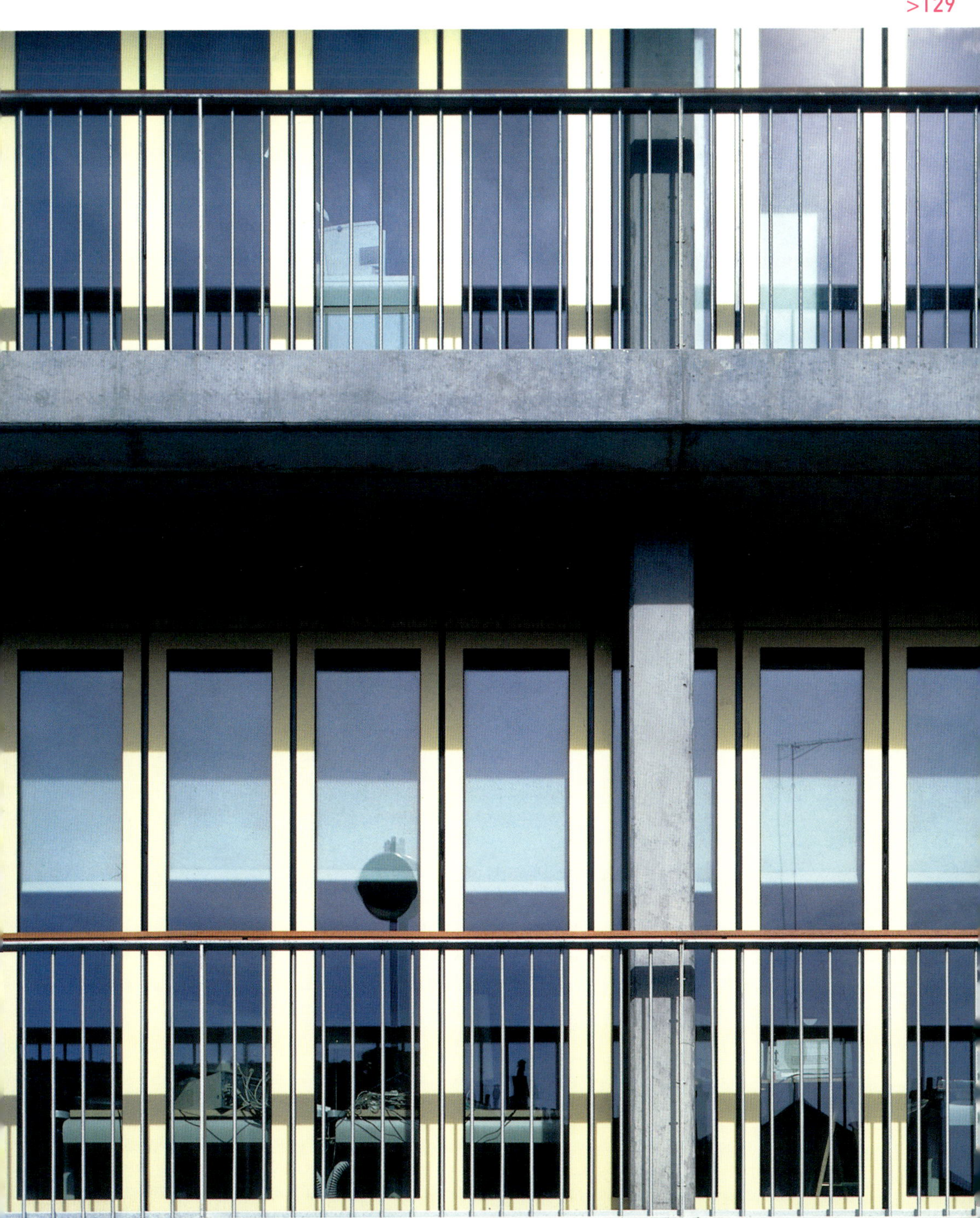

divers entrelacs qu'en un simple rectangle…
À ce propos, Jean Prouvé et certains maîtres
du mouvement moderne ont fondé une idéologie
et une esthétique non pas sur la technique,
mais sur les limites de la technique à leur
époque.
Est-ce pour cela qu'il faut dire que tout est
possible, que tout se vaut ? Je ne le crois pas.

Il y a une vérité, non pas absolue, mais une vérité
entre le projet achevé et l'idée préalable que
l'on s'en fait. Il paraît évident que chaque auteur
doit veiller à ce que sa réalisation soit dans le vrai
par rapport à ses hypothèses, fondées quant à
elles sur sa vision du monde.
Pour ma part, je me rends compte *a posteriori*
que parmi les projets de concours réalisés à

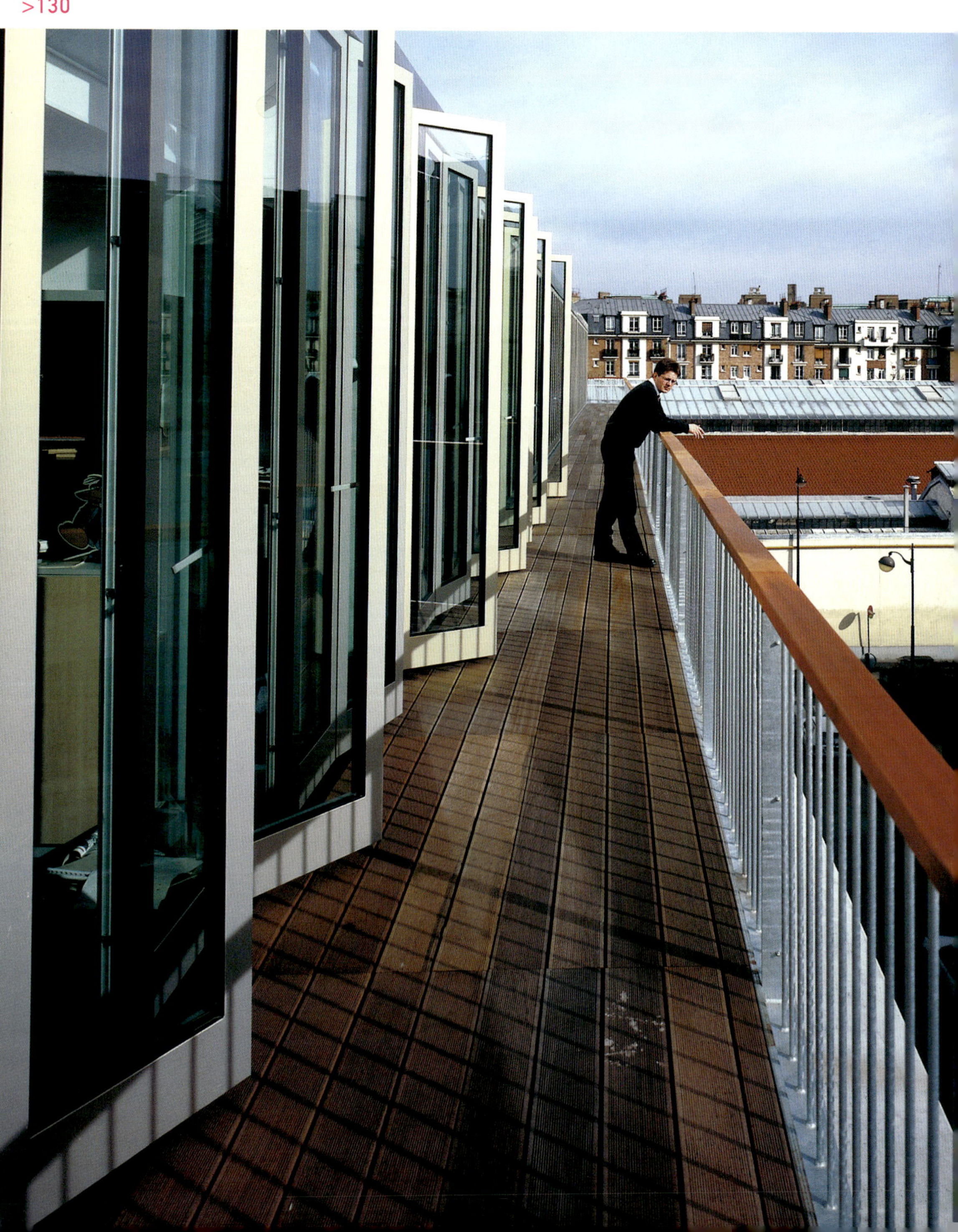

with complex interlacing as easily and almost
as quickly as a simple rectangle. In this regard,
Jean Prouvé and certain other leaders of the
Modern Movement founded an ideology and
an aesthetic not on technology but on the limits
of the technology of their period.
But is this a reason to say that everything is
possible, that everything is equally valid? I don't
think so. There is a truth, not an absolute truth,
but a truth linking the finished project and one's
initial conception of it. It's clear that each author
has to make sure that the realization of the
project matches his initial hypotheses, based,
as they are, on his vision of the world.
As for me, I realize after the fact that of
the competitive projects created by the studio,

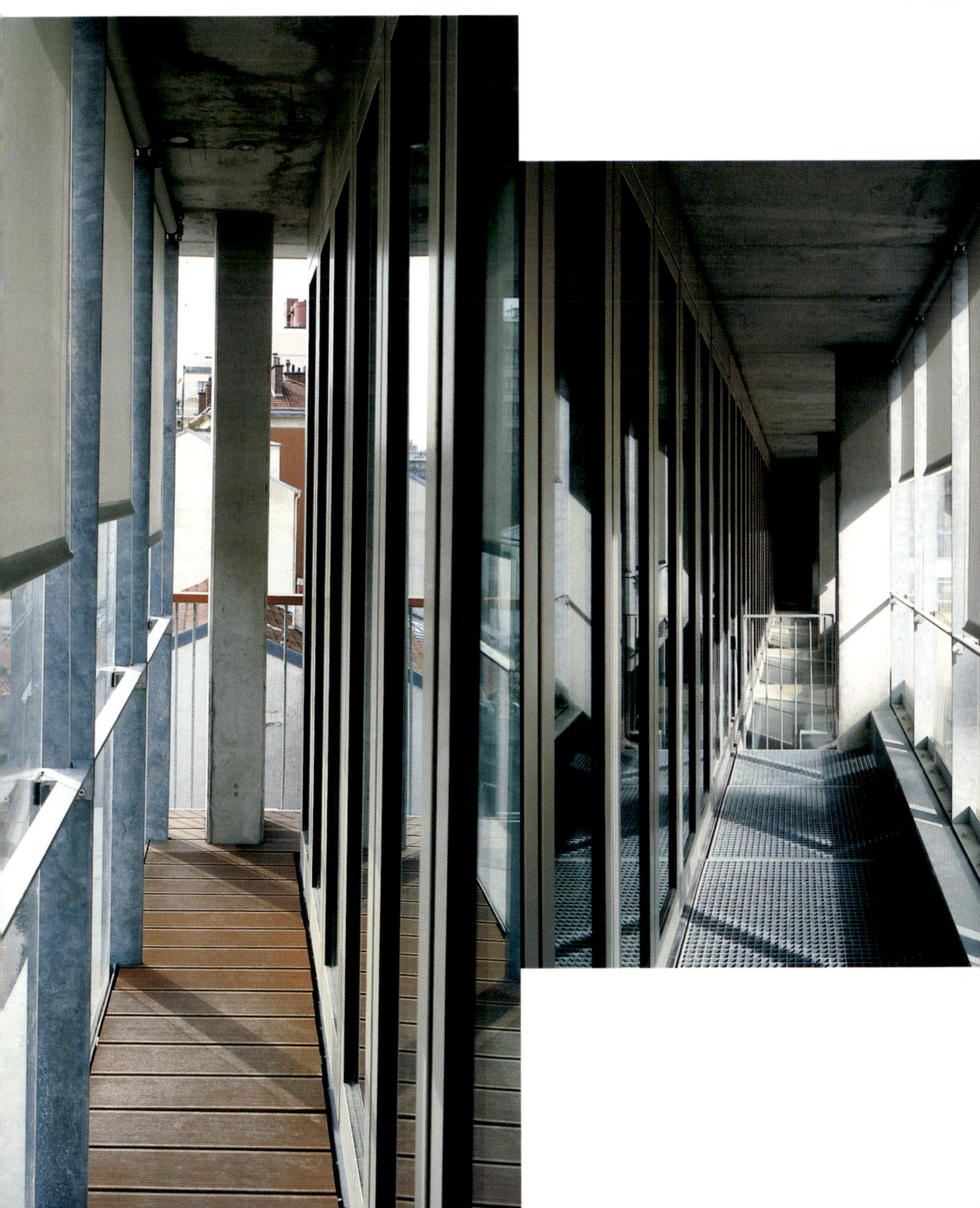

l'agence, certains en apparence imparfaits me semblent plus «vrais» que d'autres pourtant plus aboutis, car ils reflètent mes propres aspirations. Il y a toujours une vérité, mais il faut admettre qu'elle est arbitraire puisqu'elle est, par essence, définie par l'architecte lui-même. C'est comme un auteur de romans qui doit se fixer ses propres règles pour donner une vraisemblance à ses personnages et à ses décors ; son écriture doit être cohérente avec l'univers qu'il souhaite décrire ou qu'il a imaginé… je pense que cette notion relative de vérité se retrouve aussi en architecture.

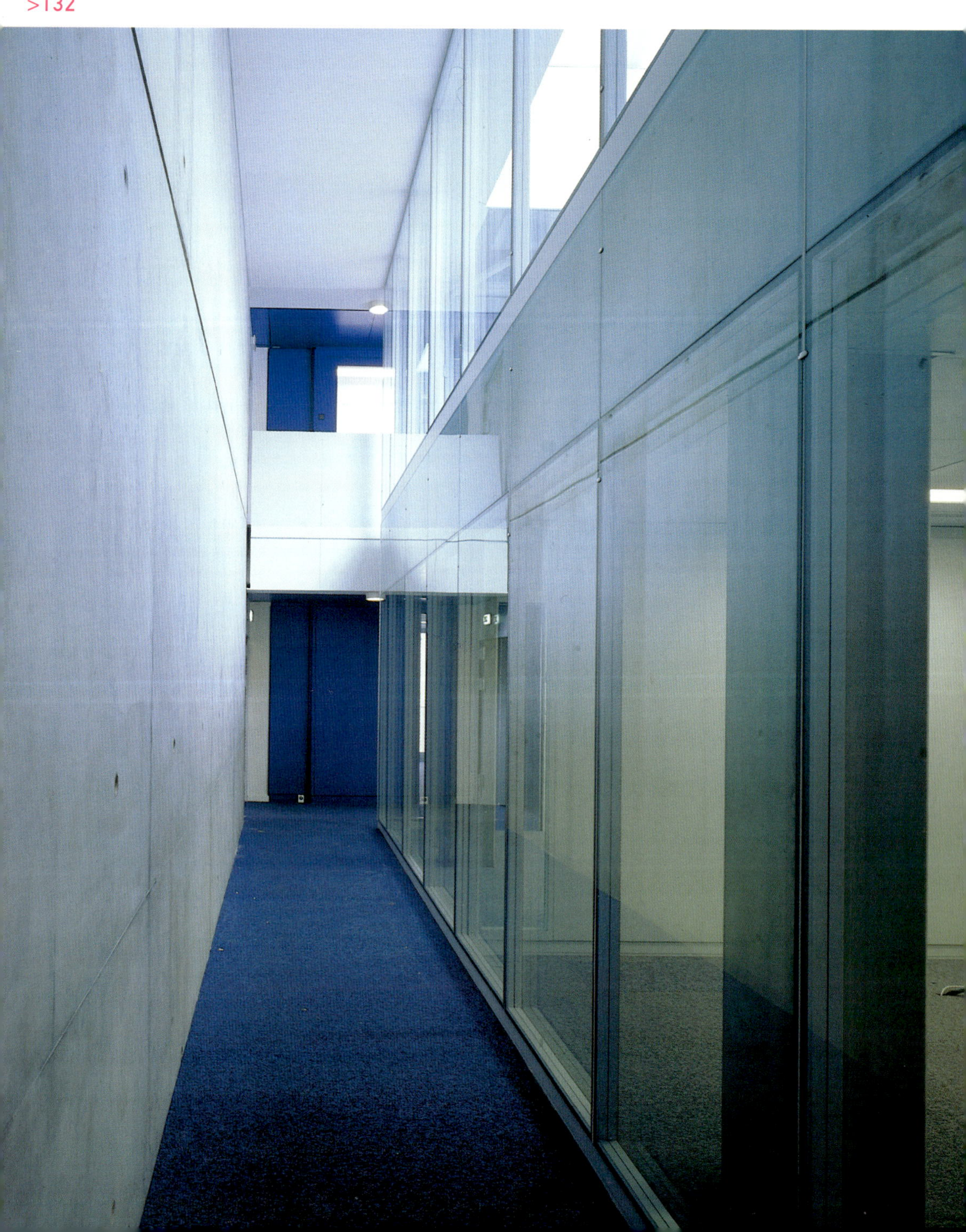

some that appear less perfect seem to me in fact "truer" than others, which are, however, more accomplished, because the former reflect my own aspirations. There's always a truth, but we have to admit that it is arbitrary because it is the architect himself that defines this truth. It's like the author of a novel who has to establish his own rules in order to create the credibility of his characters and his settings; his writing must be consistent with the universe he imagined or hoped to describe… I think that this relative notion of truth is also found in architecture.

Returning from Lyon by train the other day we were looking at the passing vistas along

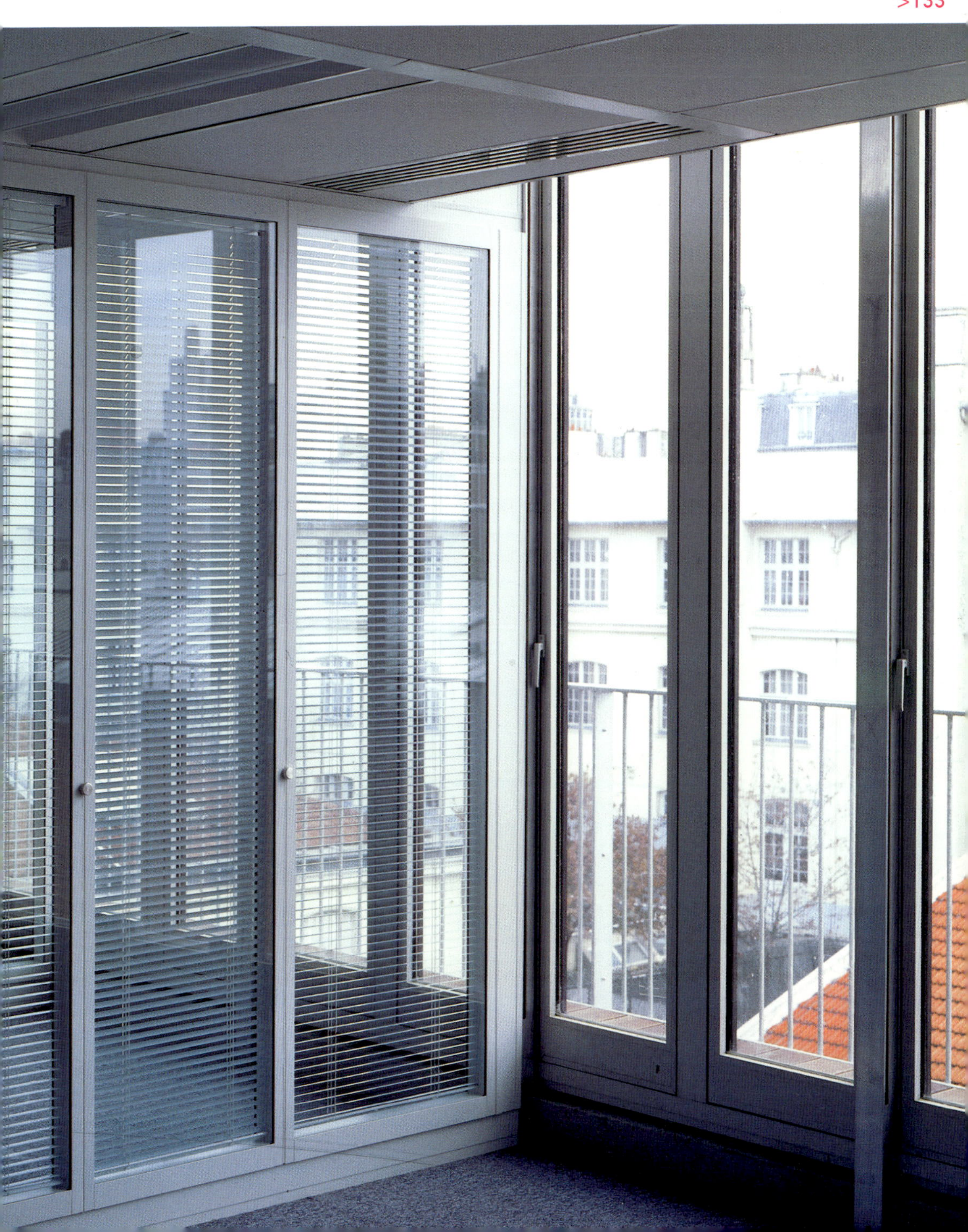

le long des voies de chemin de fer ou dans
le paysage agricole tel qu'il s'est constitué
depuis le milieu du siècle dernier. Il y a ces
hangars et ces entrepôts construits sans velléité
esthétisante, dans un souci aigu d'économie
et d'adéquation aux besoins auxquels ils
répondaient. Vous me faisiez remarquer alors
que ces bâtiments, dans leur fonctionnalisme

radical, avaient fini par acquérir une sorte
de légitimité dans le paysage, parfois et même
souvent bien plus que d'autres qui prétendaient
faire «œuvre d'architecture».

C'est vrai que j'ai depuis longtemps une
préférence pour les bâtiments ordinaires.
Cet intérêt a commencé avec les équipements

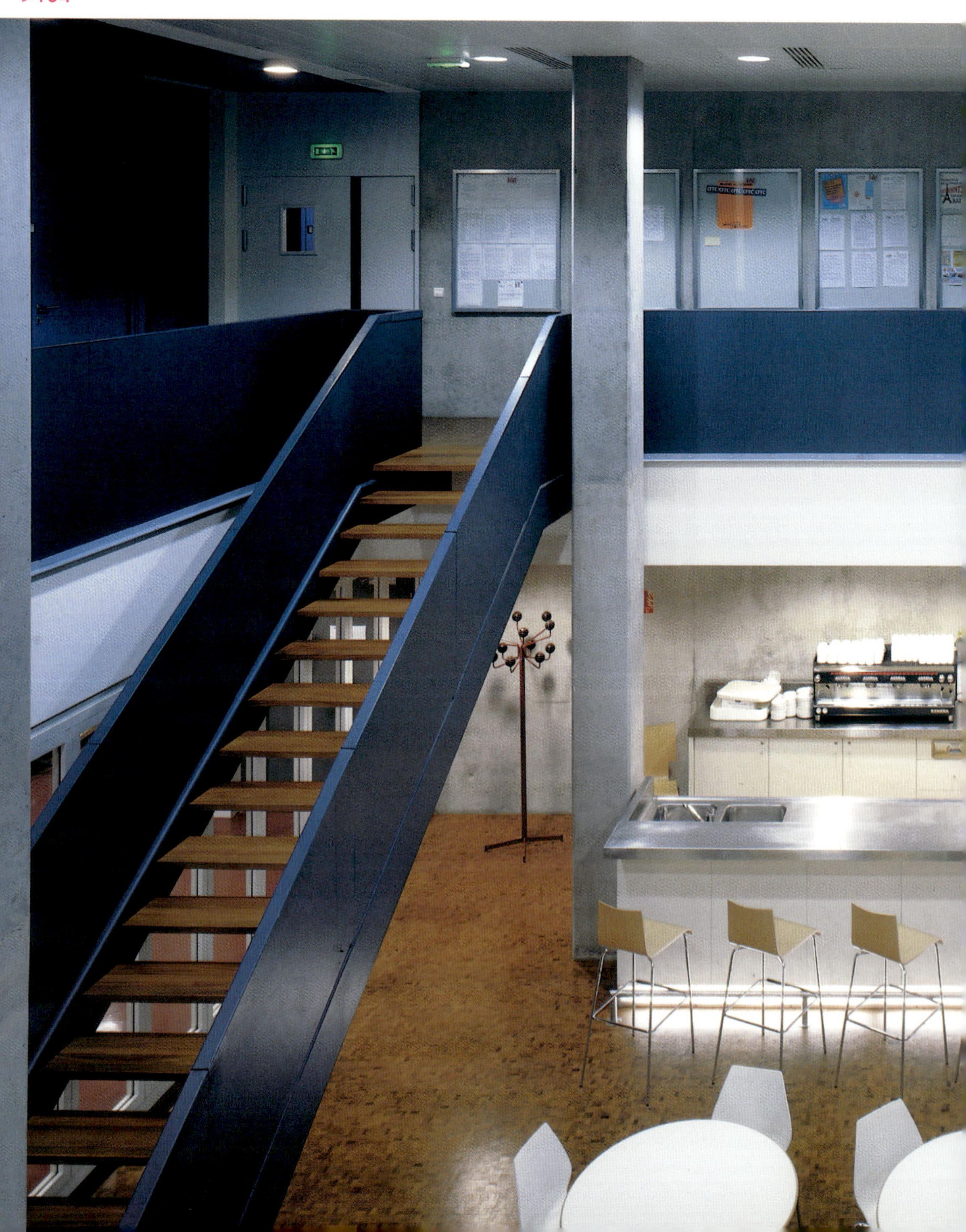

the railroad tracks and in the agricultural landscape as it has evolved since the middle of the last century. There are sheds and warehouses built without any aesthetic ambitions, but with keen attention to economics and a perfect adaptation to the needs they fulfilled. You made me see that these buildings, in their radical functionalism, ended up by acquiring a sort of legitimacy in the landscape, and sometimes — and even often — much more than other buildings that claim to be "architectural works".

It's true. For a long time I've preferred ordinary buildings. My attention was first drawn to industrial installations, factories, sheds

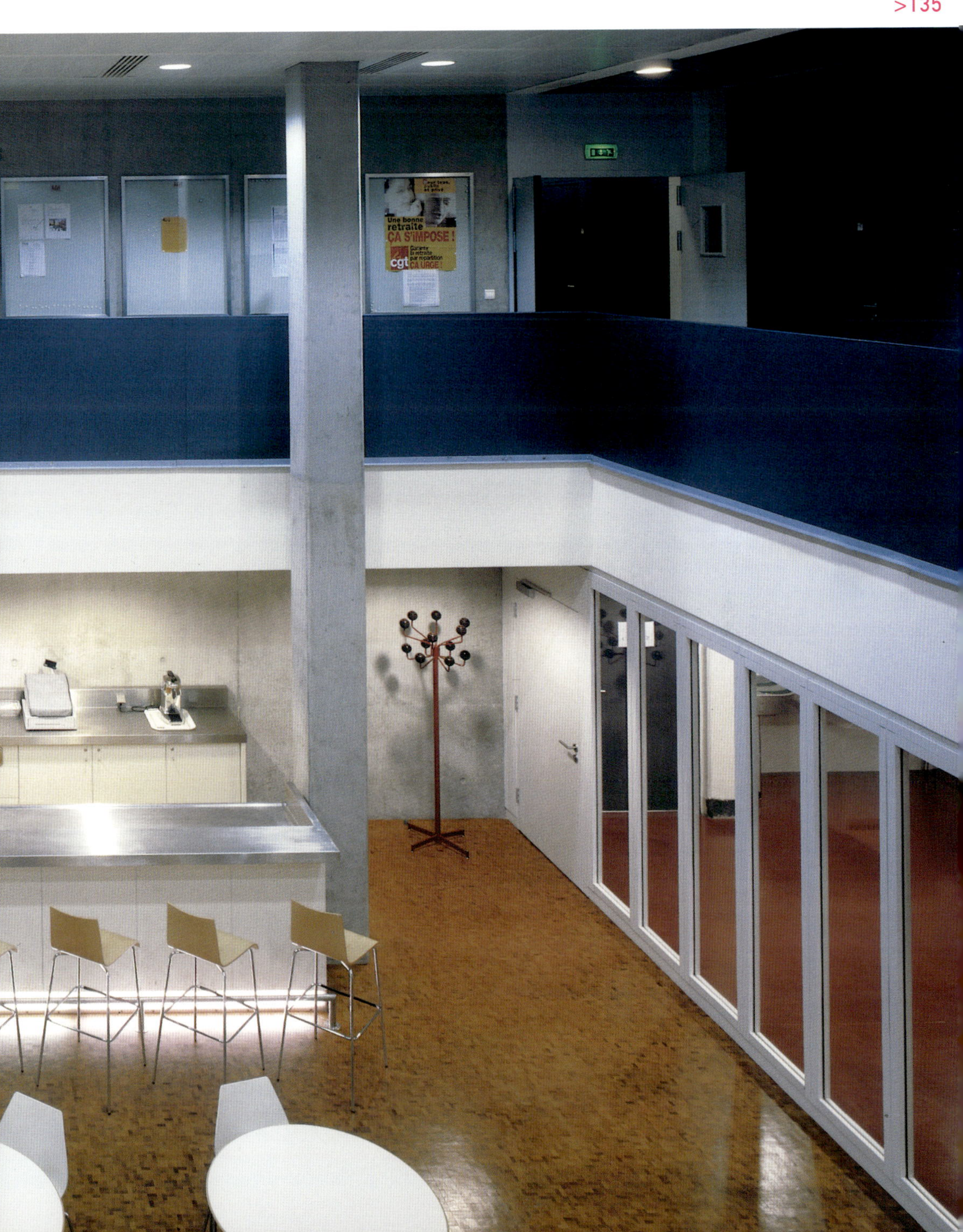

industriels, les usines, les hangars, les silos…
et puis s'est étendu à tous ceux conçus
uniquement autour d'un usage ou d'une fonction,
ce que j'appelle «les architectures inventées».
Ce sont aussi les constructions les plus
couramment vues dans le paysage contemporain,
mais pas les plus présentes dans les références
architecturales. Cette distorsion entre la culture

élitiste de l'architecte et les bâtiments du
quotidien a déjà été épinglée de façon incisive
par Rayner Banham dès les années 60 ; dans
un texte plein d'humour *The missing motel*[6],
il affirmait de façon prémonitoire à propos
de la grande exposition «Modern Architecture,
USA» se tenant en 1965 au MoMa à New York :
«En l'an 2000, on comprendra qu'en 1965

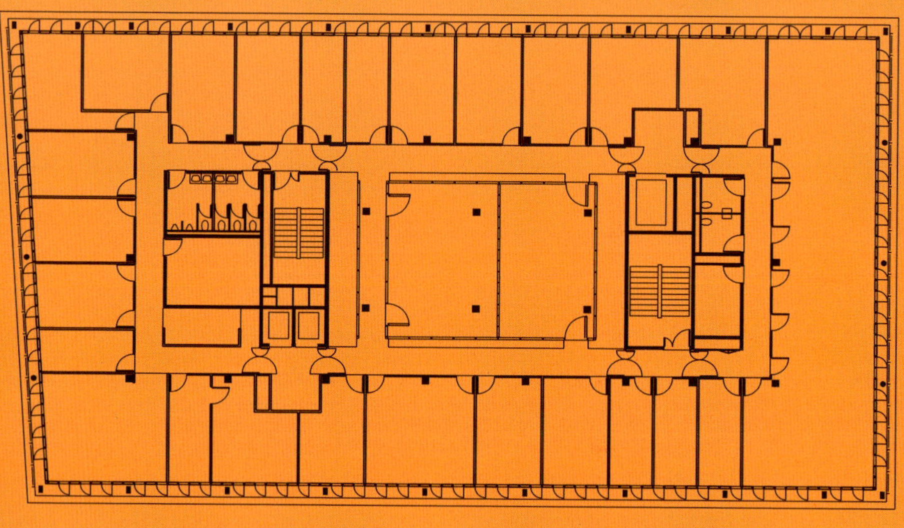

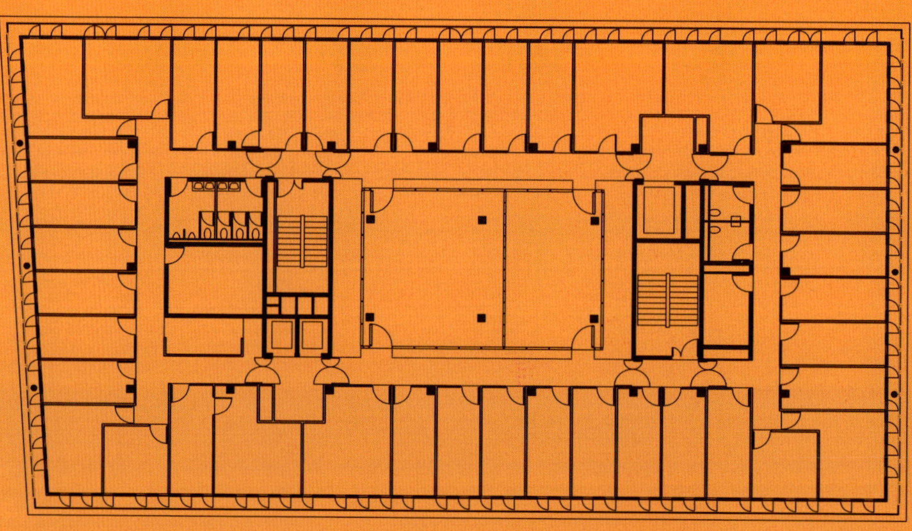

and silos. Then I became interested in all
buildings designed exclusively around a
practical use or a function, what I call "invented
architectures". These are the most frequently
seen buildings in our contemporary landscape,
but not the most frequently featured
in architectural works of reference.
This discrepancy between the elitist culture
of the architect and the buildings of ordinary
life had already been incisively criticized
in the 1960s by Rayner Banham; in "The missing
motel"[6] , a witty commentary on the major
exhibition *Modern Architecture, USA*, held
in 1965 at the MoMA in New York, he predicted:
"In the year 2000, they will understand that in
1965 American architecture was incarnated

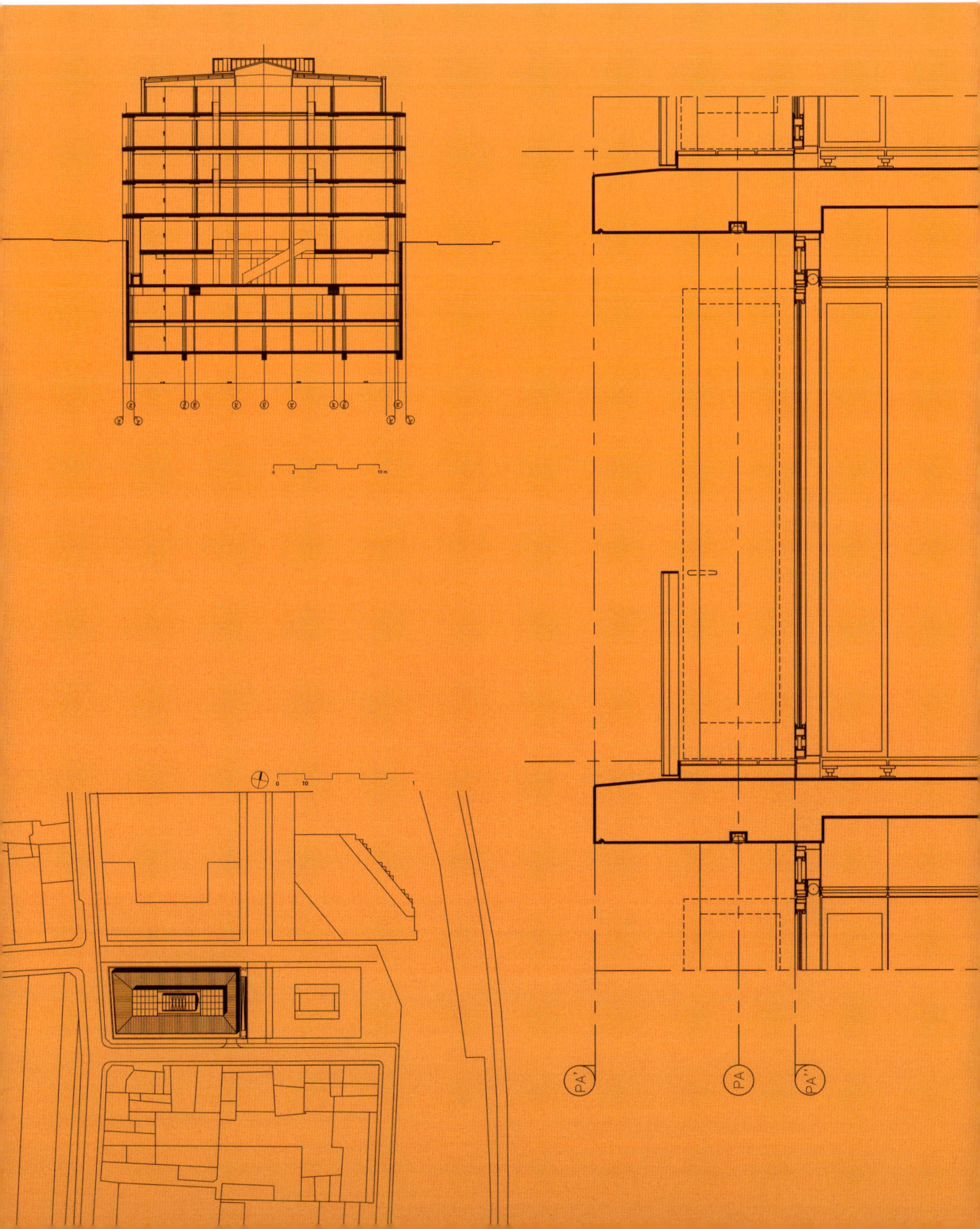

l'architecture américaine était incarnée
dans un motel du Midwest qui ne figure pas
dans l'exposition». Aujourd'hui la littérature
et le cinéma rendent mieux compte de la réalité
du paysage que les expositions d'architecture.
La photographie également ; c'est pourquoi
à l'agence j'ai toujours à portée de main
des albums de Gabriele Basilico, de Bernd

et Hilla Becher, de Bernard Plossu, ou encore
de Naoya Hatakeyama dont j'ai découvert cette
année à Arles les vues magnifiques de Tokyo,
d'usines et de carrières au Japon.

Le train est mon poste d'observation privilégié.
Le paysage se déroule sans à-coup, mettant
en continuité les centres des villes traversées,

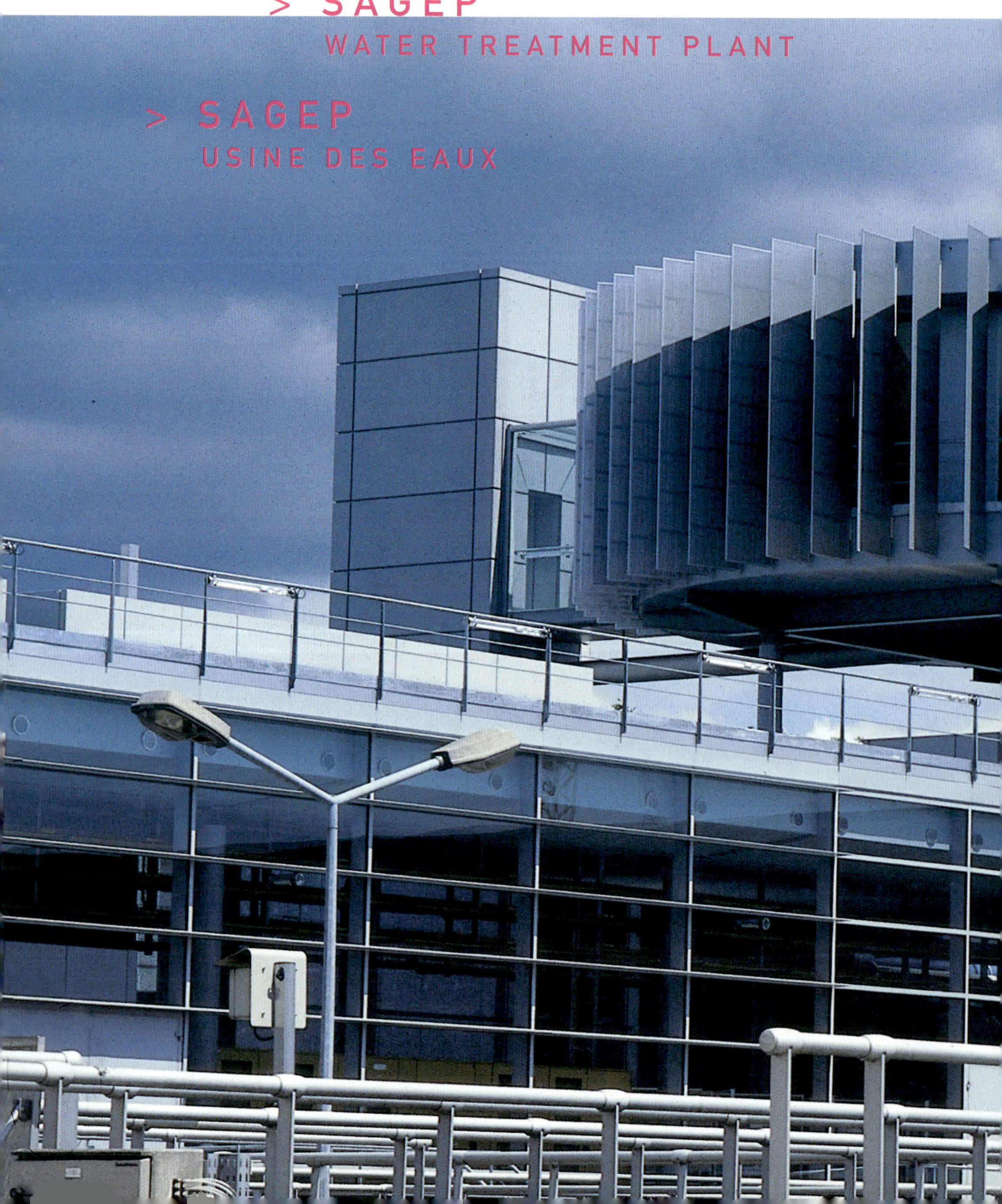

in a Midwestern motel that isn't in the show".
Today literature and cinema give us a better
picture of the reality of our landscape than
do architectural shows. So does photography.
This is why I always have albums of photographs
by Gabriele Basilico, Bernd and Hilla Becher, and
Bernard Plossu within reach at the studio, and
also of Naoya Hatakeyama, whose magnificent
shots of Tokyo, of factories and of quarries in
Japan, I discovered this year at Arles. The train
is my favourite observation post. The landscape
rolls past smoothly, creating a continuity
between the centres of the cities traversed,
the suburbs, and the immensity of the rural
countryside, which are all presented in the same
rhythm, on the same scale. When I stroll around

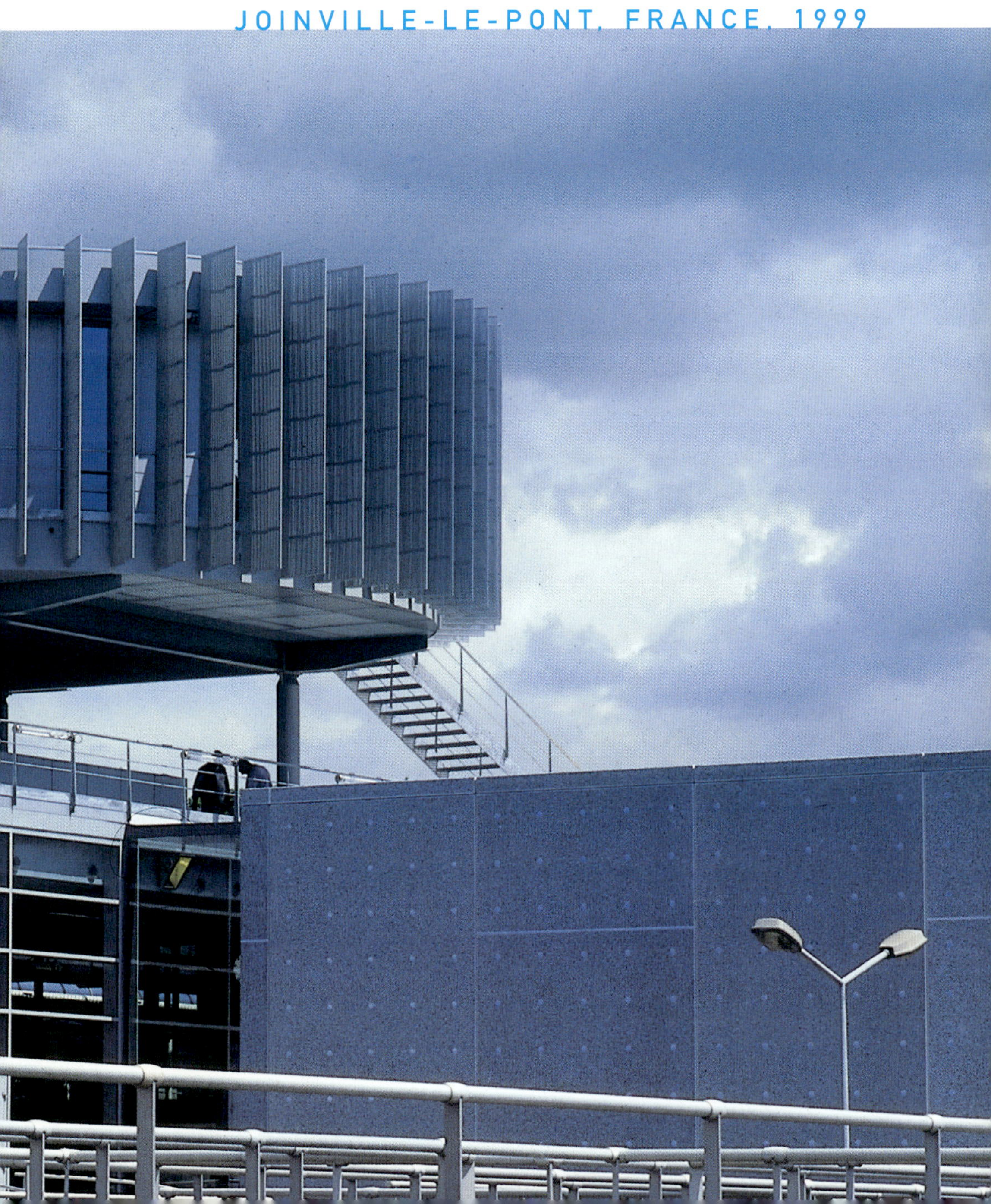

les périphéries et l'immense territoire rural qui
se trouvent présentés dans un même temps,
sur une échelle commune. Quand je me promène
dans des villes étrangères, je ne prévois pas
d'itinéraire pour aller voir spécifiquement tel
ou tel bâtiment, mais je me laisse volontiers
porter par la promenade au gré du hasard,
parce que tout m'intéresse ou plutôt tout est
susceptible de m'intéresser mais de manière
imprévisible. Ma culture est faite de ces
innombrables et anonymes bâtiments rencontrés
par surprise. Ils constituent mon univers
de référence autant ou même plus que
les bâtiments savants, qu'ils soient actuels ou
qu'ils appartiennent à l'histoire de l'architecture.

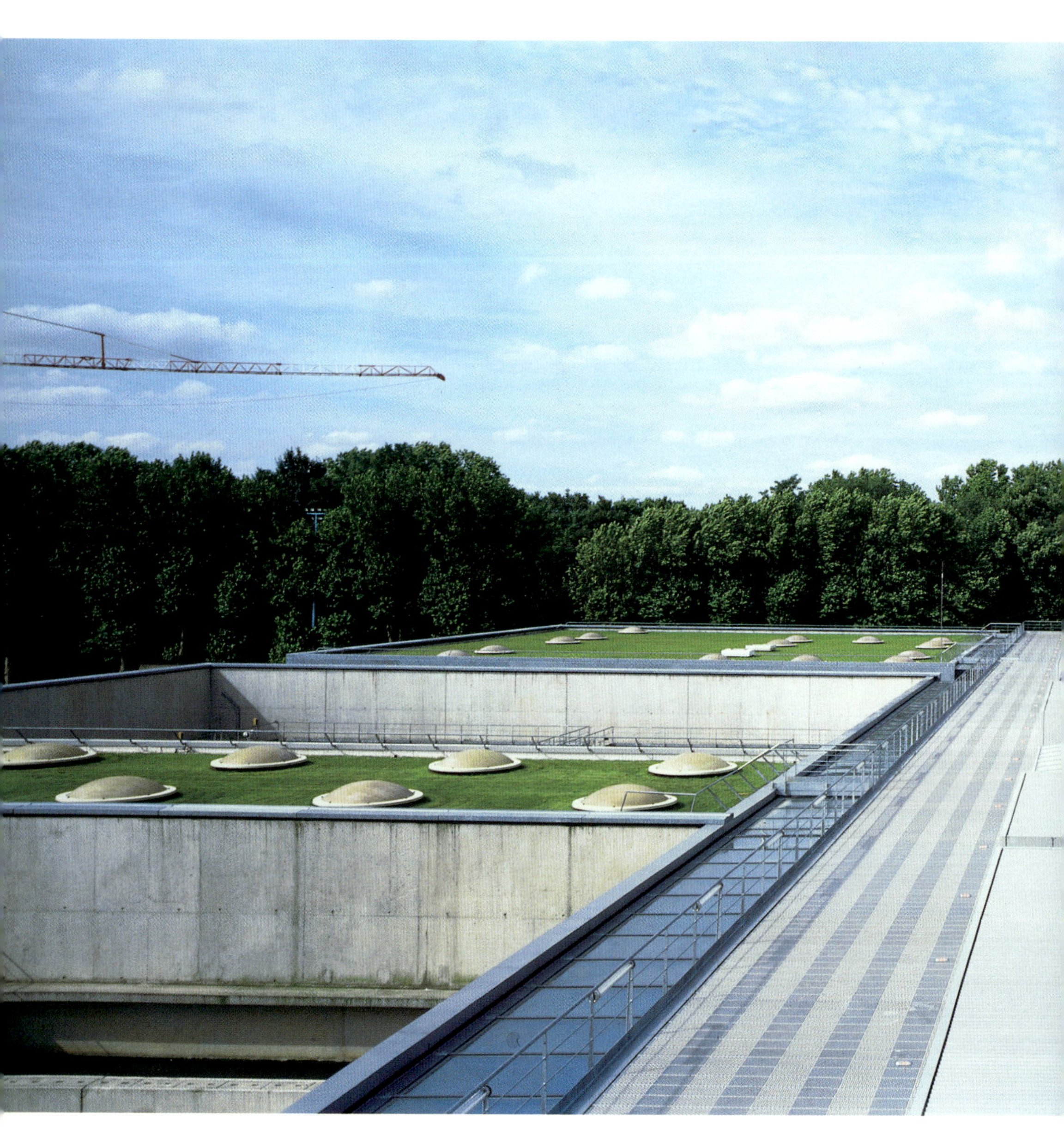

foreign cities, I don't plan my itinerary with the
intention of going to see such and such a
building; rather, I gladly let myself be carried
along by the vagaries of my route, because
I'm interested in everything, or, rather,
I never know what is going to interest me,
and that in an entirely unpredictable way.
My culture consists of these innumerable and
anonymous buildings encountered by chance.
They make up my universe of references as
much as or even more than sophisticated
buildings, be they contemporary or historical.

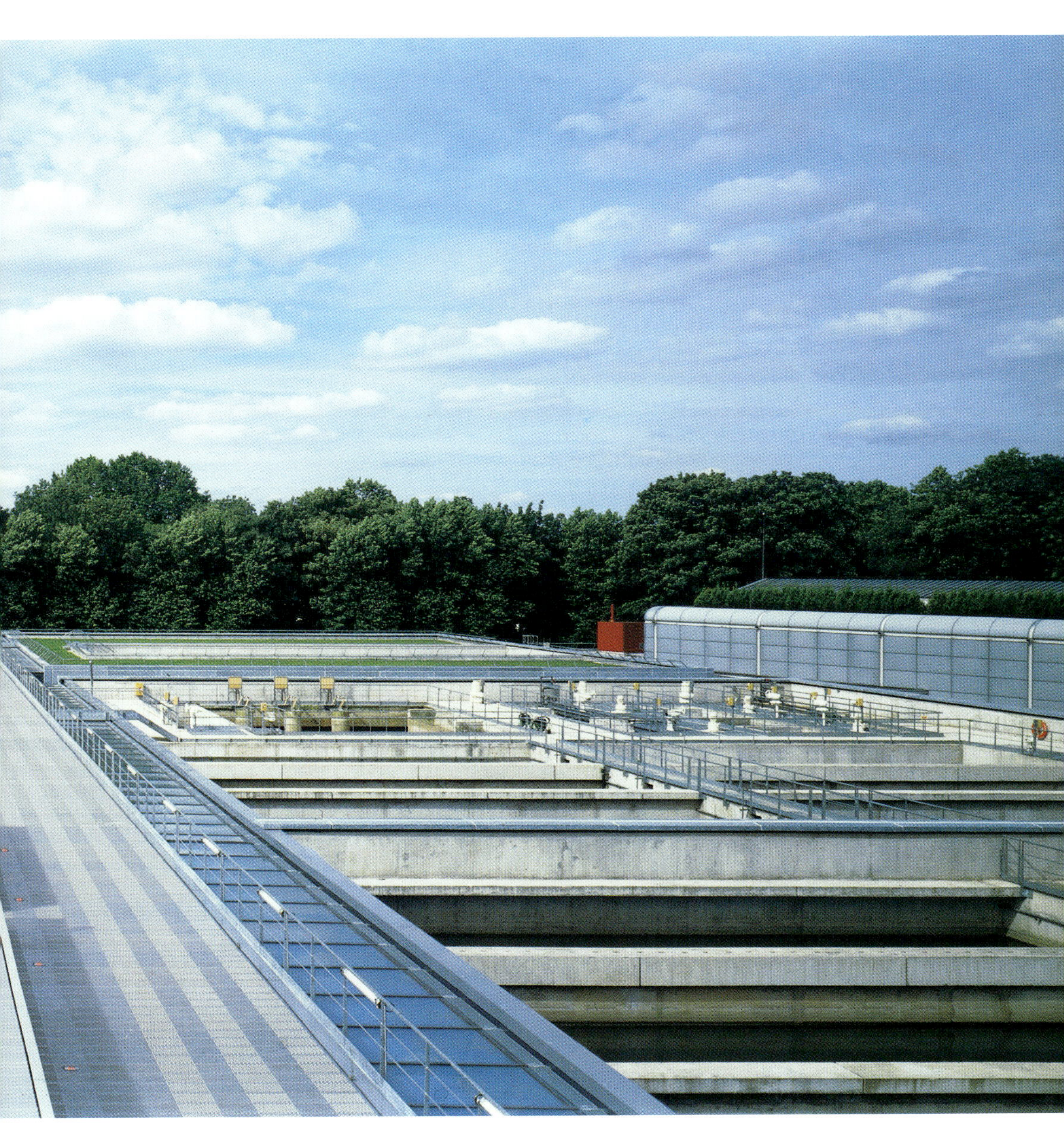

Les bâtiments anonymes, ces «architectures inventées» qu'on peut voir partout, sont génériques en ce sens que plus que tout autre ils composent le paysage tout en y étant absorbés. S'ils ne sont pas «signés», ni identifiables, ils sont cependant chacun différents. J'ai remarqué que la plupart de ces bâtiments génériques s'adaptent bien aux transformations imposées par le temps et finissent par appartenir dignement au paysage dans lequel ils sont installés… Une qualité qui fait souvent défaut à l'architecture savante. J'aime bien cette idée qu'au delà de l'approbation

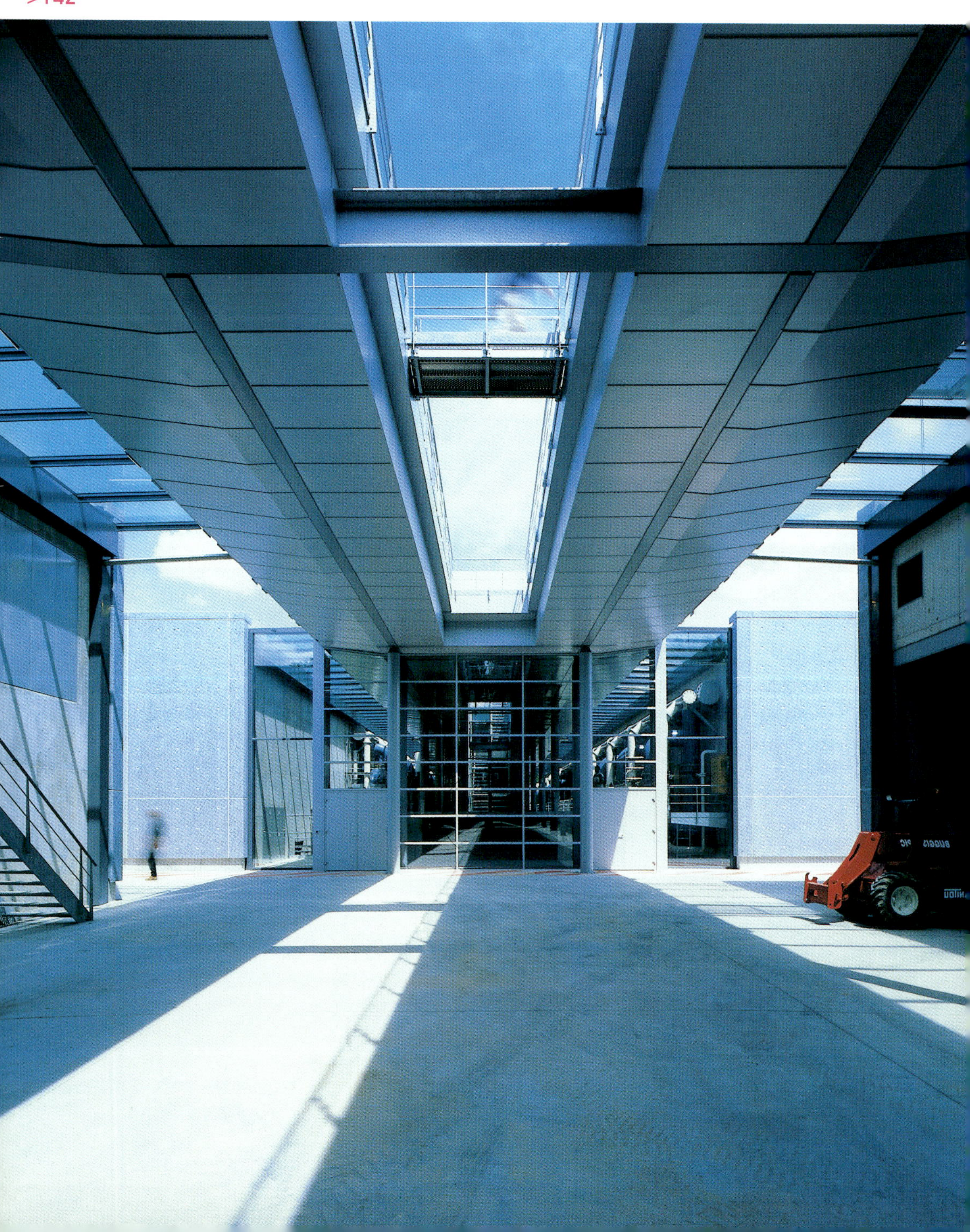

Anonymous buildings, those "invented architectures" one can see everywhere, are generic in the sense that more than any other buildings they create the landscape while at the same time being absorbed into it. They are not "signed", nor identifiable, but each one is different. I noticed that most of these generic buildings adjust very well to the transformations and changes wrought by time and end up by fully meriting their place in the landscape where they find themselves. This is a quality that is often lacking in sophisticated architecture. I really like this idea that, outside the approval of the architectural community, my buildings end up by becoming objects in the world, outliving fashion, but

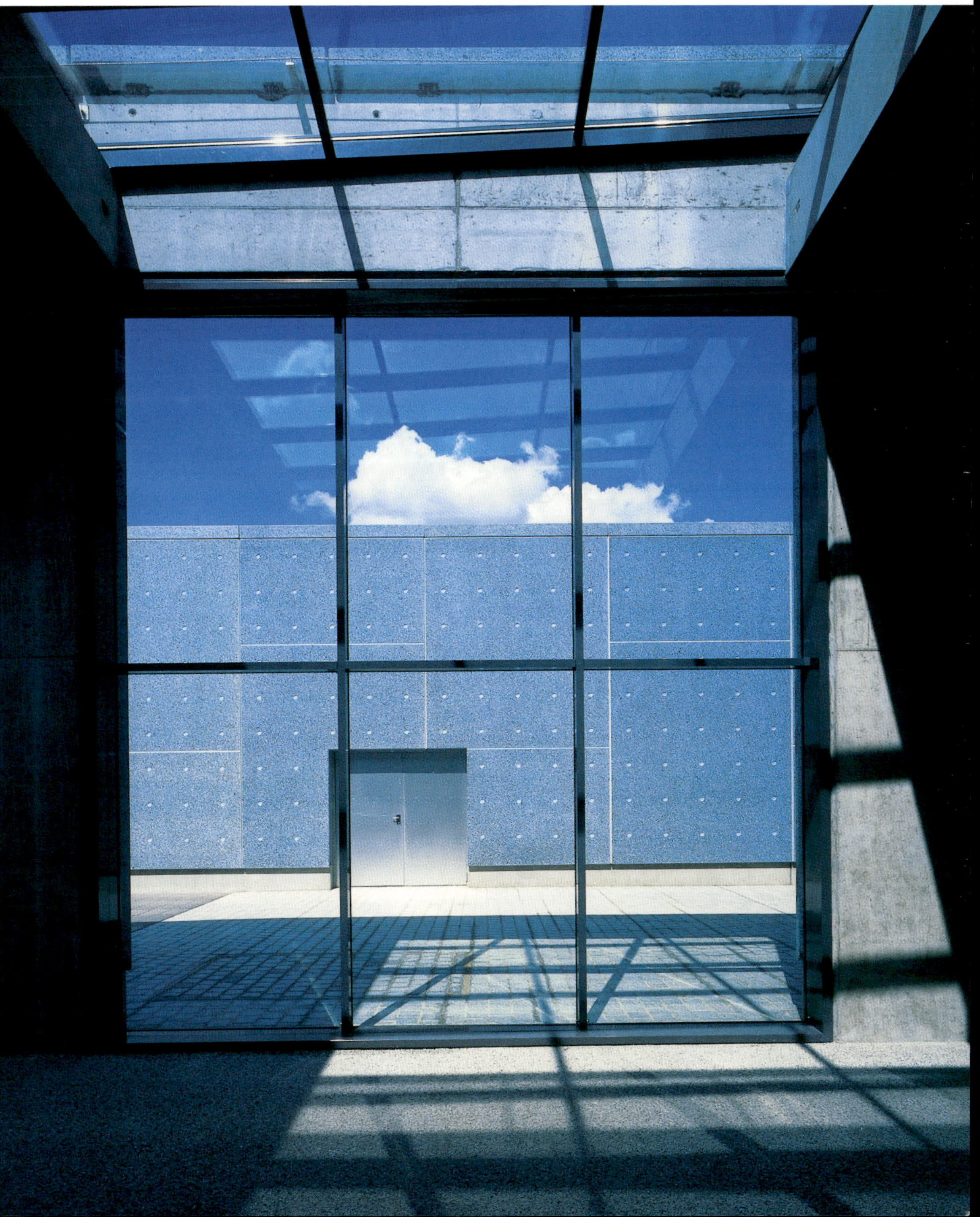

architecturale, mes bâtiments finissent par devenir des objets du monde, survivant d'une part à la mode, mais aussi au programme pour lequel ils ont été conçus au départ. Les constructions ordinaires, et notamment les espaces de production, ou les équipements agricoles ont la beauté des choses utiles, une qualité durable et généreuse puisqu'ils se prêtent volontiers à de multiples transformations. La vogue des espaces de type loft, le recyclage d'espaces industriels en sont la preuve.

Ces bâtiments utiles dont l'existence est avant tout une réponse à un usage bien précis dont la conception est essentiellement fonctionnelle

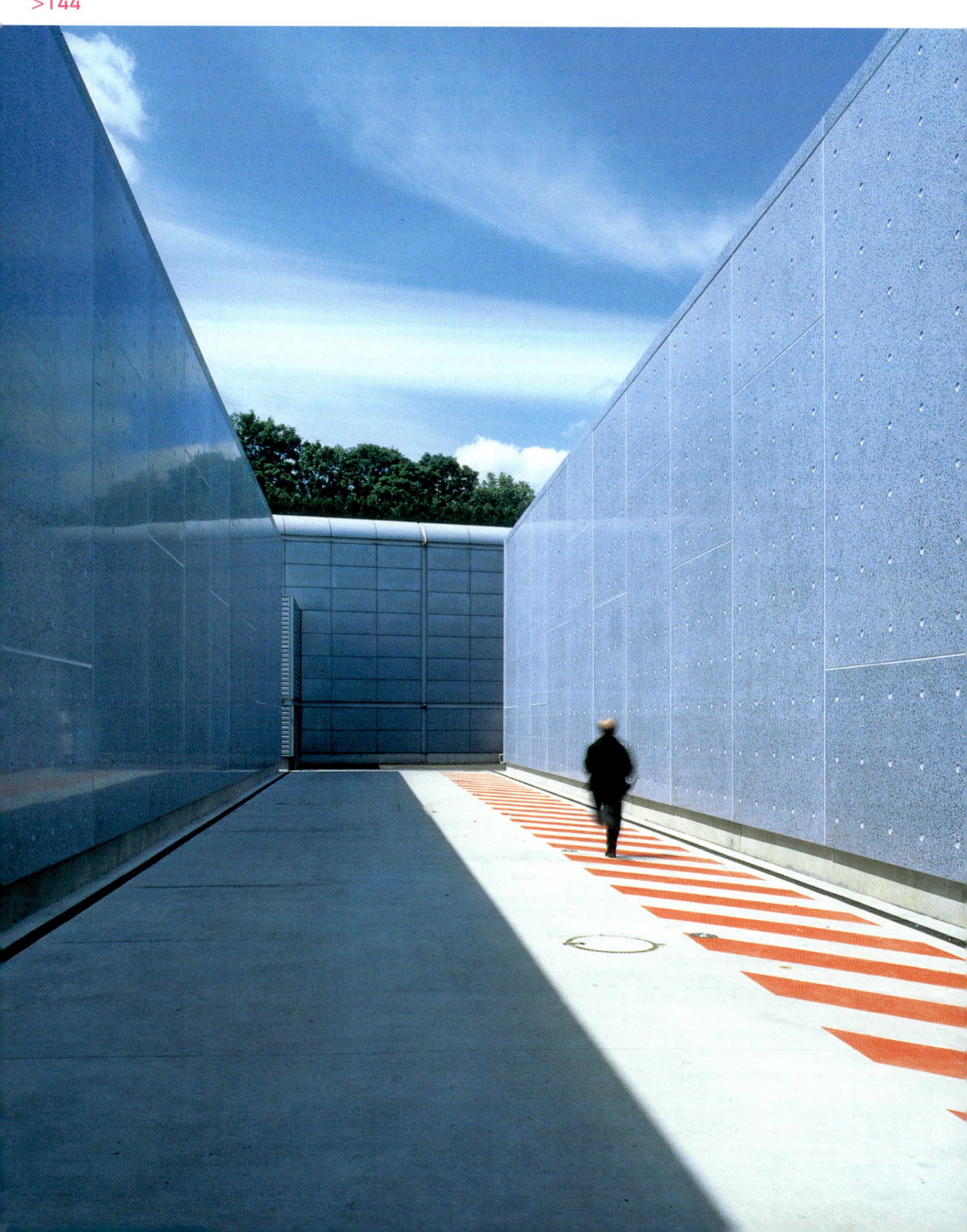

also outliving the purposes for which they were conceived in the beginning. Ordinary buildings, especially production facilities or agricultural sites, possess the beauty of useful things, a lasting and generous quality because they easily lend themselves to successive transformations. The vogue for loft-type spaces and for readapting industrial spaces is proof of that.

These utilitarian buildings, which exist above all in response to a precise use and are conceived in an essentially functional and economic fashion, enter into a kind of contract with the landscape, with similar neighbouring buildings, and with people who pass by, in short, with the world as it is. They don't consume the staggering energy as architecture

>145

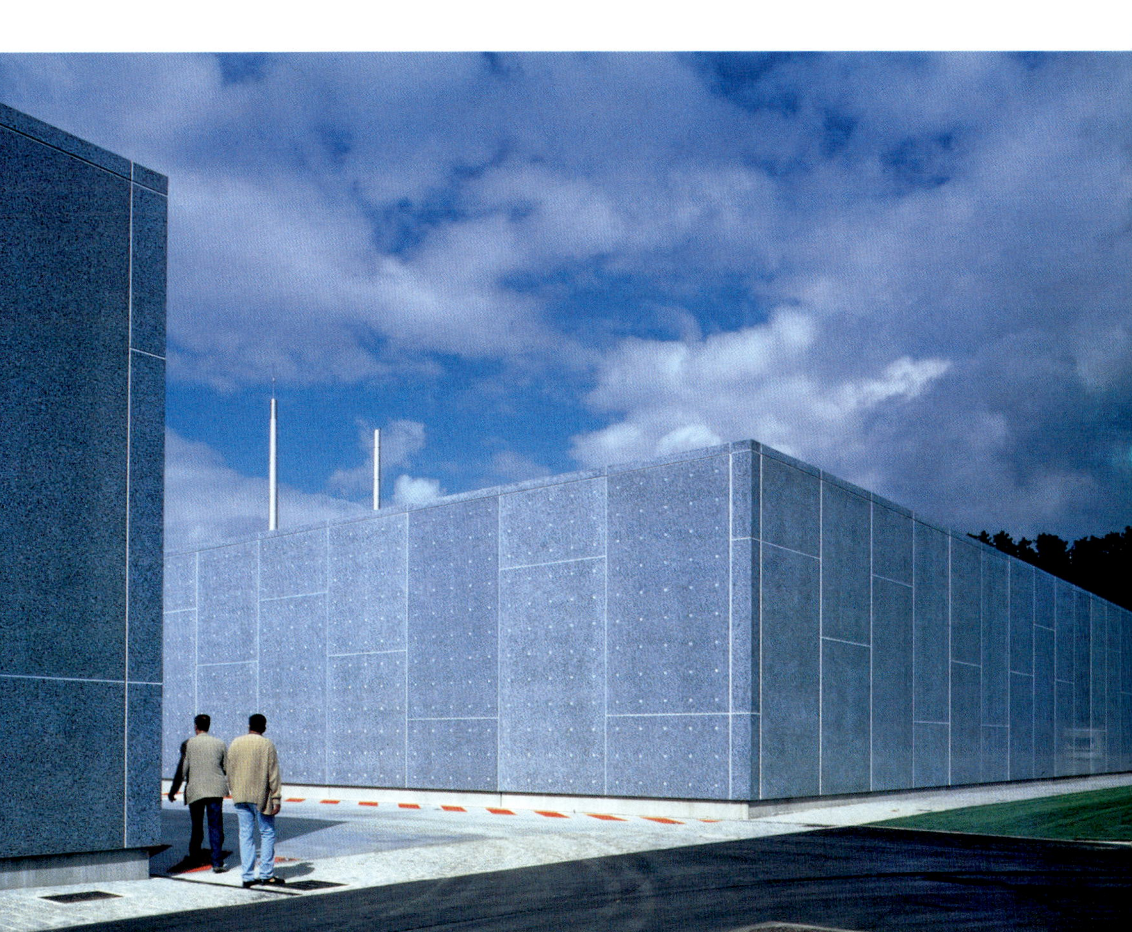

et économique nouent une sorte de contrat
avec le paysage, avec les constructions
avoisinantes et semblables, avec les gens qui
passent là, bref avec le monde tel qu'il est.
Ils ne consument pas l'énergie incroyable que
dépense l'architecture pour changer le monde,
la laissant comme épuisée… Ces bâtiments,
au contraire diffusent leur énergie lentement,
dans la durée et finissent par acquérir une
présence assez belle, assez forte, d'où émane
une poésie. Je crois que tout en gardant
une position d'auteur d'architecture, ce contrat
avec le monde est le premier objectif qu'il faut
se fixer. Je crains que les architectes aujourd'hui
redeviennent très formalistes, notamment
avec l'utilisation immodérée des ressources

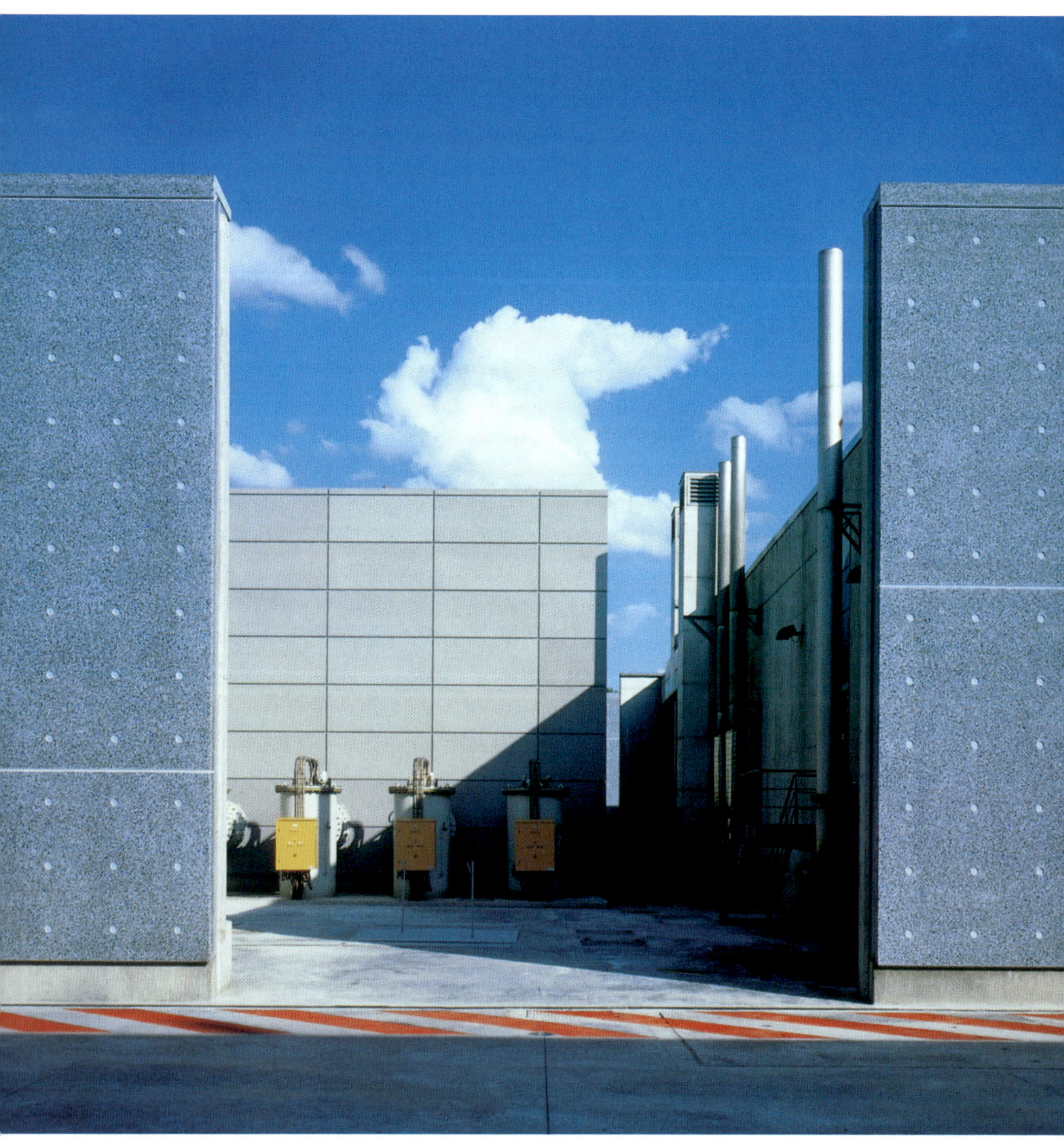

that tries to change the world does, leaving it exhausted, as it were. These generic buildings, on the contrary, diffuse their energy slowly, over the long term, and they end up by acquiring a rather beautiful, a rather strong presence from which a kind of poetry radiates. I think that, while remaining an "author" of architecture, this contract with the world is the first objective that one should set oneself. I'm afraid that today's architects are once again becoming very formalist, particularly in the ex-aggerated use they make of the possibilities of computer modelling; they're returning to "art for art's sake", to a break with society. And so they fail to make the very simple connection, which seems the most trivial, to utility.

>147

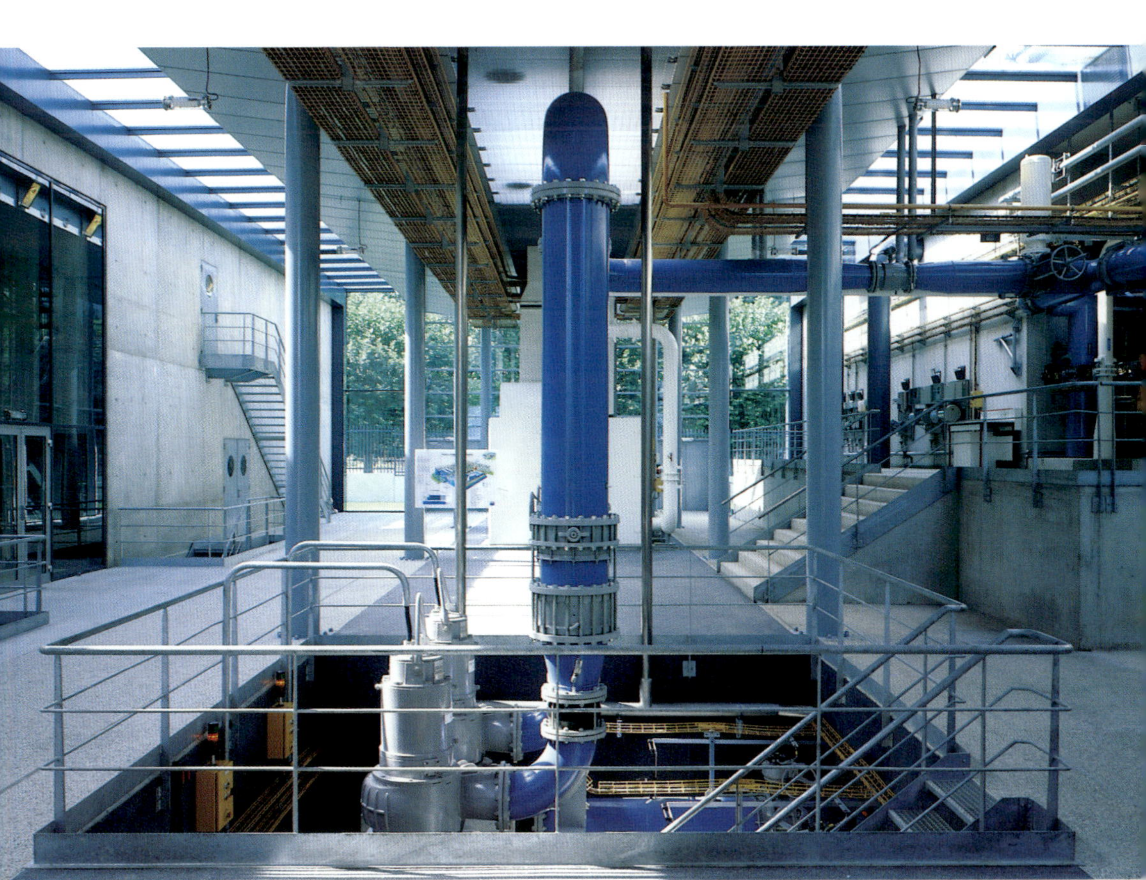

de la modélisation informatique : c'est le retour
de « l'art pour l'art », la coupure avec la société.
Ils ratent du coup la relation toute simple,
qui paraît la plus triviale, à l'utilité…

Je prends l'exemple des hangars agricoles
construits en grand nombre à partir des années
50 ; le modèle le plus courant est celui en acier

galvanisé, reconnaissable à sa toiture à deux
pentes et à son portail coulissant dans le pignon.
L'acier galvanisé en se patinant est devenu plus
mat, rouillé ça et là, il a acquis une matérialité
pleine de traces et de couleurs subtiles qui
n'est pas sans rapport avec l'art contemporain.
Ces bâtiments industrialisés sont devenus
à leur tour des archétypes et de bons

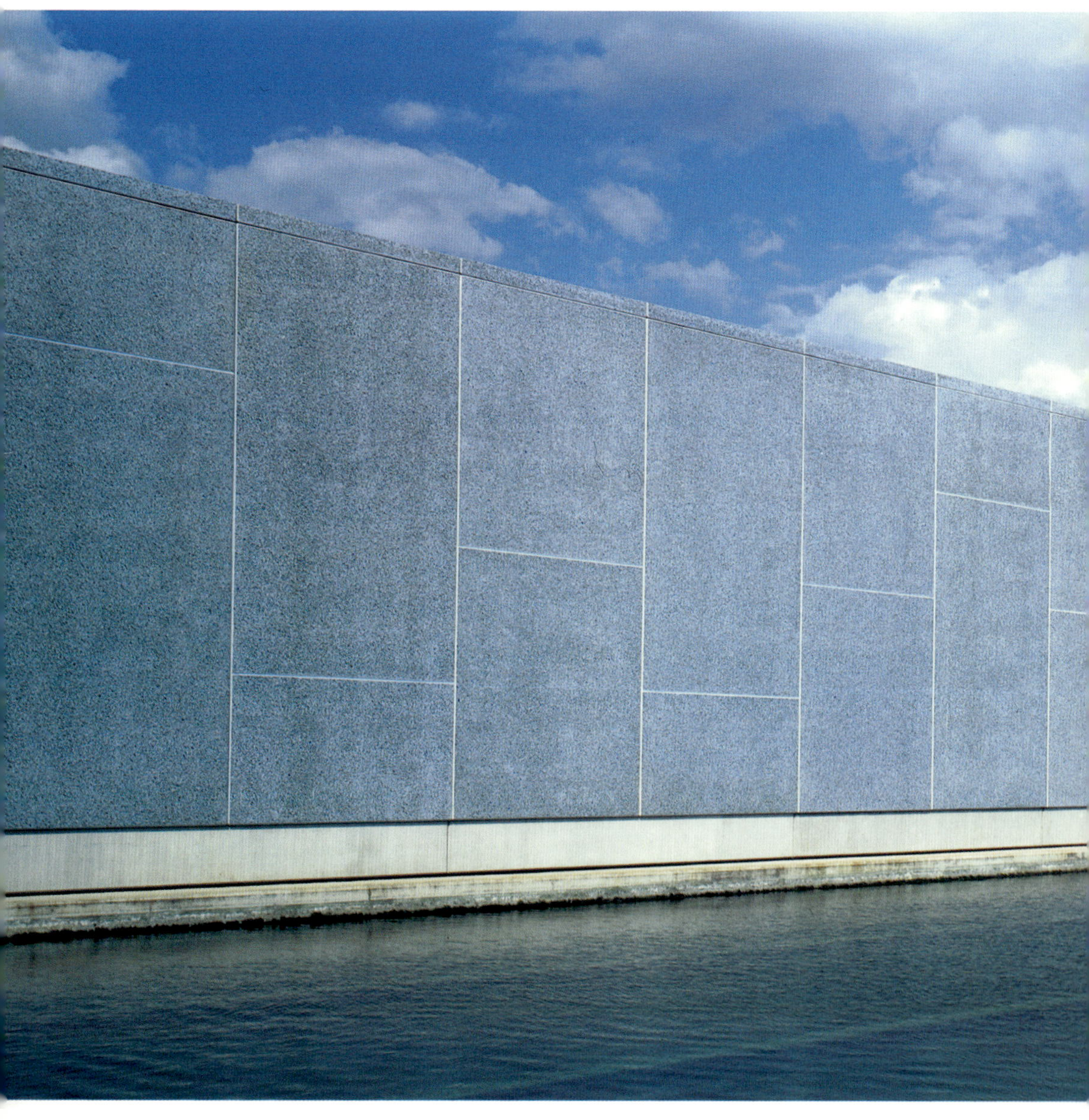

Let's take the example of agricultural sheds built in great numbers starting in the 1950s. The most usual model is in galvanized steel, with a double sloping roof, and a sliding door in the gable. Grown matt with patina, rusted here and there, the galvanized steel has acquired a material presence full of traces and subtle colours that is not unlike that of contemporary art. These industrialized buildings have become archetypes themselves and good neighbours for the wooden grange and the stone farmhouse with which they combine to compose a peaceful and coherent ensemble, a calm presence. In contrast, if you look at the public buildings, at schools, kindergartens, and police stations that were

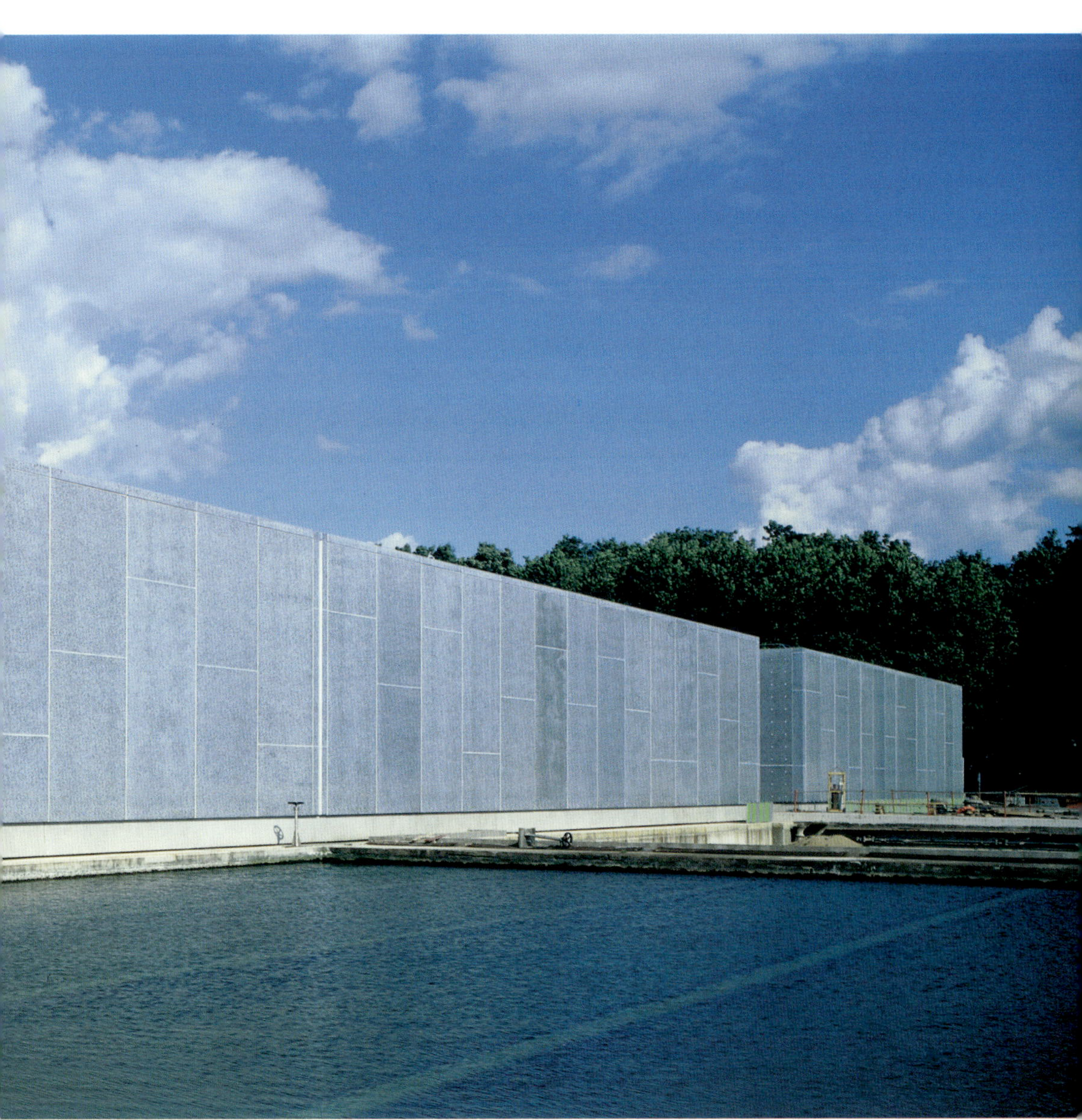

compagnons pour la grange en bois et la ferme en pierre avec lesquelles ils finissent par composer un ensemble cohérent et serein, une présence calme. À l'inverse, si l'on examine les bâtiments publics, collège, maternelle, commissariat, construits il y a 20 ans, pour beaucoup ils nous encombrent aujourd'hui. C'est une contradiction à méditer avant de se lancer dans la conception d'un nouveau bâtiment! Pour ma part, j'essaie d'aller aux marges du territoire de l'architecture, là où je vais rencontrer le plus de questions liées à l'efficacité, à l'usage. J'ai besoin en effet de me dégager des questions d'écriture et de style au début du projet, je préfère les faire intervenir le plus tard possible. Une fois que le dispositif répondant le mieux aux

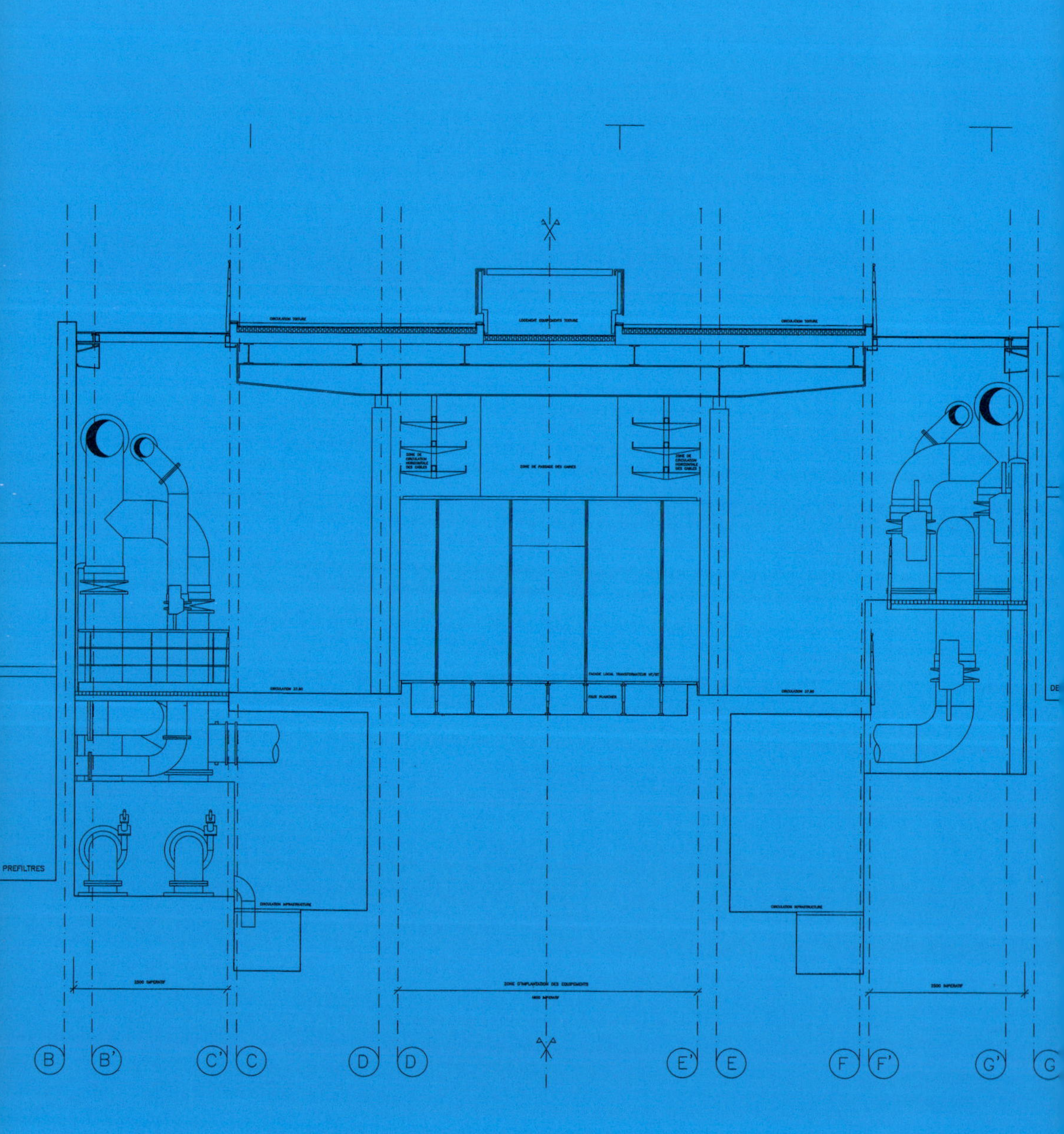

built twenty years ago, in many ways they
are an embarrassment today. This is a
contradiction worth contemplating before
embarking on the design of a new building!
As for me, I try to explore the boundaries
of architecture, to delve into the areas where
I will encounter more questions linked
to efficiency and purpose. When beginning

a project I need in fact to detach myself
from questions of style and "signature";
I prefer to bring these questions in at the
latest possible stage. Once the design that
responds best to the project requirements
has been discovered and defined, then one
can reflect upon its formal qualities. It's not
at all a question of escaping from architecture

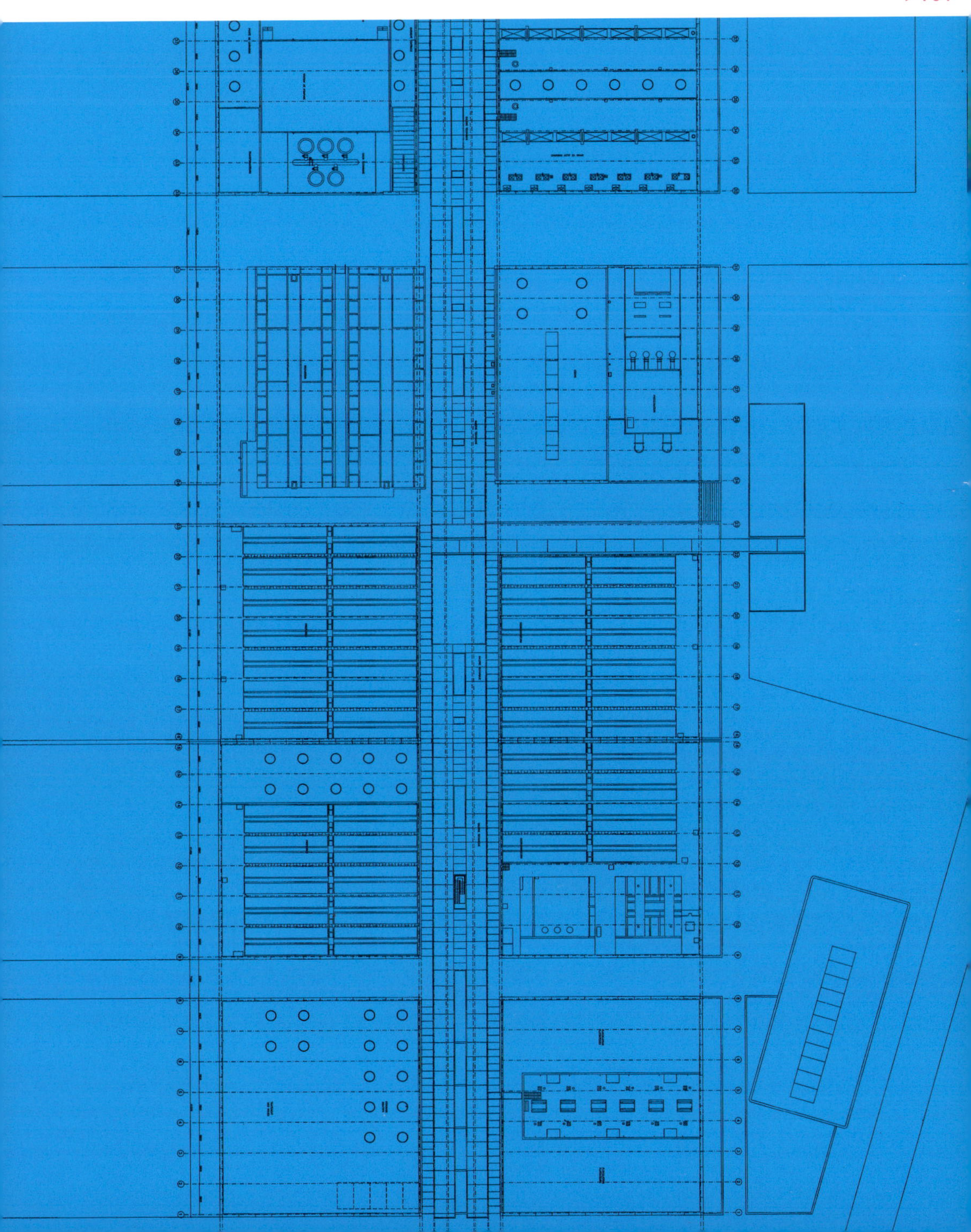

questions du projet est découvert et réglé,
s'impose alors la réflexion sur sa formalisation.
Il ne s'agit en aucun cas de fuir l'architecture
ou de faire le moins d'architecture possible,
mais de se mettre en position de produire
une architecture en phase avec la culture
et la société.

Dans vos projets pour Total Énergie ou pour
le laboratoire interrégional, j'ai l'impression que
vous essayez de vous confronter à l'élaboration
de ces formes archétypales très simples
et je me demande comment vous parvenez
à proposer quelque chose de singulier, quelque
chose qui vous soit propre ?

> PORT OF NICE PASSENGER AND VEHICLE TERMINAL

> TERMINAL PASSAGERS ET VÉHICULES DU PORT DE NICE

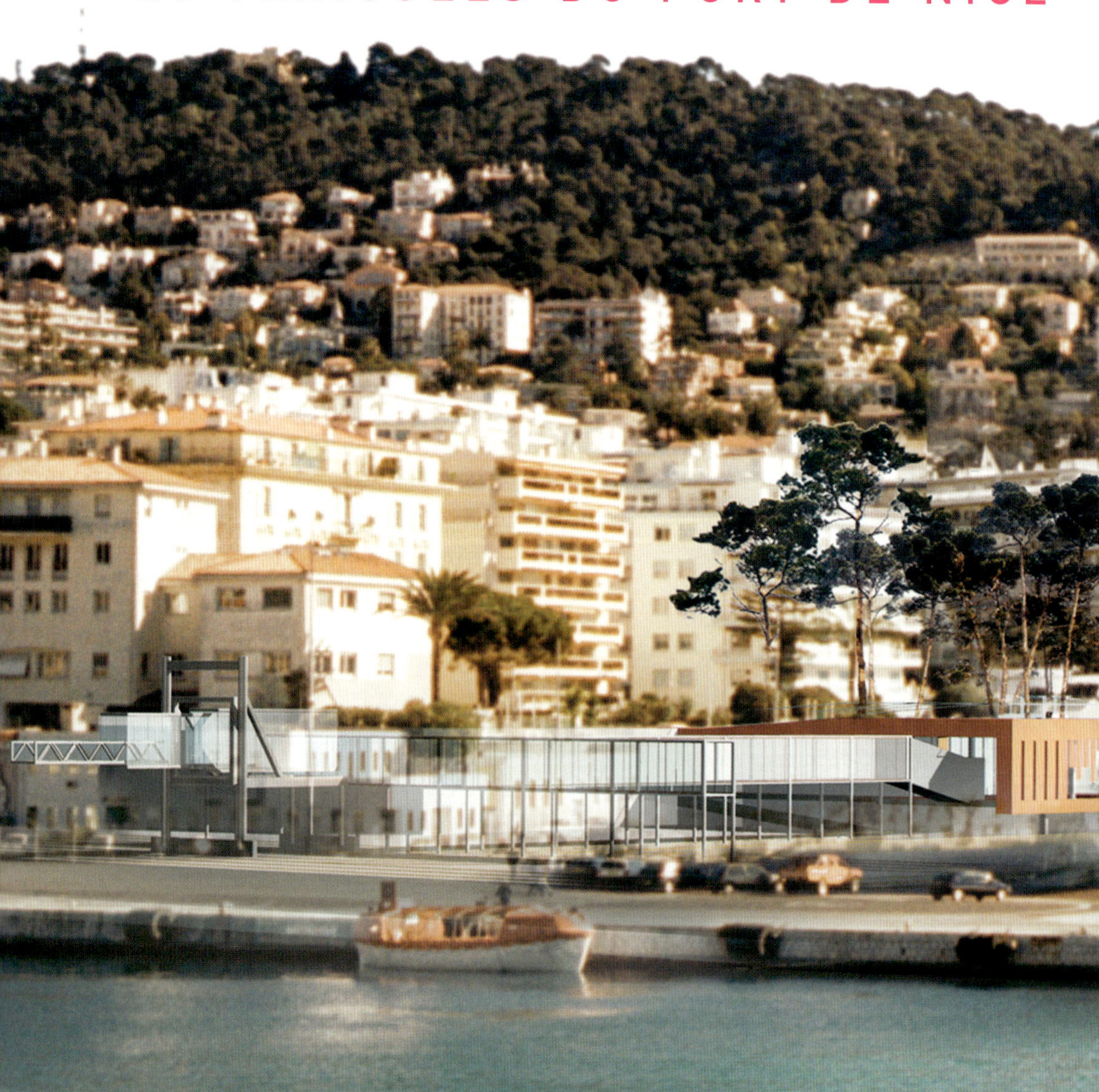

or of doing the least amount of architecture
possible, but it's a question of putting oneself
in a position to produce architecture that
is in line with our culture and society.

In your projects for Total Energy and for the
interregional laboratory, I had the impression
that you concentrated on the elaboration of

these very simple archetypal forms and I asked
myself how you manage to design something
unique, something that belongs to you?

In recent projects like the interregional
laboratory of Oullins or the Ascq University
in Villeneuve, you will find an implicit
reference to architectural archetypes,

>153

NICE, FRANCE, 2000

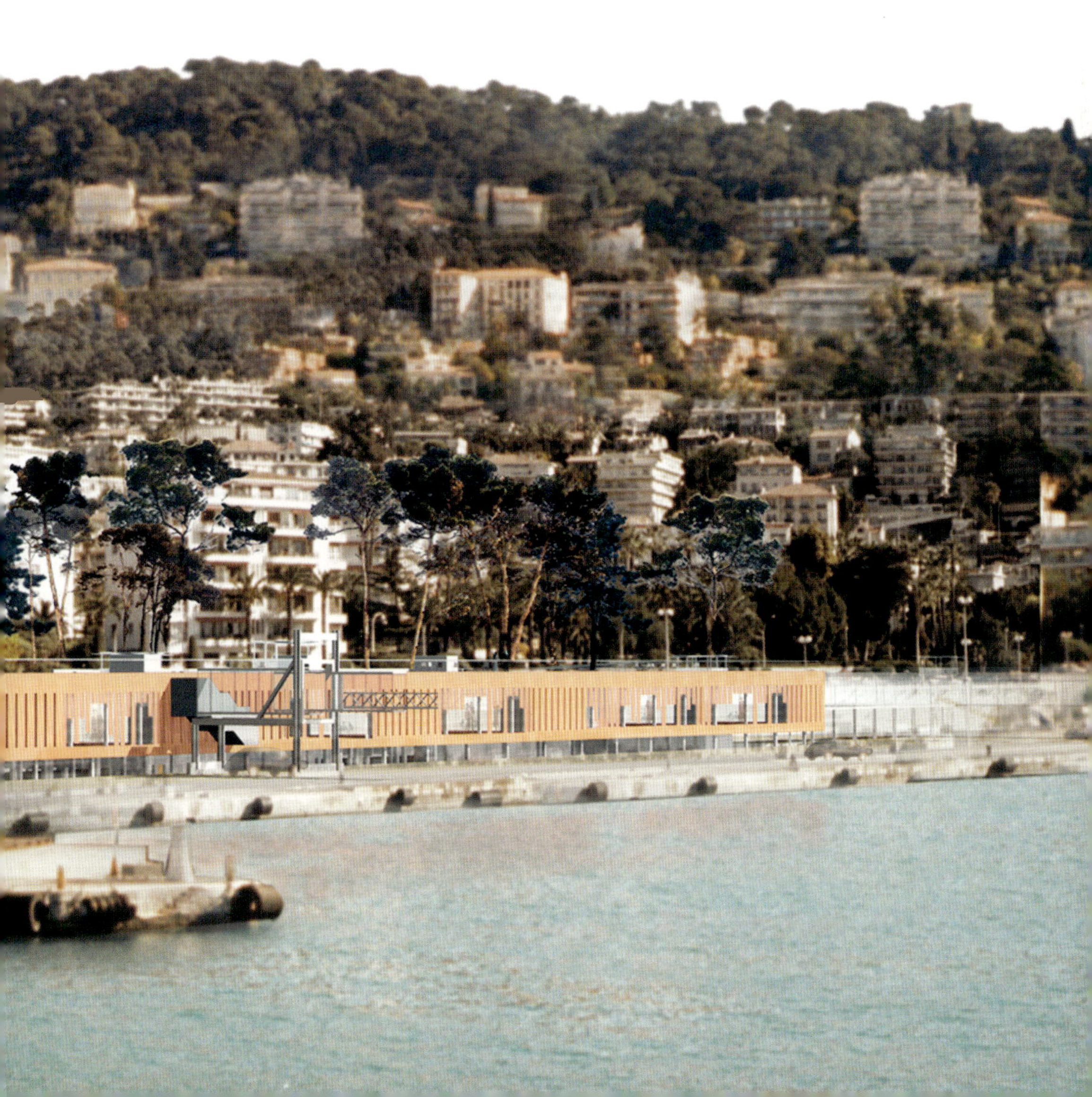

Dans les projets récents comme le laboratoire interrégional d'Oullins ou l'université à Villeneuve d'Ascq, on trouve une référence assumée à des archétypes architecturaux, en l'occurrence des bâtiments industriels. C'est pour moi l'occasion d'affirmer que les espaces pour l'enseignement et pour la recherche peuvent être traités comme des espaces de production, c'est-à-dire disponibles, sans contrainte de forme, adaptables et desservis par un schéma clair et efficace de circulation.

Pour l'université, nous avons juxtaposé de grandes boites capotées de zinc et recouvertes par des *sheds* ; il a été facile d'installer à l'intérieur la bibliothèque, les amphis, la cafétéria, les bureaux de l'administration, etc. Ils y ont

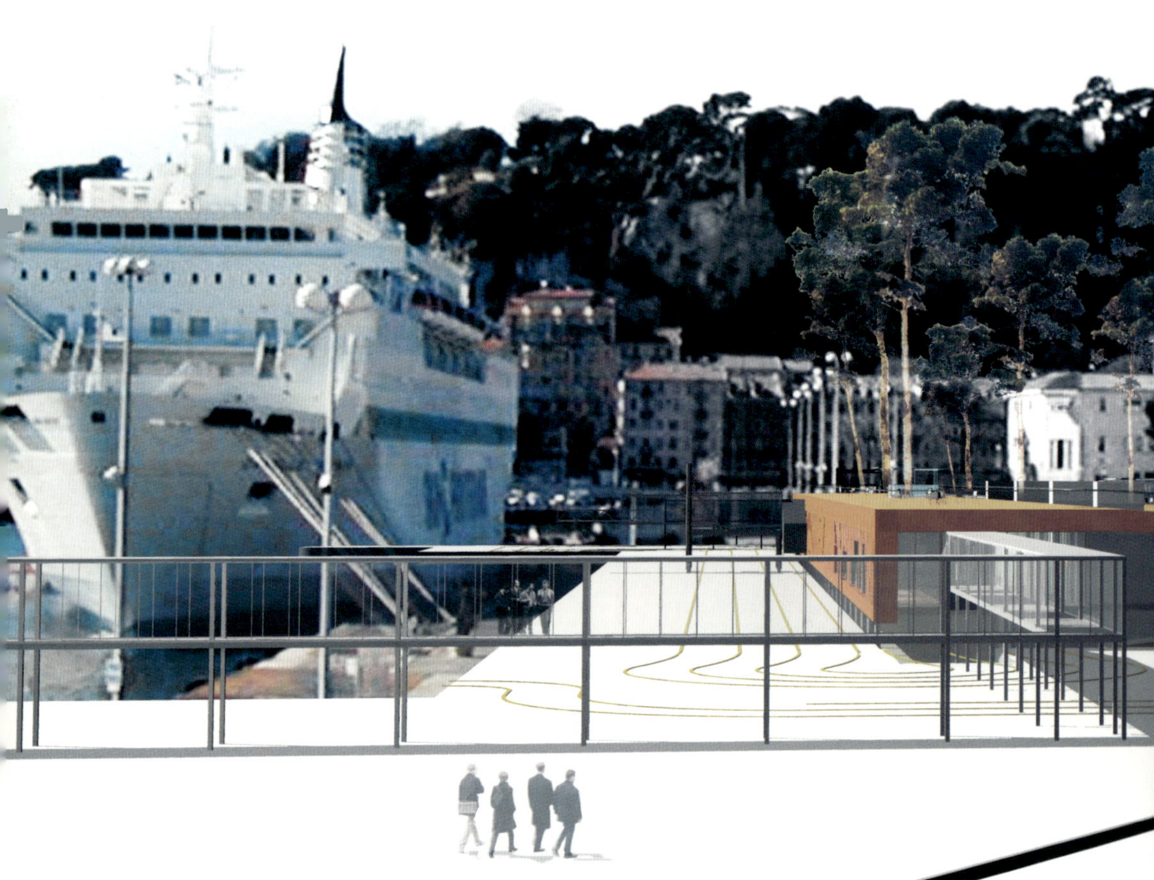

in these cases to industrial buildings.
This offers me an opportunity to demonstrate
that spaces used for teaching and for research
can be treated like spaces used for production,
that is, open and available, without formal
constraints, adaptable and well-served by
a clear and efficient circulation scheme.
For the university, we juxtaposed large boxes

clad in zinc and covered by shed roofs. It was
easy to install inside these a library, lecture
halls, the cafeteria, the administrative offices,
etc. There they found the same liberty that
we so much appreciate in lofts in converted
industrial buildings. To this we added a barrier
in brick to contain all the small classrooms
and I realized afterwards, looking at the finished

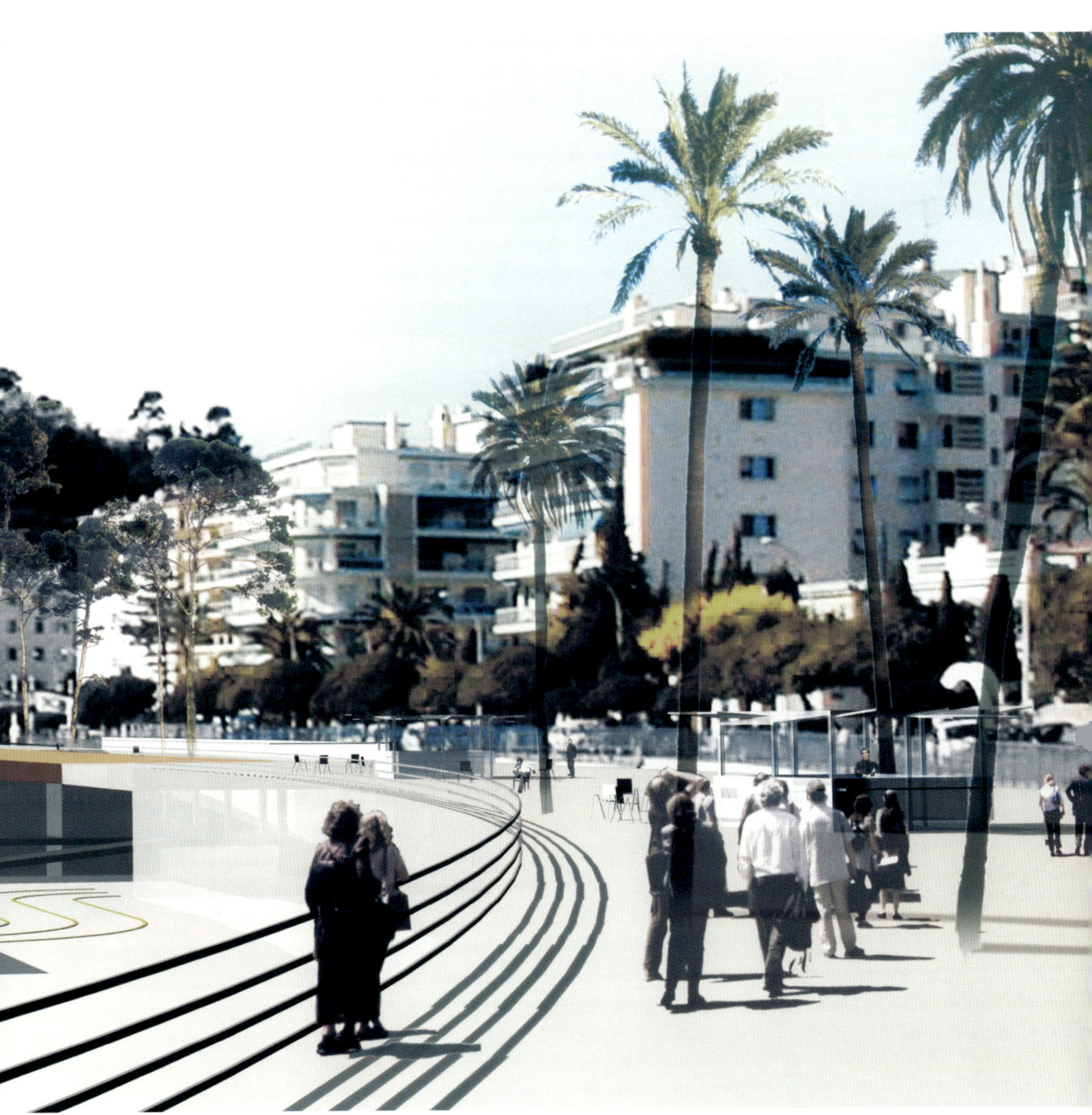

trouvé cette même liberté qu'on apprécie dans
les lofts des constructions industrielles recyclées.
À cela s'est ajoutée une barre en brique pour
contenir toutes les petites salles de cours et
je me suis rendu compte ensuite, en regardant
le projet fini, que les ateliers en zinc et la grande
façade de brique pouvaient aussi être vus comme
la réminiscence d'une manufacture du Nord.

Cette question ne s'était pas posée au départ,
mais il y a eu comme une influence sous-jacente :
en s'intéressant à l'architecture efficace et en
ne refusant pas *a priori* l'utilisation des matériaux
« traditionnels », comme la brique ou le zinc,
on s'inscrit dans une histoire et dans un territoire.
Il en est de même pour le laboratoire
interrégional : nous avons glissé un bâtiment

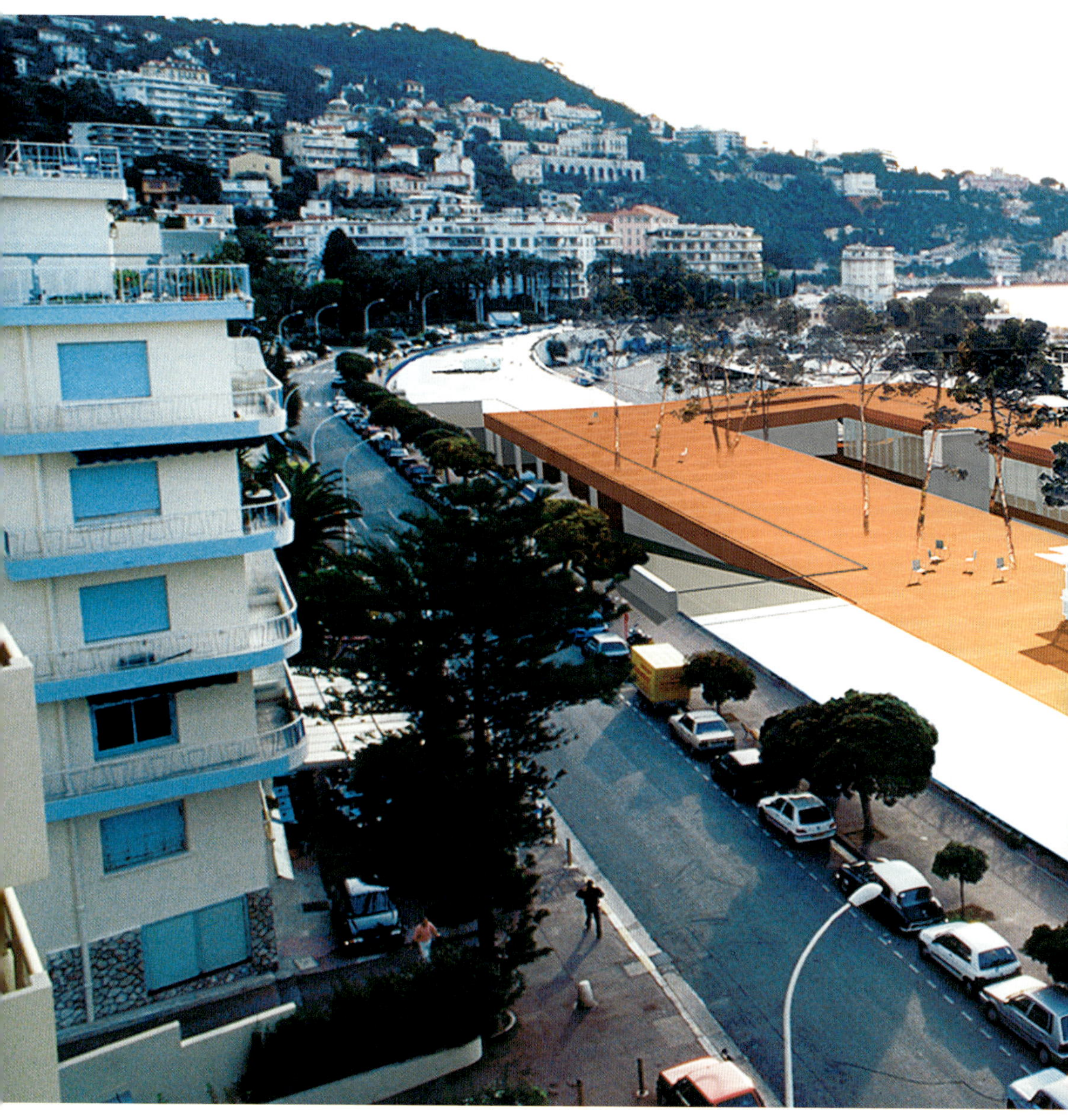

project, that the workshops in zinc and the
large brick façade could also be seen
as reminiscent of the large factories you find
in the North. This question was not posed
in the beginning, but there was, in a sense,
an underlying influence: by concentrating
on efficient architecture and in not refusing
a priori the use of "traditional" materials,
like brick and zinc, we inserted ourselves into
a specific tradition and territory.
It's the same with the interregional laboratory.
We slid an office building under a brick roof
that was like an echo of the recent past
of the Oullins plain, an industrial suburb
of Lyon: in the 19th century, its sheds,
warehouses, and factories created a landscape

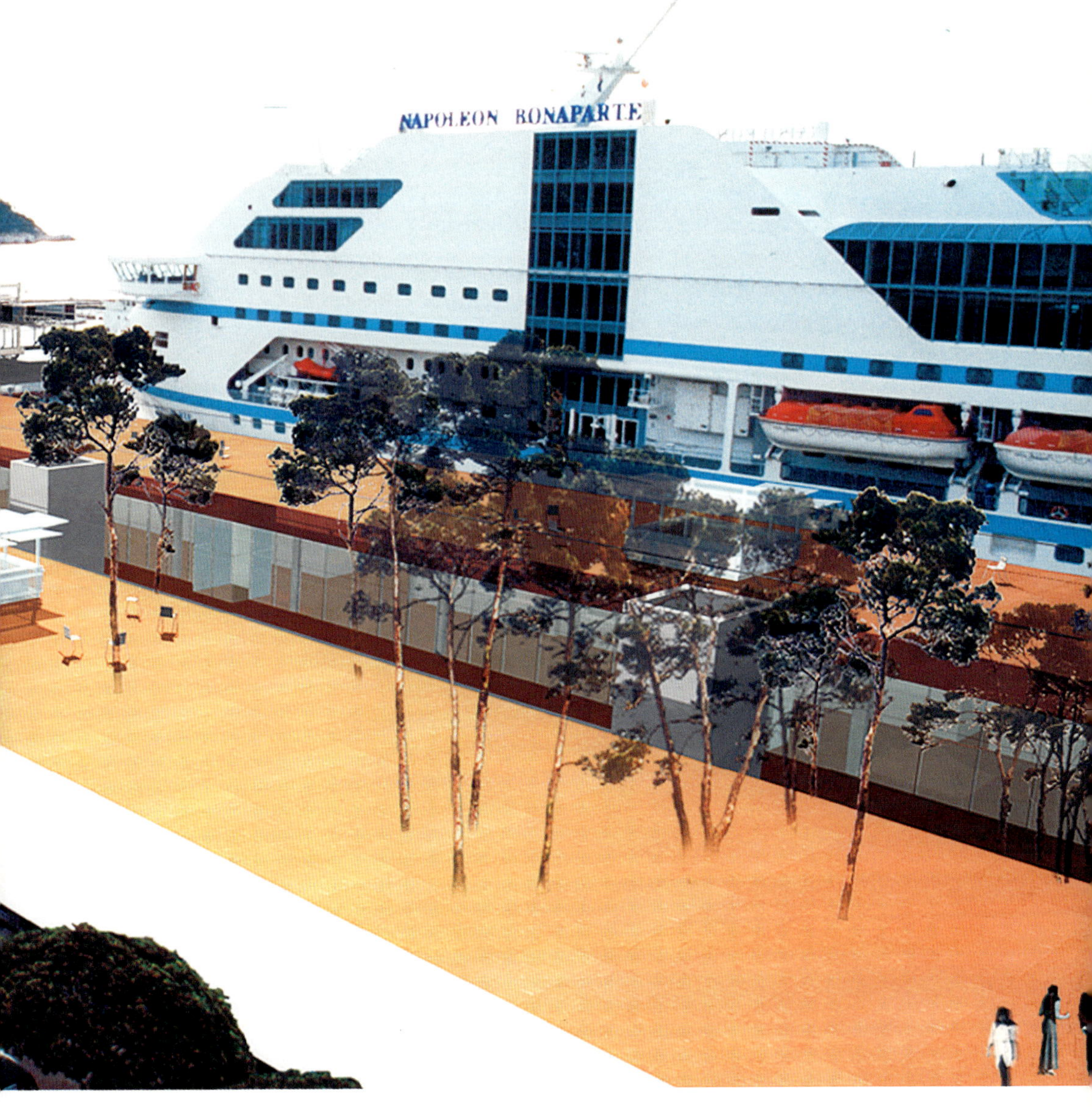

de bureaux sous un toit en brique qui est comme
l'écho du passé récent de la plaine d'Oullins, une
banlieue industrielle de Lyon dont les hangars,
entrepôts et fabriques composaient au XIXe siècle
un paysage de brique et de *sheds* en tuiles au
pied des monts du Lyonnais. C'est comme une
sorte de retour d'histoire qui n'est absolument
pas une donnée de projet, mais qui résulte

de l'absence voulue de recette formelle.
Je me laisse ainsi influencer par tous les aspects
du contexte, j'emprunte sans le vouloir le même
chemin que les précédentes constructions
qui ont hanté ces lieux.
Ces transpositions d'archétypes n'ont rien
d'une attitude nostalgique. Curieusement,
la beauté des formes utiles n'est pas la plus

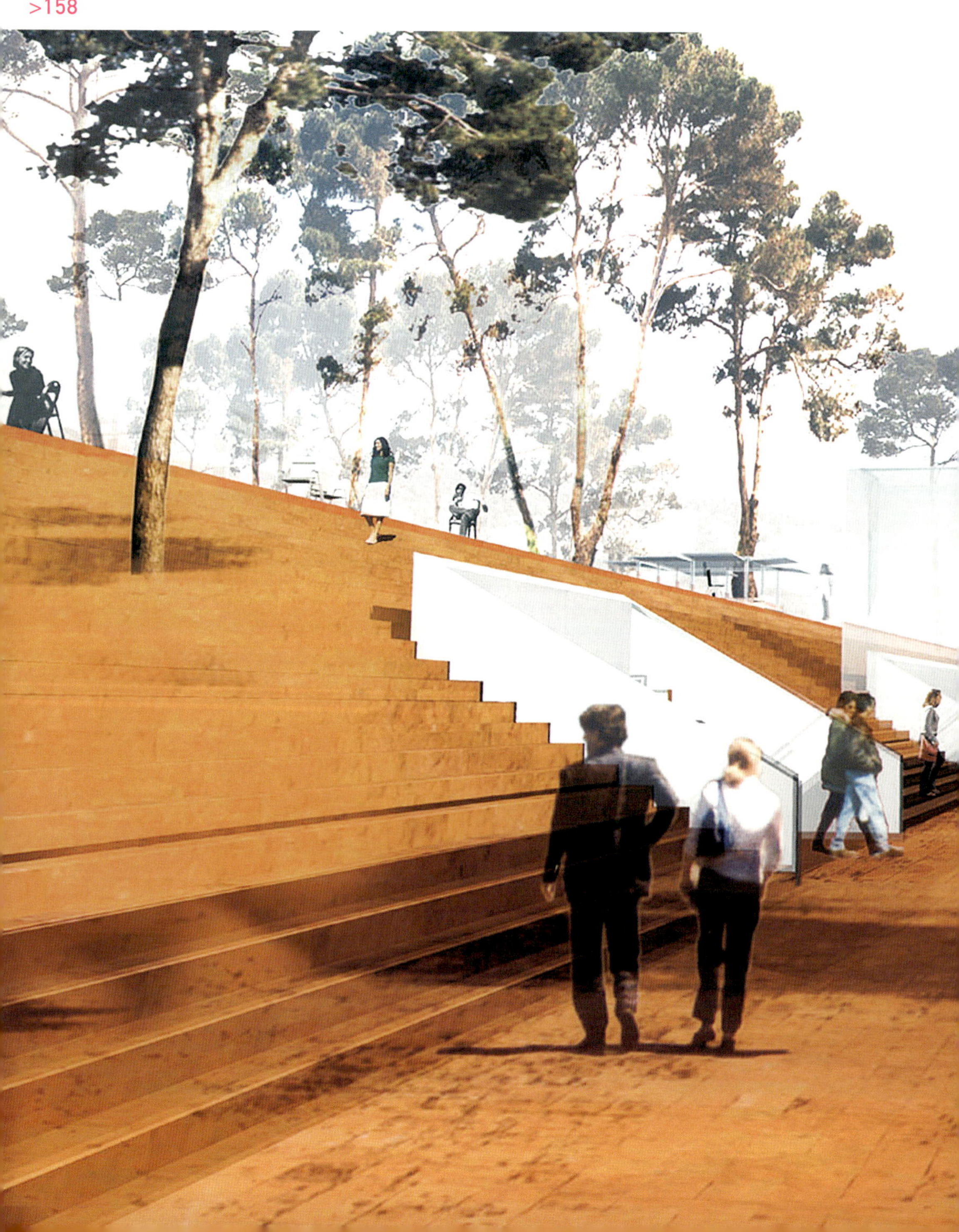

composed of brick and of tile sheds at the foot of the hills in the Lyon region. It's a sort of return of history that is absolutely not a given of the project but which results from the intentional absence of a formal recipe. So I let myself be influenced by all the aspects of the context, and without intending to do so, I follow the path of earlier buildings that haunt these sites.

These transpositions of archetypes have nothing to do with nostalgia. Strangely, the beauty of utilitarian forms is not widely appreciated. At the inauguration of the Louis-Jouvet College, the officials were shocked by the simplicity of the volumes and the façades, and the local newspaper even referred to "avant-garde architecture". This is a paradox:

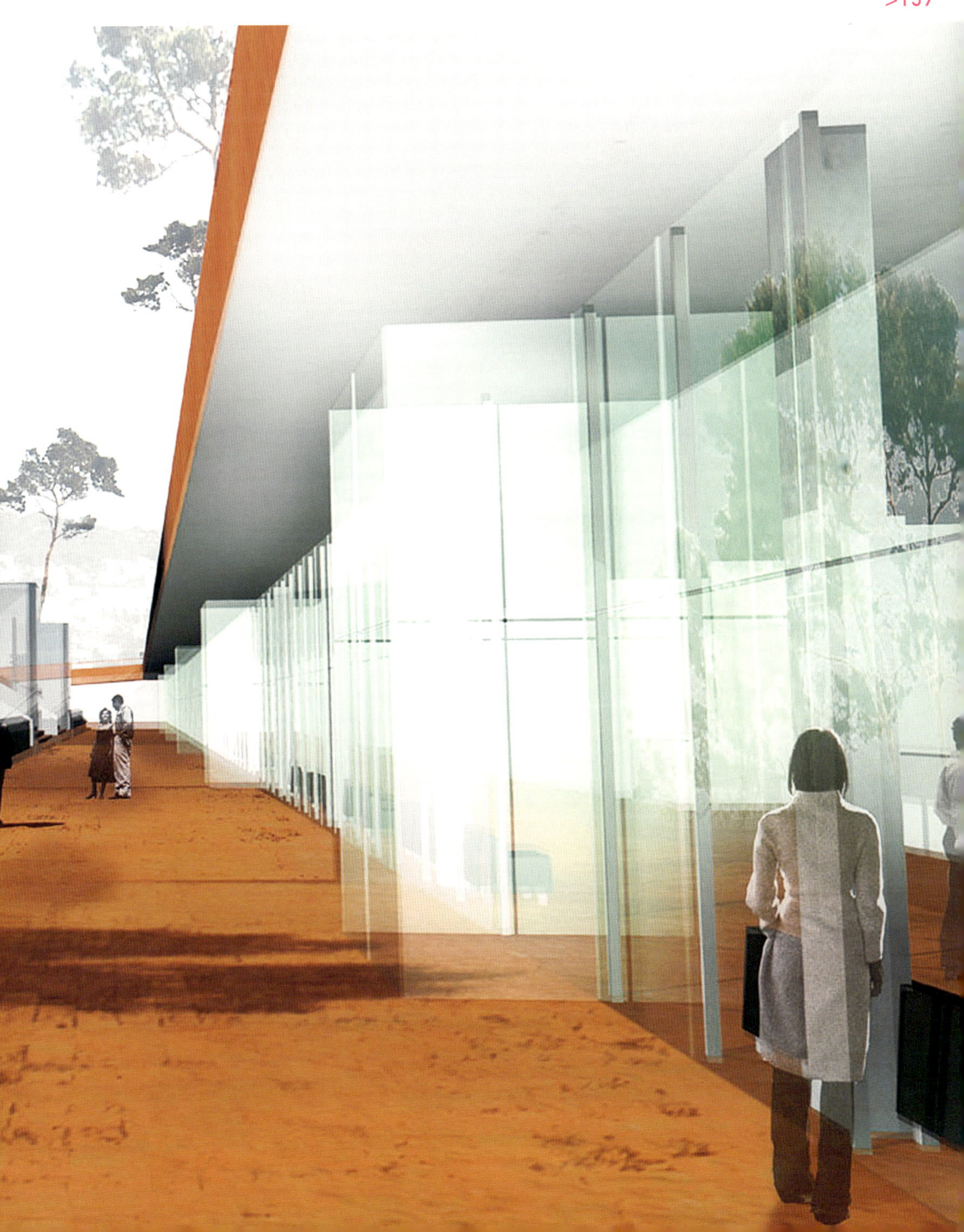

partagée. Lors de l'inauguration du collège
Louis-Jouvet, les officiels ont été choqués par
la simplicité des volumes et des façades mis
en œuvre et le journal local y voyait même
« une architecture d'avant-garde ». Voilà
un paradoxe qui fait qu'aujourd'hui la surenchère
formelle la plus débridée est plus consensuelle
que la simple expression de la fonction.

Pour le concours de la gare de Serris-Montévrain,
à Marne-la-Vallée, nous avons proposé un projet
qui s'inspirait de l'archétype de la halle
ferroviaire : une vaste toiture se déployait au-
dessus des voies et de la salle des pas perdus.
Toiture en pente et fermes triangulées se
confondaient comme la solution la plus simple
et la plus économique pour franchir la portée

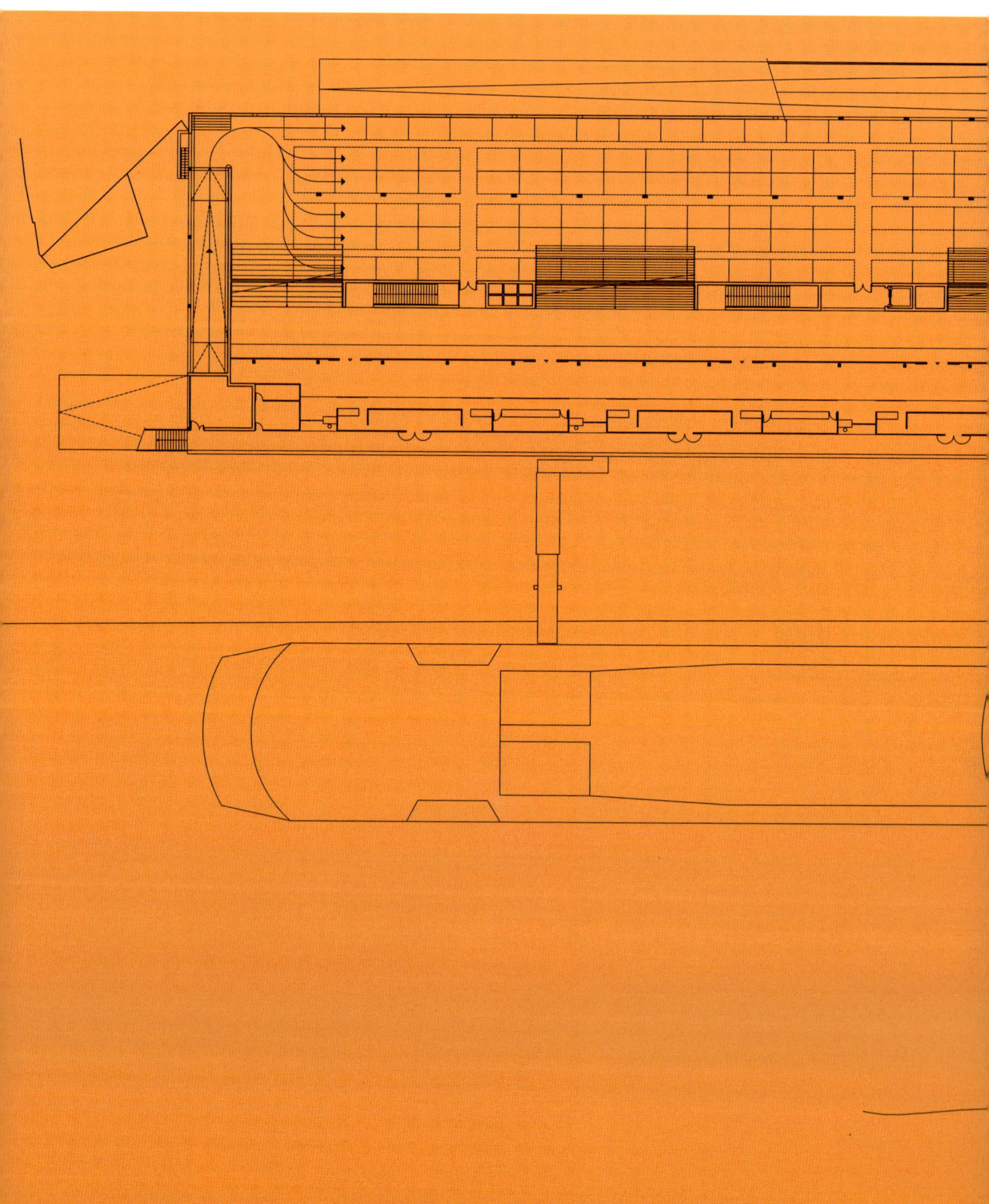

today the most extravagant formal exercise gains more consensus than the simple expression of a purpose. In the competition for the Serris-Montevrain railway station at Marne-la-Vallée, we proposed a project inspired by the archetype of the railway shed: a vast roof covering the tracks and the waiting hall. The sloping roof and triangular trusses together were the simplest and most economic solution in order to cover the required area. It's significant that this solution was not the one first proposed by the engineers because they found it "too banal to please the architect"! Now, it quickly revealed itself as the best way to use the industrial materials of the envelope for the roof. The slope, by creating a watertight

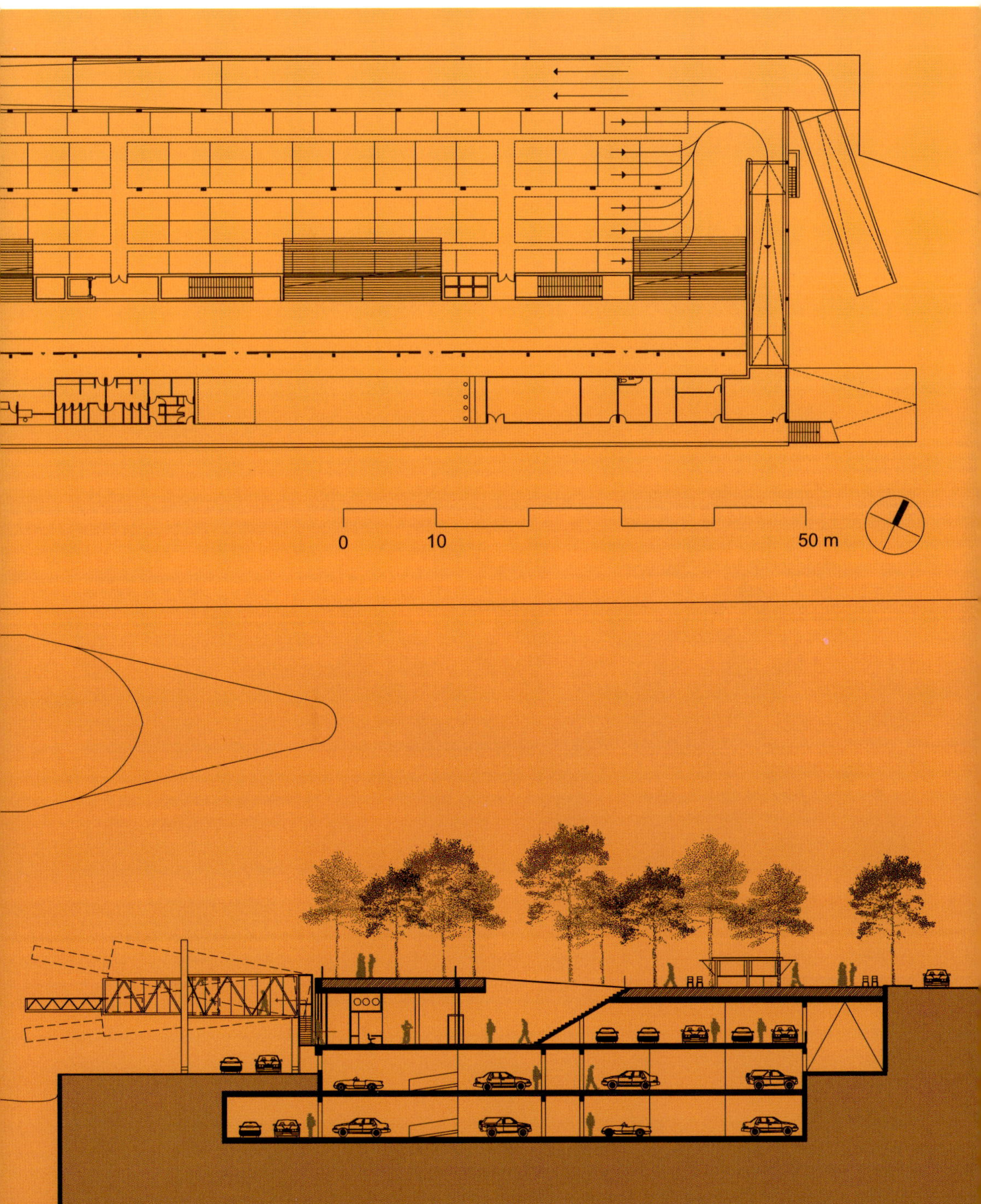

requise ; de façon significative cette réponse
ne nous avait pas été proposée au premier abord
par les ingénieurs, car ils la trouvaient «trop
banale pour plaire à l'architecte»! Or, elle s'est
révélée la plus appropriée pour la mise en œuvre
des matériaux industrialisés de l'enveloppe sur
la couverture. La pente, en résolvant la question
de l'étanchéité, permettait une grande liberté
de choix et d'assemblages de divers matériaux
disponibles : panneaux d'acier inox, feuilles
de verre, matériaux plastiques translucides,
résilles… ceci afin de créer les conditions
de lumière propres à une gare. Sous cette
couverture dont le dimensionnement généreux
signalait le bâtiment public, se glissaient guichets
et magasins sans qu'il y ait de confusion.

> "MAISON DES CANISSES"

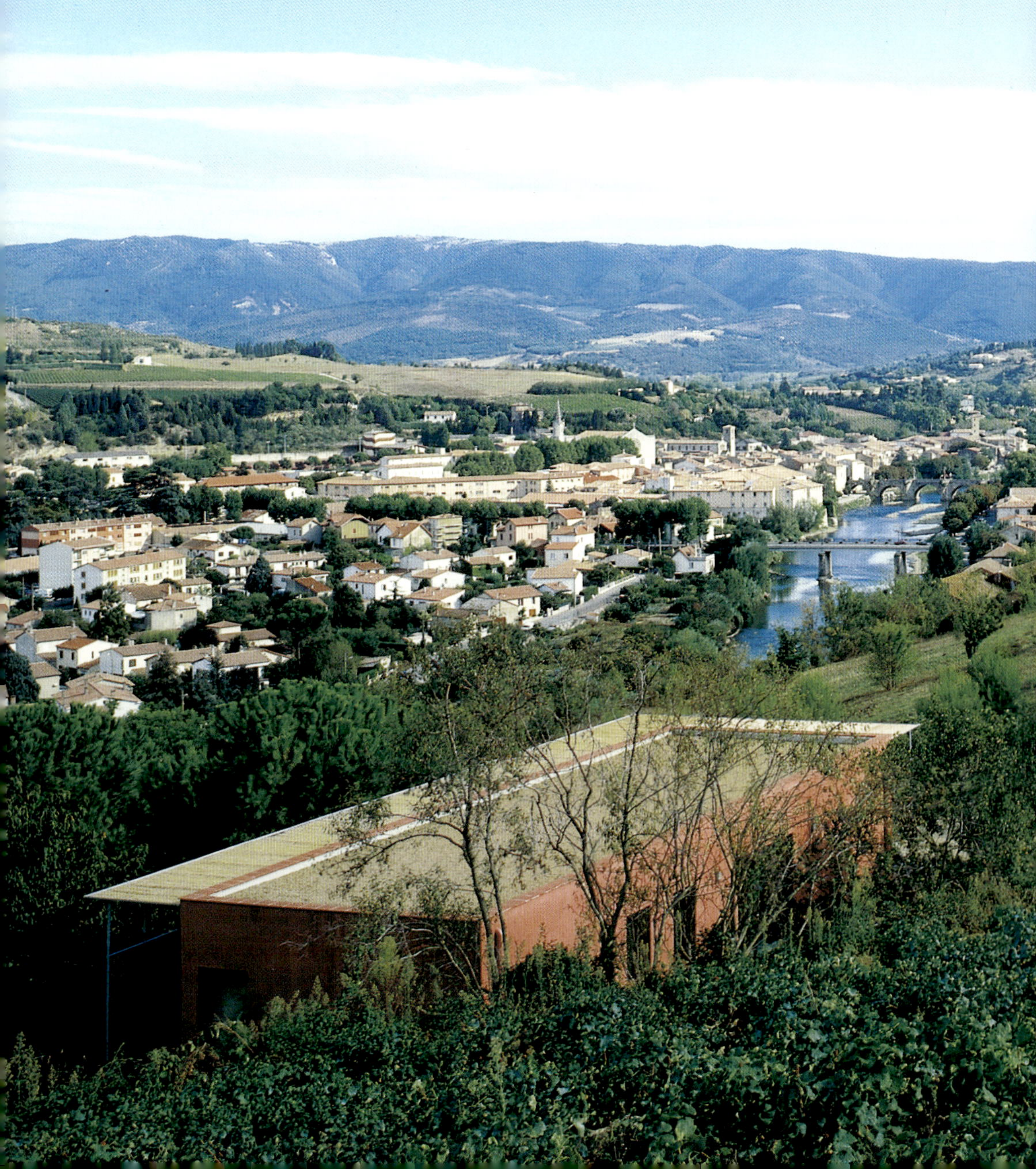

container, gave us a great liberty of choice
and of combination of the various materials
available: stainless steel panels, glass panels,
semi-transparent plastic materials, screens,
and all of this with the aim of creating
conditions of light appropriate to a railway
station. This roof, the large dimensions of
which signalled a public building, easily

accommodated the ticket counters and shops
without creating any confusion.
So why ignore or neglect a clearly identifiable
archetype that answered perfectly to one's
requirements? The result was, paradoxically,
a project that differentiated itself violently
from its context in a modern city. The continuous
envelope, sloping downwards, broke with

LIMOUX, FRANCE, 2001

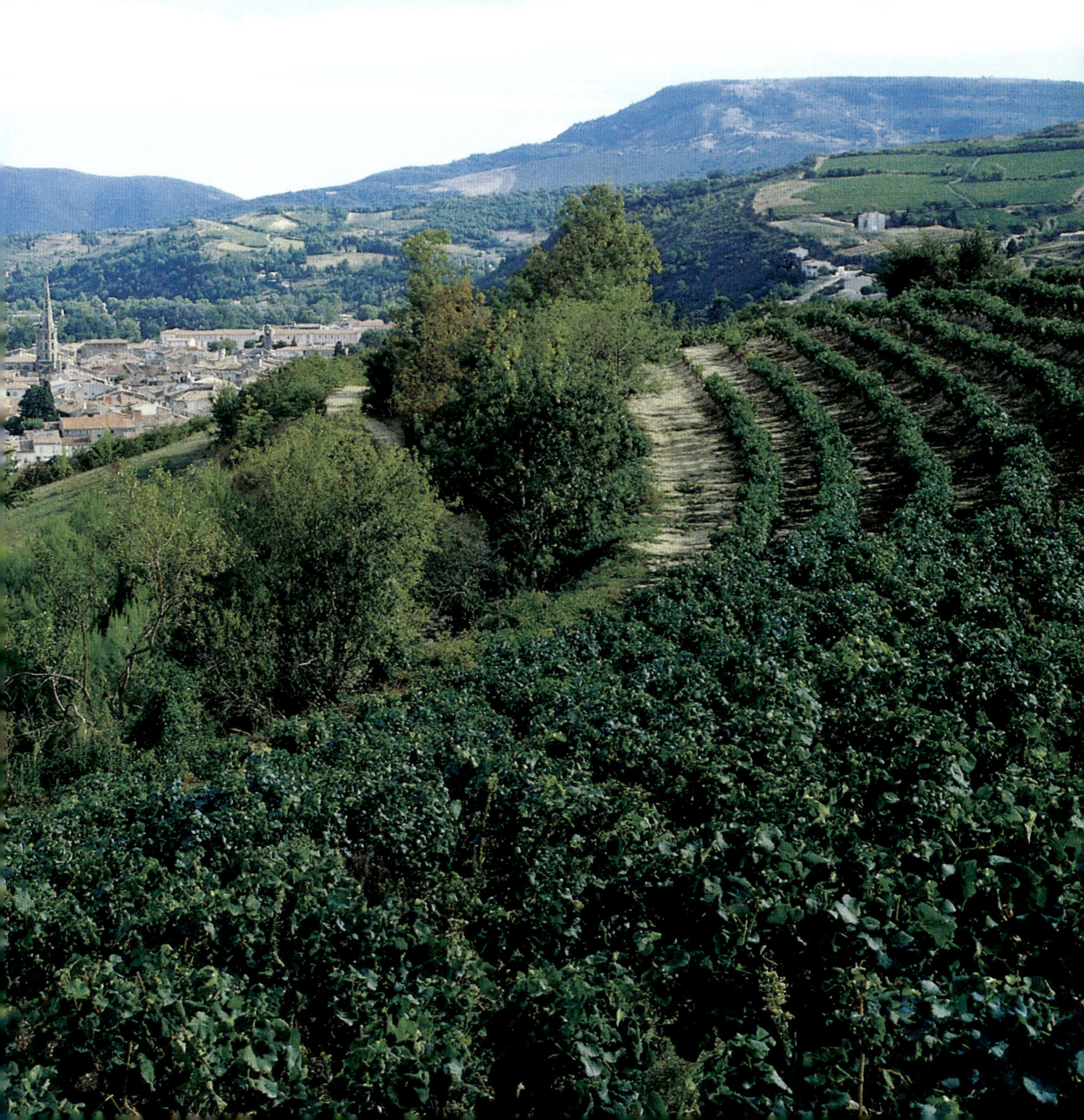

Pourquoi donc se passer d'un archétype
identifiable qui répondait alors parfaitement
aux questions posées? Le résultat était
paradoxalement un projet qui se distinguait
violemment de son contexte de ville nouvelle.
Cette enveloppe continue, en pente, rompait
avec les gesticulations architecturales convenues
pour affirmer sans ambiguïté la place de

l'équipement public dans la ville en devenir.
Ce qui dans le passé fut trop familier devint
singulier, voire étrange.
Le projet n'a pas été accepté : la grande halle
à toiture en pente n'était pas «politiquement
correcte» et il m'a été dit par un membre du jury
que le projet fonctionnait parfaitement, mais qu'il
ressemblait trop à une gare…

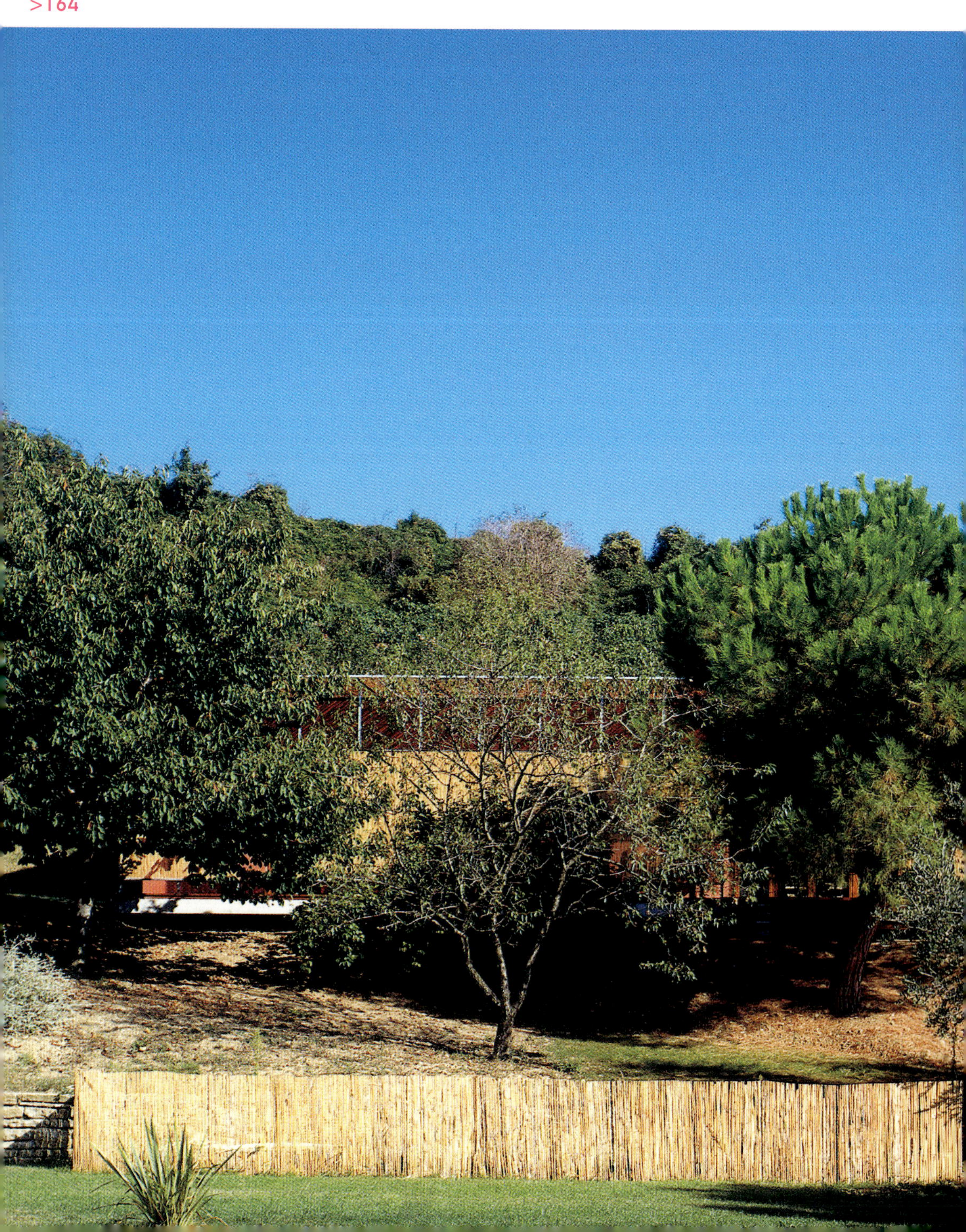

the conventional architectural gestures used to clearly affirm the place of public buildings in a growing city. That which was too familiar in the past, became unique, even strange.

The project was not accepted; the large space with a sloping roof was not "politically correct": one of the members of the jury told me that the project functioned perfectly but that it looked too much like a railway station.

A question that is posed with increasing gravity is how and what to construct in the suburban landscape, the foil of all the desires to inhabit. Should we build heroic bastions of architectural refinement and sophistication,

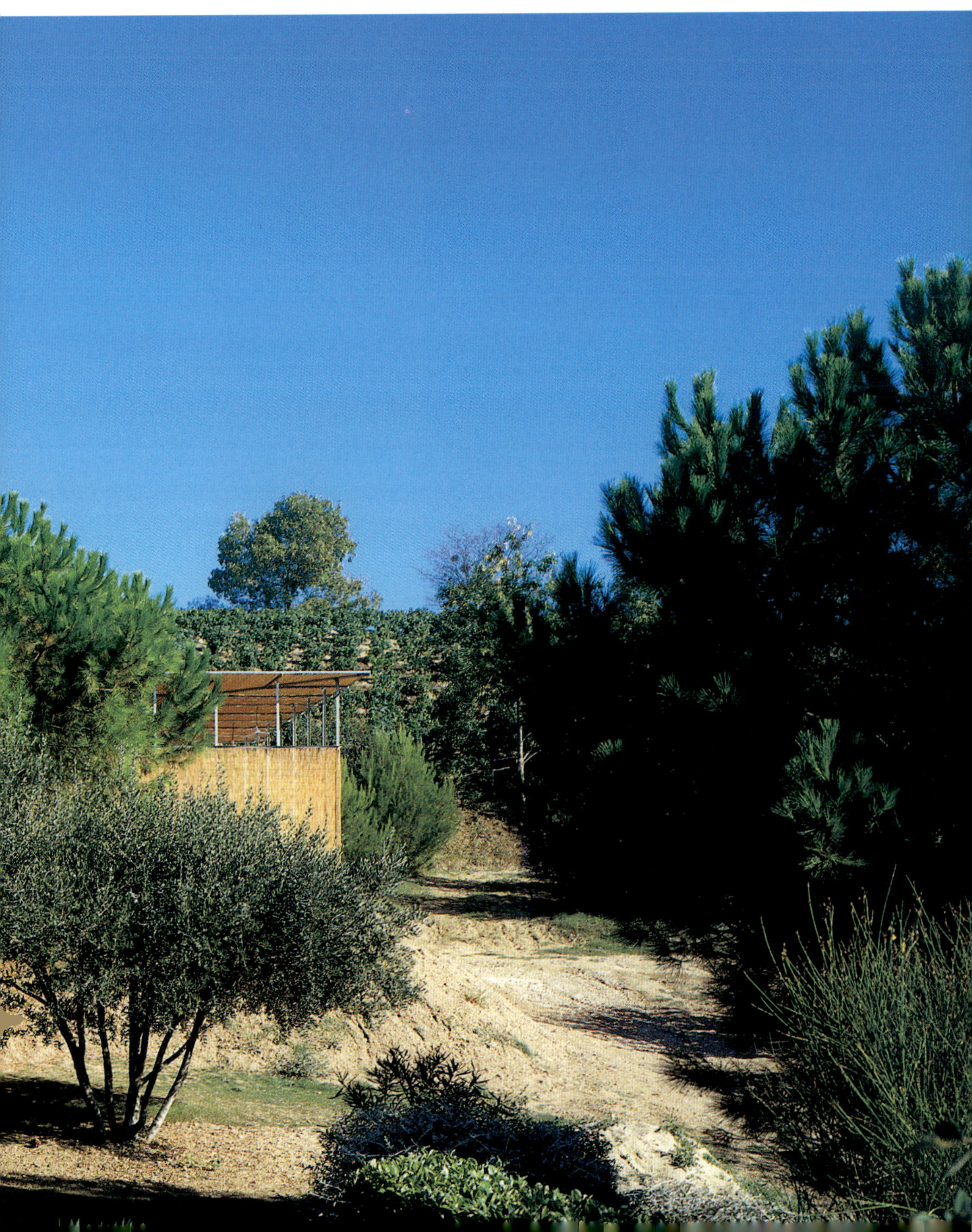

Une question qui se pose à nous avec une gravité
sans cesse plus grande : comment et quoi
construire dans ce paysage suburbain, repoussoir
de tous les désirs d'habiter. Doit-on construire
d'héroïques bastions de raffinements
architecturaux, îlots de résistance à la médiocrité
banlieusarde, ou doit-on essayer d'apprendre
à regarder autrement cet environnement, objets

de tous les mépris, d'en comprendre ses
logiques, ses ruses et peut–être ses qualités ?
C'est en quelque sorte une «stratégie
du disponible» qui ne s'applique pas dans
ce cas aux matériaux ou aux procédés de mise
en œuvre, mais à l'échelle du territoire.
J'ai l'impression en observant comment
vous vous implantez dans ces paysages délaissés

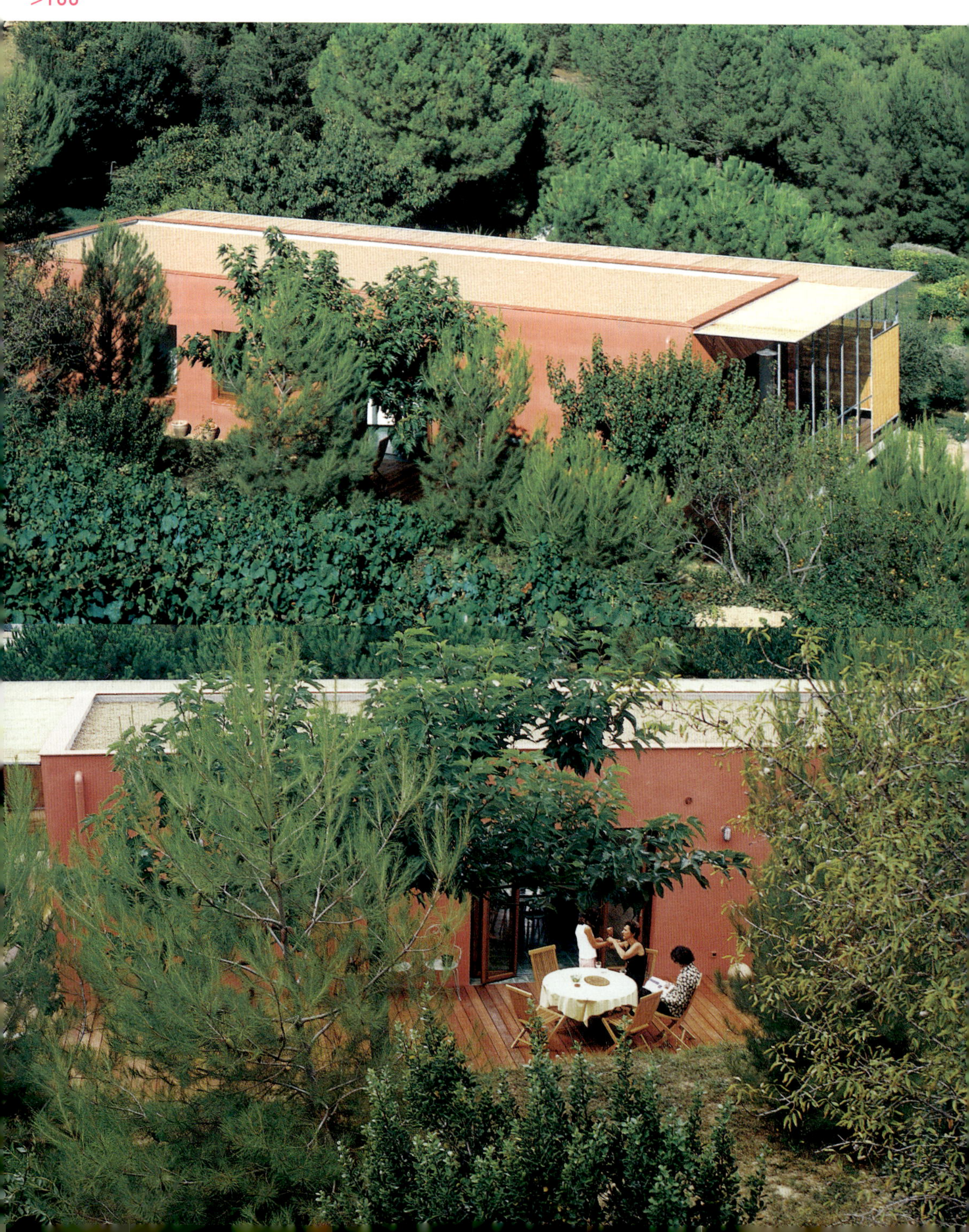

islands of resistance to suburban mediocrity; or should we try to learn by taking a new look at this environment, which is so despised, in order to understand its logic, its ruses and perhaps its virtues? This would, in a way, be a "strategy of what's available", not applied to materials or to techniques, but at the territorial level. I have the impression,

observing how you insert yourself into these neglected landscapes, that it's a question, for you, literally, of finding a heritage in these disinherited sites.

The first projects of our studio were all on the margins of the city, or, at best, on campuses, as in the case of Sophia Antipolis. As for the

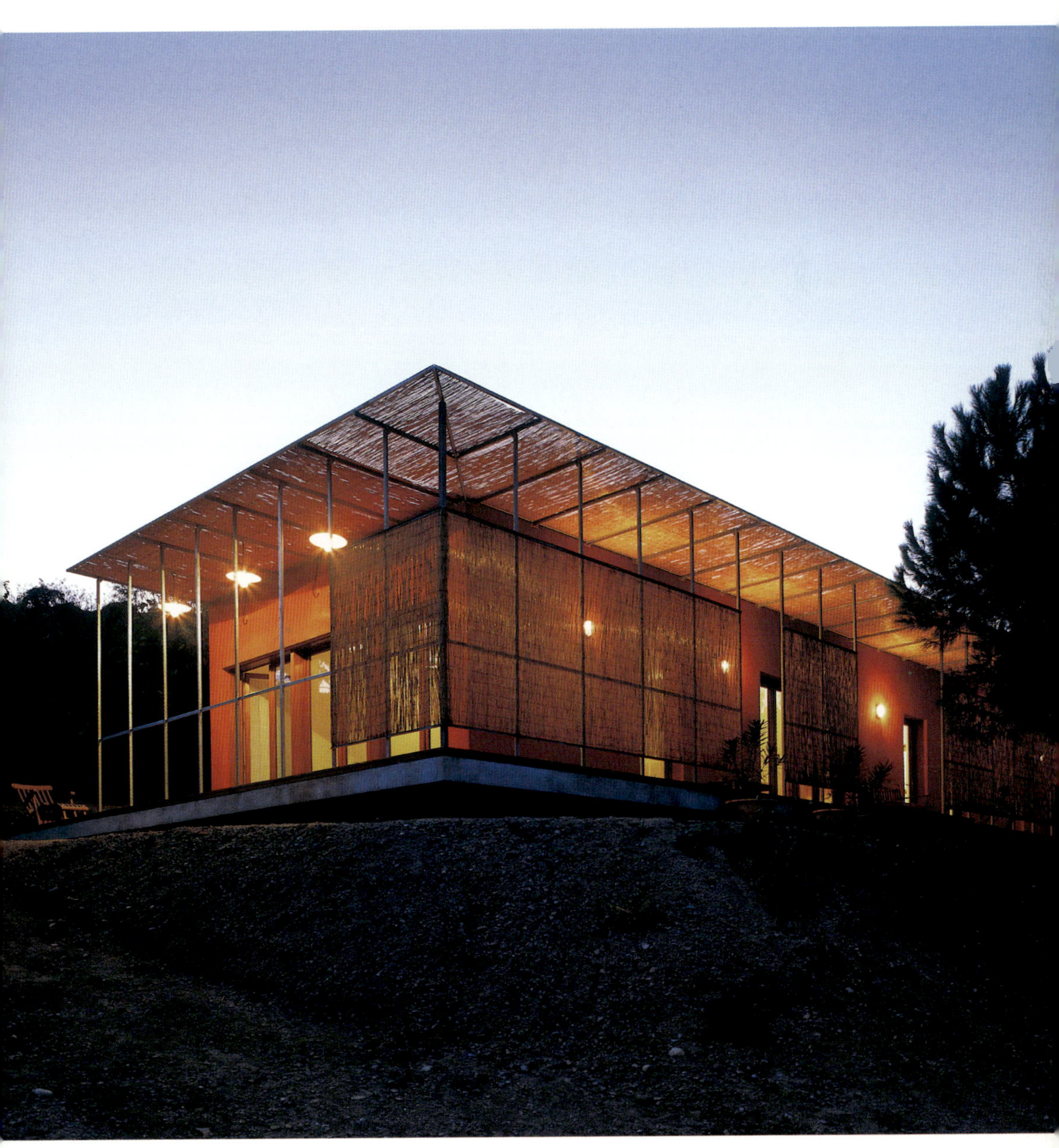

Les premiers projets de l'agence étaient tous
dans les franges de la métropole, ou au mieux
dans des campus comme à Sophia-Antipolis.
En ce qui concerne leur rapport au site,
ils étaient donc obligés de compter d'abord

sur eux-mêmes et n'avaient pas la facilité
de s'appuyer sur un alignement, un mitoyen,
des façades existantes… Nous avons été forcés
d'inventer à partir de rien ou presque. Si cela
nous a conduit d'abord à être assez autonomes,
nous avons toujours cherché à entrer en
résonance avec l'atmosphère ou l'histoire de
ce genre de paysage – dans une zone d'activité

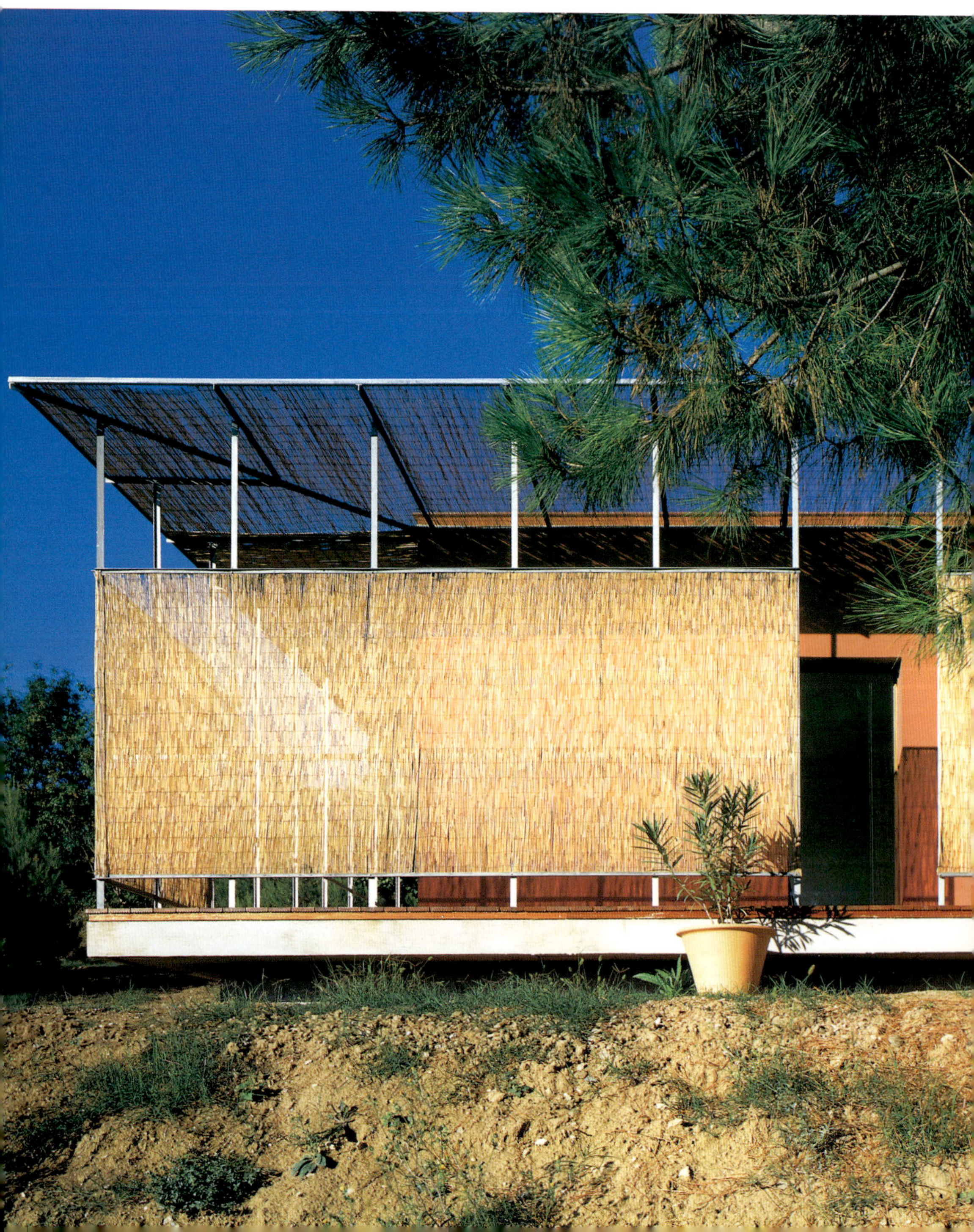

buildings' relationship to the sites, they had to count on themselves; they didn't have the advantage of being supported by a perspective, adjoining buildings, or existing façades. So we had to start from scratch, or almost from scratch. If that led us, in the beginning, to be rather autonomous, we did constantly try to enter into harmony with the atmosphere and history of the particular kind of landscape: in a farming region, it was agricultural sheds for Total Energy; or, more recently, in an industrial wasteland on the edge of the Rhone, it was the Oullins laboratorie, which, by using brick, evoke the memory of 19th-century industrial buildings.

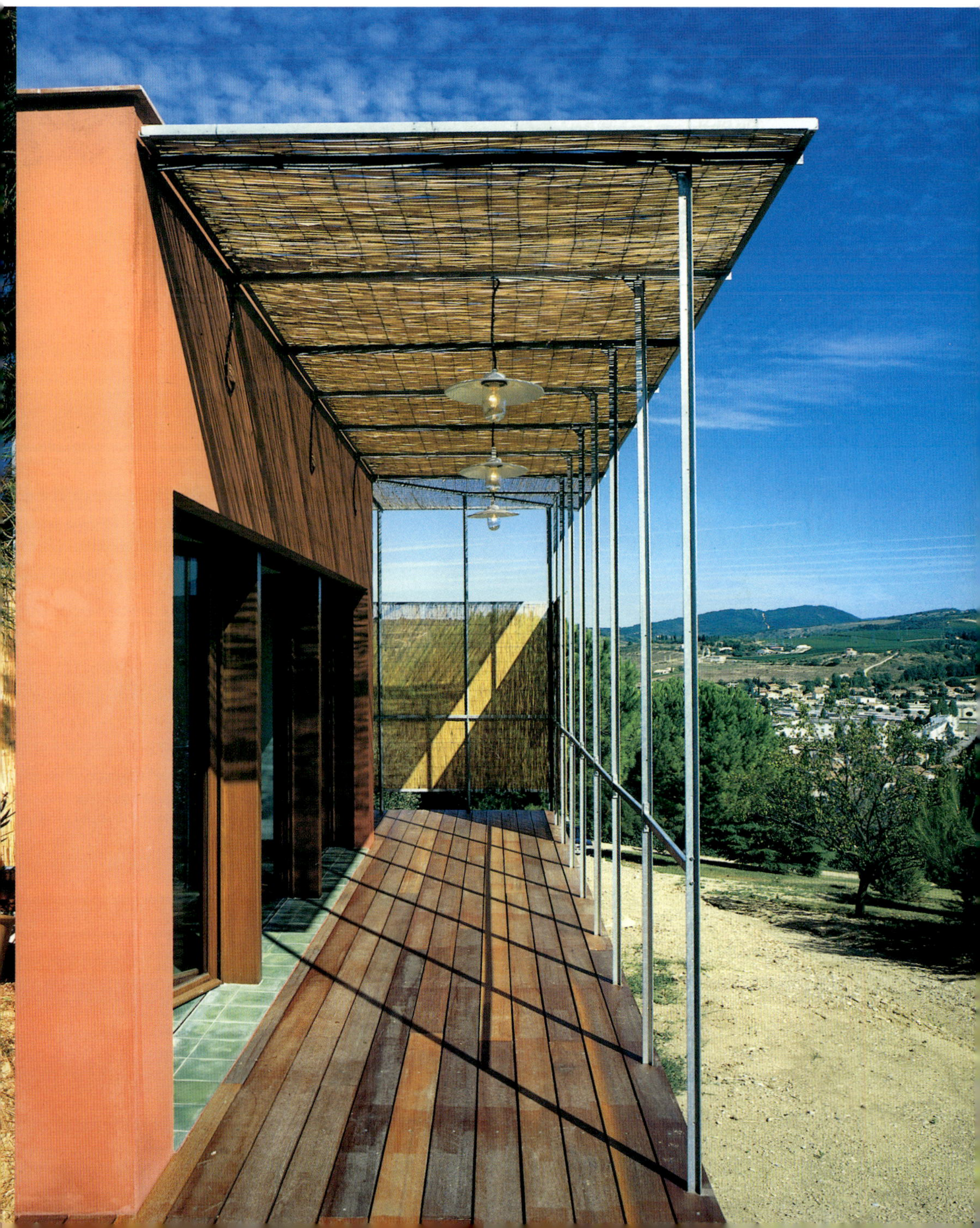

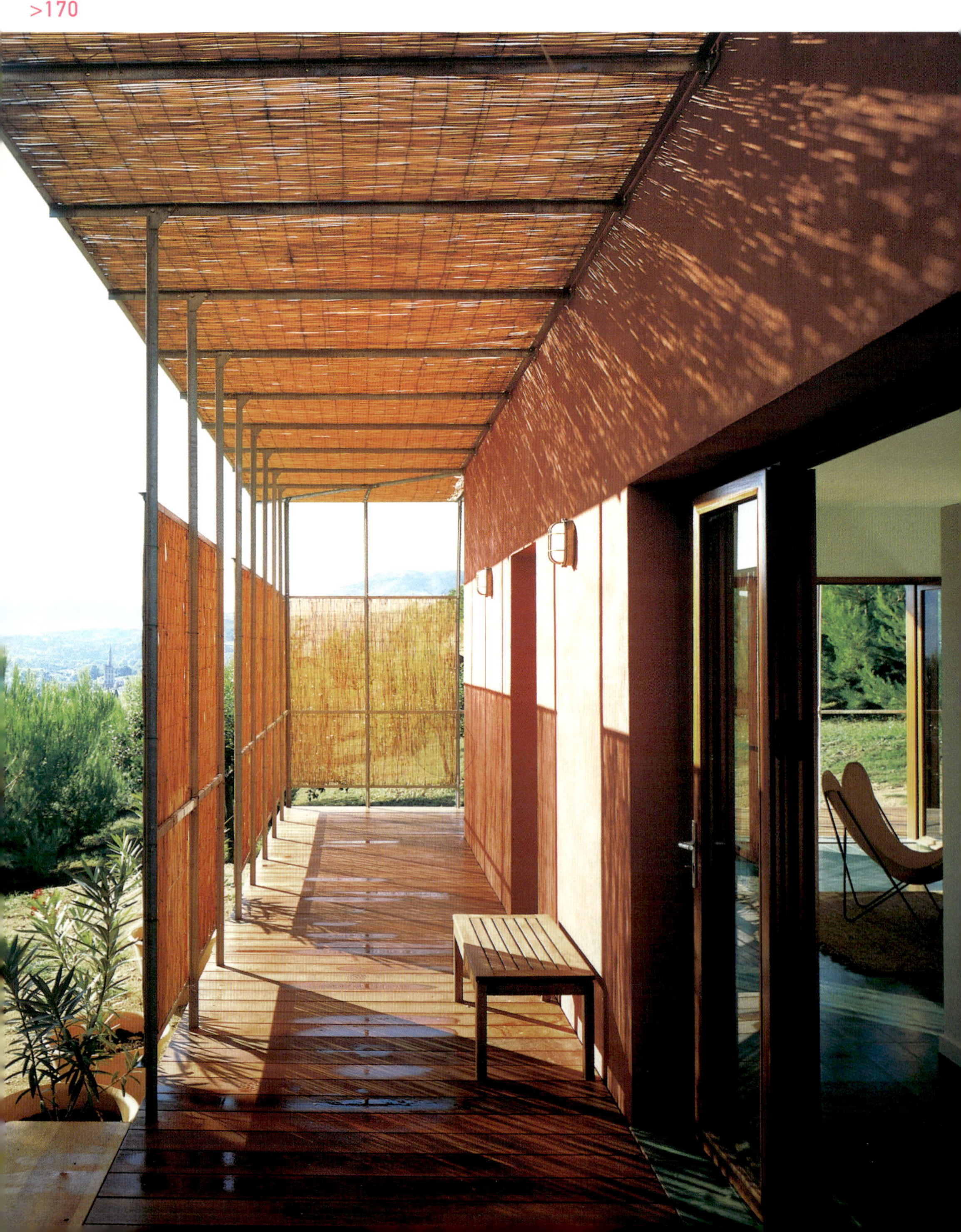

en plein territoire agricole ce sont les « hangars »
pour Total Énergie, ou plus récemment,
dans une friche industrielle au bord du Rhône,
le laboratoire d'Oullins qui en utilisant la brique
évoque la mémoire des constructions
industrielles du XIXe siècle.
Nous avons également conçu des projets
résolument ouverts, parce qu'il ne s'agit pas

de faire des bunkers, des forteresses,
en ignorant ce qui est à l'extérieur, mais
au contraire de donner au nouveau bâtiment
une image de disponibilité, de générosité,
de confiance. Comme souvent l'environnement
se compose de friches, voie ferrée ou lointaine
rocade, nous proposons notre propre paysage
en créant au cœur même du projet des espaces

We've also designed some resolutely open projects because we don't want to create bunkers or fortresses, totally impervious to the outside; on the contrary, we want to invest the new building with an image of openness, generosity and confidence. As the environment often consists of industrial wastelands, of railway tracks, or of highway by-passes, we design our own landscape by creating, in the very heart of the project, exterior spaces, openings, and gardens, which organize the buildings among themselves, creating an interior landscape from which the building opens out to generate multiple "reciprocal perspectives", as if they were looking at each other. There are always two possible points

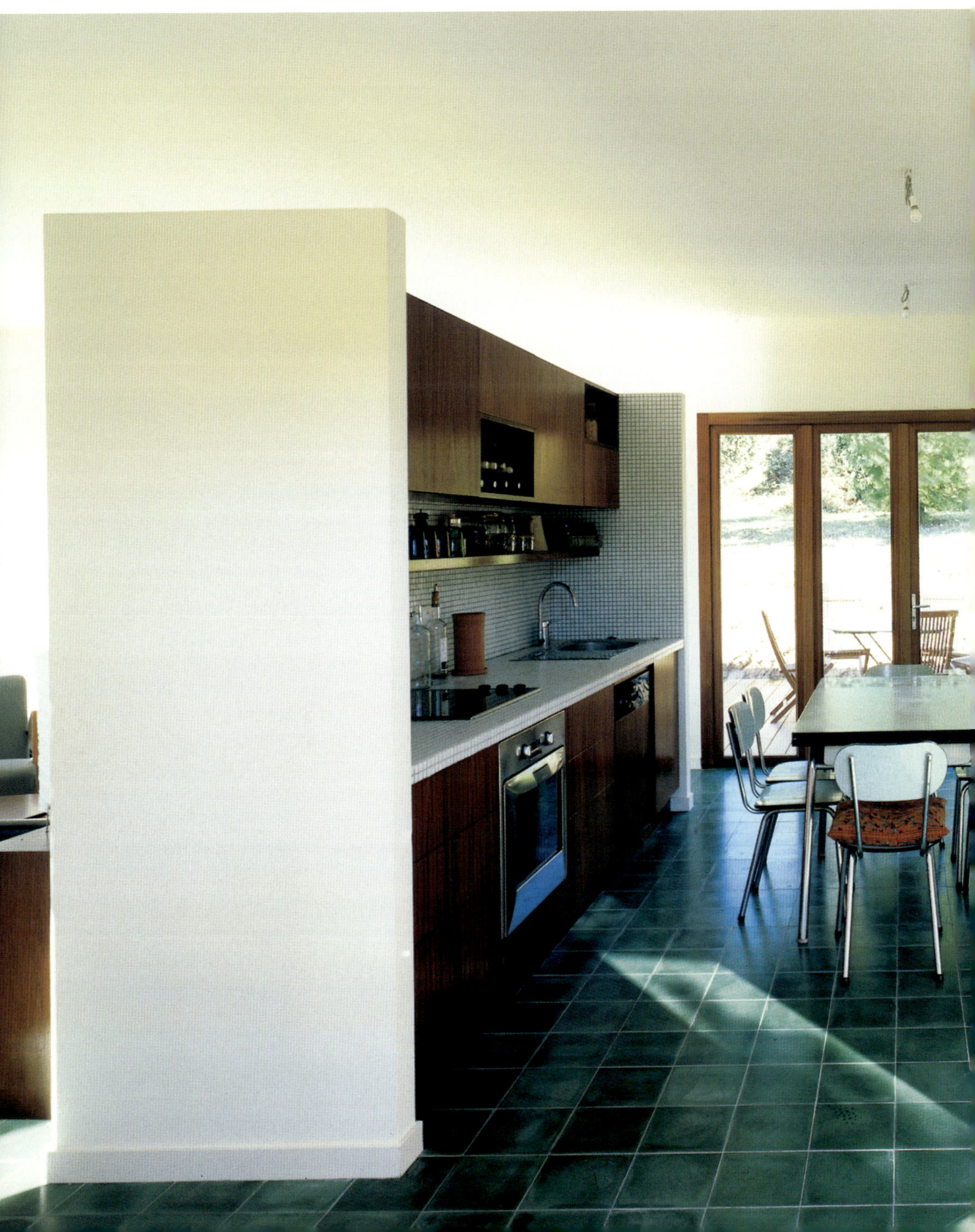

extérieurs, des vides, des jardins qui articulent des corps de bâtiments entre eux et forment un paysage intérieur à partir duquel le bâtiment s'ouvre pour générer de multiples «vues réciproques» comme s'il se regardait.
On a toujours deux regards possibles, celui sur le territoire changeant alentour, et en contrepoint celui sur le bâtiment lui-même et sur un paysage intérieur apaisé. Cette idée de se protéger et en même temps de s'ouvrir sur le monde me paraît aussi correspondre à la nature des lieux de travail et des lieux de recherche.
Le paysage de la métropole est composé de multiples objets – architectures, constructions techniques, infrastructures, réseaux – qui se juxtaposent sans ordre apparent. Ce paysage

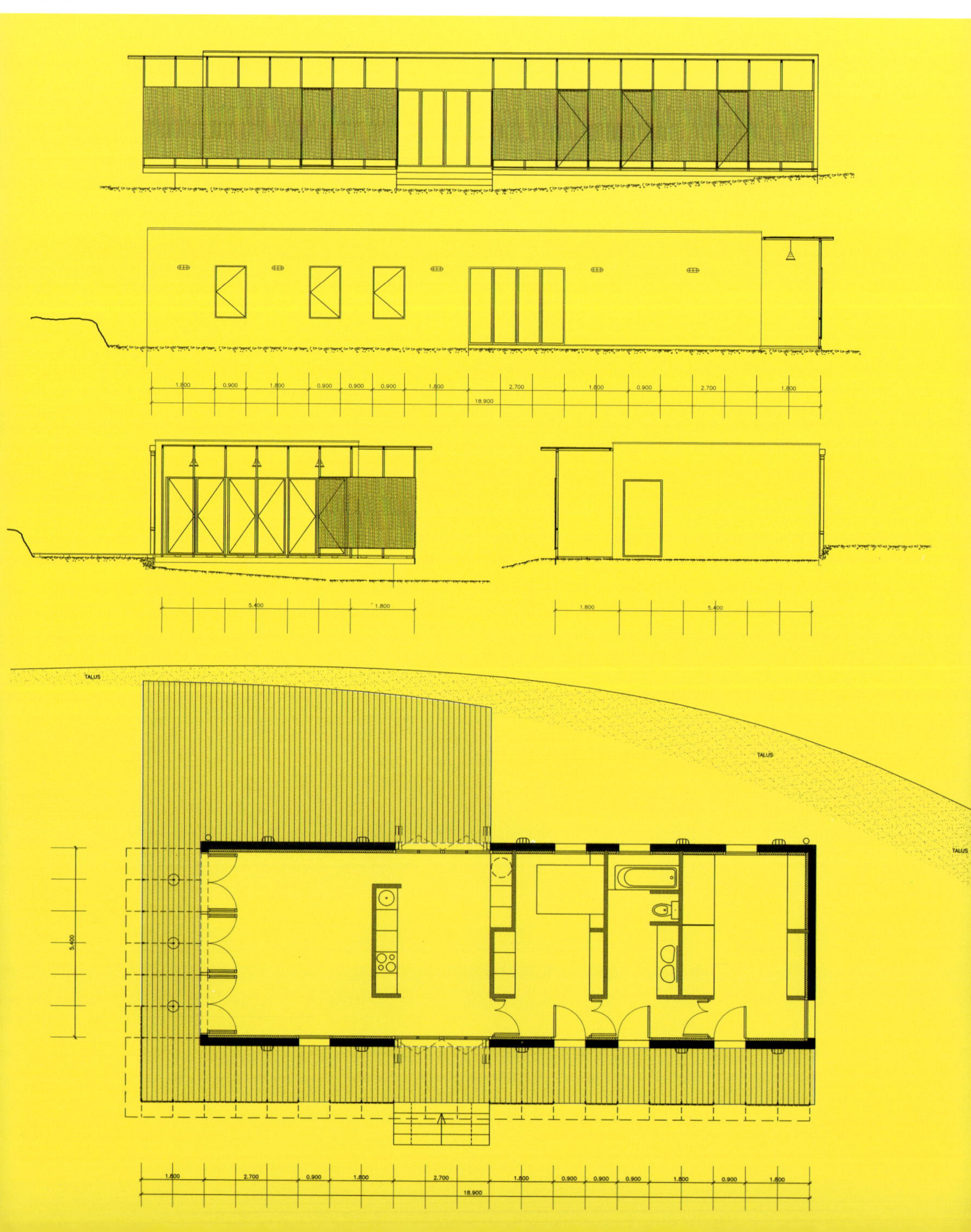

of view, the point of view towards the changing surrounding landscape; and, in counterpoint, the point of view towards the building itself and towards its interior and peaceful landscape. This idea of protecting oneself but at the same time opening oneself to the world seems to me to correspond to the nature of workplaces and research centres.

The urban landscape is composed of multiple objects – architectural structures, technical structures, infrastructures, and networks – all of them juxtaposed without any apparent order. And yet this rapidly changing landscape without an obvious, legible structure, is not chaotic. It is a landscape that functions perfectly and its beauty needs to be revealed.

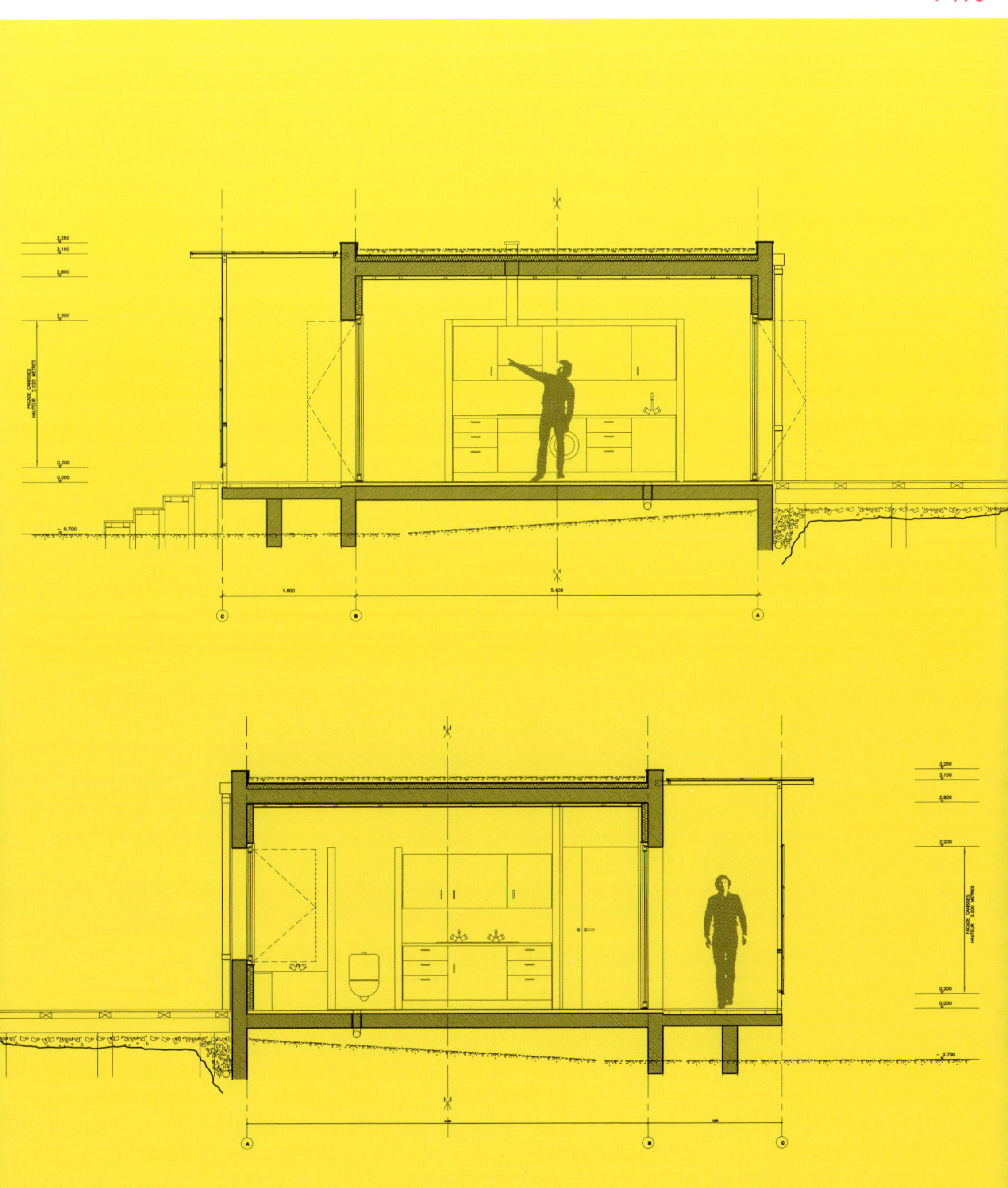

qui se transforme rapidement et sans structure lisible n'est cependant pas un chaos.
C'est un paysage qui fonctionne parfaitement et dont il s'agit de révéler la beauté. C'est même déjà une vieille histoire : Sigfried Giedion en 1928 met le pont transbordeur de Marseille en couverture de *Bauen in Frankreich*. Il déclare dans ce livre, radical et lucide, qu'il paraît peu probable que l'architecture, concept limité en soi, puisse se maintenir. Selon lui, nous nous sentons incapables de proposer une réponse satisfaisante aux questions suivantes : qu'est-ce qui fait partie de l'architecture, où commence-t-elle et où finit-elle ? C'est pourquoi, pour lui, nous n'avons nul besoin d'un style ni d'un mode de construction qui nous appartiennent en propre, car « la création est

> INRIA LABORATORIES
> LABORATOIRES DE L'INRIA

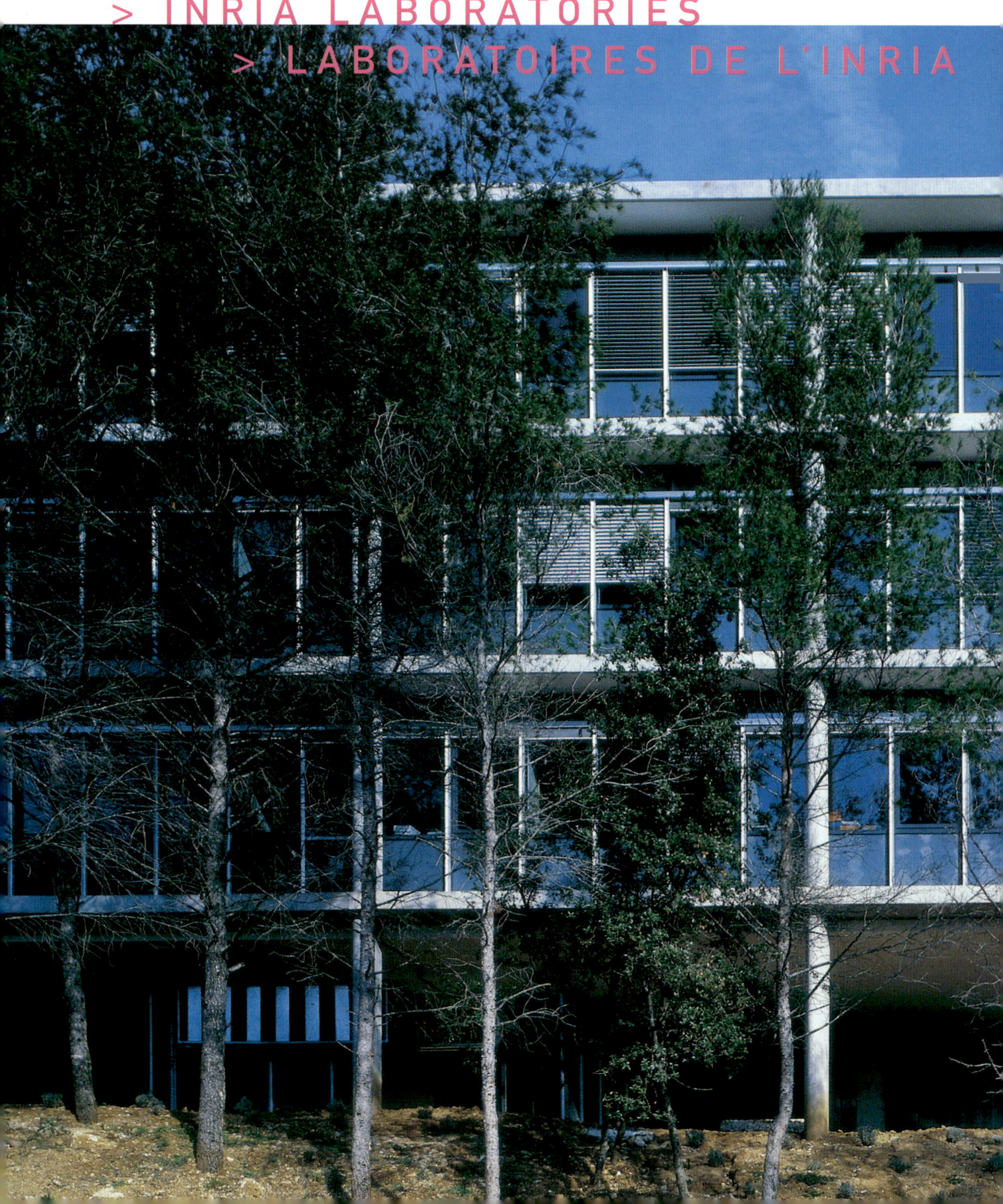

This is already an old story. In 1928 Sigfried Giedion put Marseille's transporter bridge on the cover of his *Bauen in Frankreich*. In this radical, lucid book, he declares that it is not very probable that "architecture", a limited concept in itself, will survive. According to him, we feel incapable of proposing a satisfying answer to the following questions: what is architectural and what isn't; where does architecture begin and where does it end? For this reason, as Giedion suggested, we really don't need a style or even a building method that is exclusive to us because creation is a community affair, a fluid transition of things[7].

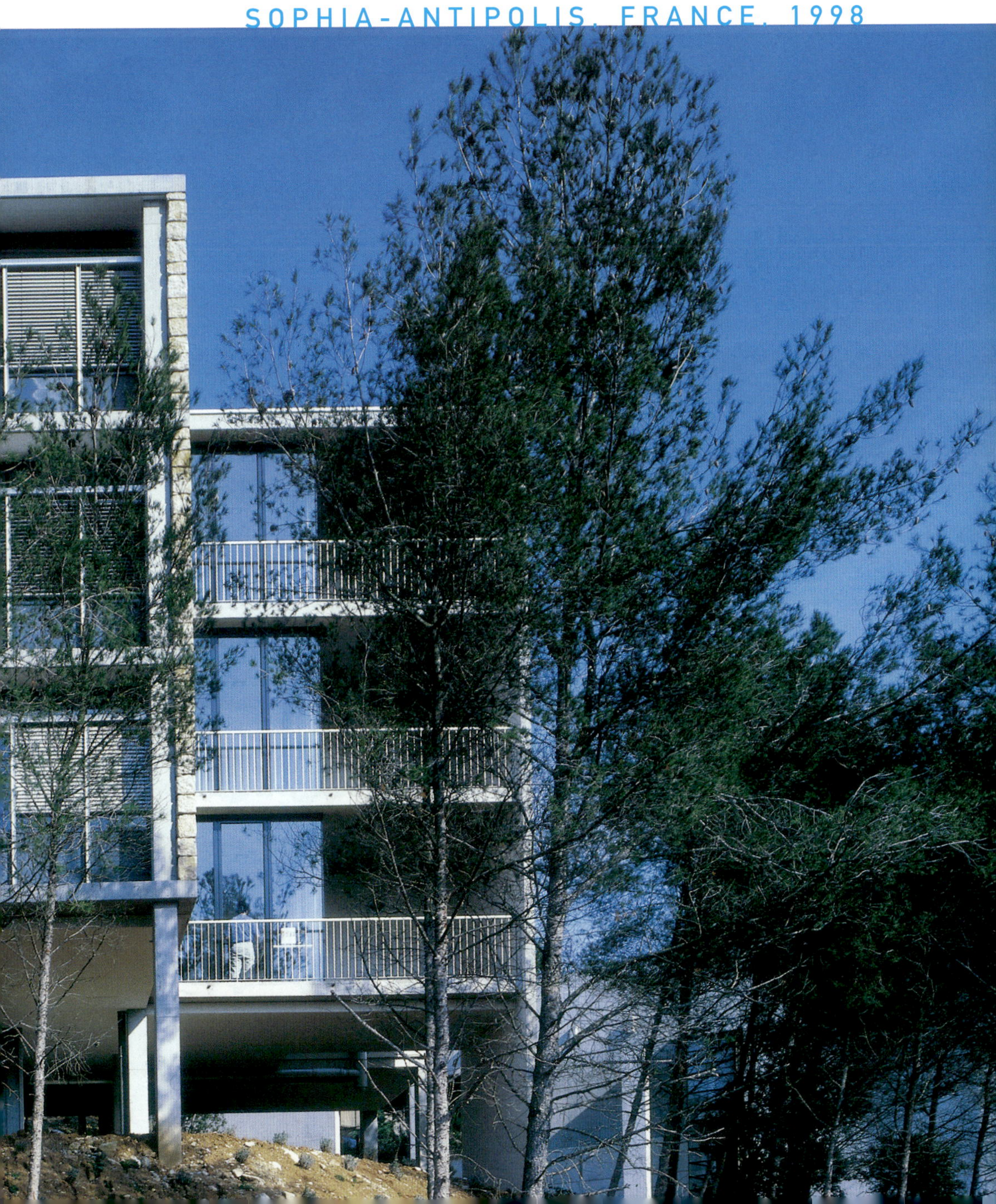

affaire de communauté, une transition fluide
des choses ».[7]

Le danger n'est-il pas à un moment donné
de se faire le complice d'un chaos qui est aussi
ressenti, à juste titre, par des millions d'individus
comme une forme de violence ? On pourrait
reprocher à cette attitude qu'il est plus facile

de chanter la beauté des bidonvilles de Lagos
depuis une boutique Prada à Broadway que pieds
nus dans sa décharge.

Il ne faut pas sous prétexte d'exotisme esthétiser
la misère. Le cynisme est effectivement de
s'extasier sur des bidonvilles dans des pays
où ces logements sont vécus d'abord comme

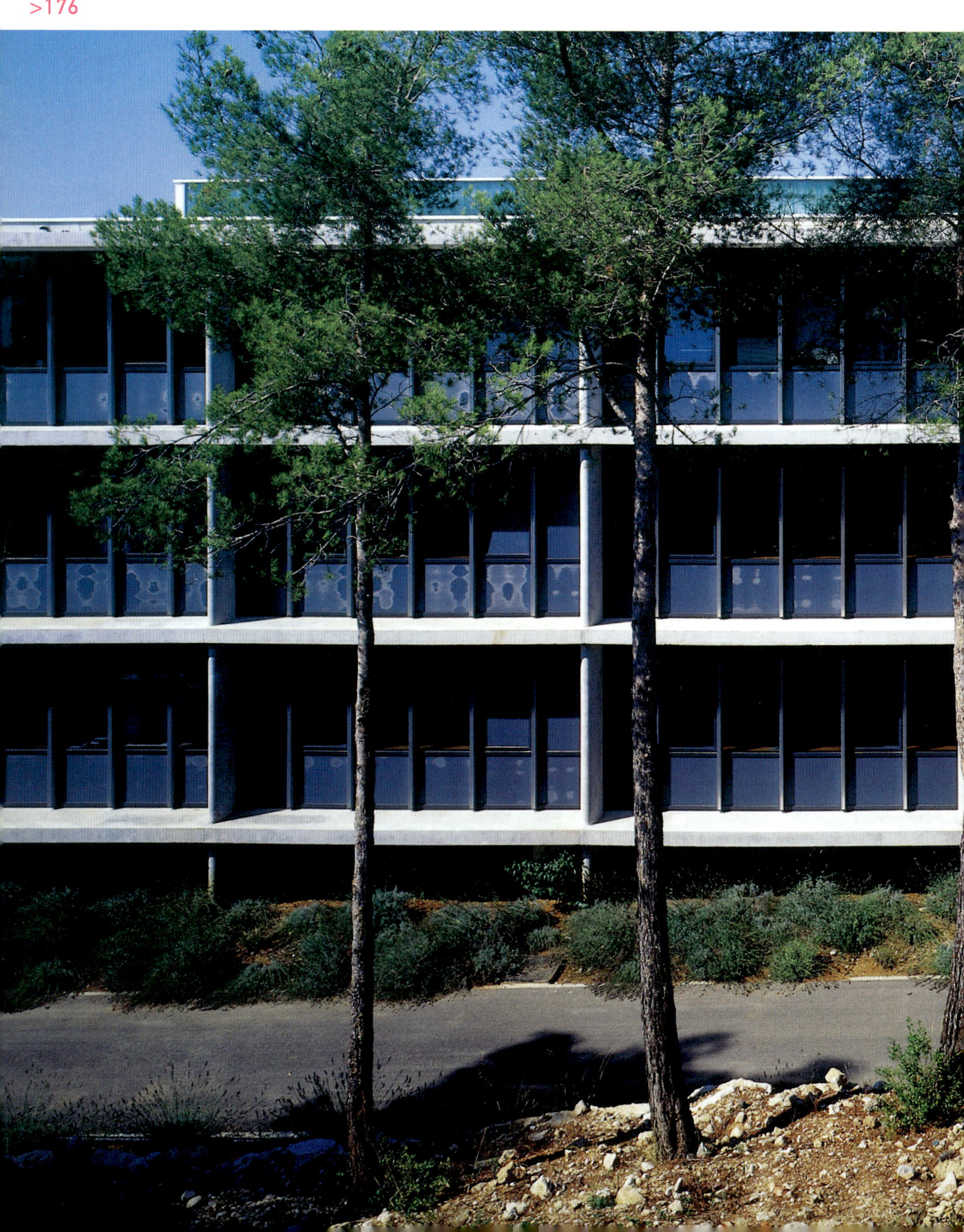

We must not use the pretext of exoticism
to beautify poverty. It's truly cynical to go
into ecstasy over slums in countries where
such living conditions are above all experienced
as suffering. That's not at all my attitude.
As you know, the models of popular architecture
that inspired me are references such as the
cabins in Gruissan, which I featured in a show

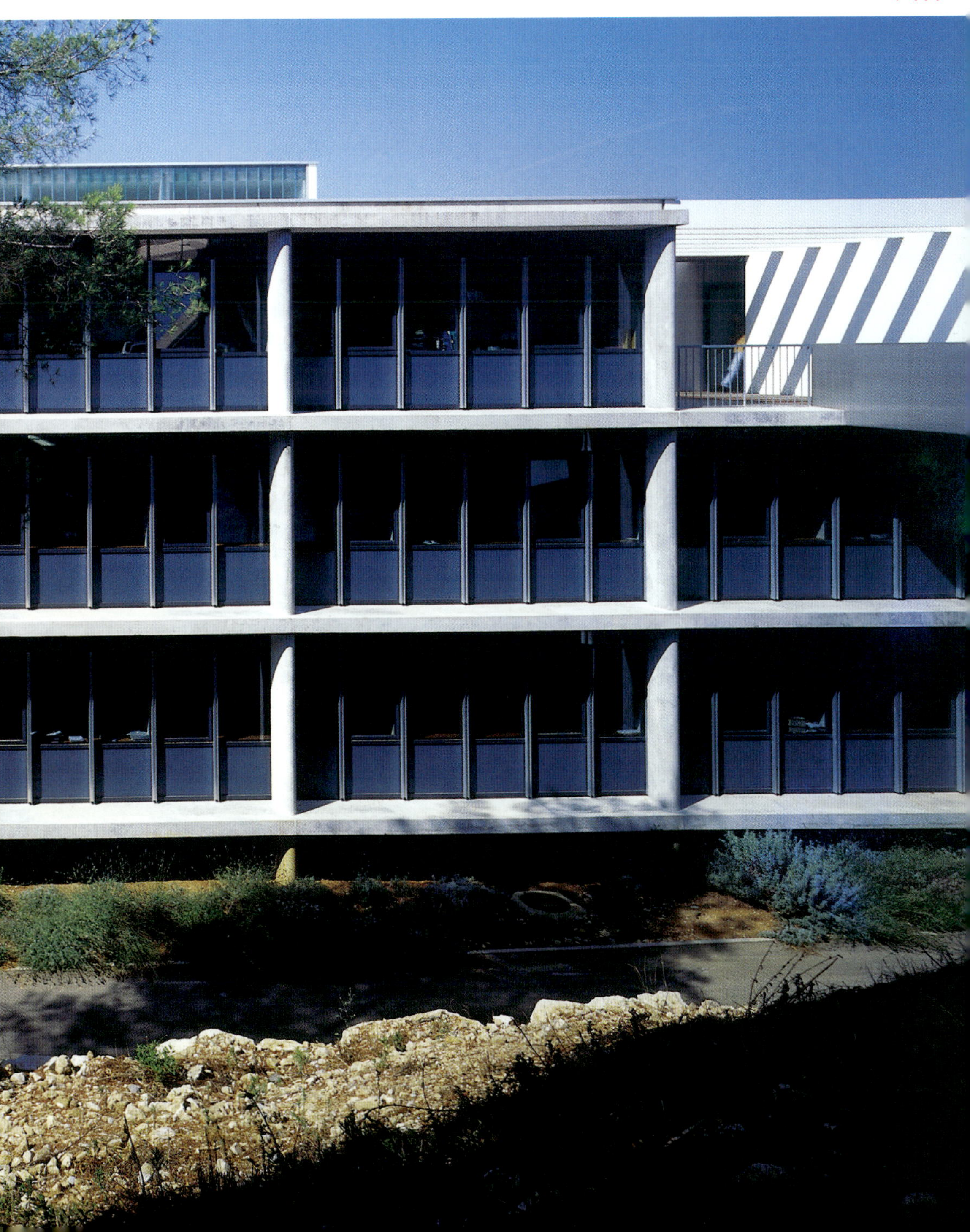

des souffrances. J'en suis complètement éloigné ;
comme vous le savez, les modèles d'architecture
populaires qui m'ont inspiré sont des références
telles que les cabanes de Gruissan sur lesquelles
j'avais réalisé une exposition à l'IFA[8] et dont
je connais le contexte heureux du site :
un village de vacances, et non pas un bidonville.

Je pense que le rôle de l'architecte n'est pas
seulement d'accompagner la réalité, mais,
comme tout art, de lui donner un aspect nouveau,
de façon à ce que les gens y portent un autre
regard. Dans mon travail, quand j'emploie
un matériau du catalogue qu'on peut retrouver
à l'identique dans une station service ou dans
un supermarché, je crois que je réponds

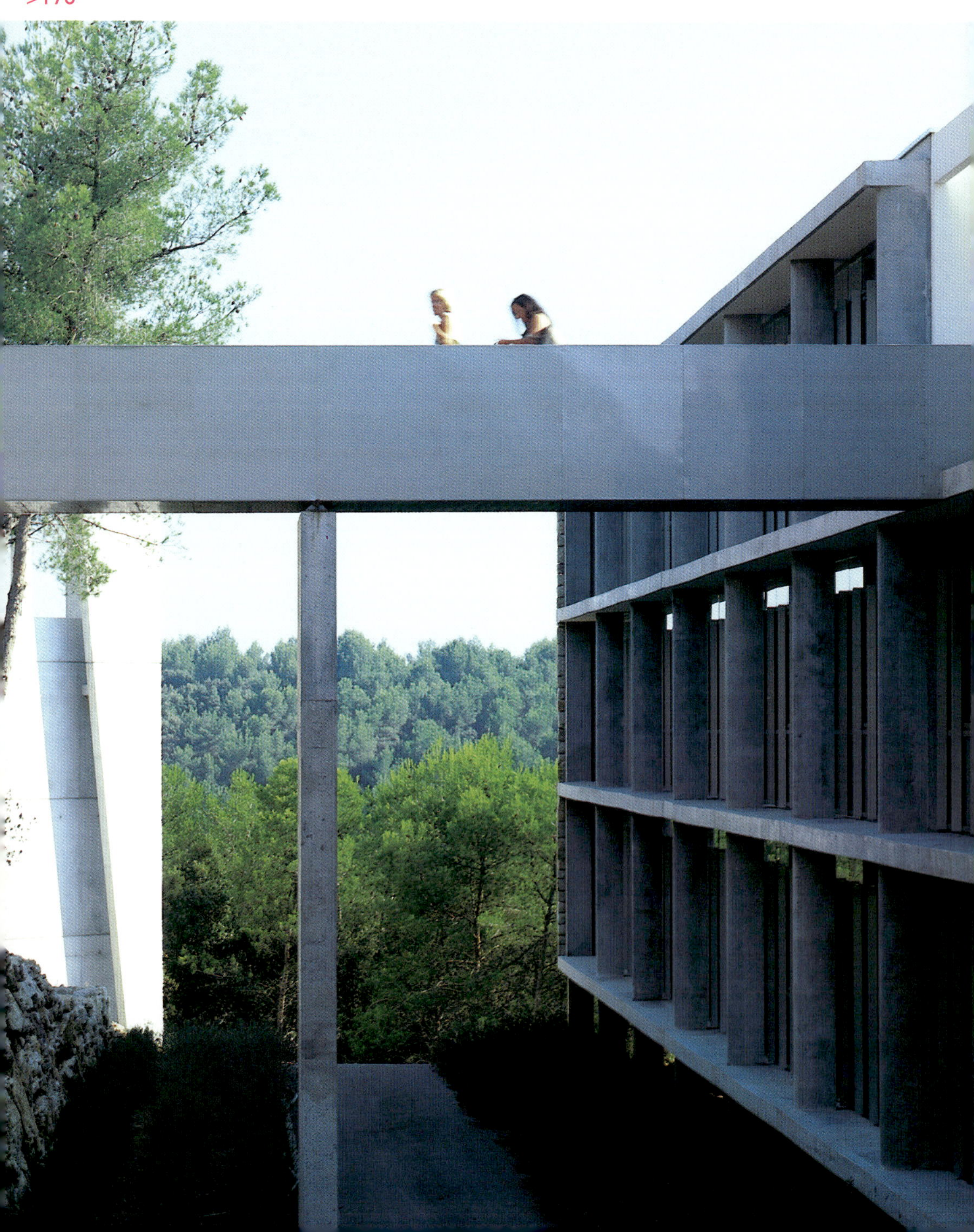

at the IFA[8]. I'm familiar with the pleasant context of the site: it's a vacation village, not a slum.

I think that the role of the architect is not merely to accompany reality; instead, as in all the arts, it is to give reality a new appearance so that people learn to look at it in a new way.

In my work, when I use materials out of an industrial catalogue, the same materials you can find in the construction of a gas station or a supermarket, I think that I fulfil that role. Culture also means educating perception. Every creator has a role as a 'ferryman': to not consider such and such a reality as merely violent or chaotic, but to seize upon

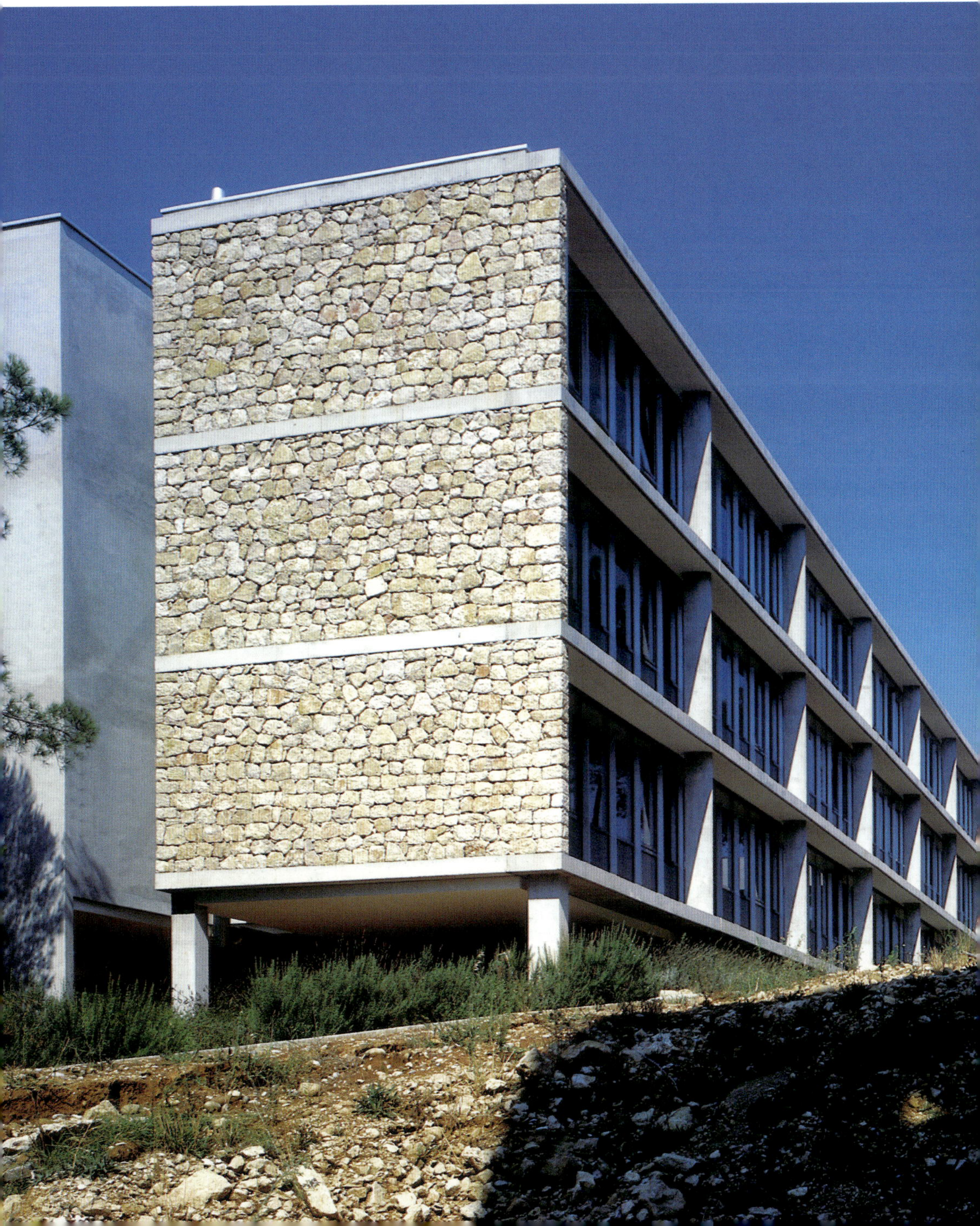

à ce rôle. La culture sert aussi à former le regard.
Tout concepteur a un rôle de passeur qui n'est
pas de considérer telle quelle une réalité
chaotique ou violente, mais de la saisir comme
matière du projet et de lui donner un sens.

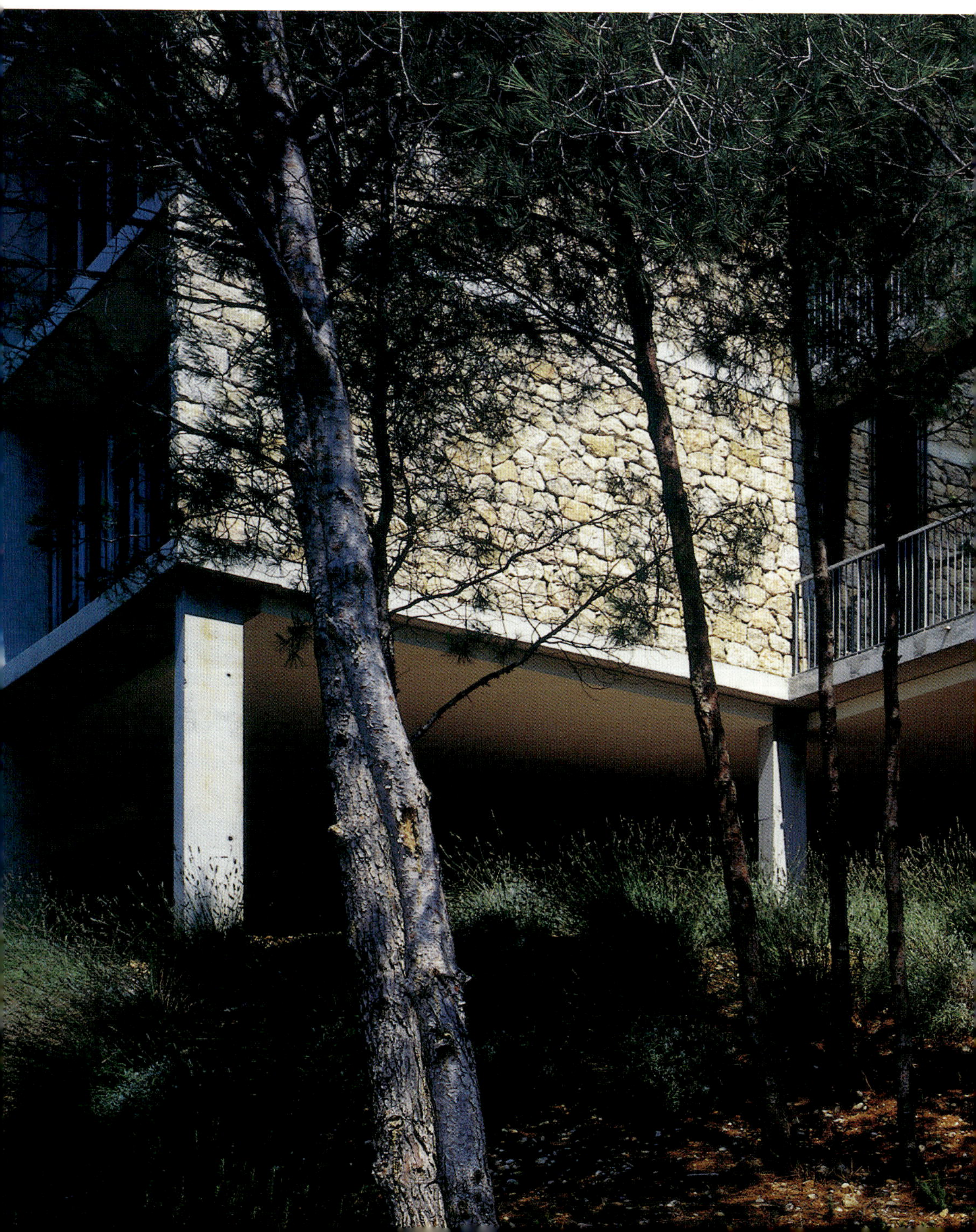

it as raw material for a project and give it meaning.

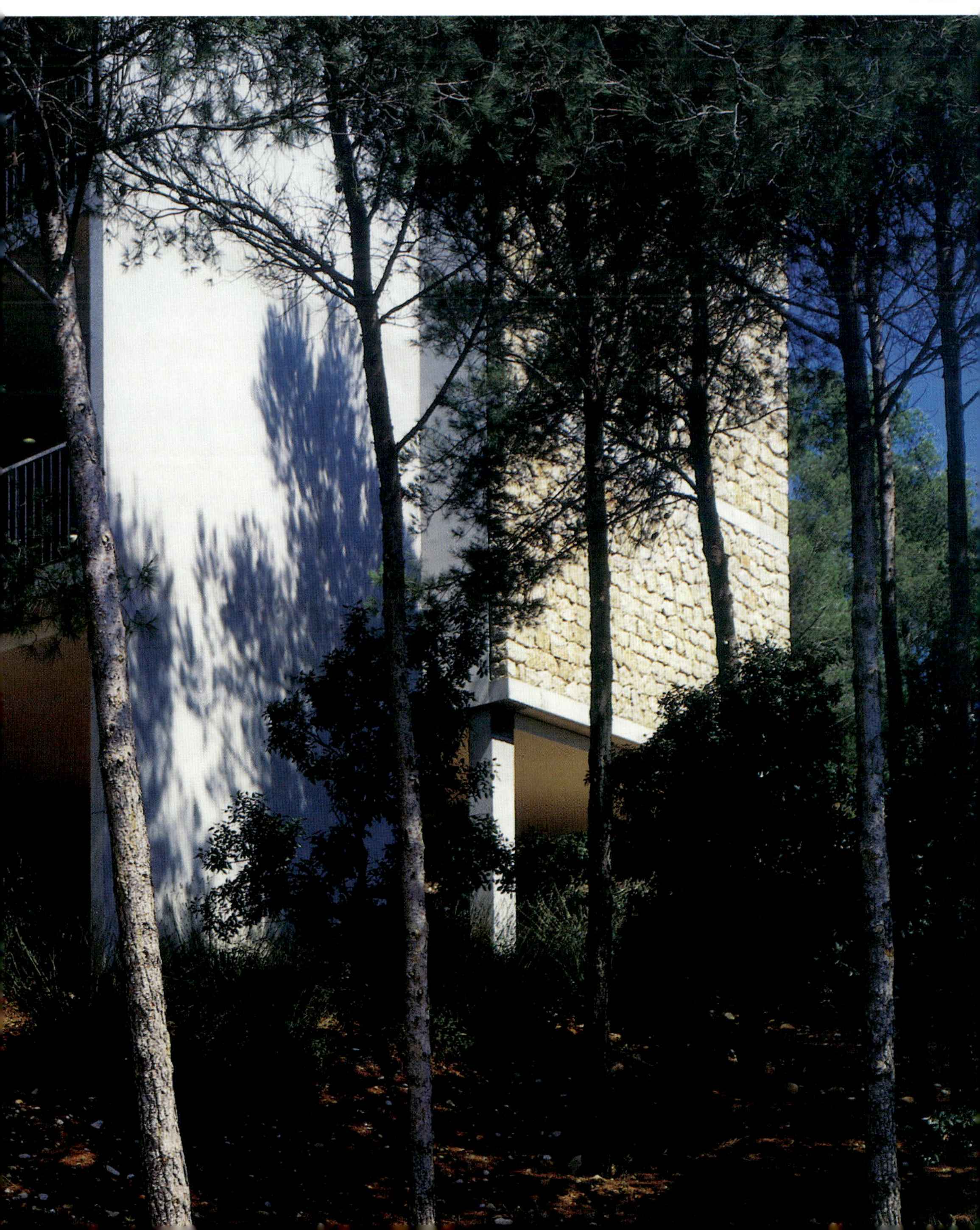

on observe au moins deux attitudes qui s'opposent. La première est celle d'une volonté de retour à un passé fantasmé (c'est la croisade du prince Charles). L'autre à l'inverse est celle d'une fuite en avant dans une croyance illimitée dans le progrès technique et la révolution des formes pour transformer le monde, remplacer un univers obsolète par un autre plus performant ; c'est l'utopie, sincère ou non, des avant-gardes qui condamnent la réalité d'aujourd'hui et nous promettent un futur radieux pourvu que nous leur en donnions la maîtrise.

Les gens ne veulent jamais le monde tel qu'il est, mais toujours tel qu'il était ou tel qu'il sera, or il me semble que vous justement, vous dîtes : « Regardons autour de nous les choses telles

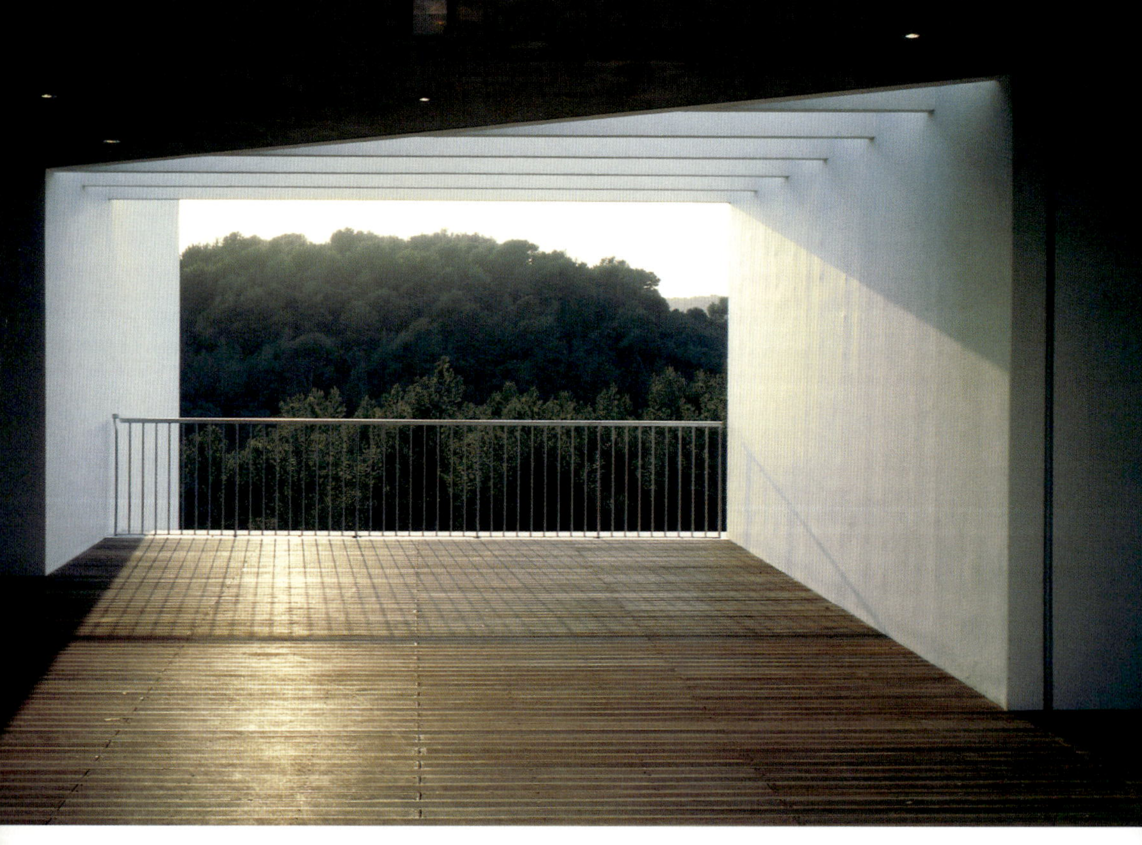

belief in technical progress and in the revolutionary power of forms to transform the world; to replace an obsolete universe with another more efficient universe. It's the utopia, sincere or not, of the avant-gardes who condemn today's reality and promise a radiant future if only we give them mastery over that future.

People never want the world as it is, but always as it was or as it will be; now it seems to me that you are saying: let's look around us at the things such as they are today, even the most humble, and let's see what we can do with them. It's not a question of reproducing them, but of transforming them based on the elements of which they are composed

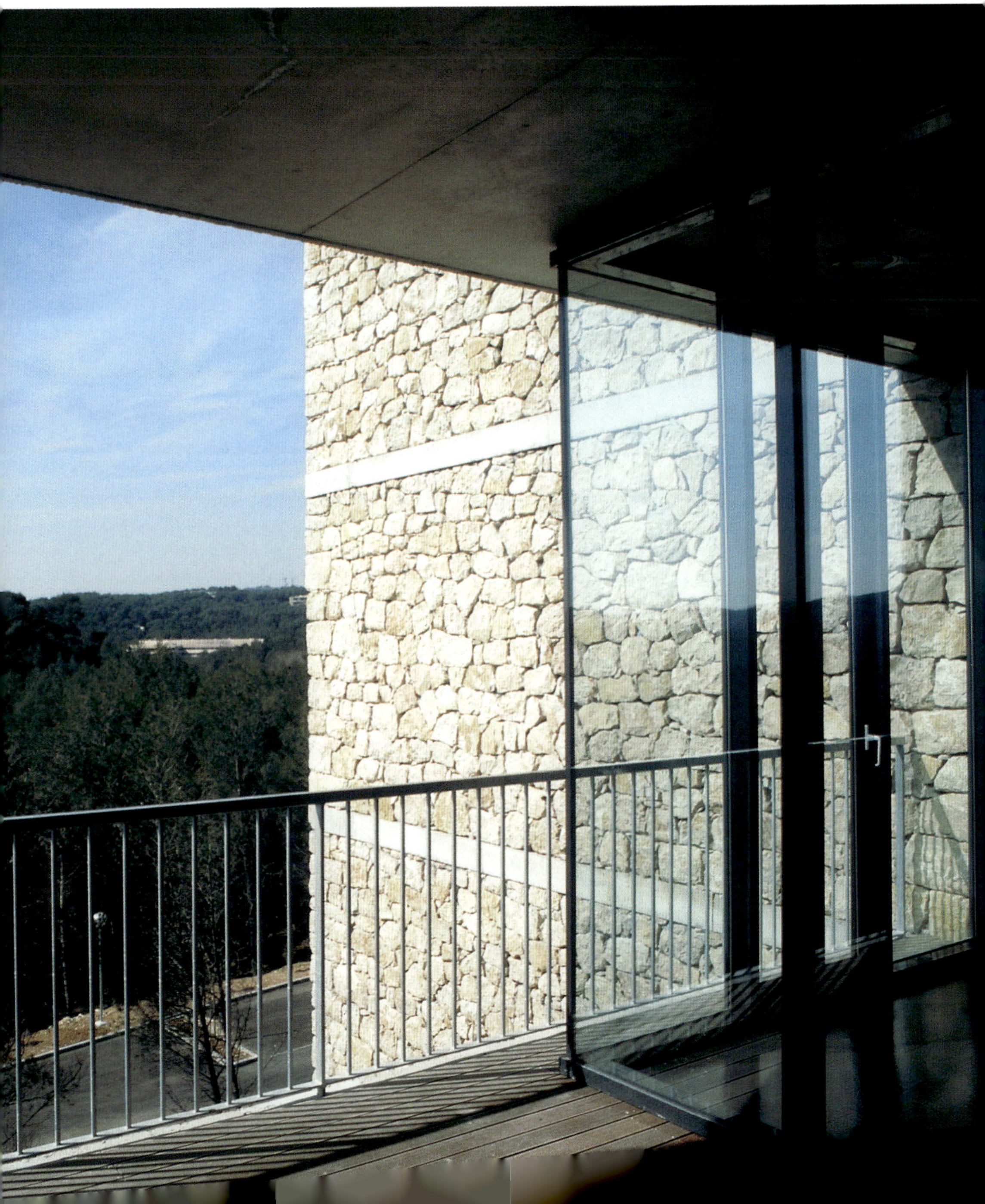

Le premier livre d'architecture que j'ai lu est
Intimité et vie communautaire de
Christopher Alexander et de Serge Chermayeff[9],
un ouvrage phare de la pensée des années 60.
Après bien des années, je me rends compte
de l'influence de ce livre qui ne dissocie
pas les questions de l'architecture de celles
de la société. Tout projet d'architecture est

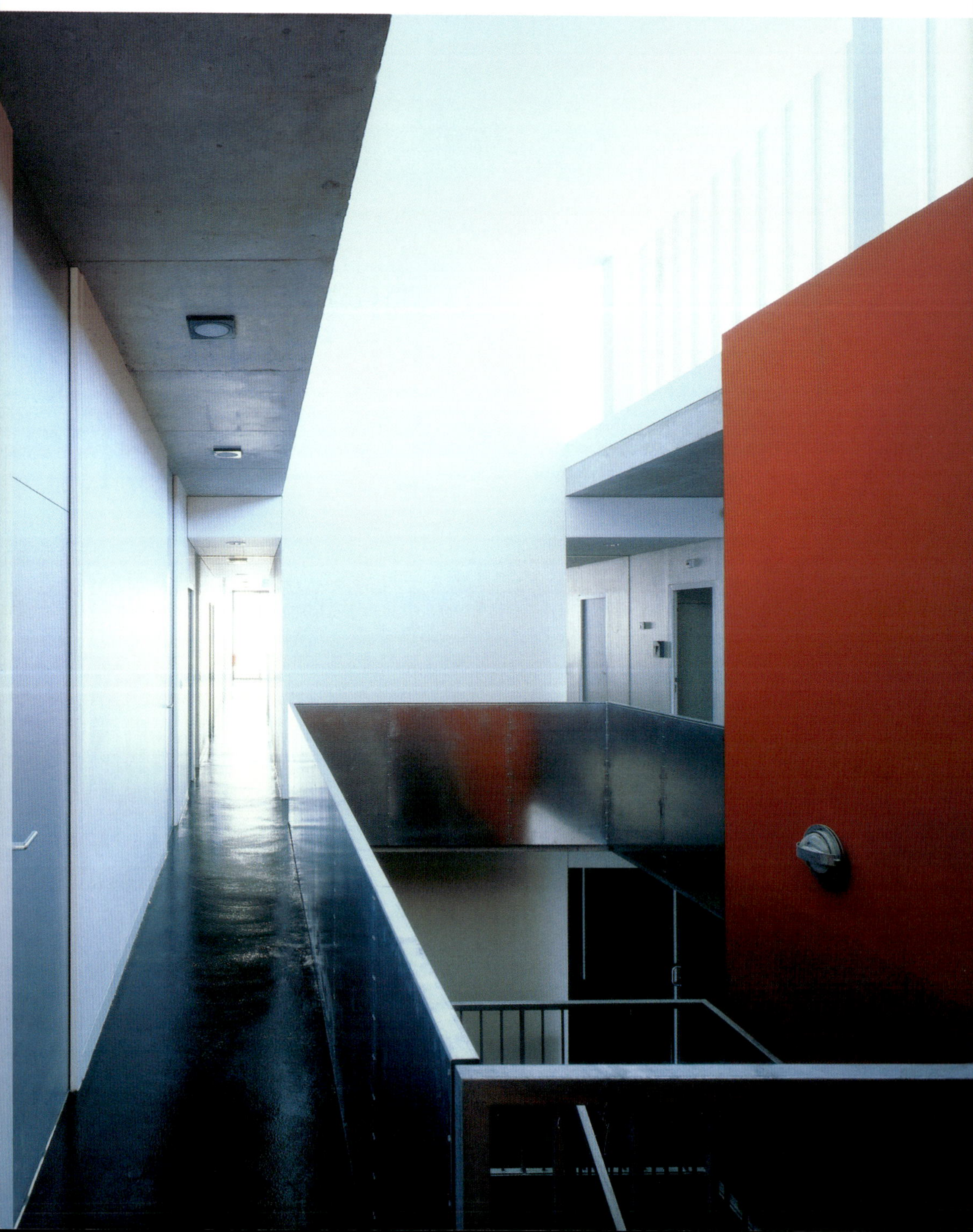

The first book of architecture I read was
*Community and Privacy: towards a new
architecture of Humanism* by Christopher

Alexander and Serge Chermayeff[9], a book that
was a guiding light in the 1960s. Many years
later, I realize what the influence of this book
has been; it does not separate questions of
architecture from questions of society.
Every architectural project is a critique of how
society functions.
As for me, my first reflex is to go and look

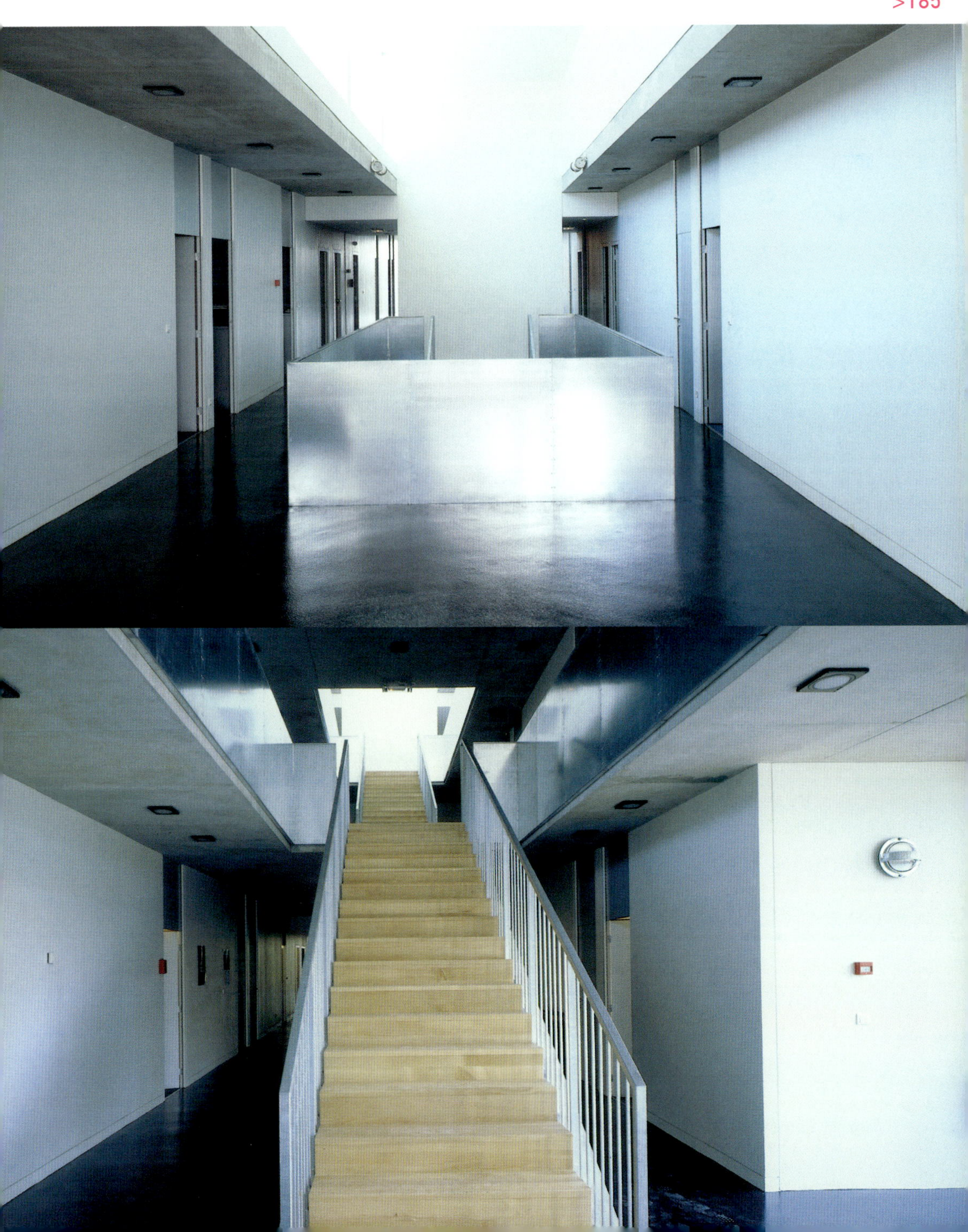

une proposition critique sur le fonctionnement de celle-ci.

En ce qui me concerne, mon premier réflexe est d'aller toujours chercher ce qui est bien au beau milieu de ce qui est mal vu ou mal perçu. Cet état d'esprit me conduit à proposer des solutions nouvelles qui accompagnent ou révèlent des qualités ou des possibilités déjà existantes. L'architecture n'est pas une rupture. Le monde dans lequel nous intervenons est finalement assez monolithique, imposant, dur à transformer : un bâtiment peut paraître de peu de poids dans la société. Mais en essayant de comprendre le monde tel qu'il est, nous pouvons espérer en capter l'énergie et détecter

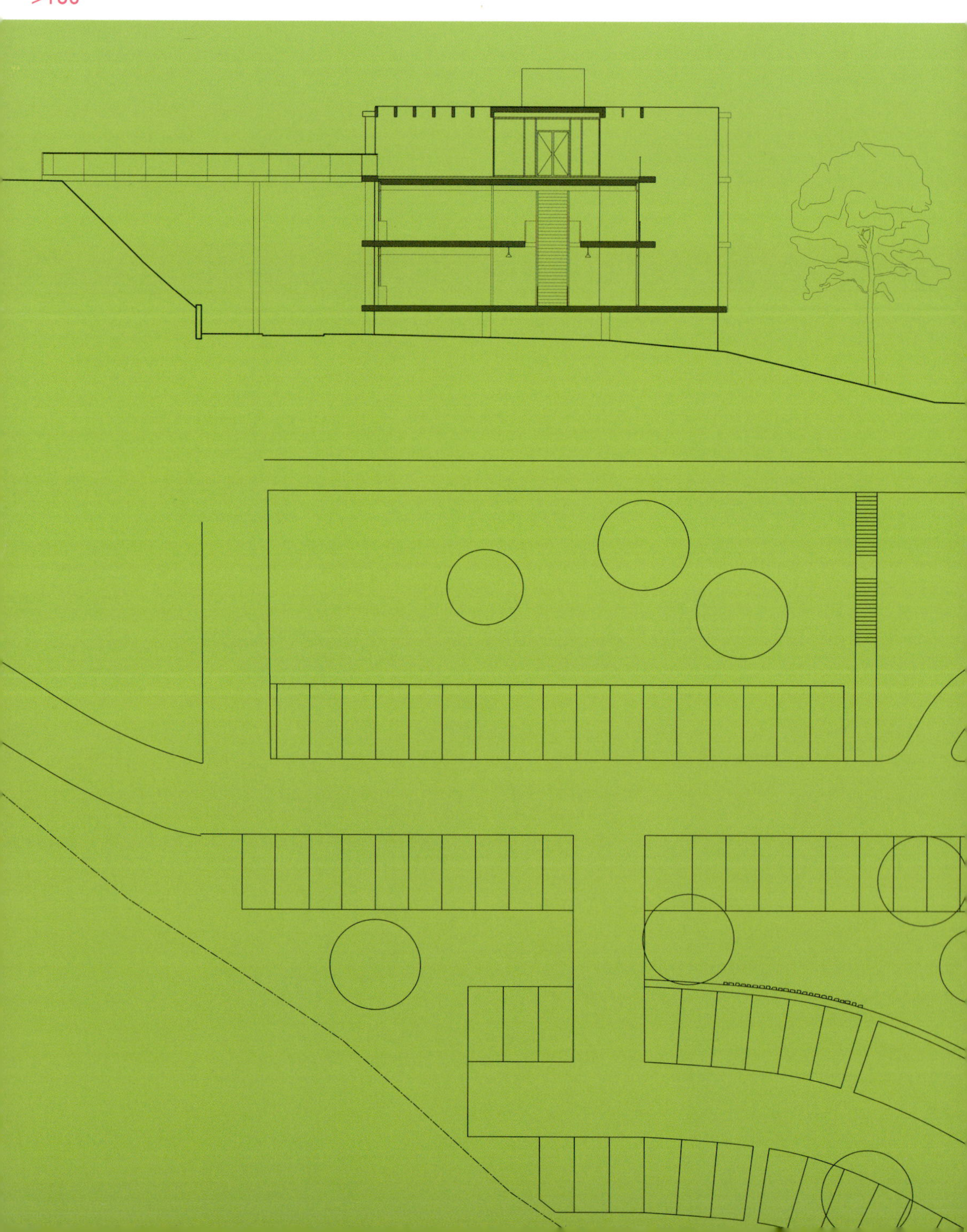

for what is good in the very centre of what is perceived as bad, or badly perceived. This attitude leads me to propose new solutions that accompany or reveal qualities or possibilities that already exist. Architecture isn't a break with the world. The world in which we intervene is, in the end, rather monolithic, imposing, and difficult to change: a building can seem of little consequence in society. But, by trying to understand the world as it is, we can hope to capture the energy of the world and detect possibilities that are, as it were, chinks in the world's armour. I think that this is the only way that a building, or a book, or a film, can have an impact on society… by entering into a relationship with reality.

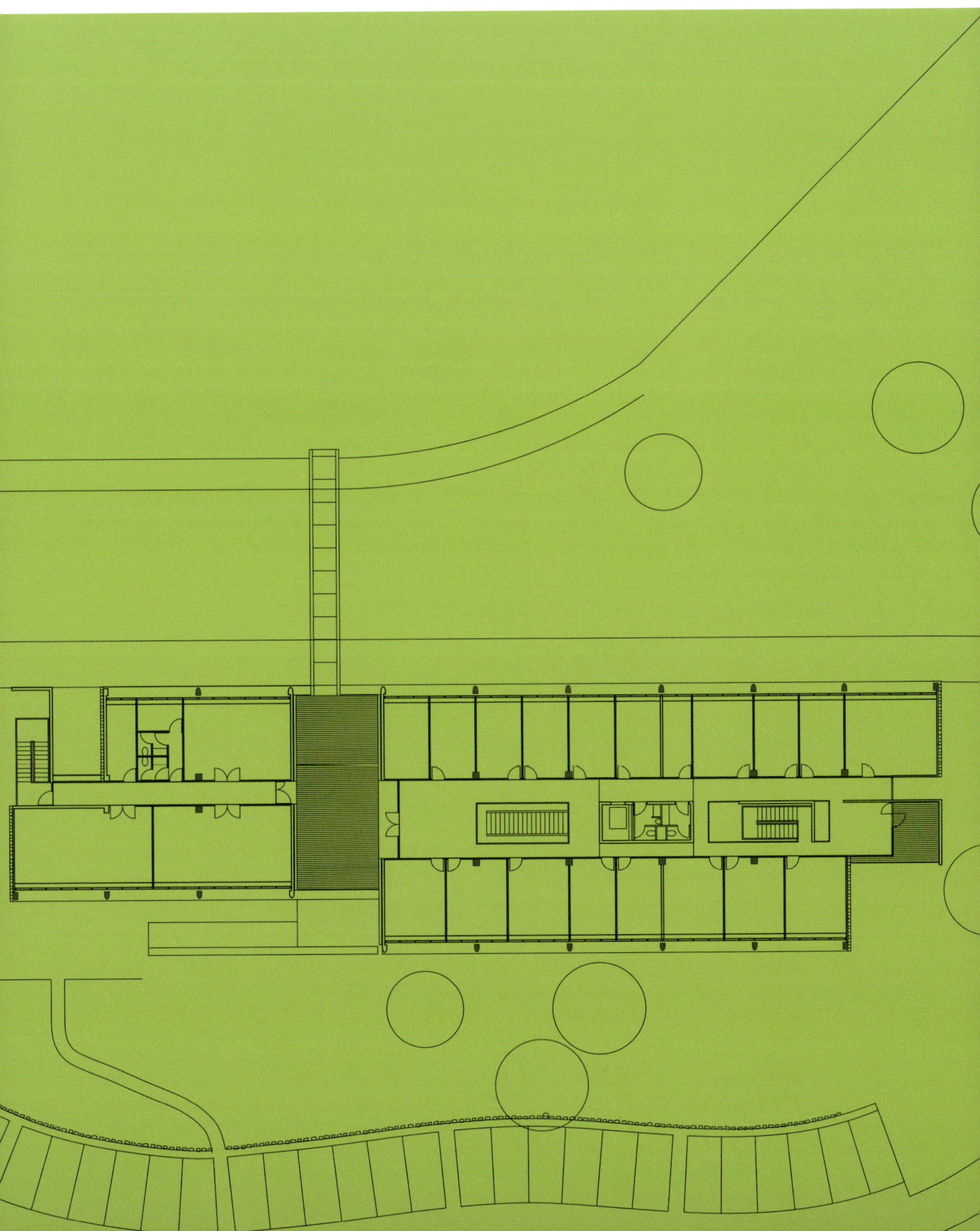

des potentialités qui sont comme des failles.
C'est je crois la seule façon possible pour
qu'un bâtiment, un livre ou un film aient un
impact sur la société… qu'il soit lui-même
dans un rapport au réel. Je pense que ce qui
est vraiment nécessaire, et risqué à la fois,
pour un créateur c'est de se situer au sein
de la société pour y être acteur.

Les projets de lieux de travail, comme l'immeuble
Philidor pour la RATP à Paris, sont pour vous
l'occasion concrète d'agir sur le réel.

Dans nos projets de lieux de travail nous nous
efforçons toujours de distinguer les espaces
tramés, c'est-à-dire ceux des bureaux, et ceux
plus singuliers qui rassemblent toutes les autres

> ISOMER LABORATORIES
> LABORATOIRES ISOMER

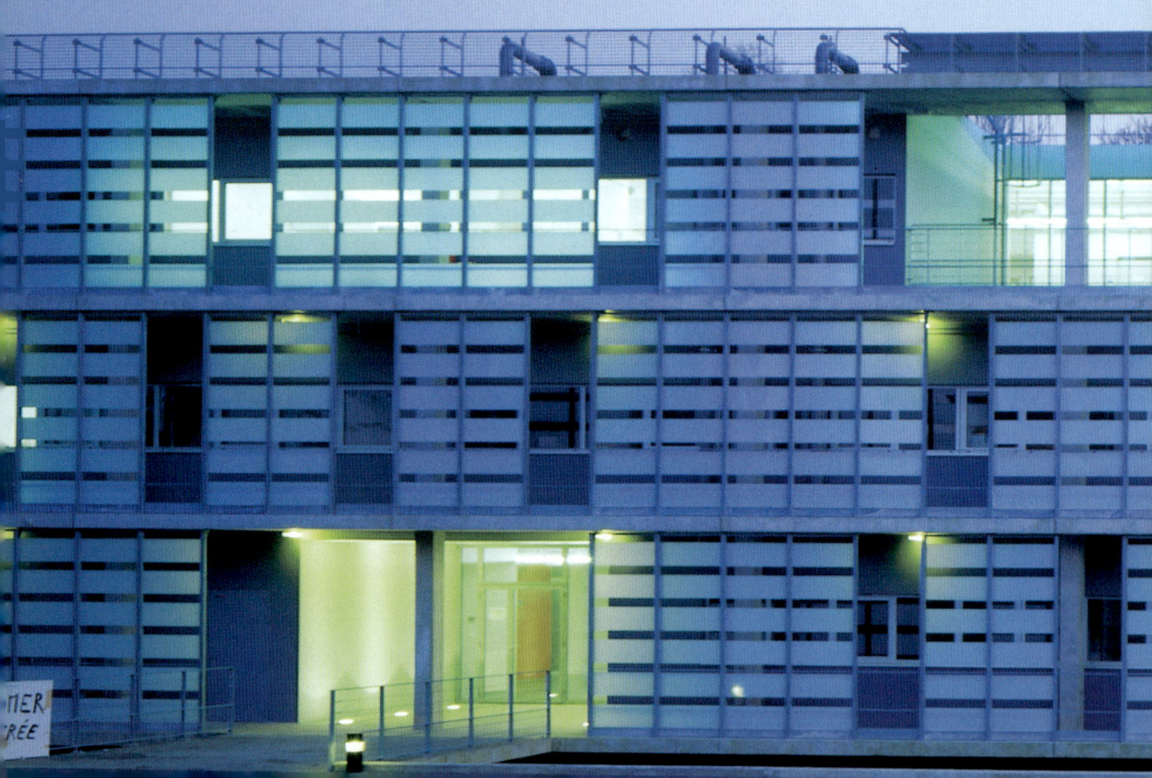

I think that what is really necessary, and risky, for a creator is to place him or herself within society so as to be an actor in society.

Projects on working environments, such as the Philidor Building for RATP in Paris, provide you with a specific opportunity for acting on reality.

In our projects that involve working environments, we always try to distinguish the separated spaces, that is to say, office spaces, from those that are more unified and that contain all the other functions of the building. Offices are particular to individuals, whether they work alone or in groups. The other spaces – corridors, conference

>189

NANTES, FRANCE, 1999

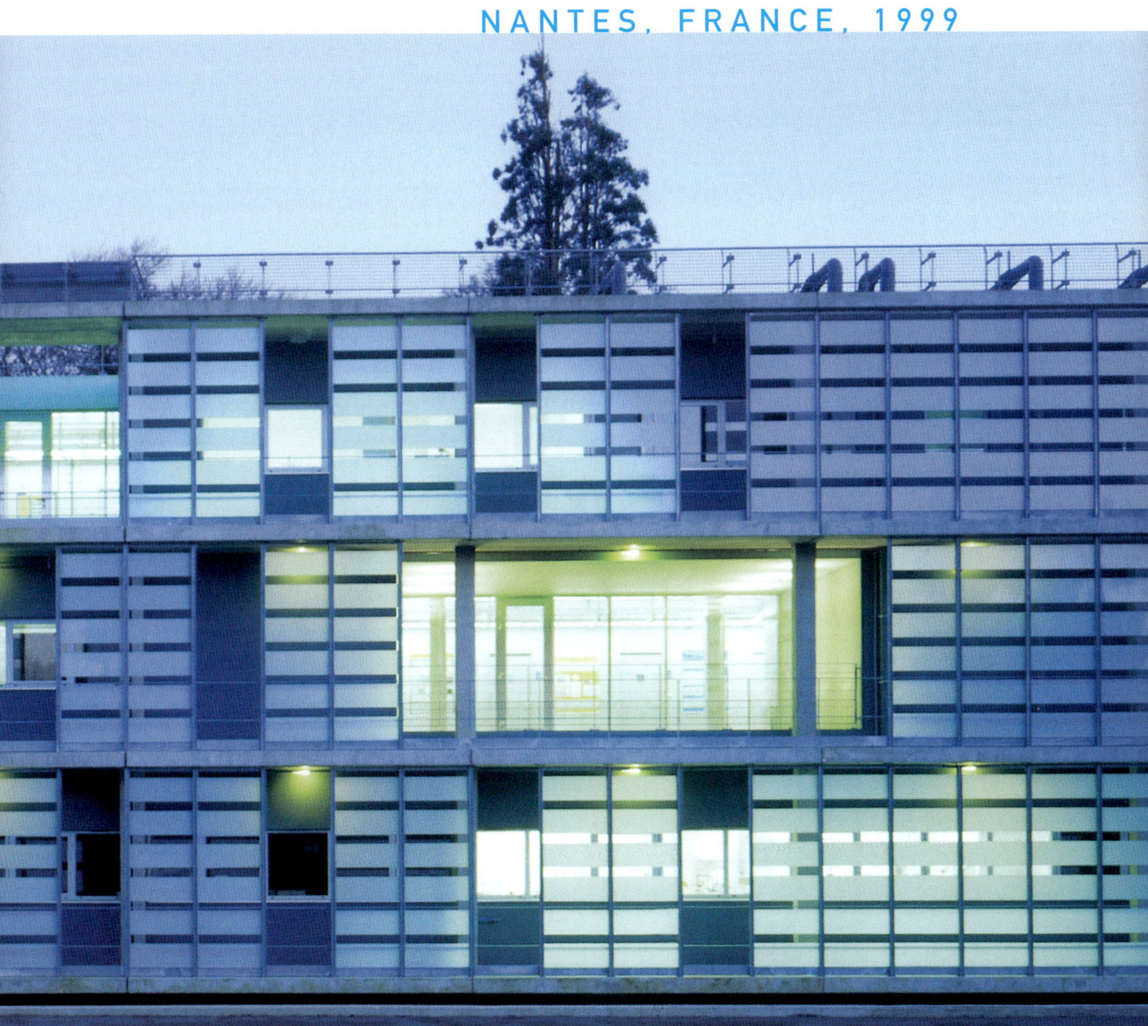

fonctions du bâtiment. Les bureaux sont propres à l'individu, qu'il y travaille seul ou à plusieurs ; les autres espaces – circulations, réunion, détente – appartiennent à la vie collective. L'espace du bureau est un lieu où l'on est fixe, les autres espaces renvoient au mouvement. Ainsi se recrée à l'intérieur même du bâtiment cette dialectique entre intimité et vie communautaire. Elle est d'ailleurs plus pertinente que la distinction entre les espaces de travail et de non-travail, sachant qu'on peut aussi bien rêver ou utiliser son ordinateur à des fins de loisirs dans son bureau, et faire avancer un dossier en discutant avec un collègue dans le couloir ou devant la machine à café. Nous essayons donc dans nos projets d'aborder

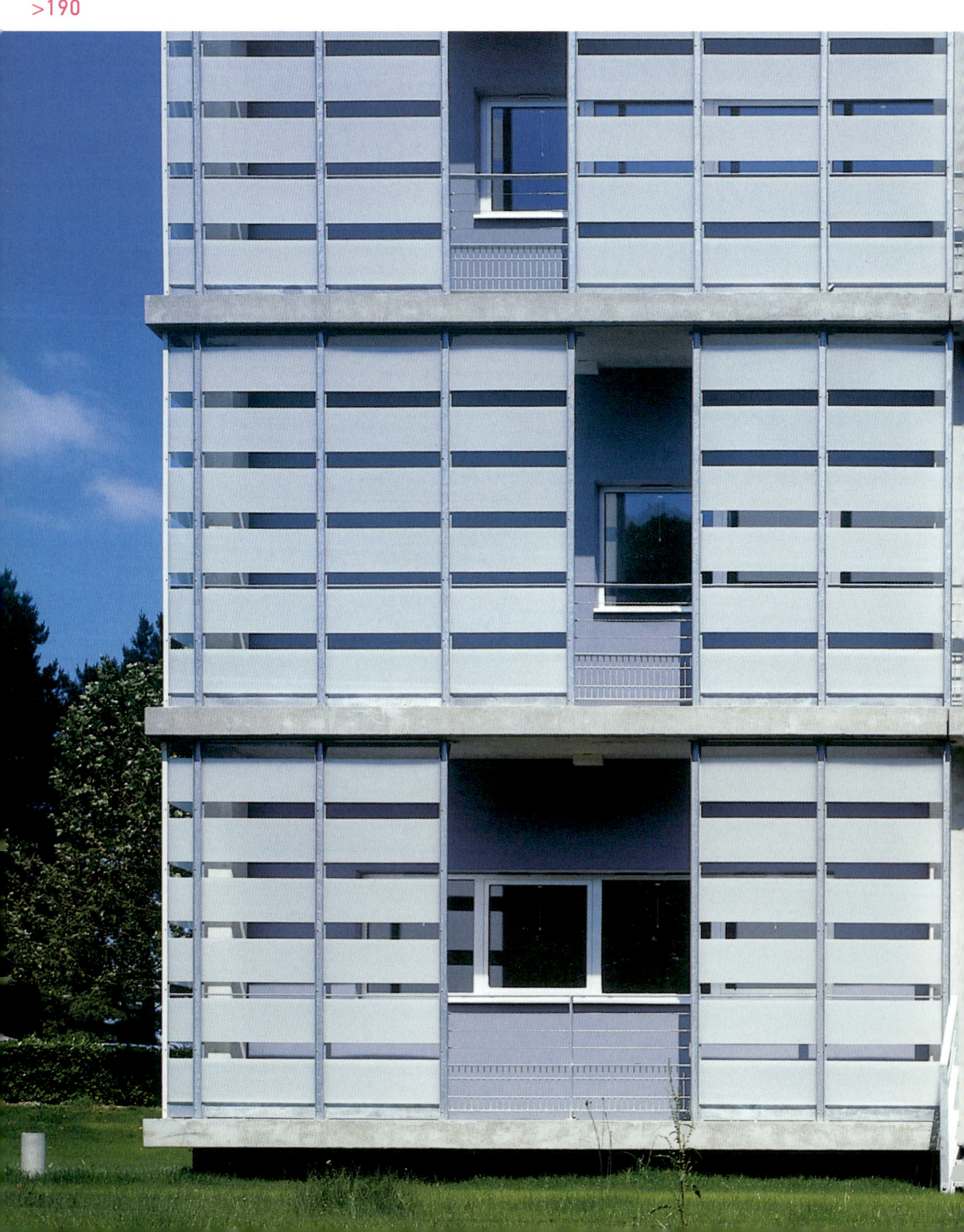

rooms, and recreation rooms — are collective or community spaces. In an office, one remains stationary. The other spaces depend on movement. So, inside the building itself, we find this dialectic between privacy and community. This is, in fact, a more relevant distinction than that between spaces for work and spaces for non-work, because we know one can dream or use one's computer for leisure in one's office, and one can solve a work problem while arguing with a fellow worker in the corridor or in front of the coffee machine. So in our projects we try to approach the problems of designing offices by reducing them to two types of space: a flexible, undifferentiated space, that will be used

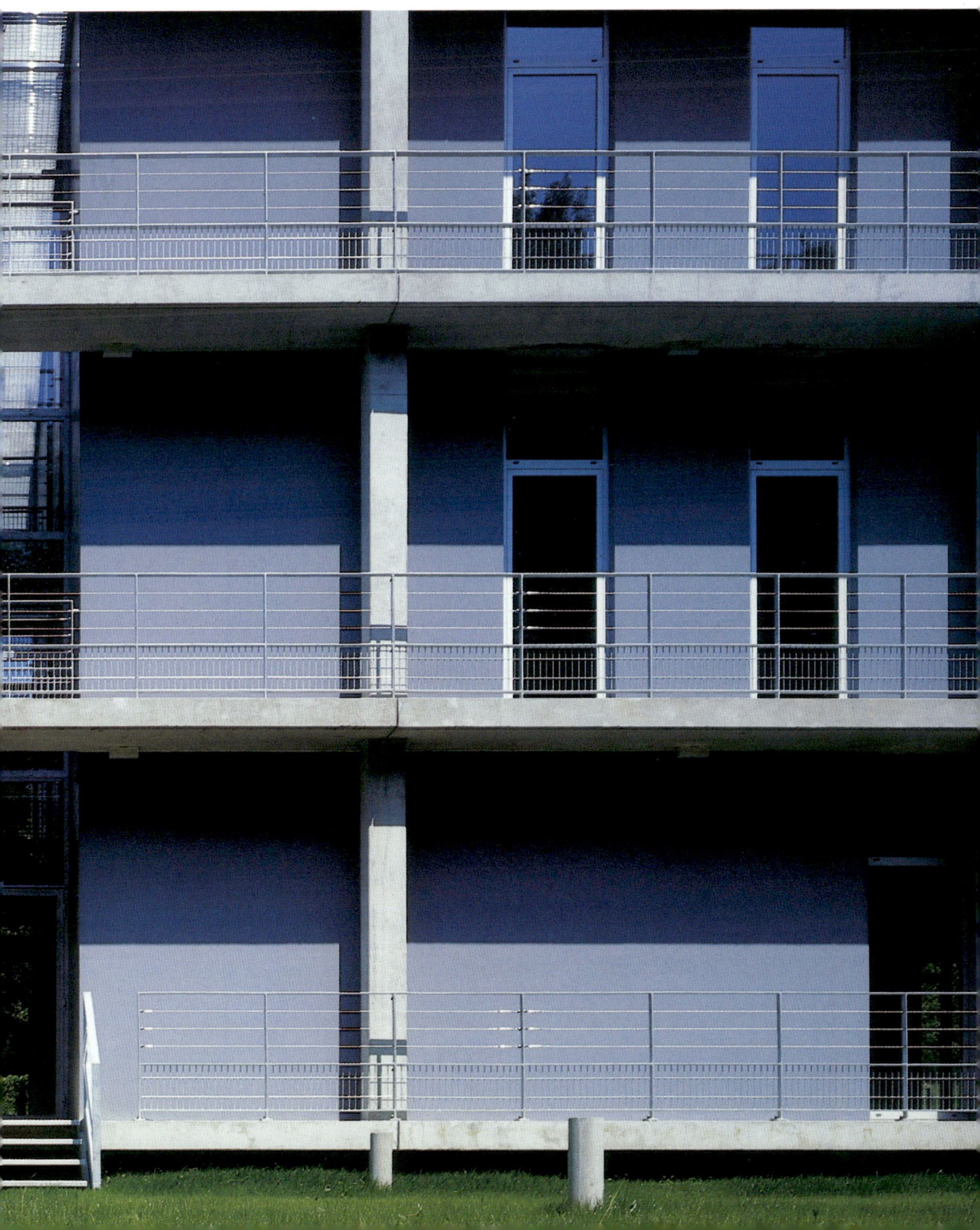

les programmes de bureaux, quelle que soit leur
importance ou leur complexité en les réduisant
à deux types d'espaces : un espace flexible et
indifférencié qui sera propre à chacun et évolutif
dans le temps, et un espace singulier qui sera le
lieu de la vie collective et la trace d'une certaine
permanence de l'organisation du bâtiment.
Ce sont de tels dispositifs qui ont été mis

en œuvre d'abord pour les laboratoires de l'Inria
à Sophia-Antipolis où le seul élargissement
des couloirs aux proportions inhabituelles
de 5,4 m et la mise en continuité des trois niveaux
du bâtiment ont créé un forum où les chercheurs
passent de longs moments. Leurs bureaux
s'ouvrent sur cet espace comme autant de petites
maisons individuelles sur une rue, la porte

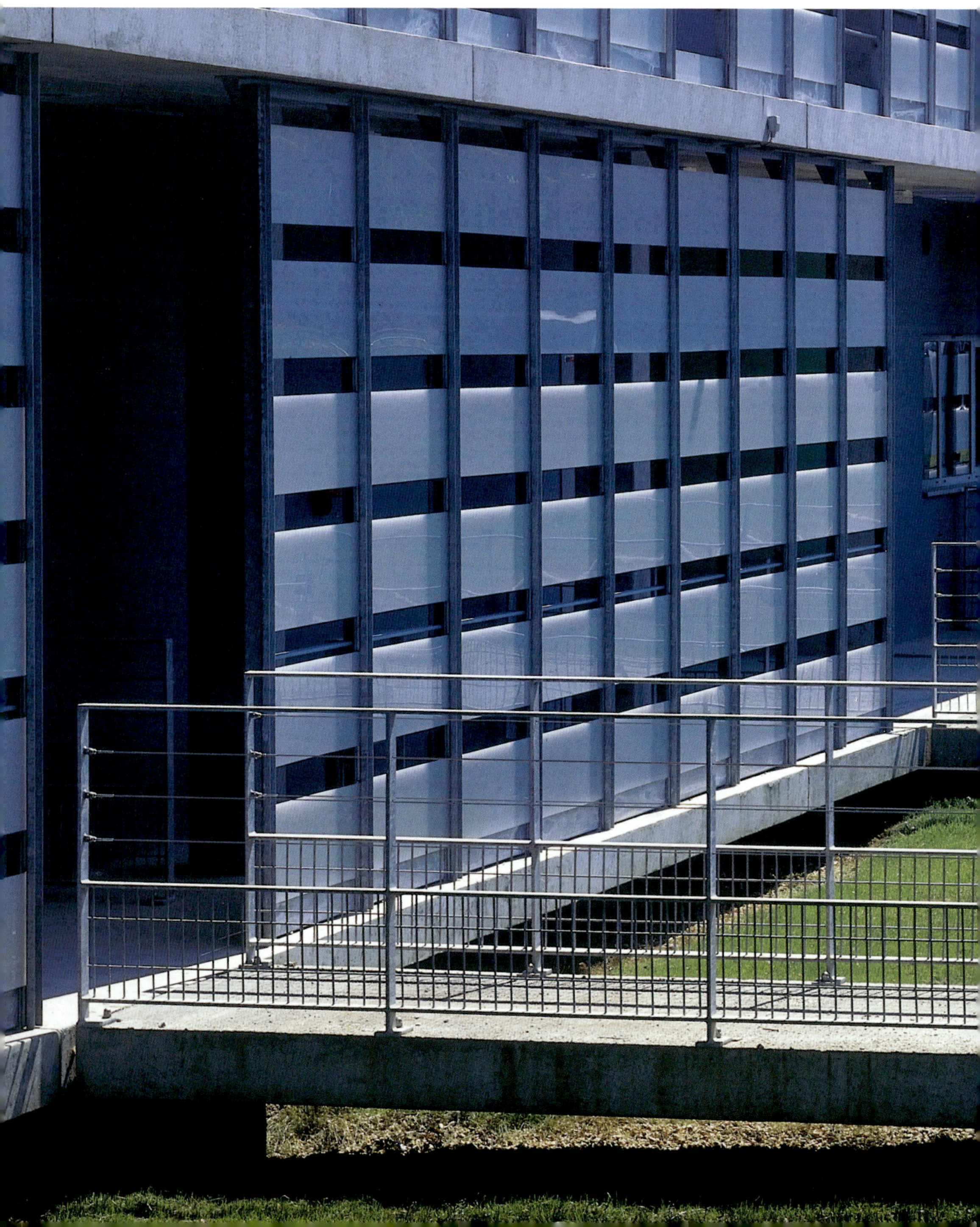

by individuals and can evolve over time,
and a unified space that will be the site
of community life and that will incarnate
a certain permanence in the organization
of the building. We first used such an approach
for the INRIA laboratories in Sophia-Antipolis:
by enlarging the corridors to the unusual width
of 5.4 metres, and by making the three levels
of the building contiguous, we created a forum
where the research scientists spend quite a
bit of their time. Their offices open onto this
space, like so many small houses along a street,
and the door can remain open or closed
depending on the level of privacy desired.
For the Philidor Office Building in Paris,
the whole heart of the building is dedicated

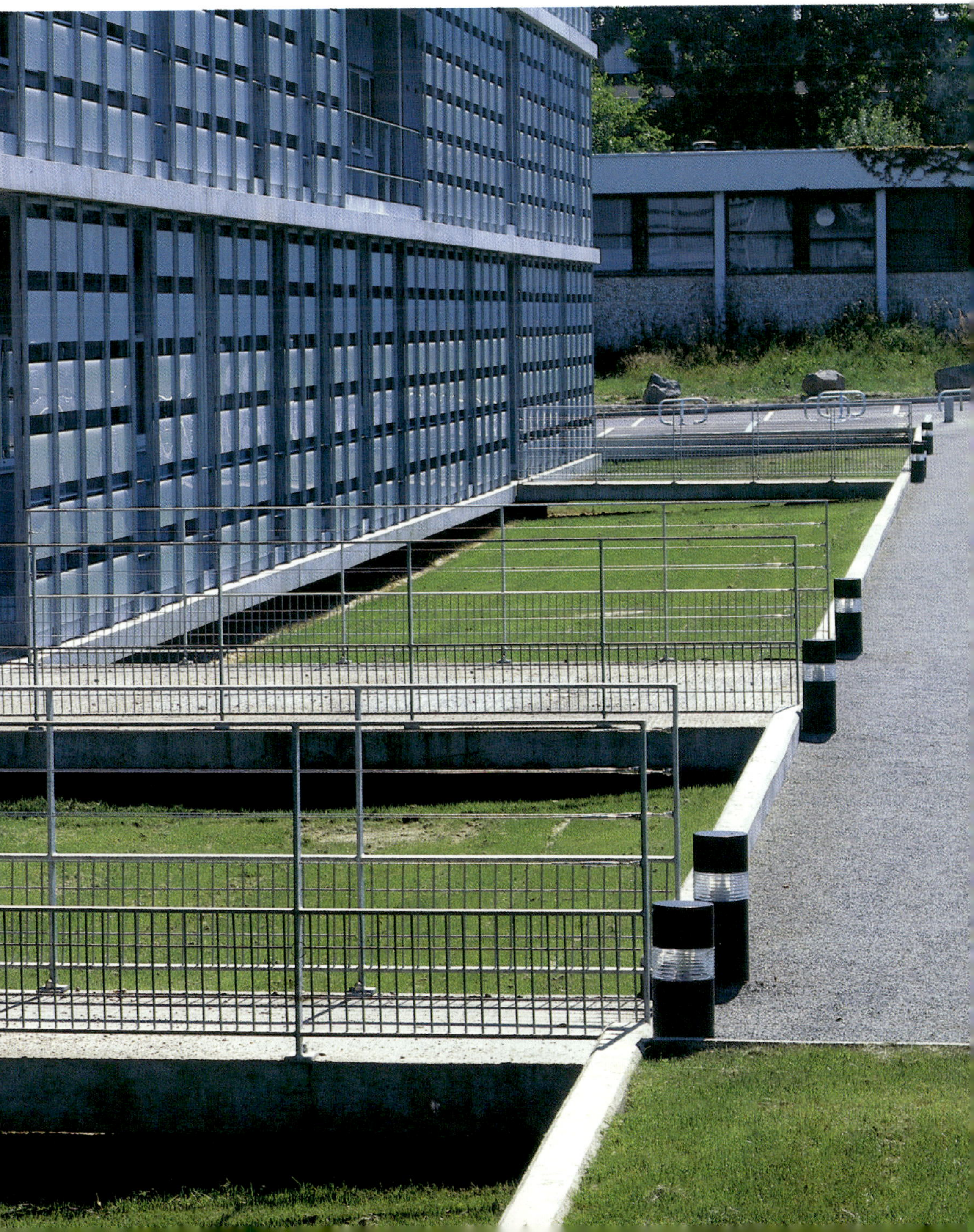

restant ouverte ou fermée selon le degré
d'intimité désiré. Pour l'immeuble de bureaux,
rue Philidor à Paris, tout le cœur du bâtiment est
occupé par les espaces de réunion, la cafétéria,
les lieux de détente, organisés par double-
niveaux et entourés des circulations conçues
comme des coursives.

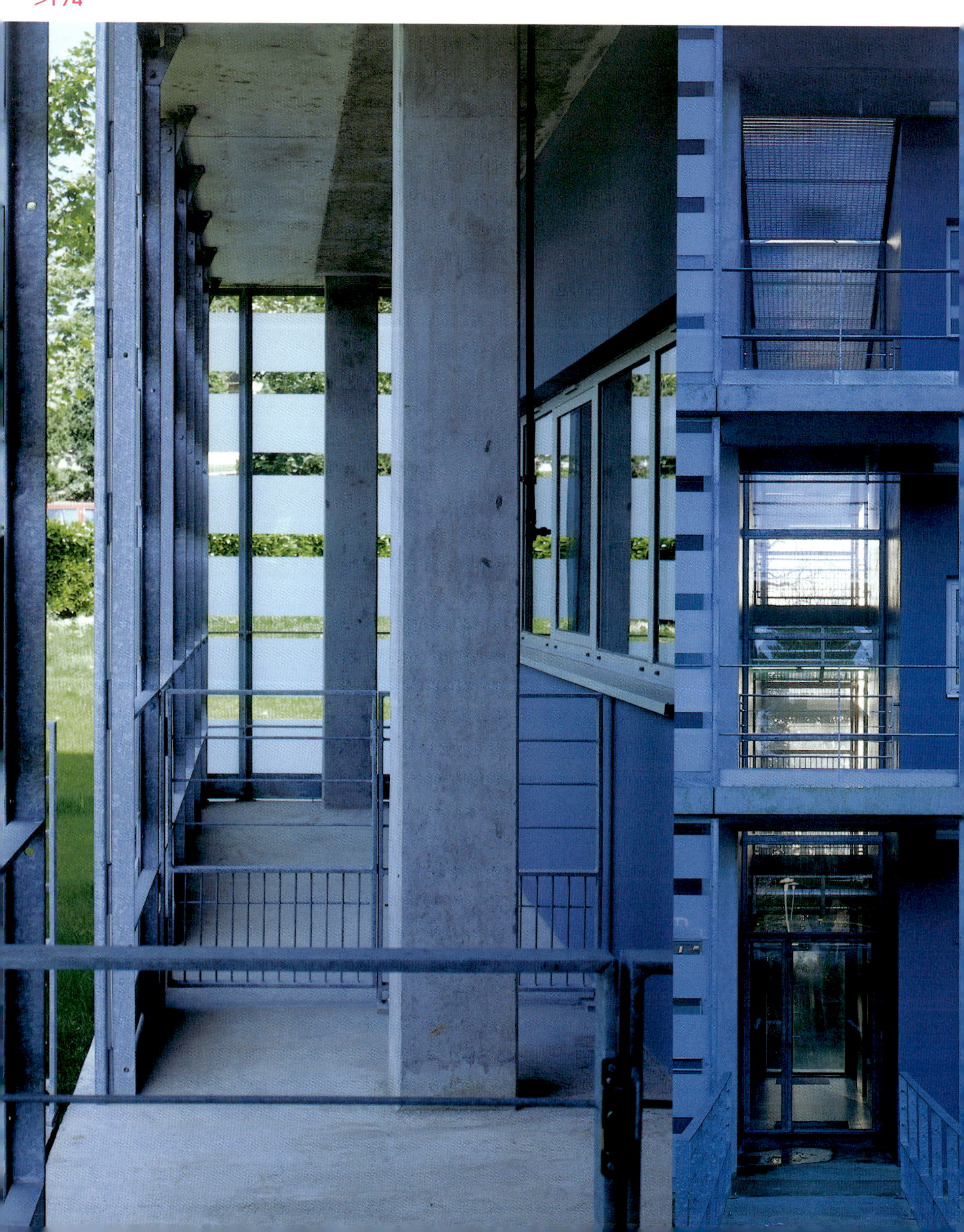

to meeting rooms, the cafeteria, and recreational spaces, organized on double levels and surrounded by passages designed like gangways.

This humble attitude to the existing environment, this taste for a certain form of apparent banality, this desire to come to terms with what is "already there", are these qualities still relevant for more institutional projects, where the demand is for the singular and the exceptional? I'm thinking particularly of the Musée des Confluences in Lyon and of the Éric-Tabarly Museum in Lorient.

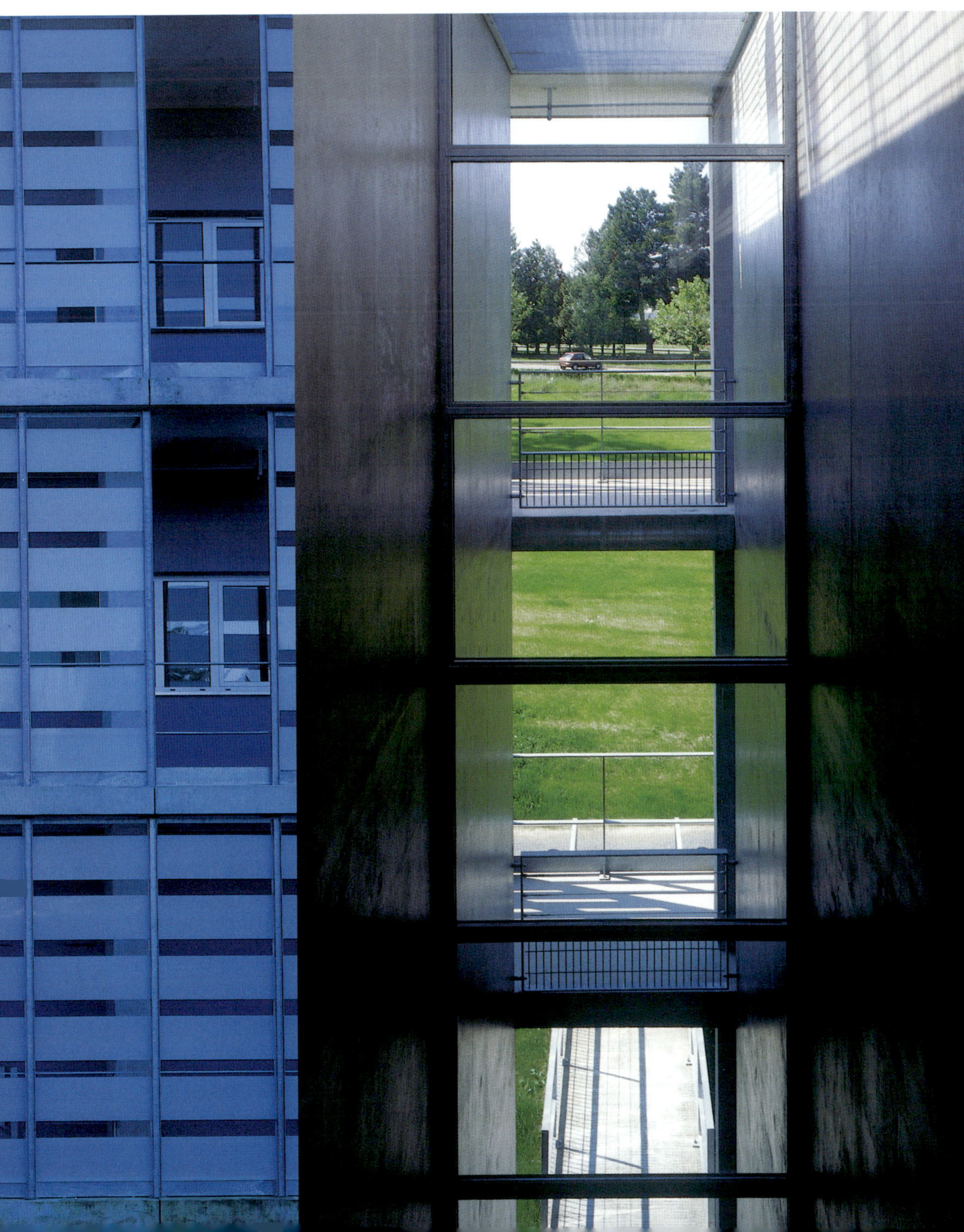

Nous avons conservé avec les programmes de musée la même attitude que nous avons lorsque nous travaillons sur des programmes essentiellement fonctionnels et ma fascination pour la beauté des bâtiments utiles s'est assez naturellement transposée sur ces projets. De ce point de vue, nos propositions pour le musée des Confluences à Lyon ou le projet que nous allons construire pour l'Académie Éric-Tabarly à Lorient sont absolument cohérents avec la production de l'agence. Le musée est d'abord une machine à exposer et un lieu de production, d'émerveillement et de

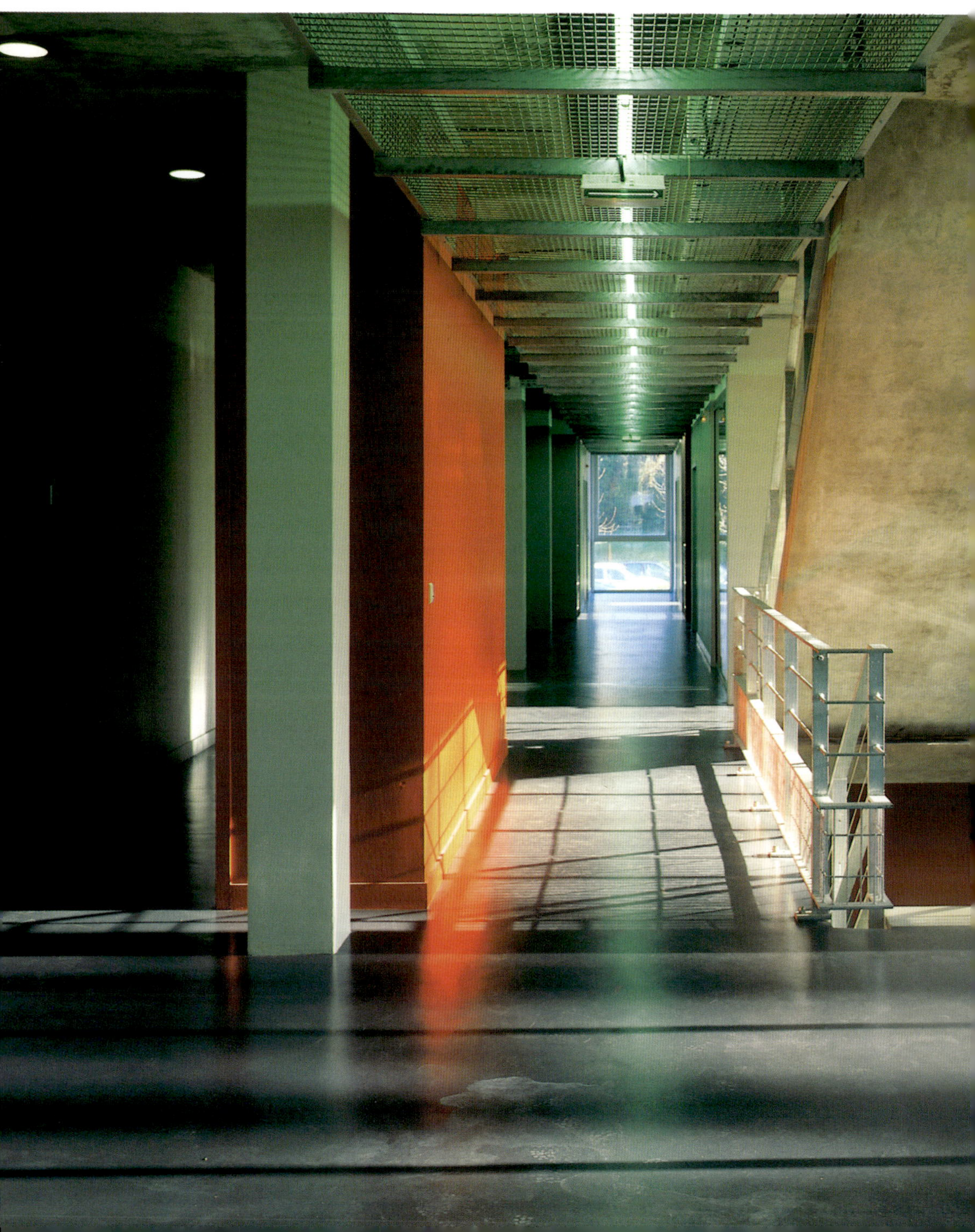

In designing museums we maintain the same approach as when we work on the design of essentially functional projects and my fascination for the beauty of utilitarian buildings is naturally transferred to these projects.
From that point of view, our proposals for the Confluences Museum in Lyon or the project we are going to realise for the Éric-Tabarly Museum in Lorient are absolutely consistent with the traditional approach of the studio.
A museum is, above all, a machine for exhibitions and a place of production, of enchantment, and of knowledge.
It is no longer necessarily a monument if that term implies a formal and static form

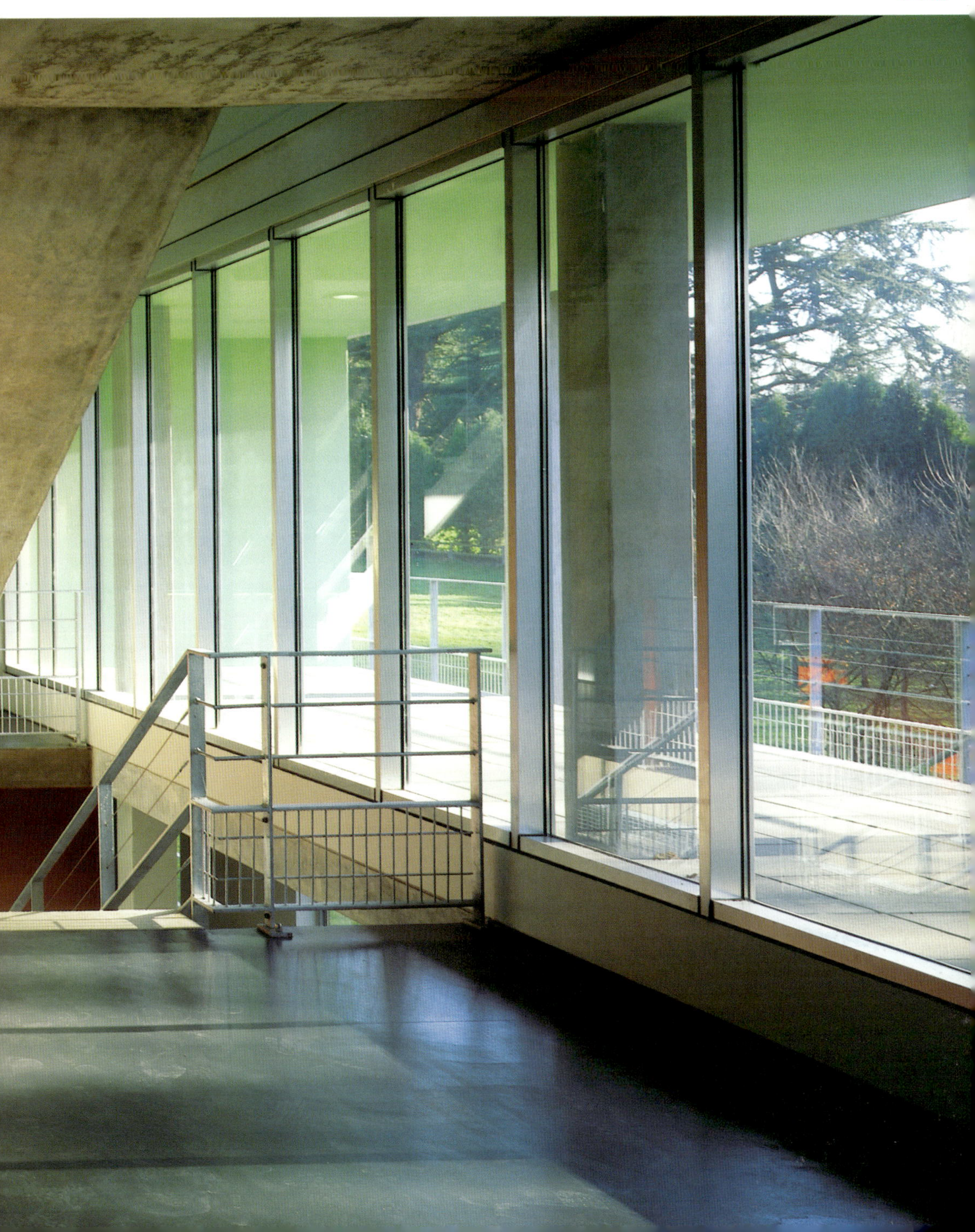

connaissance. Il n'est plus forcément un monument si cela implique une architecture figée et convenue. Les musées «œuvres d'art» m'ennuient et me semblent entraîner la confusion pour le visiteur. Ils sont trop encombrants pour s'effacer devant leur contenu. Le musée à Lorient peut être décrit comme un vaste plateau surélevé au-dessus du quai, face à la mer ; c'est en réalité une halle sur pilotis qui se prête à de nombreux dispositifs scénographiques. Elle est contenue dans une coque métallique de couleur irisée qui, par sa légèreté et sa façon de réfléchir la lumière, contraste absolument avec les imposantes masses de béton de l'ancienne base des sous-marins. Au rez-de-chaussée, le quai se glisse sous la coque pour devenir l'espace de l'accueil,

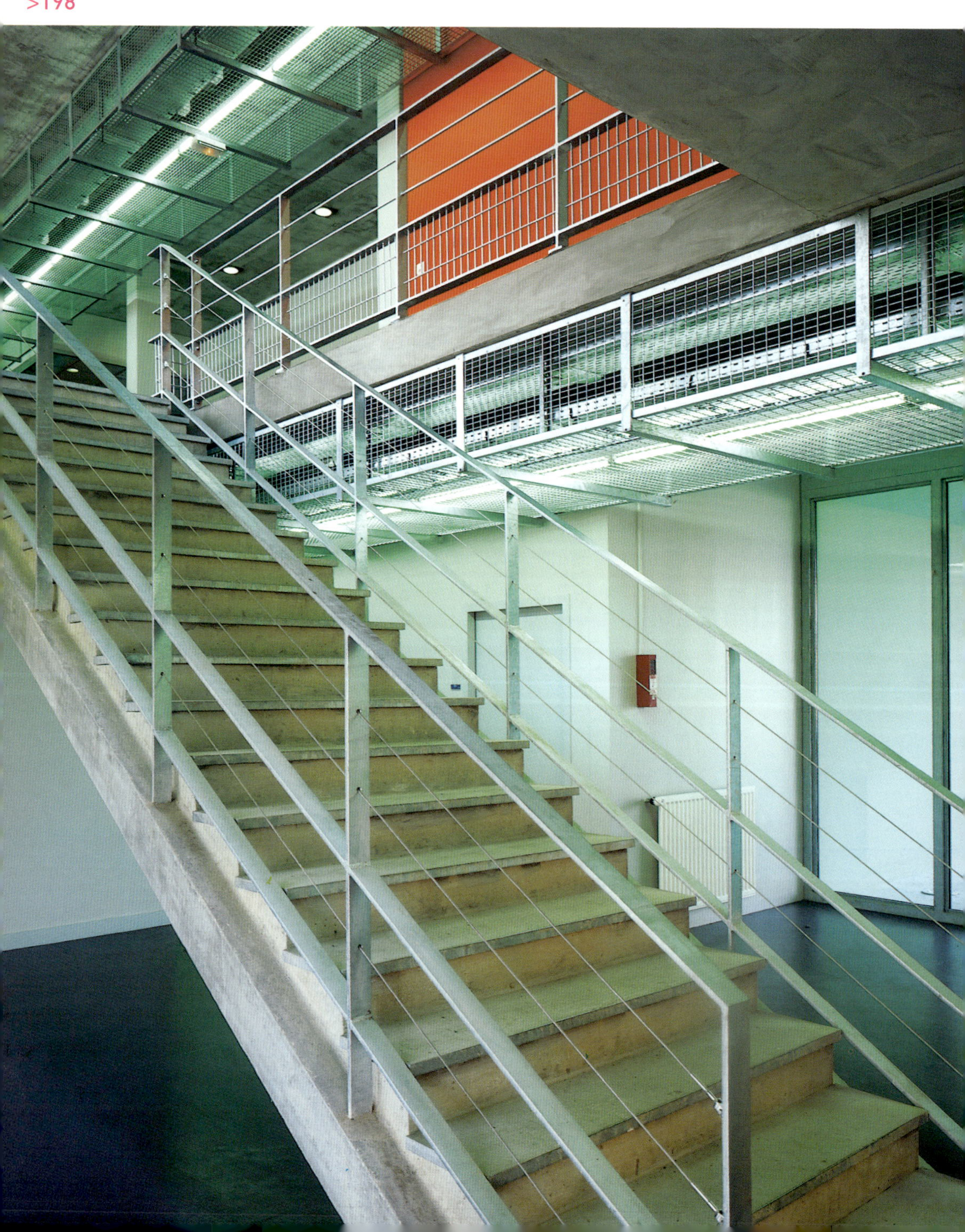

of architecture. Museums that are in themselves
"works of art" bore me; and it seems to me
that they confuse the visitor. Lorient can be
described as a vast plateau elevated above
the quay, facing the sea. Literally, it's a large
hall or covered space on piles, a stage that lends
itself to all kinds of scenarios. The hall is
contained in a metal shell of iridescent colour,
which because of its lightness and because of the
way it reflects the light, is in stark contrast to the
imposing masses of concrete of the former
submarine base. On the ground floor, the quay
slides under the "shell" and becomes
a welcoming space, with shops, a restaurant,
an auditorium, and all the activities to which
visitors have unimpeded access.

des boutiques, du restaurant, de l'auditorium
et de toutes les activités en libre accès.

Le musée des Confluences était, quant à lui,
beaucoup plus complexe. Nous l'avons imaginé
comme un organigramme en trois dimensions
où les salles d'expositions étaient conçues
comme de grands containers empilés entre
lesquels les visiteurs circulaient. C'est le
fonctionnement même du musée qui devenait
spectaculaire : le mouvement des gens,
l'animation qui prenait place à l'intérieur.
Le musée des Confluences était d'ailleurs
véritablement un lieu de production, puisque
la plupart des expositions qui devaient s'y tenir
étaient fabriquées sur place. Les grandes

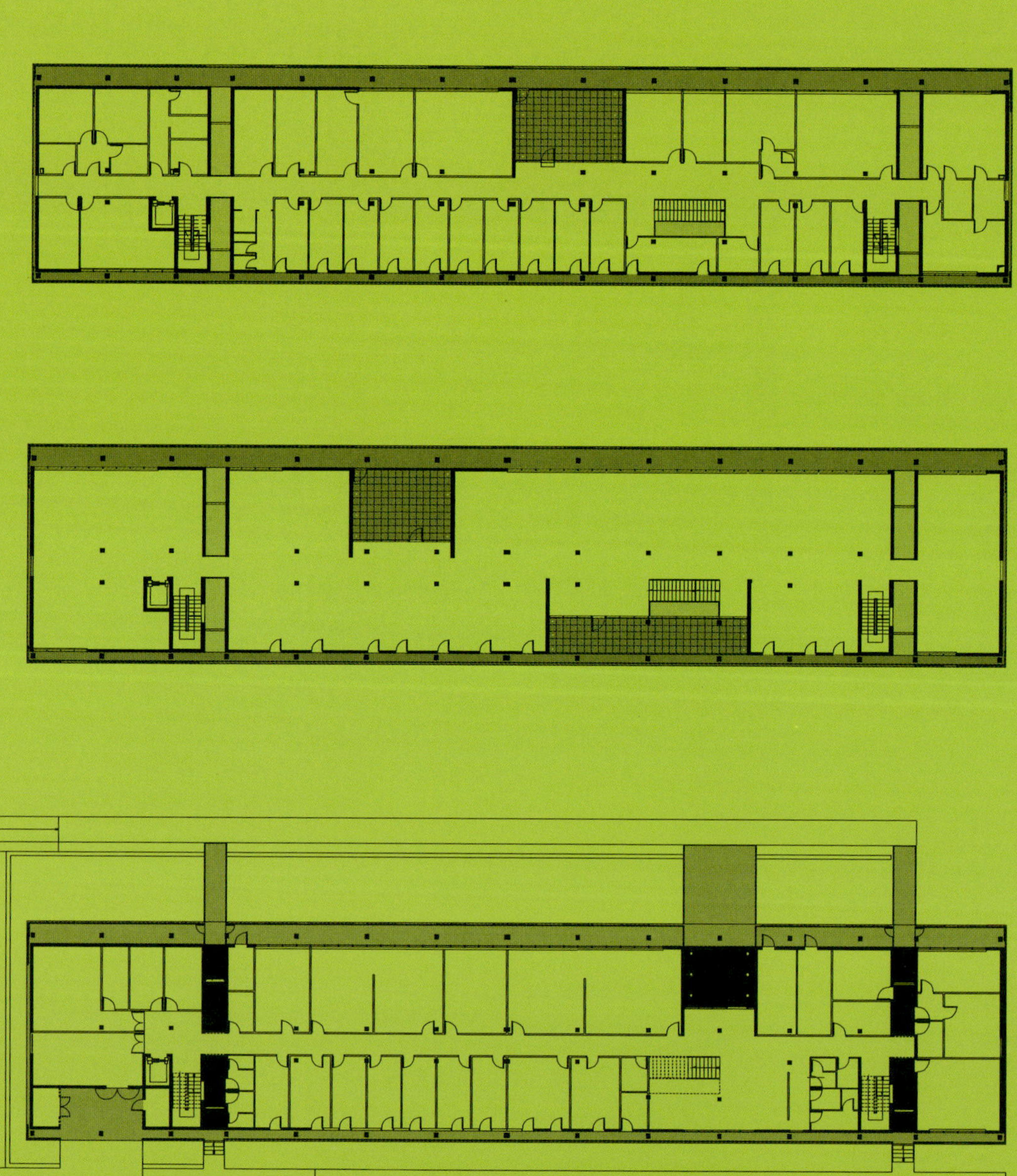

As for the Confluences Museum, it was much more complex. We imagined it as a sort of three-dimensional flow chart where the galleries were designed like large stacked containers among which the visitors moved. It's the very functioning of the museum that provided the spectacle: the movement of people, the activities that took place inside the building.

The Confluences Museum, in fact, was a real production site, because most of the shows were built on site. The large exhibition rooms appear like sizeable objects, conceived like black boxes inside of which all sorts of magic events were possible: the design of the shows was based on video, on projections, on sound environments, etc. Ten of these boxes were

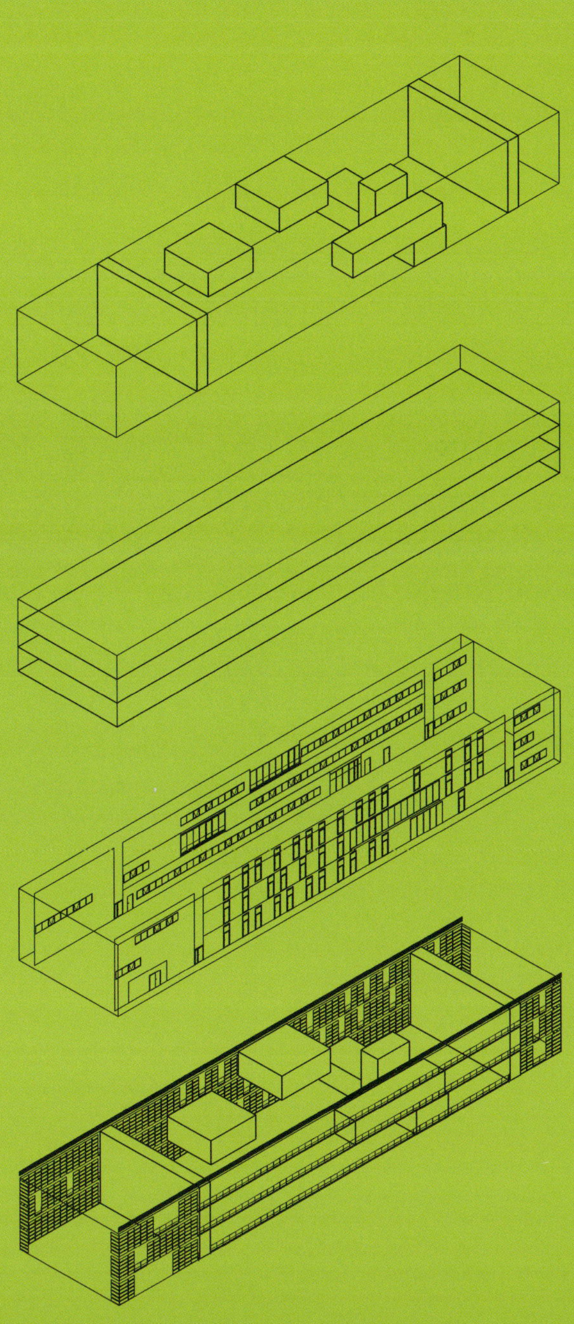

salles d'expositions apparaissaient comme des objets considérables conçus à la manière de boîtes noires à l'intérieur desquelles toutes les magies sont possibles : les scénographies des expositions reposent sur la vidéo, les projections, les ambiances sonores, etc. Une dizaine d'entre elles se tenaient superposées librement dans l'espace de façon à répondre très strictement au voisinage demandé par le cahier des charges ; le musée pouvait fonctionner selon le schéma idéal imaginé par les muséographes. L'ensemble était contenu dans une enveloppe de verre qui mettait en relation le musée et la ville.

Le paysage c'est l'autoroute du Sud, deux grands fleuves, des collines et des voies ferrées ; il nous a semblé essentiel de laisser entrer à l'intérieur

> TOTAL ÉNERGIE HEADQUARTERS
> SIÈGE SOCIAL DE TOTAL ÉNERGIE

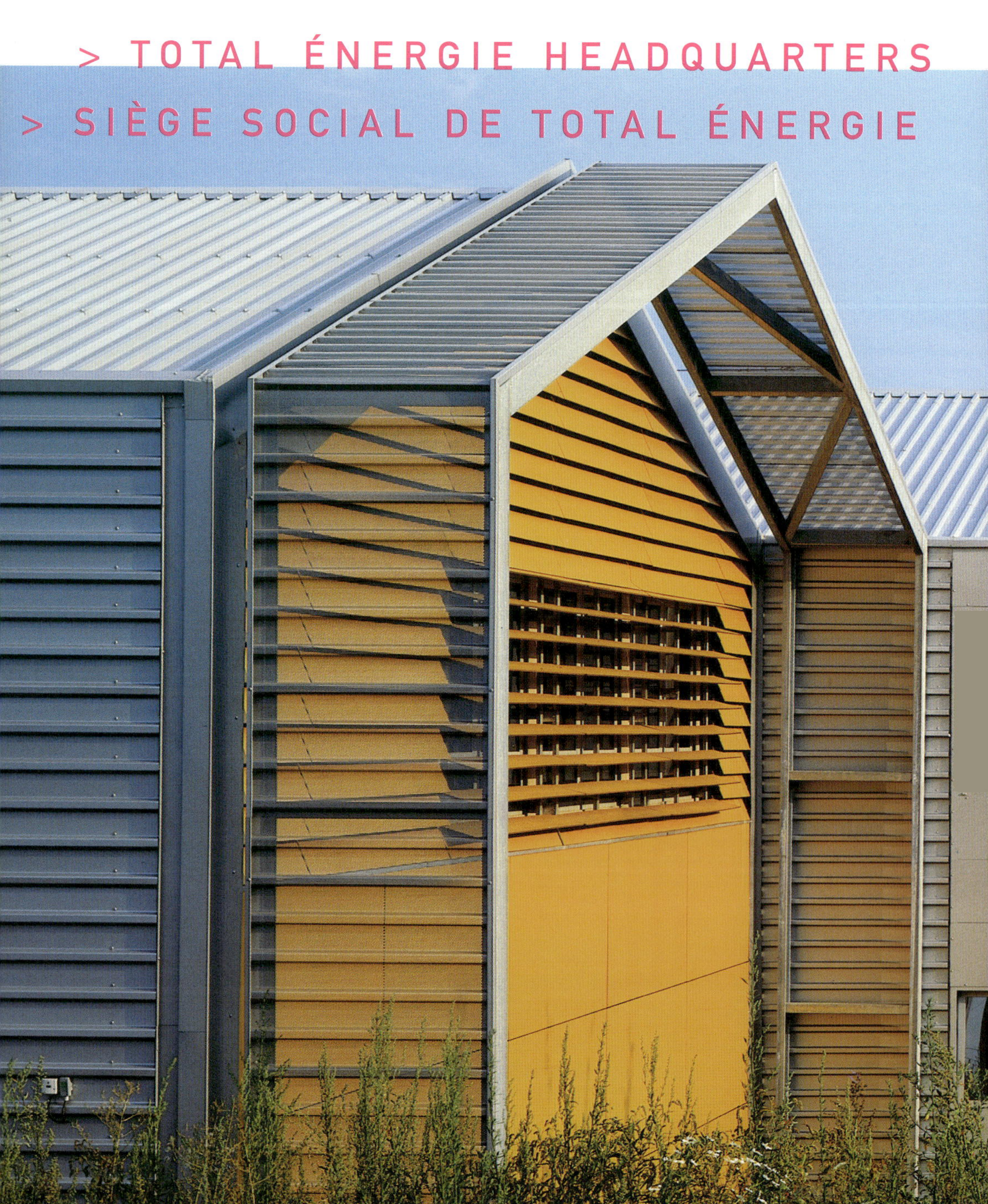

freely stacked in the space in a way that responded strictly to the sequence required by the specifications; the museum could function following the ideal outline envisioned by the museum's experts. The entire ensemble was contained in a glass envelope that created a relationship between the museum and the city. The landscape consists of the Autoroute du Sud, two large rivers, a few hills, and the railway tracks, and it seemed to us essential to let this very active landscape – with its passing cars, its boats and its trains – enter into the museum. It's the penetration of society into the heart of the exhibition machine.

LA TOUR-DE-SALVAGNY, FRANCE, 1999

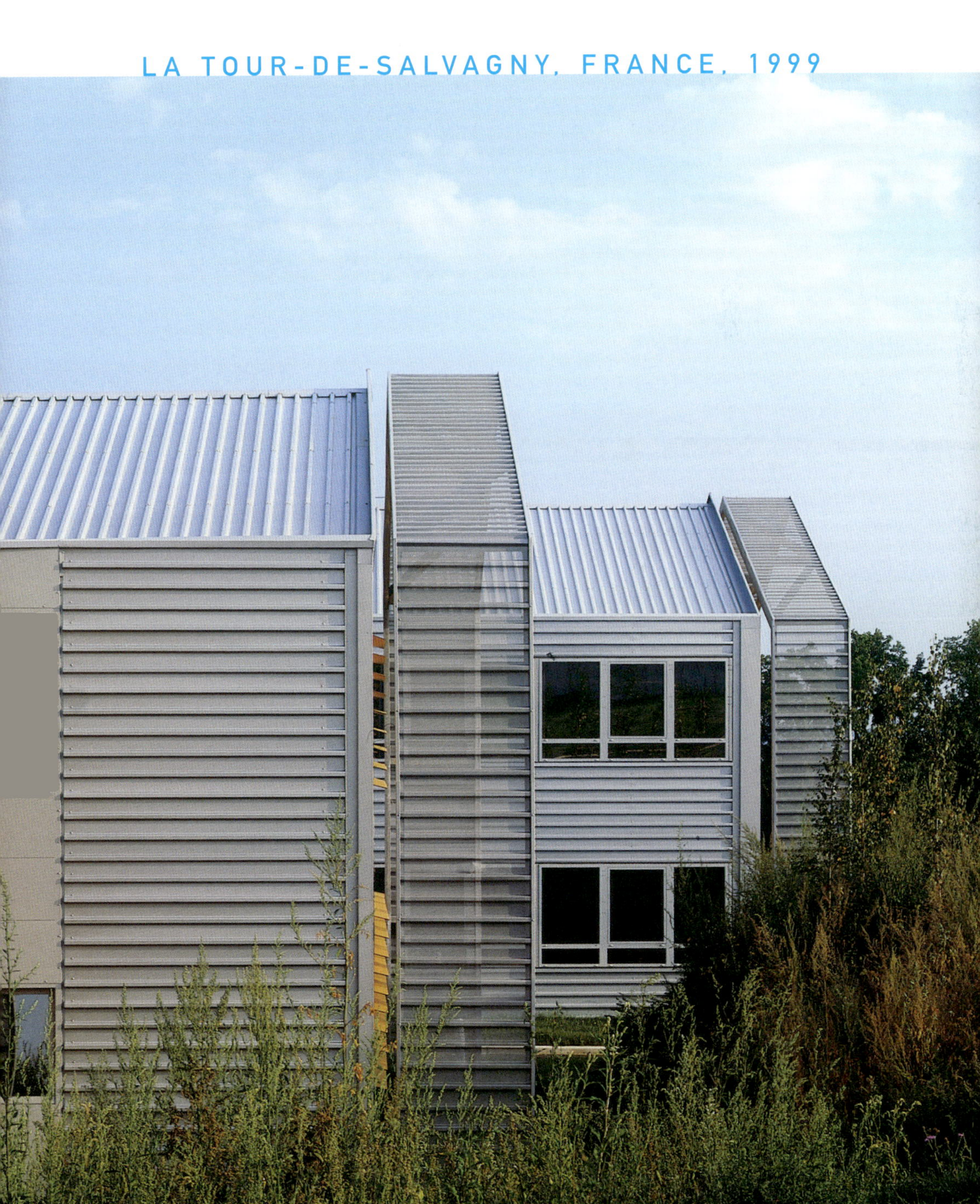

du musée ce territoire très vivant, avec ses voitures, ses bateaux, ses trains qui passent : c'est l'irruption de la société au cœur de la machine à exposer.

On reproche souvent aux concours organisés pour les grands équipements d'être en quelque sorte préformatés par des organigrammes très aboutis – trop diront certains – et que l'on se prive ainsi de l'énorme potentiel de réflexion que peut produire en amont une bonne équipe de maîtrise d'œuvre. En transposant presque littéralement l'organigramme qui vous est imposé, est-ce que vous ne vous empêchez pas d'exercer vos capacités d'analyse critique, vertus qui doivent à mon sens rester l'un des

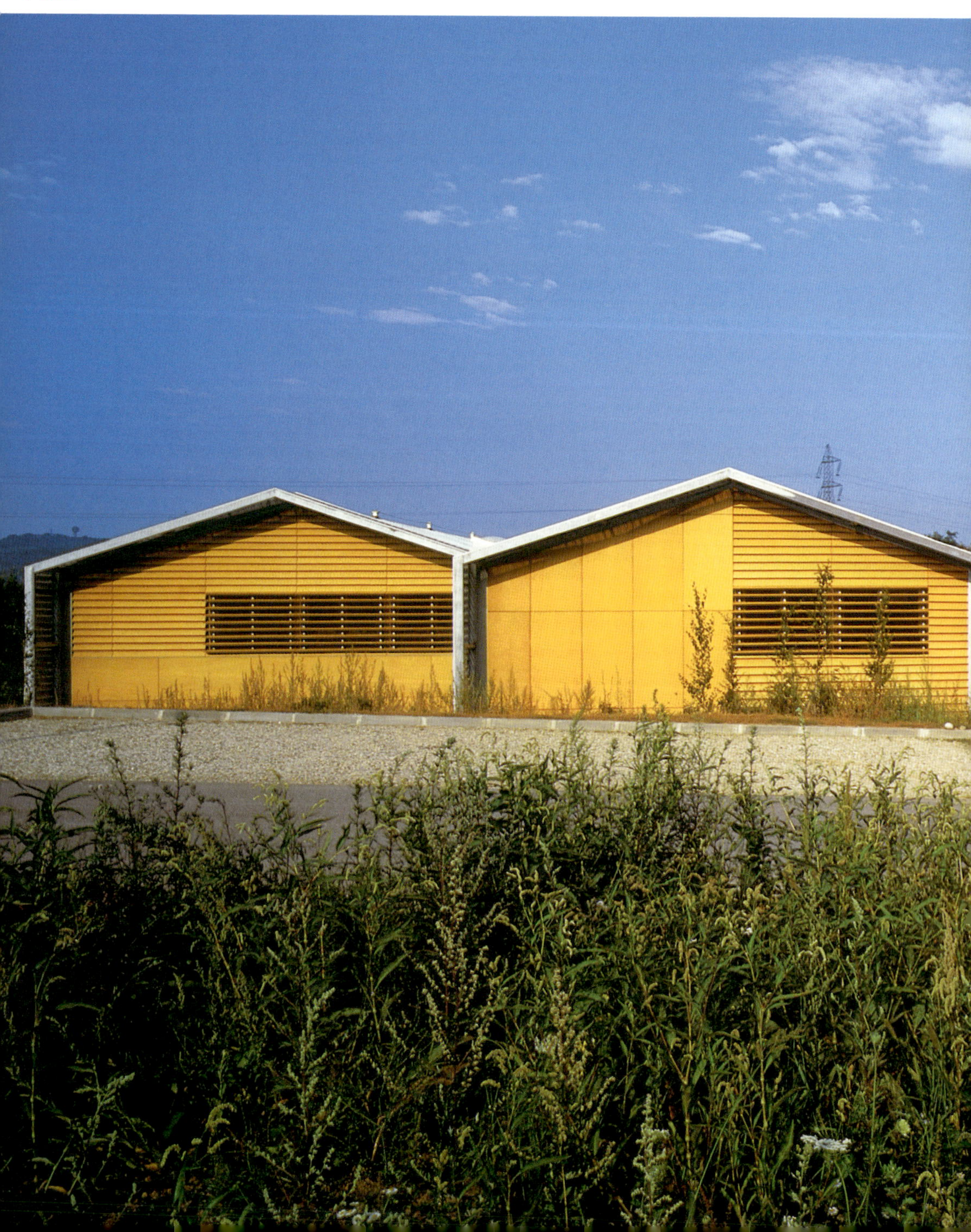

Competitions for large-scale public works are often criticized as being in a way too pre-determined because of their excessively detailed organizational charts or specifications. In this way, it is said, we lose the enormous potential for reflection and new thinking that, upstream, a good design team can produce. In transposing almost literally the specifications that are imposed on you, are you not making it impossible for you to exercise those capacities of critical analysis, capacities, which in my opinion are one of the major assets architects bring to the process of production?

No, on the contrary, when I think of a building as a container for a series of functions it does

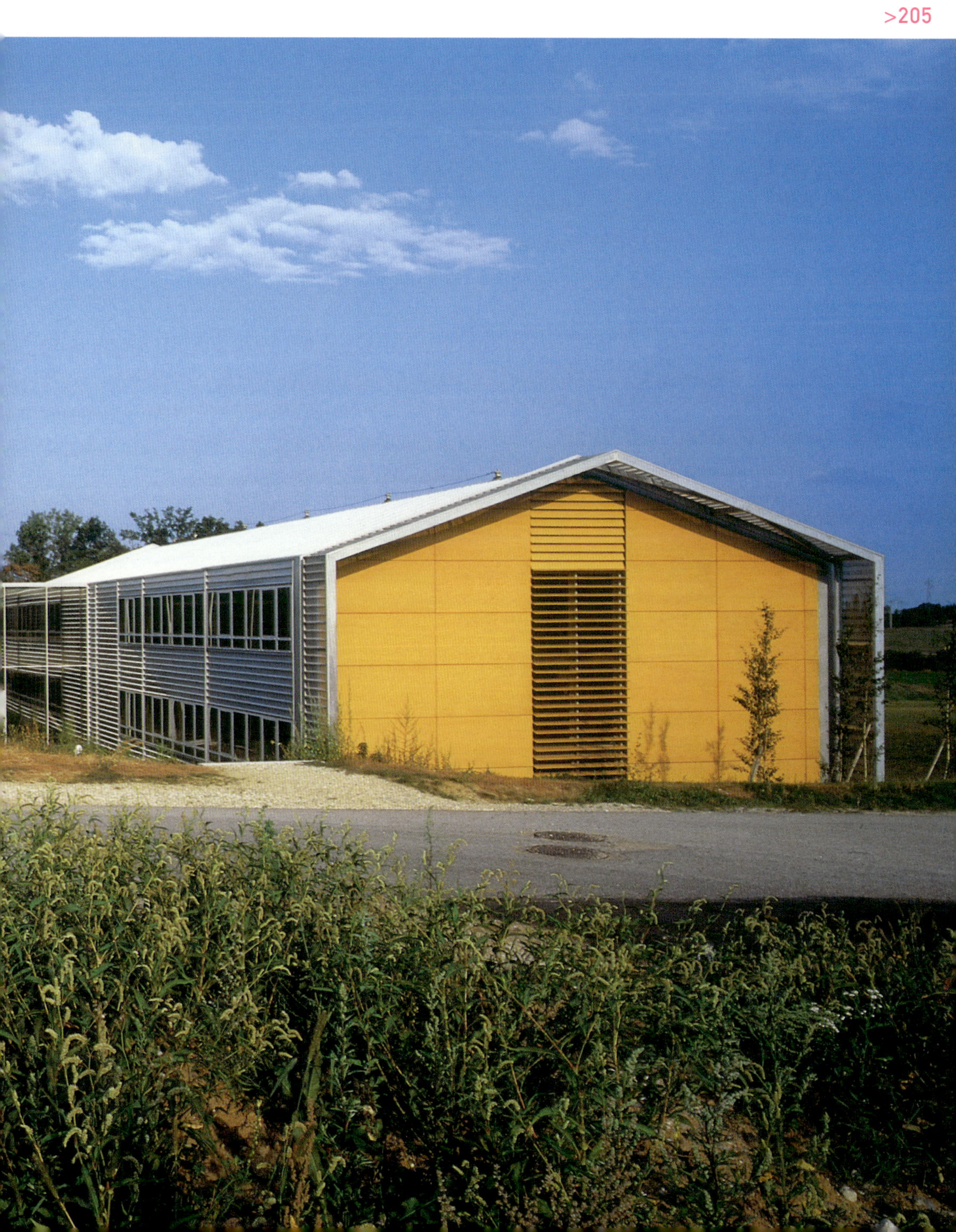

>206

atouts incontournables des architectes au sein du processus de production ?

Non, au contraire, mon attachement à envisager le bâtiment comme le contenant d'une série de fonctions ne me paraît pas une limite. Il me permet d'aller à l'essentiel et de situer d'emblée le travail d'architecture en dehors de la décoration. On peut bien souvent lire les plans de l'agence comme les contours des entités programmatiques reliées entre elles par l'espace de mouvement, c'est-à-dire l'espace des circulations et de tout ce qui a trait aux activités communes.

Les plans de projets récents tels que Air France à Orly, le musée des Confluences ou notre

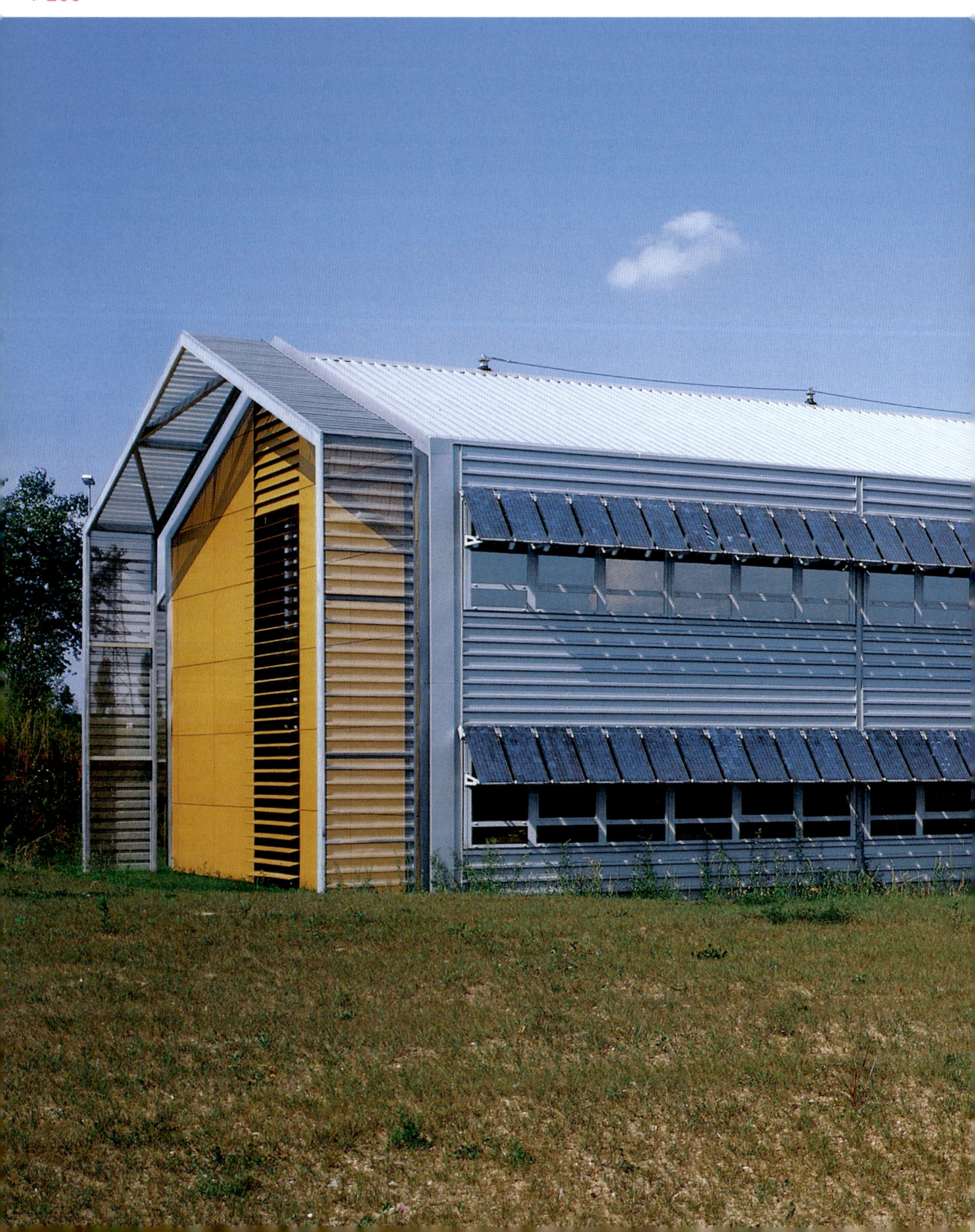

not seem to me to be a limit. This approach allows me to isolate the essential elements, to place my architectural work outside mere decoration. You can often interpret the studio's projects as the outline of functional entities linked to each other by spaces dedicated to movement, that is to say, by spaces for traffic and for everything that has to do with common or shared activities. The drawings for recent projects, such as the Air France Building at Orly, the Musée des Confluences, or our proposal for the Nam June Paik Museum in Korea, are like flow charts where the individual elements are connected or even merged thanks to a continuous space dedicated to the community activity that traverses

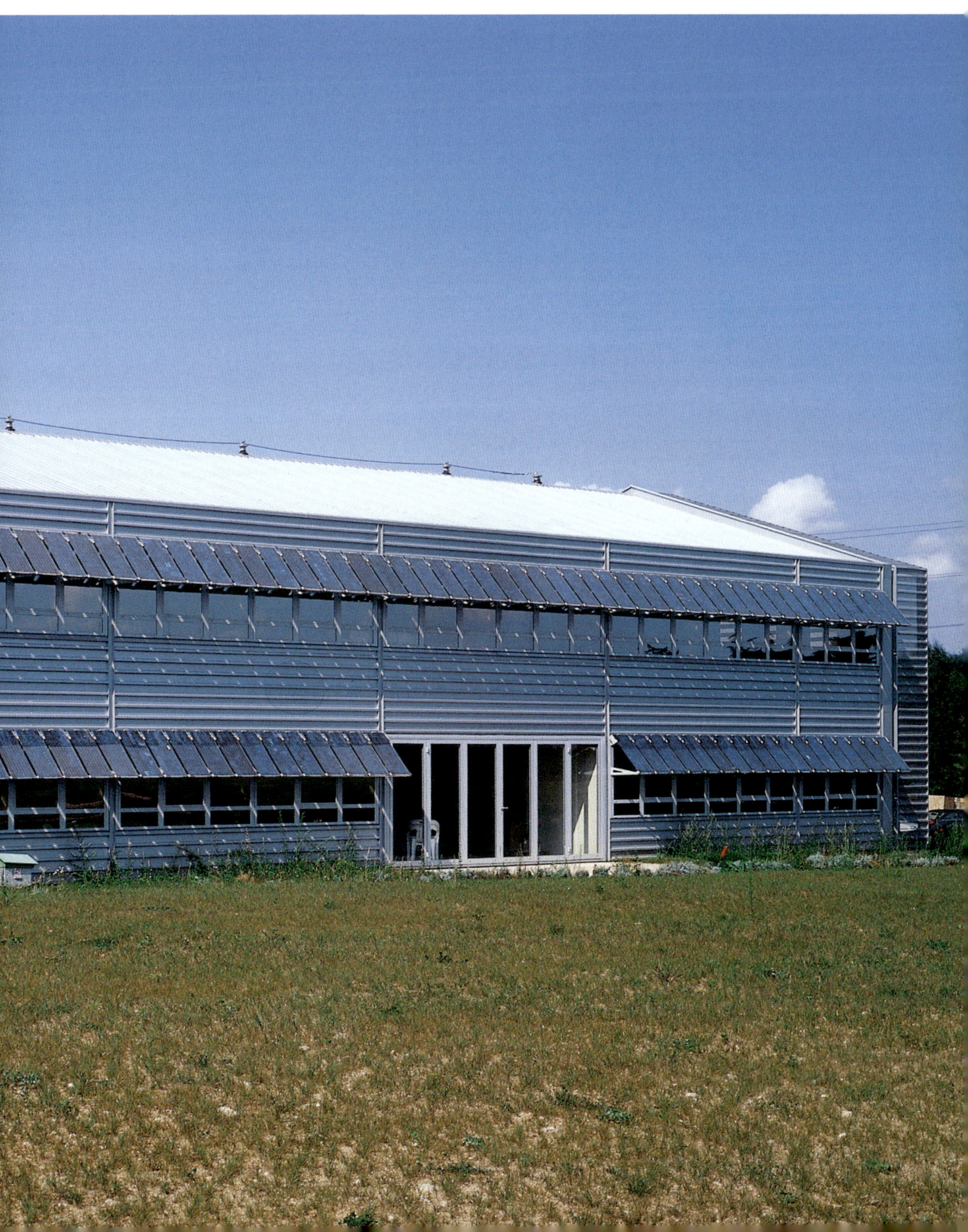

proposition pour le musée Nam June Paik en Corée sont comme des dispositifs organiques où des éléments singuliers se connectent ou même fusionnent grâce à un espace continu dédié à la vie collective qui traverse tout le projet. C'est un système simple au départ, mais qui est ouvert sur des possibilités multiples d'évolution et d'adaptation. Les différentes fonctions toutes simples – accueil, réunion, bureaux, laboratoires, détente – une fois réunies acquièrent une richesse et une complexité imprévues qui créent la vie du bâtiment.

Plus qu'au plan libre, je suis attaché au plan neutre. Ce n'est pas forcément un grand plateau, cela peut être également, comme dans les plans

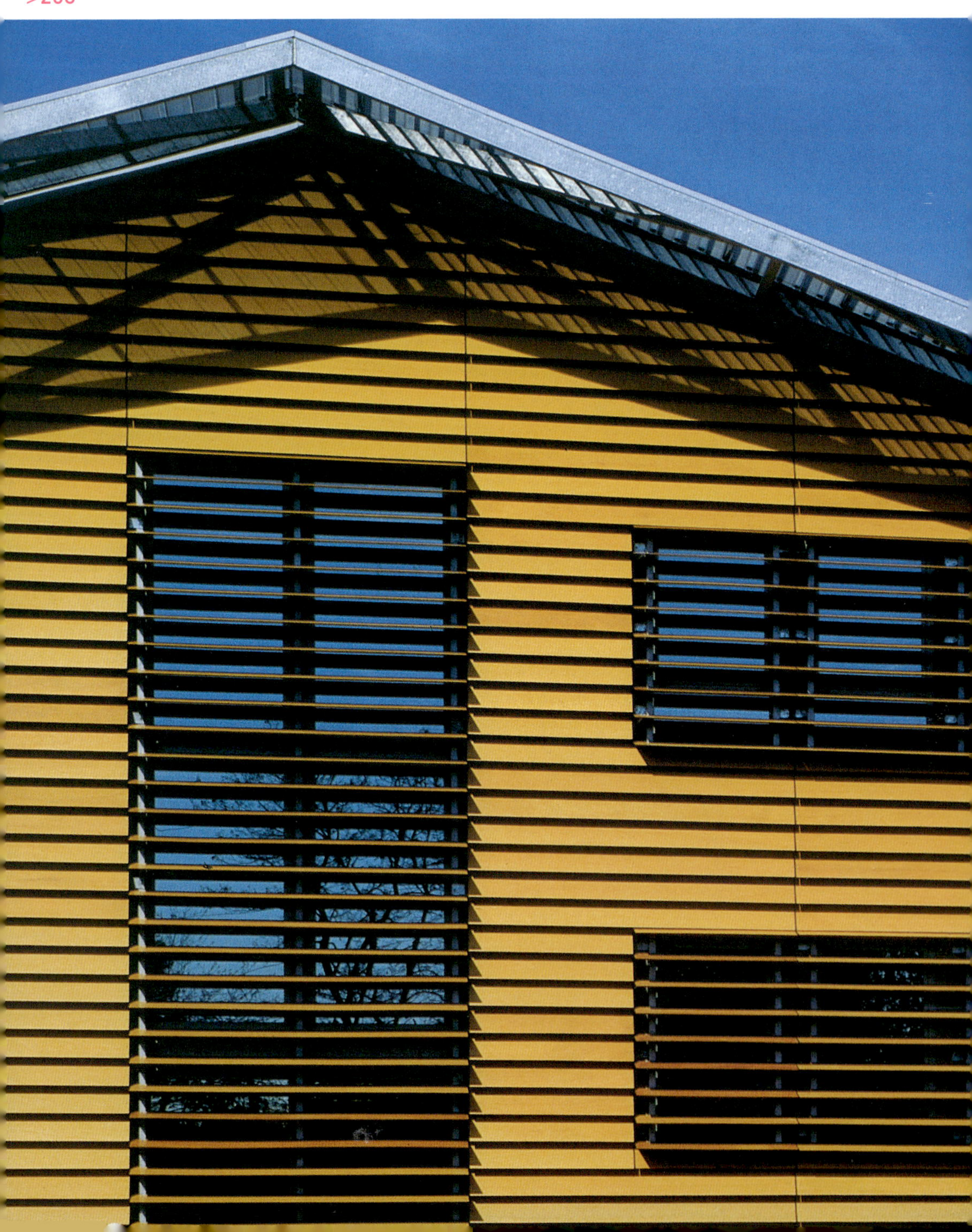

the whole project. It's a simple system
in the beginning, but it is open to multiple
possibilities of evolution and adaptation.
Once they are brought together, the different
simple functions – reception, meeting, office,
laboratory and relaxation – take on an
unforeseen richness and complexity that
create the life of the building.

More than to a free plan, I'm attached to a
neutral plan. This need not provide a large
platform, it can equally be, as in 18th century
plans, a succession of large rooms that can be
dedicated to infinite purposes. That's the
approach we took for the house with wattle
fences where the rooms follow one another
and lead into one another. Even for this small

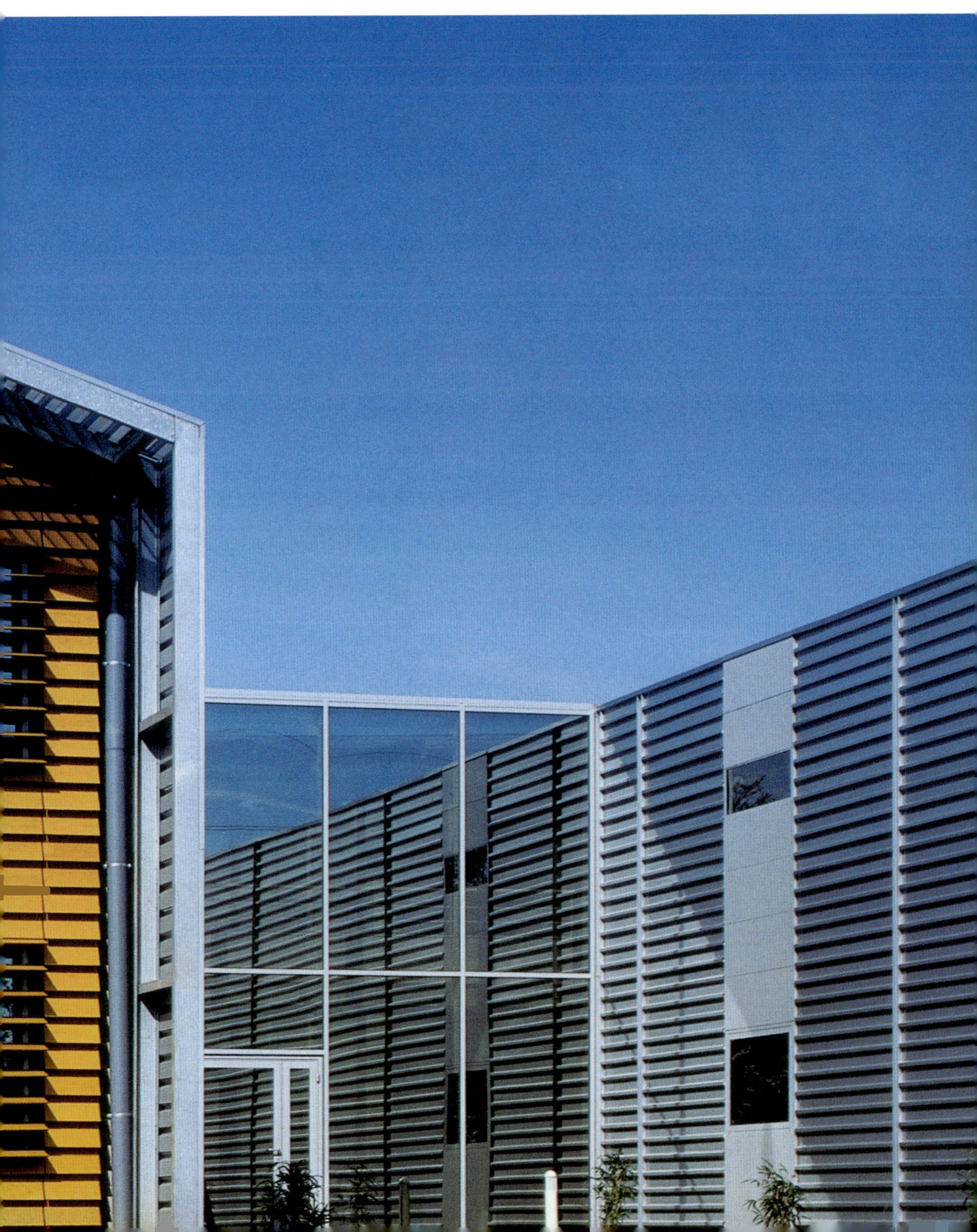

du XVIIIe siècle, une succession de pièces identiques qui peuvent indifféremment recevoir une infinité d'usages. C'est ce que nous avons fait pour la maison des Canisses où les pièces se succèdent en se commandant les unes les autres. Même pour ce petit projet il y a deux possibilités de circulation. à l'intérieur et à l'extérieur par la galerie. Les double-portes démultiplient même les usages possibles, car fermées elles interrompent la circulation intérieure et changent l'espace des pièces.

La redondance du schéma de circulation est un facteur récurrent dans nos projets. Nous y trouvons un écho dans les organismes biologiques. En travaillant sur la réhabilitation

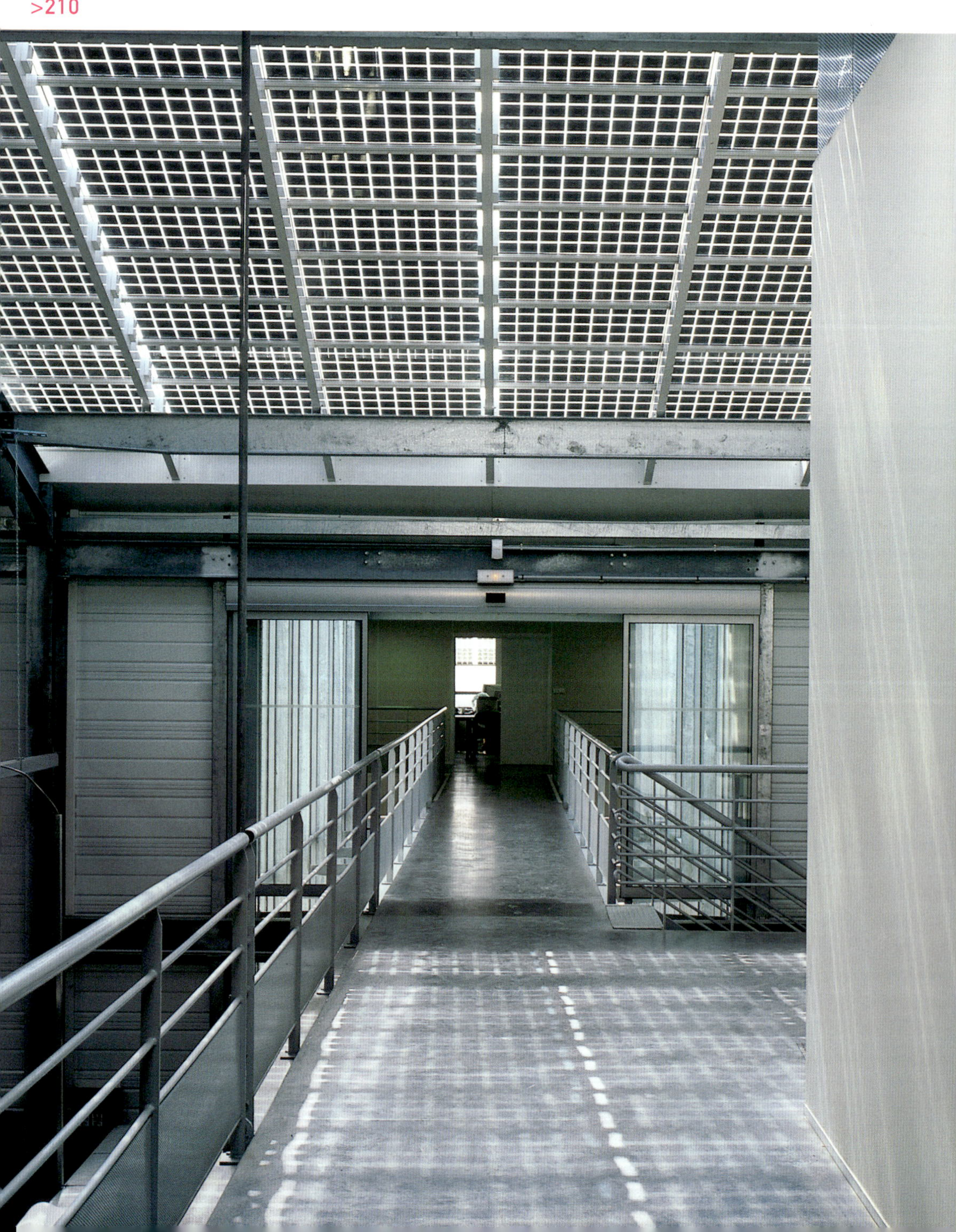

project there are two possibilities for circulation:
internal and on the outside via the gallery.
The double doors increase the options,
because they interrupt the interior circulation
when they are closed and change the effective
space of the different rooms.
A redundant circulation scheme is a frequent
element in our projects. We find an echo of this
in biological organisms. When I was working
on the restoration of the Collège de France
in Paris, I was lucky enough to have several
conversations on this subject with eminent
scientists who showed me how one could
develop various analogies between architecture
and the organization of life. Biological
organisms create complexity by assembling

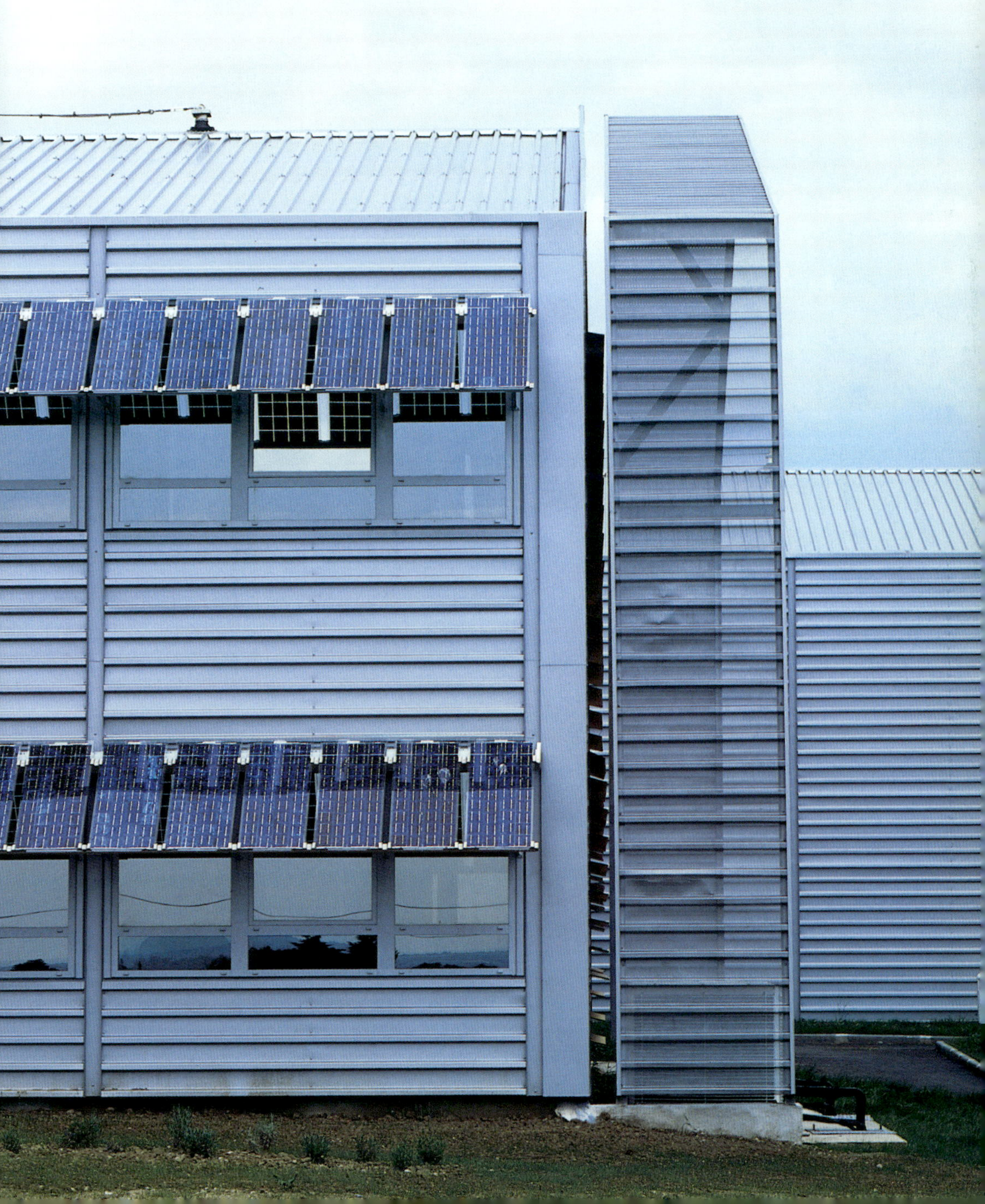

du Collège de France à Paris, j'ai eu la chance
d'avoir plusieurs conversations à ce sujet avec
d'éminents scientifiques qui montraient comment
pouvaient se tisser des rapprochements entre
l'architecture et l'organisation de la vie.
L'organisation biologique agit par rassemblement
d'unités fonctionnelles simples qui créent
sa complexité, et cette complexité se module

du fait de sa propre mobilité : c'est suivant
l'environnement que certains réseaux sont
sélectionnés au détriment d'autres pour
permettre des capacités d'adaptation
à des situations complètement nouvelles ;
et c'est aussi pour cette raison qu'à partir
d'un système commun, des différences
apparaissent entre les individus[10].

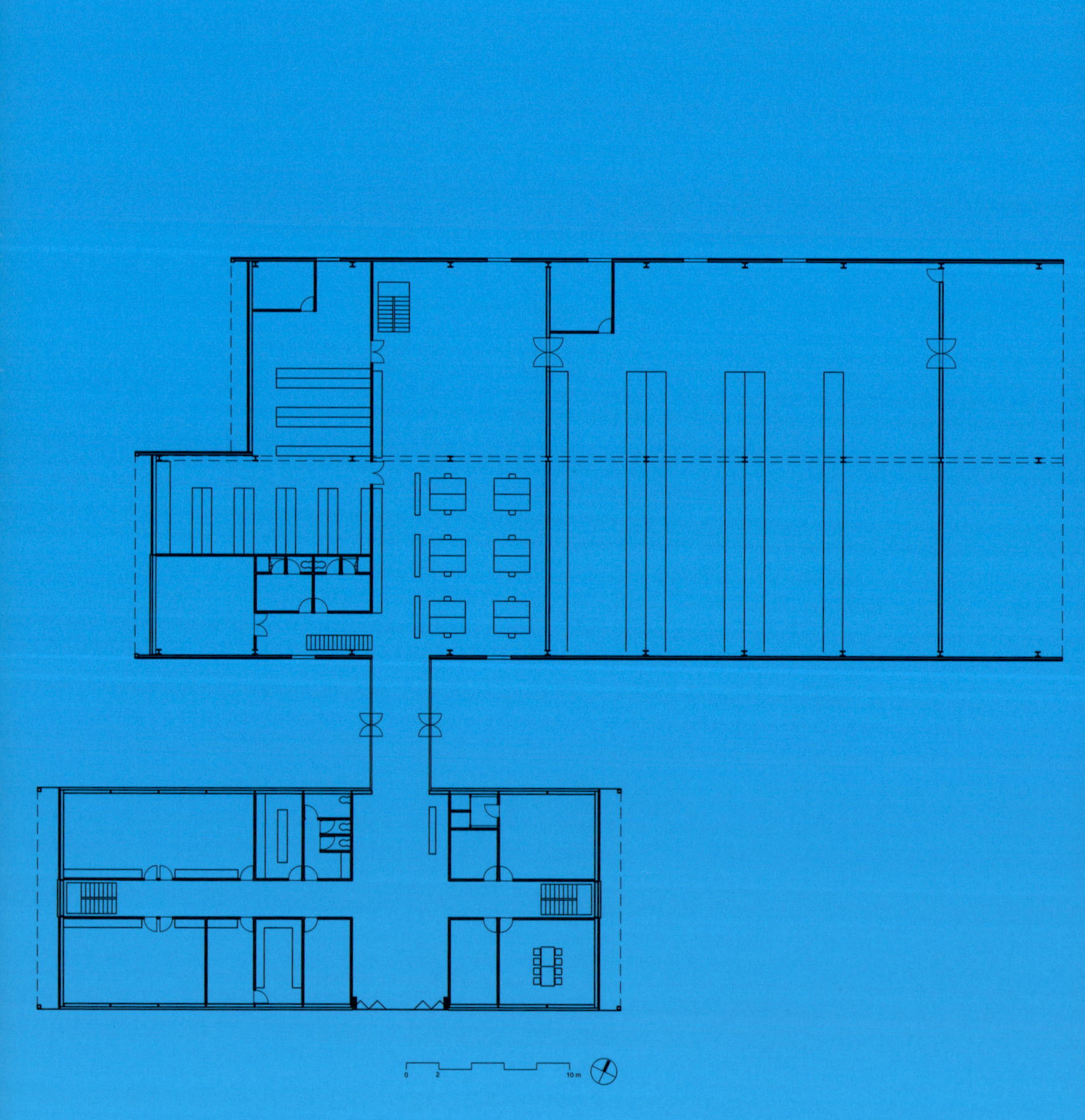

simple functional units; and this complexity structures itself as a function of its mobility: certain "networks" are selected to the detriment of others, in accordance with this environment, to facilitate adaptation to entirely new situations. And it's also for this reason that, beginning from a common system, differences appear among individuals[10]. Echoing this, I don't think that architecture today can be static. It must allow for changing roles and functions in each of the spaces of which it is composed; bringing together simple spaces suggests more complex functions and creates new possibilities. That was my ambition for the Confluences Museum: to conceive a building, the envelope of which would adapt to external conditions

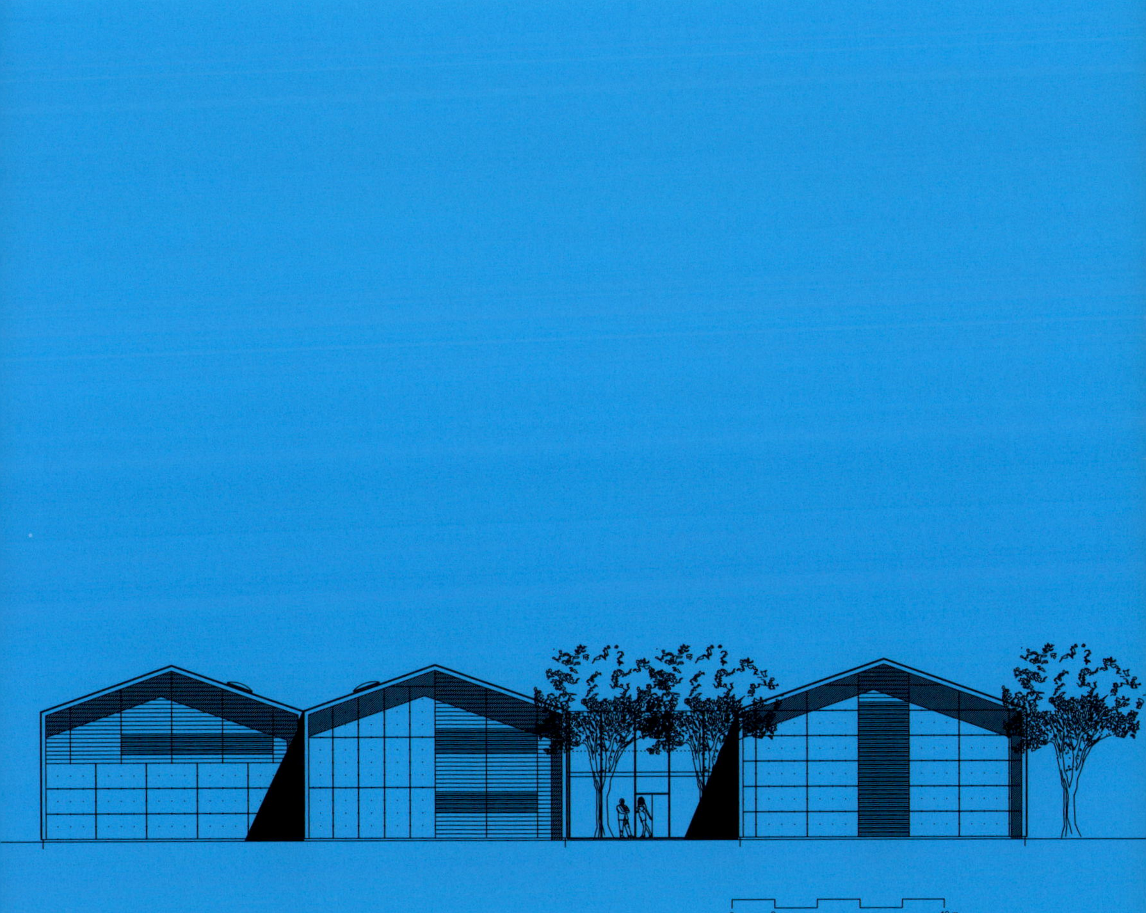

En écho, je crois qu'aujourd'hui une architecture
ne peut être statique, mais qu'elle doit offrir
la capacité de changer le rôle de chacun
des espaces constitutifs de son organisation,
et que le rapprochement d'espaces simples
suggère des fonctions plus complexes
et crée de nouvelles potentialités. C'était là
mon ambition pour le musée des Confluences :

imaginer un bâtiment dont l'enveloppe varie
en fonction des conditions extérieures,
comme la lumière ou la température, et qui
ait également une capacité d'évolution liée
à des signaux nouveaux variant au cours
du temps suivant des événements intérieurs,
comme ceux créés par les personnes qui
y circulent ou les activités qui y prennent place.

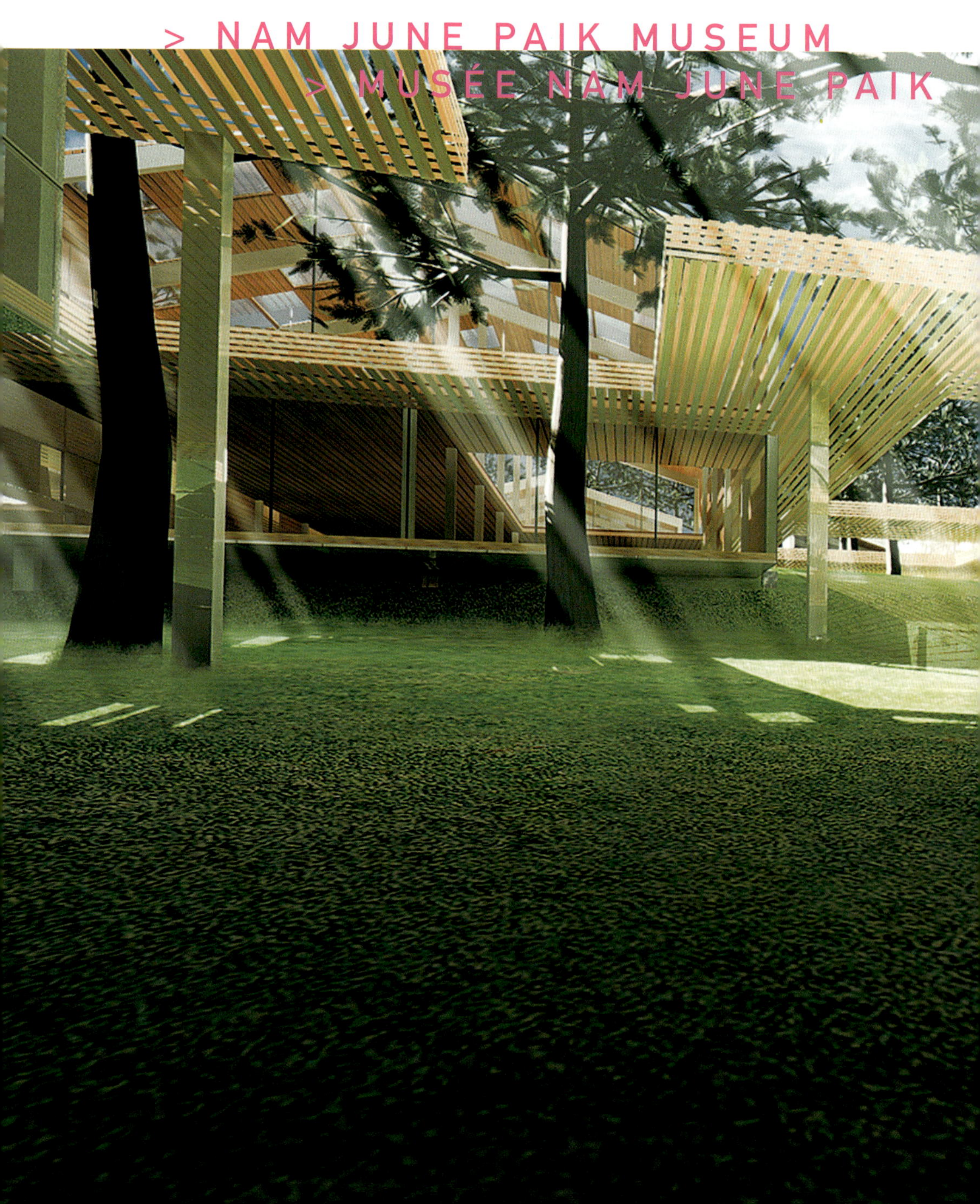

such as light and temperature, but which would also have the capacity to evolve in relation to new signals that vary over the course of time as a result of interior events, such as the movement of people or the activities within the building. The way we imagined the plans for most of our projects comes from our belief that simple functions united in a neutral structure create the ingredients of future complexity, a complexity that is not, however, dictated by the architecture: the architecture is capable of adapting itself, of enriching itself, of transforming itself. Life, it seems, works this way. But, paradoxically, projects that begin by formalizing complexity eliminate the possibility of liberty. To sum up, the idea

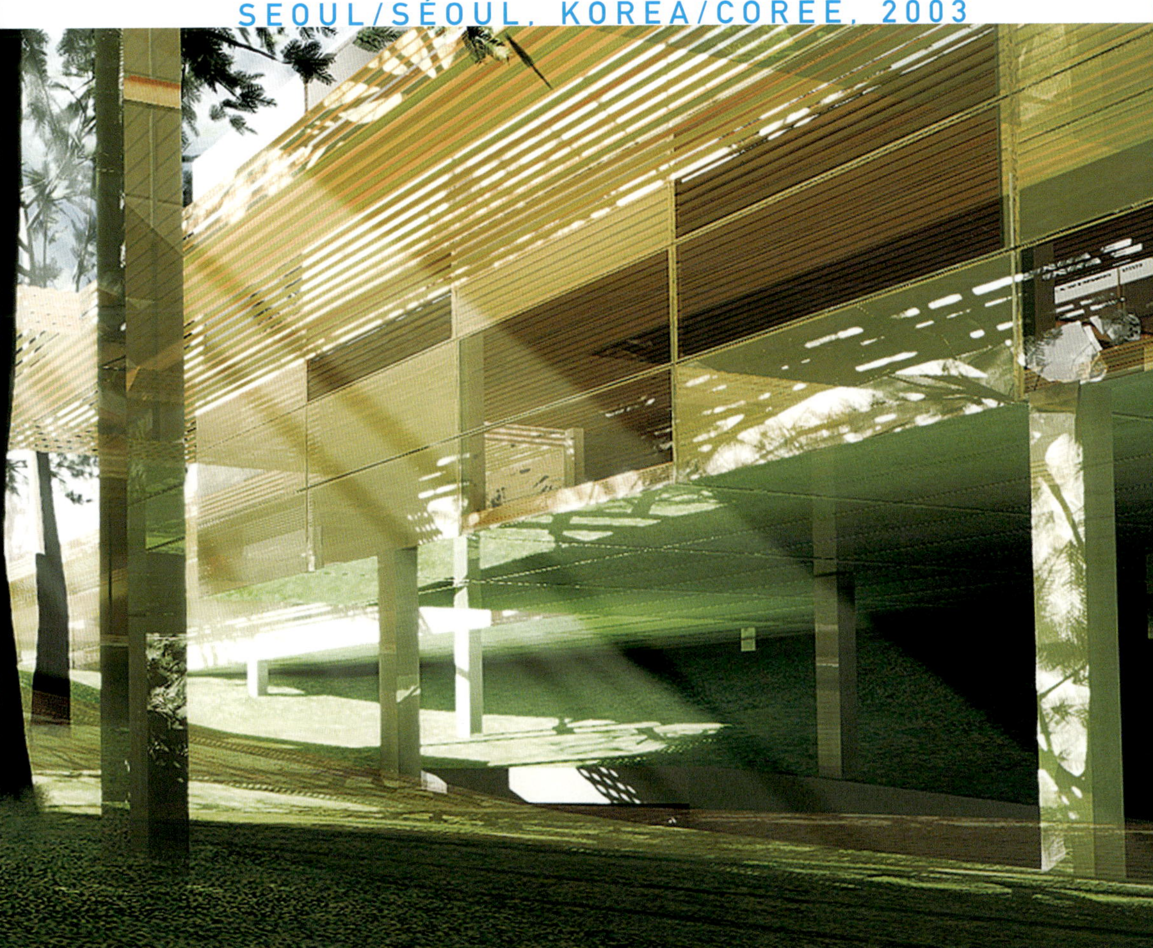

La façon dont nous avons imaginé les plans
de la plupart de nos projets vient de la conviction
que des fonctions simples réunies dans un
dispositif neutre créent les ingrédients d'une
complexité future – qui n'est cependant pas dictée
par l'architecture – capable de s'adapter,
de s'enrichir et de se transformer. La vie paraît-il
fonctionne ainsi… Alors que paradoxalement

les projets qui formalisent d'emblée la
complexité retirent toutes possibilités de liberté.
Pour conclure, l'idée du plan neutre qui propose
un dispositif rigoureux de réponse à
l'organigramme est finalement une critique
implicite du cahier des charges, car il offre
dès le départ les moyens de contourner celui-ci,
de le faire évoluer, de l'adapter, et finalement

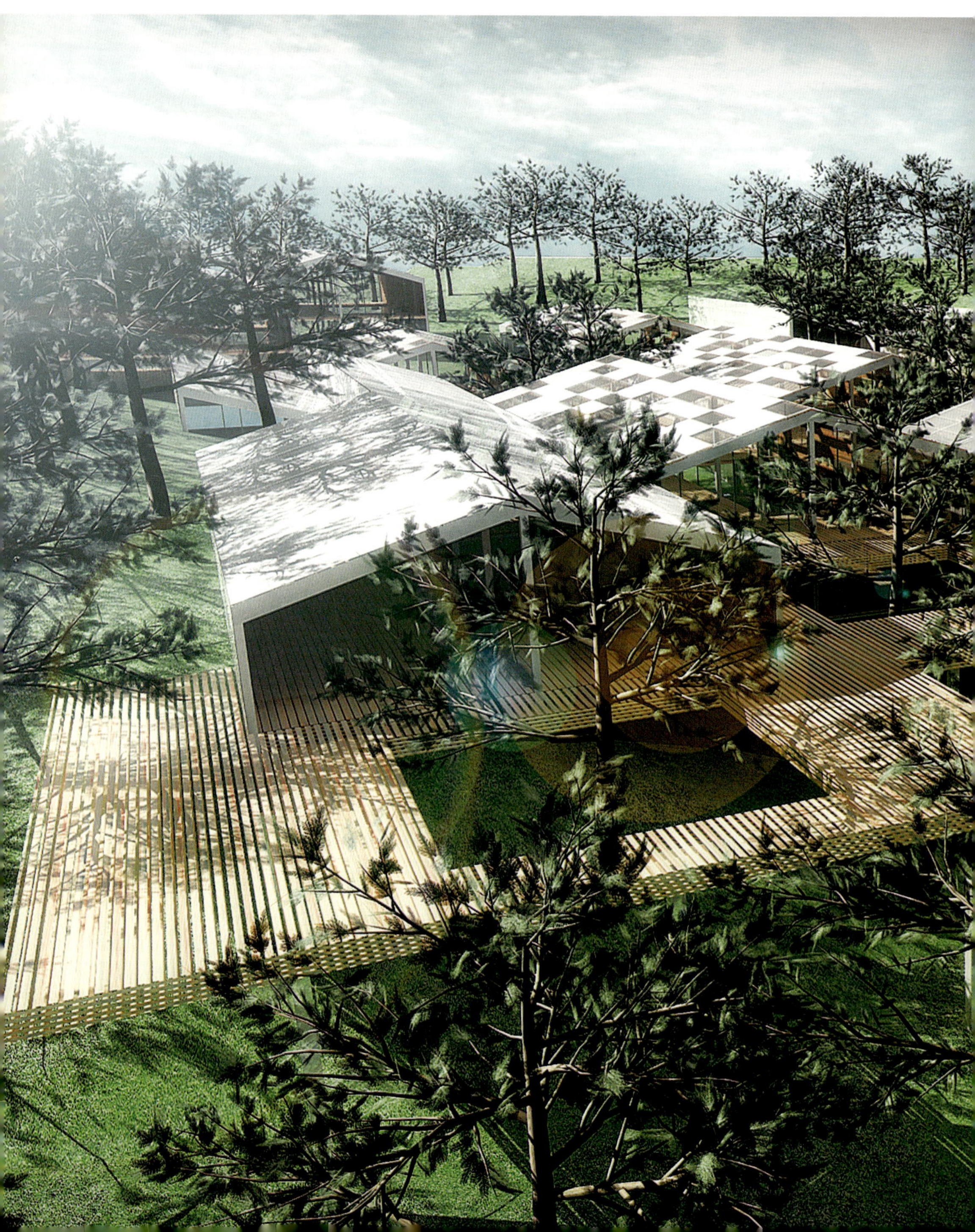

of a neutral plan that proposes a rigorous response to a project's specifications is, in essence, an implicit critique of the specifications because it offers, from the beginning, ways of by-passing the specifications by evolving, adapting, and finally of surpassing them by evoking a multiplicity of unforeseen functions.

Functionalism has often been criticized as being a way of refusing or of not knowing how to respond to the question of context. We saw this clearly with the International Style of the post-war period. Your approach to projects, in which technical, economic, and utilitarian questions dominate, can, to a certain extent, be described as

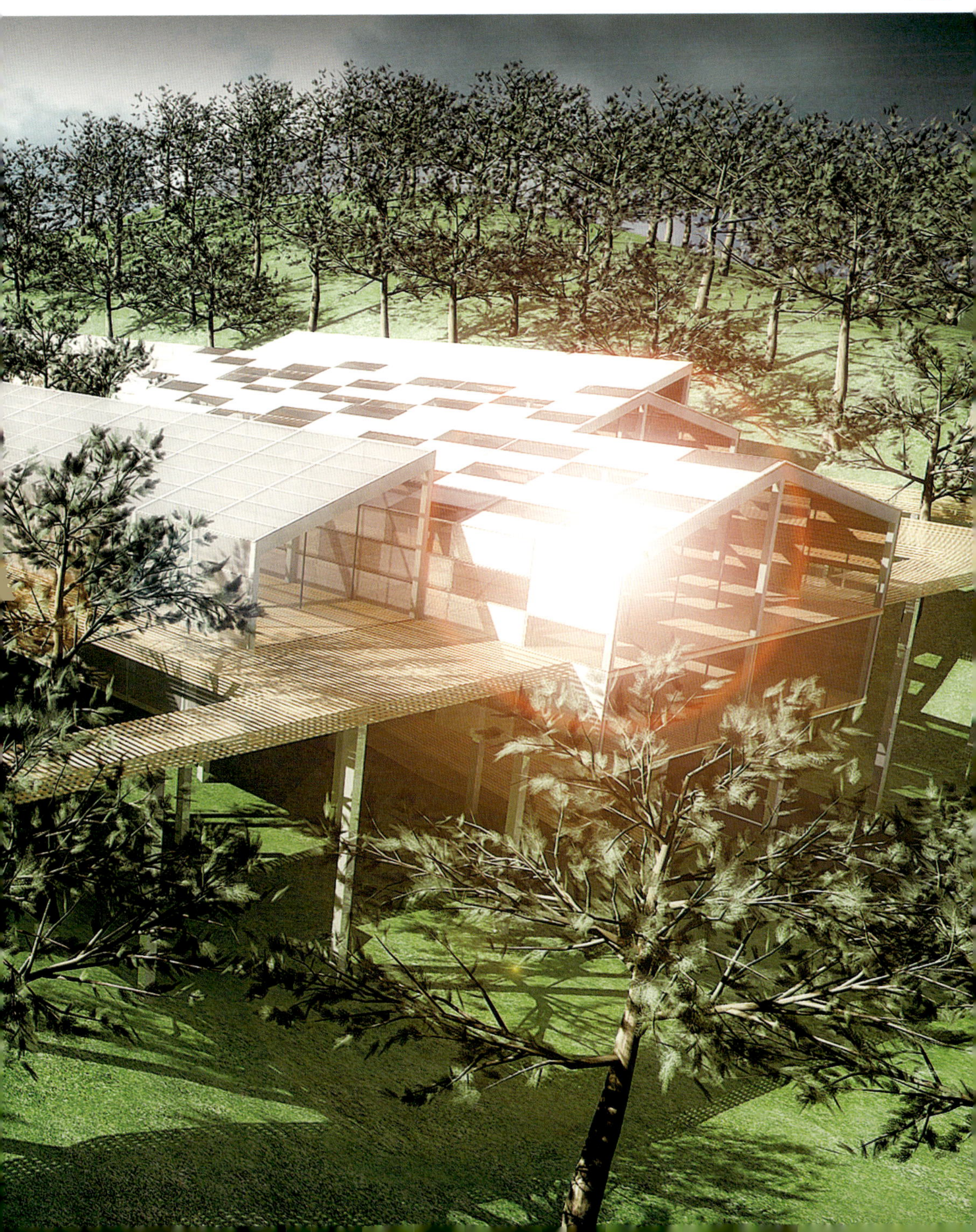

de le dépasser en suscitant de multiples
fonctions imprévues.

On a souvent reproché au fonctionnalisme
d'être une façon de refuser ou de ne pas savoir
répondre à la question du contexte. On l'a bien
vu avec le style international de l'après-guerre.
D'une certaine façon, votre approche du projet

où dominent les questions techniques,
économiques et programmatiques pourrait être
qualifiée de fonctionnaliste. Pourtant, lorsque
l'on regarde vos réalisations : à Sophia-Antipolis,
Nantes, Paris ou Villeneuve-d'Ascq, malgré
une grande similitude dans l'emploi de formes
toujours très simples – génériques dites-vous –
chacun de ces bâtiments semble s'inscrire

>218

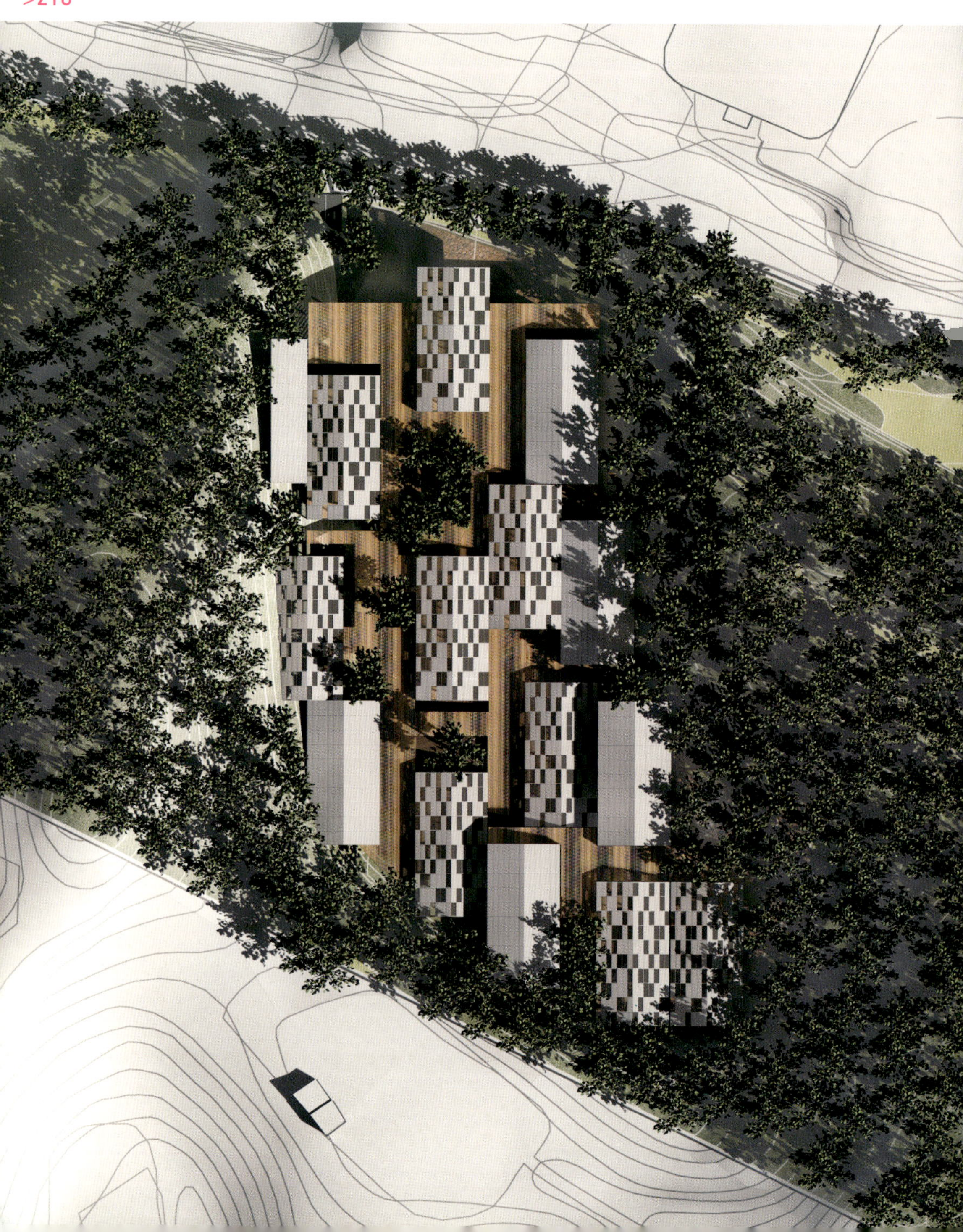

That's a difficult question to answer. Let's
look at the Inria building in Sophia-Antipolis
and at the Isomer Laboratory in Nantes;
both buildings were conceived at about
the same time; they have similar dimensions;

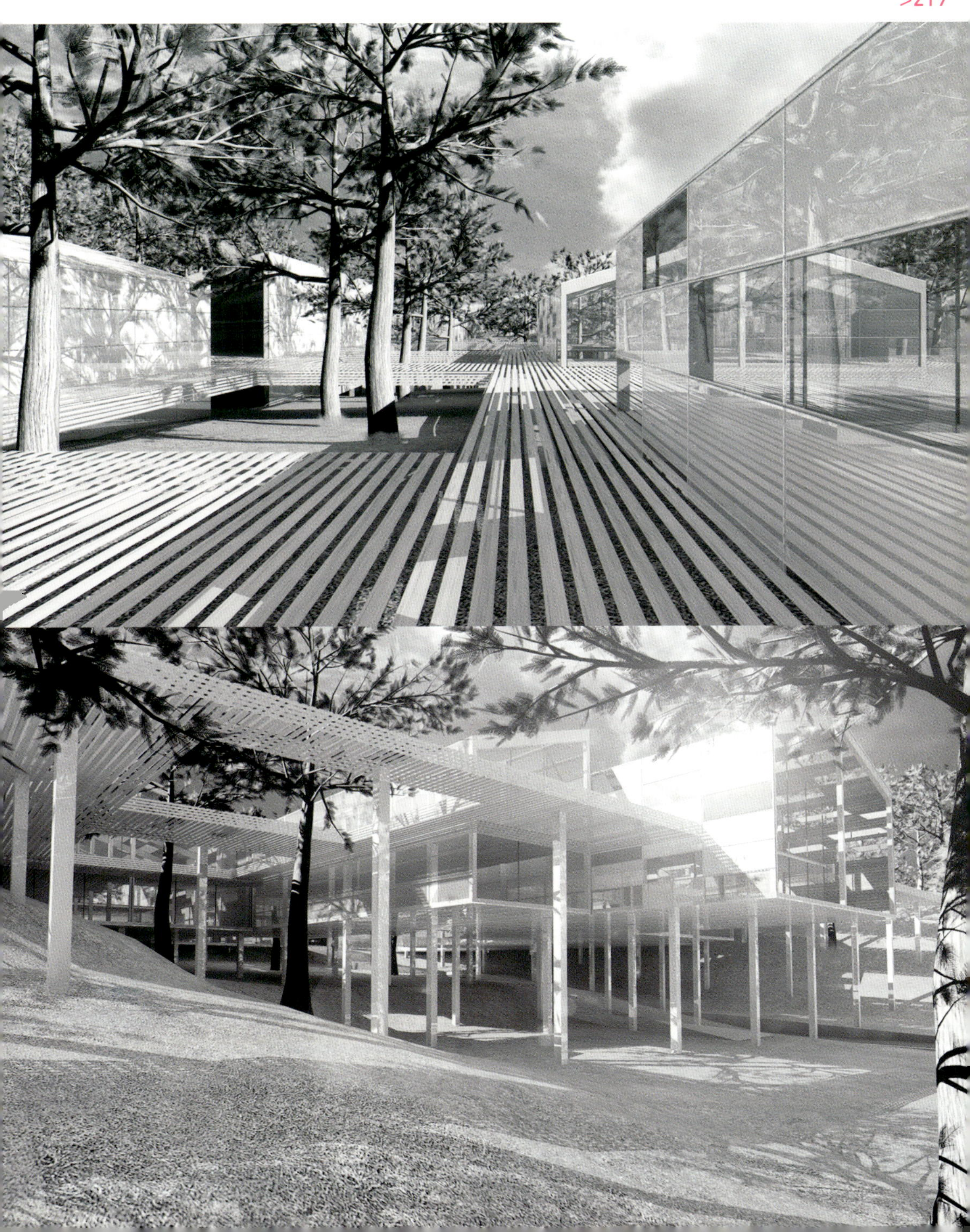

naturellement dans le site, être en intelligence avec le lieu. À quel moment dans votre travail et comment le projet parvient-il à entrer en résonance avec son environnement?

C'est une question à laquelle il est difficile de répondre. Si l'on considère les bâtiments pour l'Inria à Sophia-Antipolis et pour Isomer à Nantes, ce sont deux bâtiments qui ont été conçus presque en même temps, qui ont des tailles similaires, et qui sont tous deux des laboratoires. Le premier a un dispositif de brise-soleil — je fais référence aux dalles qui s'avancent et qui font ombre sur la façade, il utilise la pierre du site pour la maçonnerie des murs et s'installe dans la pente sur des pilotis; bref l'ensemble donne

> CITROËN SHOWROOM
> SHOWROOM CITROËN

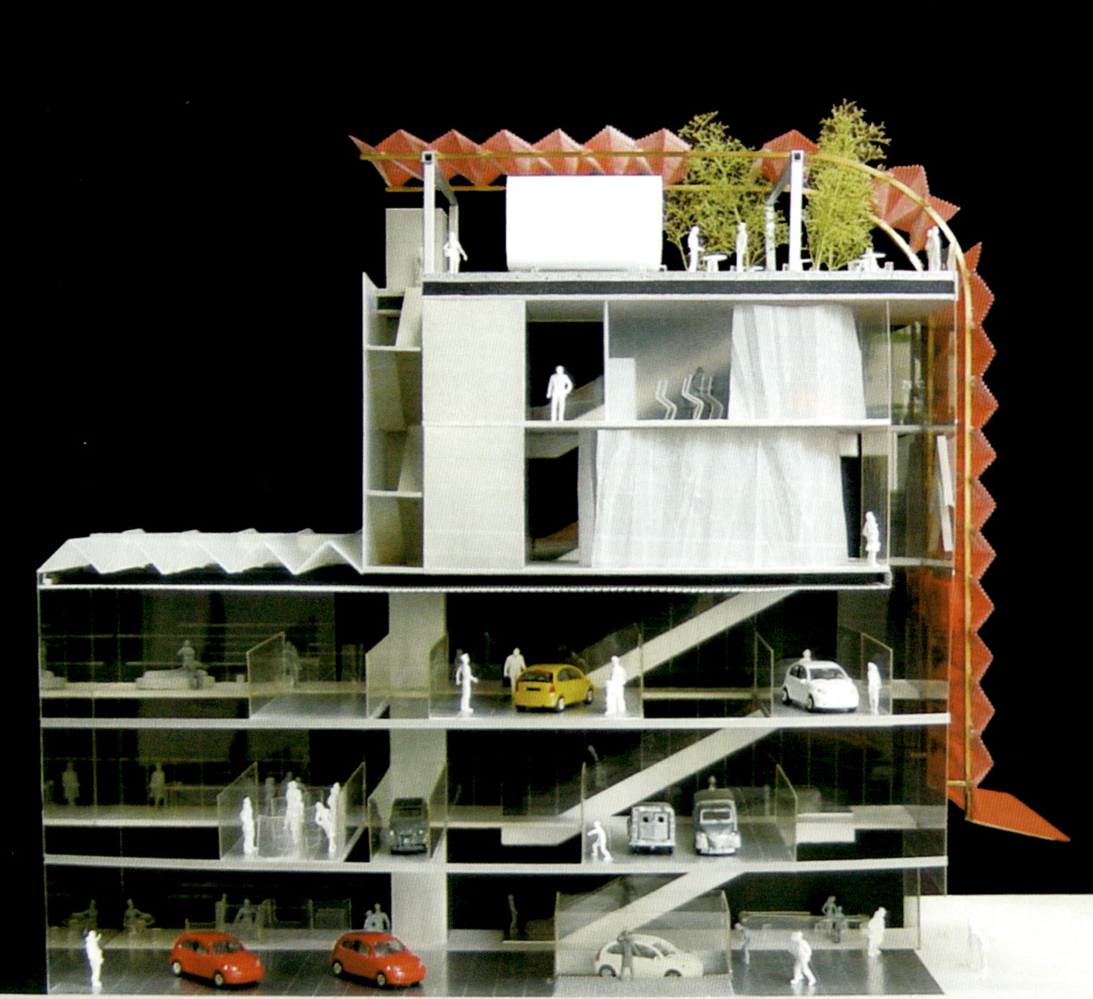

they are both laboratories. The first has a louvered sunshade; I'm referring to the slates that project outwards and shade the façade; it uses stone from the site for the stonework of the walls; and it is situated on the slope and supported on piles; in brief, the whole effect is of a Mediterranean building, and when one sees even a partial image of this building, even totally out of context, it is impossible to imagine the building anywhere else but in the South. The Isomer Building, conceived on the same structural principle of tiered slates, superposes two façades; in the foreground an opalescent white plastic veil; in the background, grey and pale green walls; this creates a continually changing exterior

PARIS, FRANCE, 2002

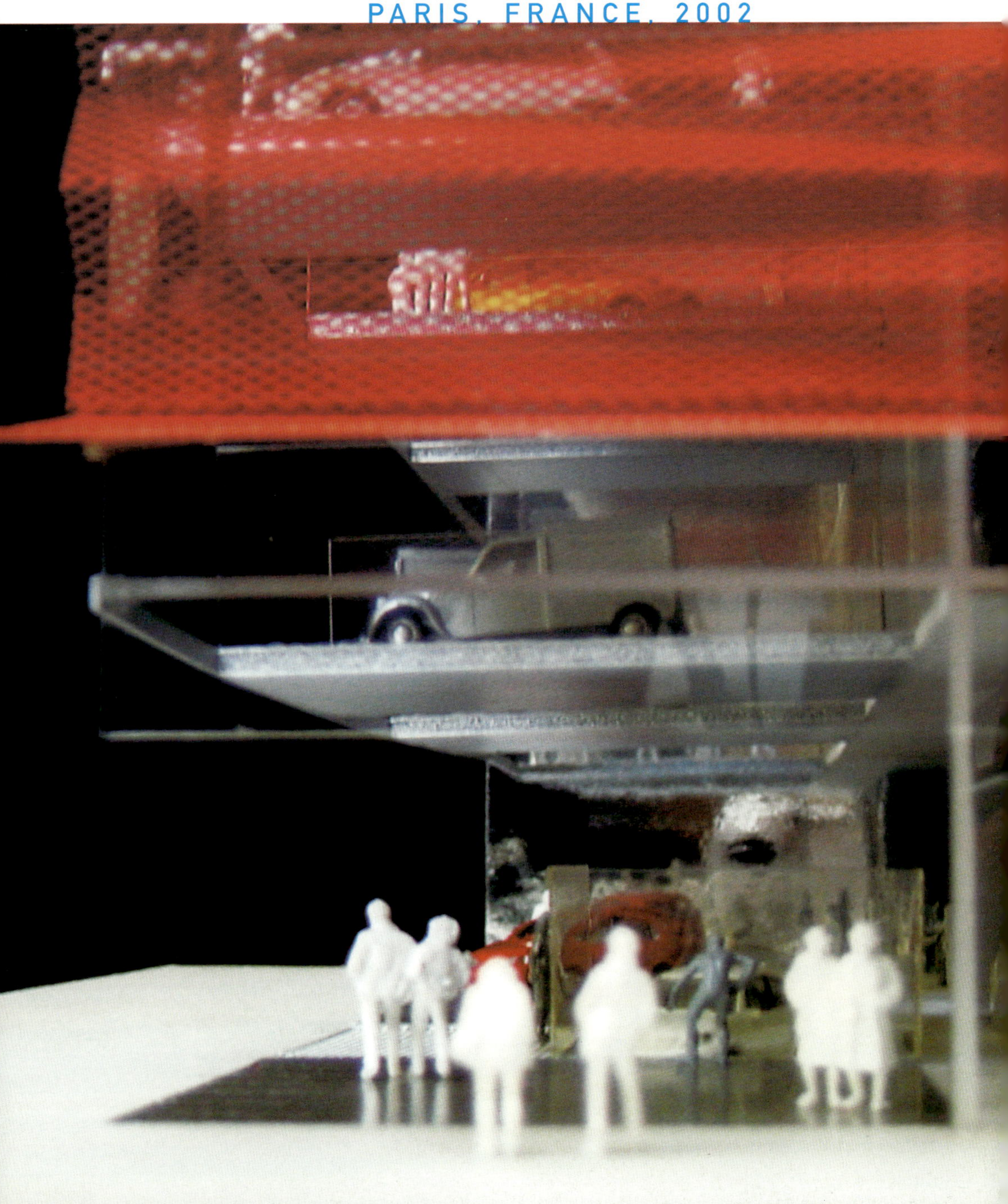

à voir indéniablement un bâtiment méditerranéen, et quand on en aperçoit une image même partielle, même détachée de son contexte, il est impensable de l'imaginer ailleurs que dans le Sud. Le bâtiment pour Isomer, conçu sur le même principe constructif de dalles en balcon, superpose deux façades : en premier plan une résille en plastique blanc opalescent, en second plan des murs gris et vert pâle. Cela crée une enveloppe toujours changeante qui joue avec les nuages, avec le ciel mouillé, qui capte la moindre variation de lumière, toute une série de qualités qui évoquent le climat océanique… Pourtant à aucun moment, la question ne s'est posée en termes régionalistes à l'agence. Il y a, je crois,

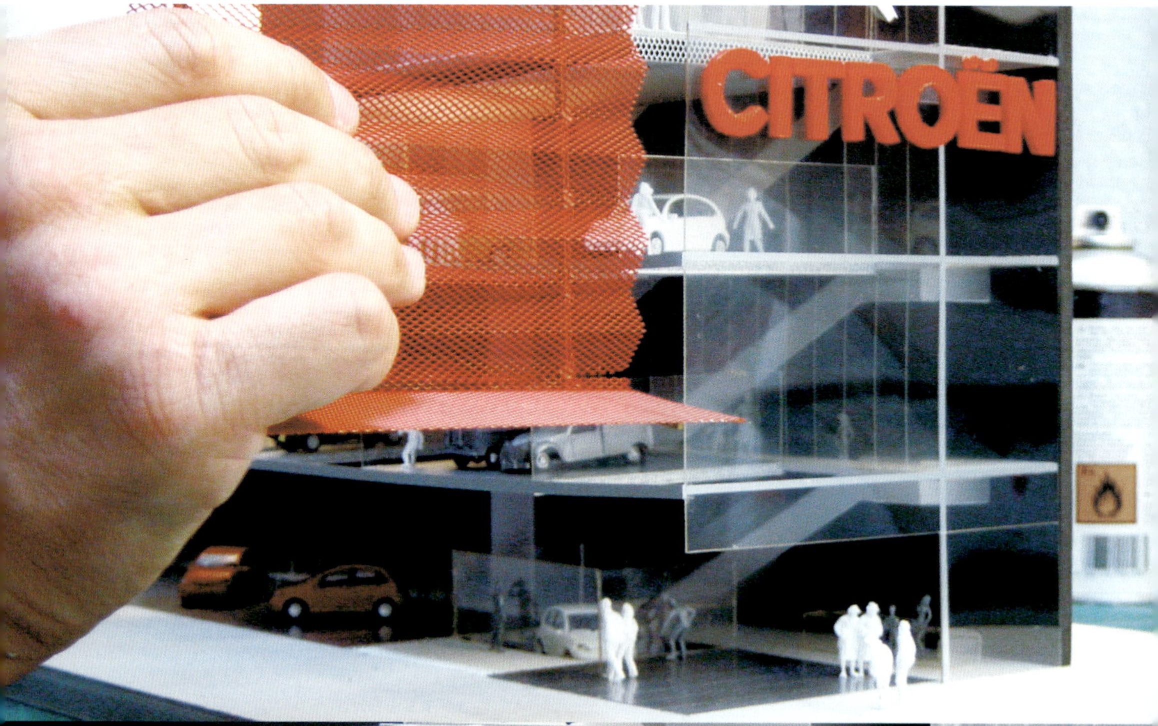

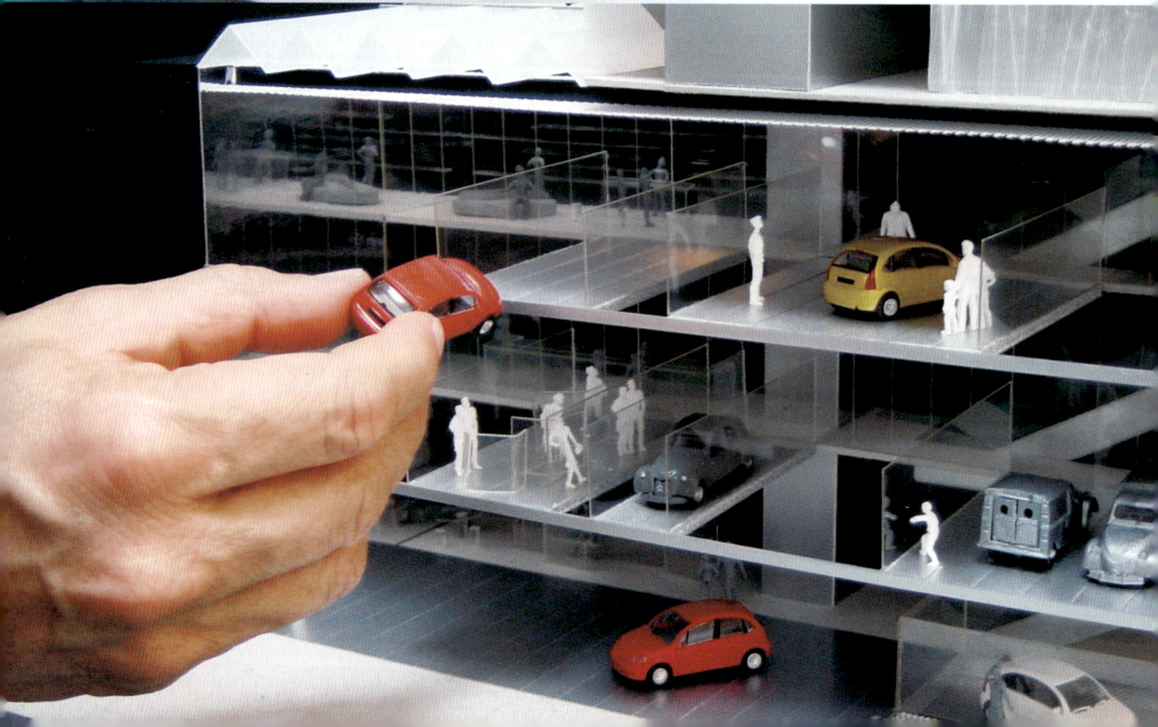

that interacts with the clouds, and with a damp
sky, which captures even minimal variations
of light, a whole series of qualities that evoke
an oceanic climate. But the question was never
posed to the studio in regionalist terms.
In the every project, there are, I think, slack
times, sort of voids or empty moments
in the process of creation, and these create
a permeability so that elements linked to the
site, to the climate, to the context, can slip
in and subtly modify the style of the project.
This permeability is possible because when
one talks of technology, of purpose, of function,
of cost, or of practical things in a more general
sense, one talks very little of form, and as a
result, one does not lock oneself into a solution,

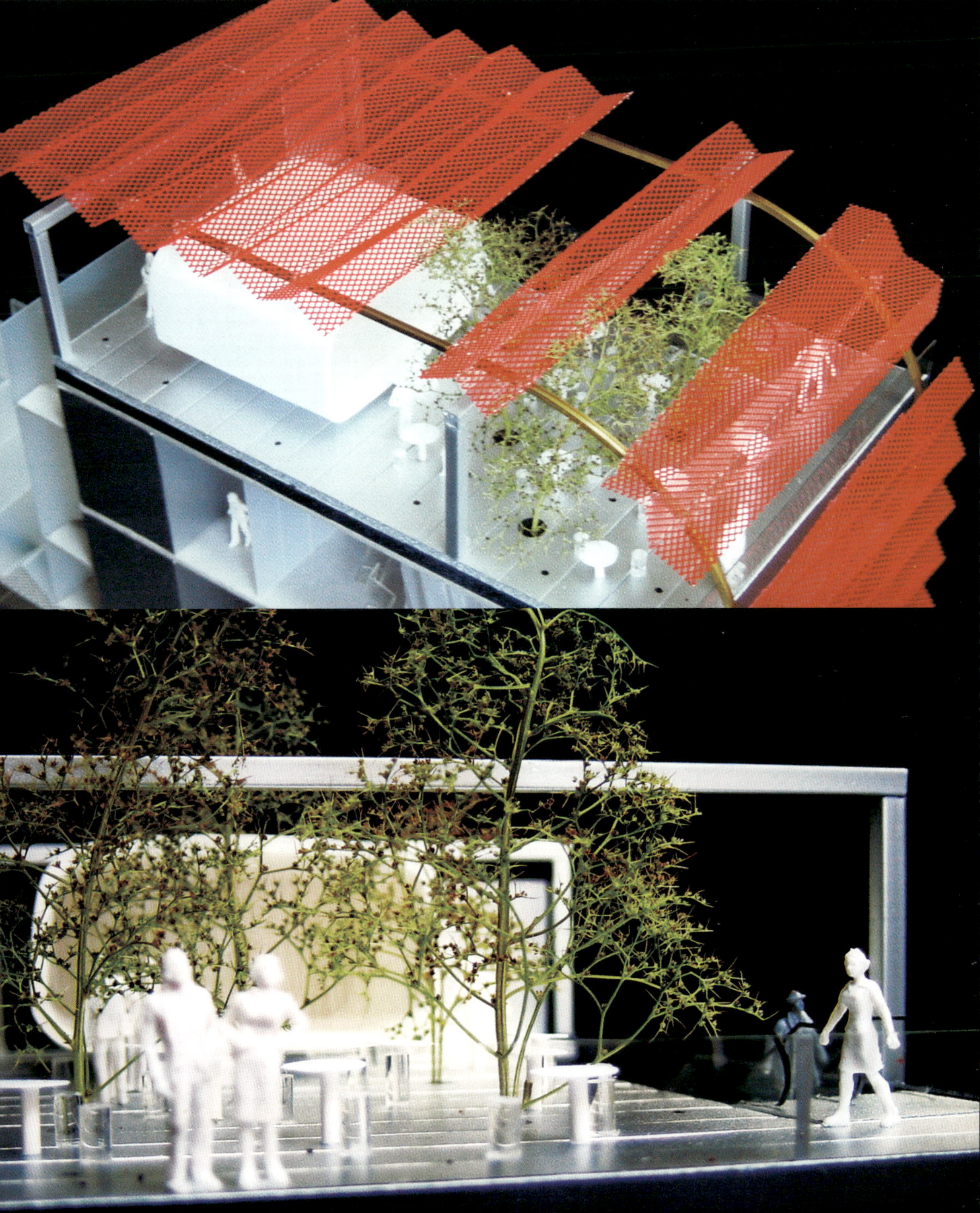

dans la façon dont on fait le projet des temps
morts, comme des vides dans le processus
de conception qui créent une perméabilité propice
à ce que des éléments liés au site, au climat,
au contexte se glissent et modifient subtilement
l'écriture. Cette ouverture est possible car
quand on parle de technique, de programme,
de fonction, de coût, ou plus généralement

de choses concrètes, on parle très peu de formes
et par conséquent on ne se verrouille pas,
on ne se bloque pas sur cette question. La forme
n'est pas imposée par une idéologie esthétique,
comme vous l'évoquiez dans le style
international, mais elle ne suit pas non plus
la fonction… Le style international c'est :
même fonction même forme. Mais nous qui

> AIR FRANCE
INDUSTRIES

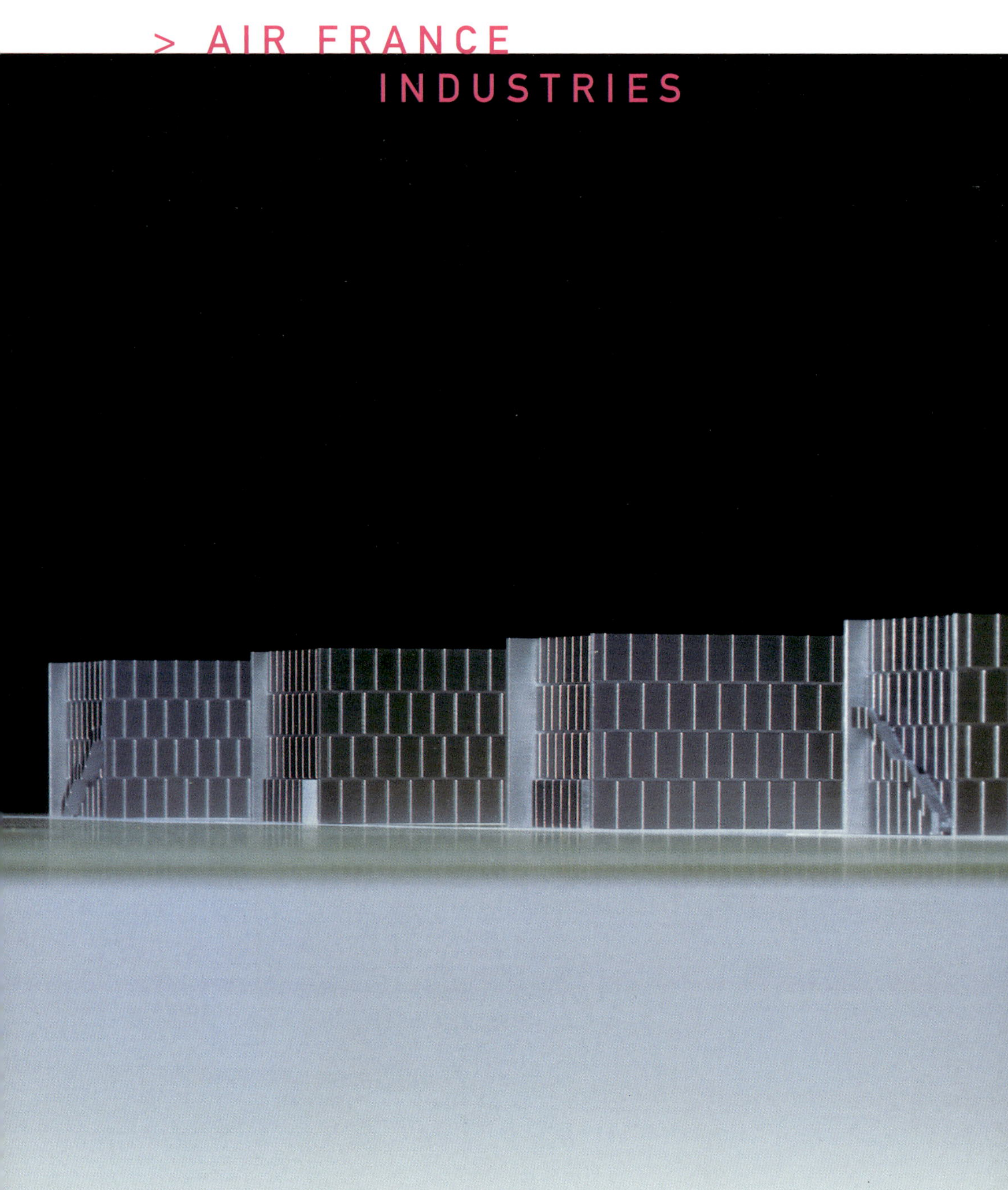

one doesn't get stuck on this question.
The form is not imposed by an aesthetic
ideology of the kind you evoked in referring
to the International Style, but it isn't imposed
by the function either. The International Style
gives you the same form for the same function.
But we at the studio discuss functions a great
deal, and we realize that this does not

necessarily imply a specific underlying form.
The approval phases of the studies or drawings
by the client, which are often too long, have
at least the advantage of slowing the rhythm,
of giving one time to dream. In these empty
moments the spirit of place gently insinuates
itself – atmospheres of the landscape, hints
picked up in meetings with the various players –

>225

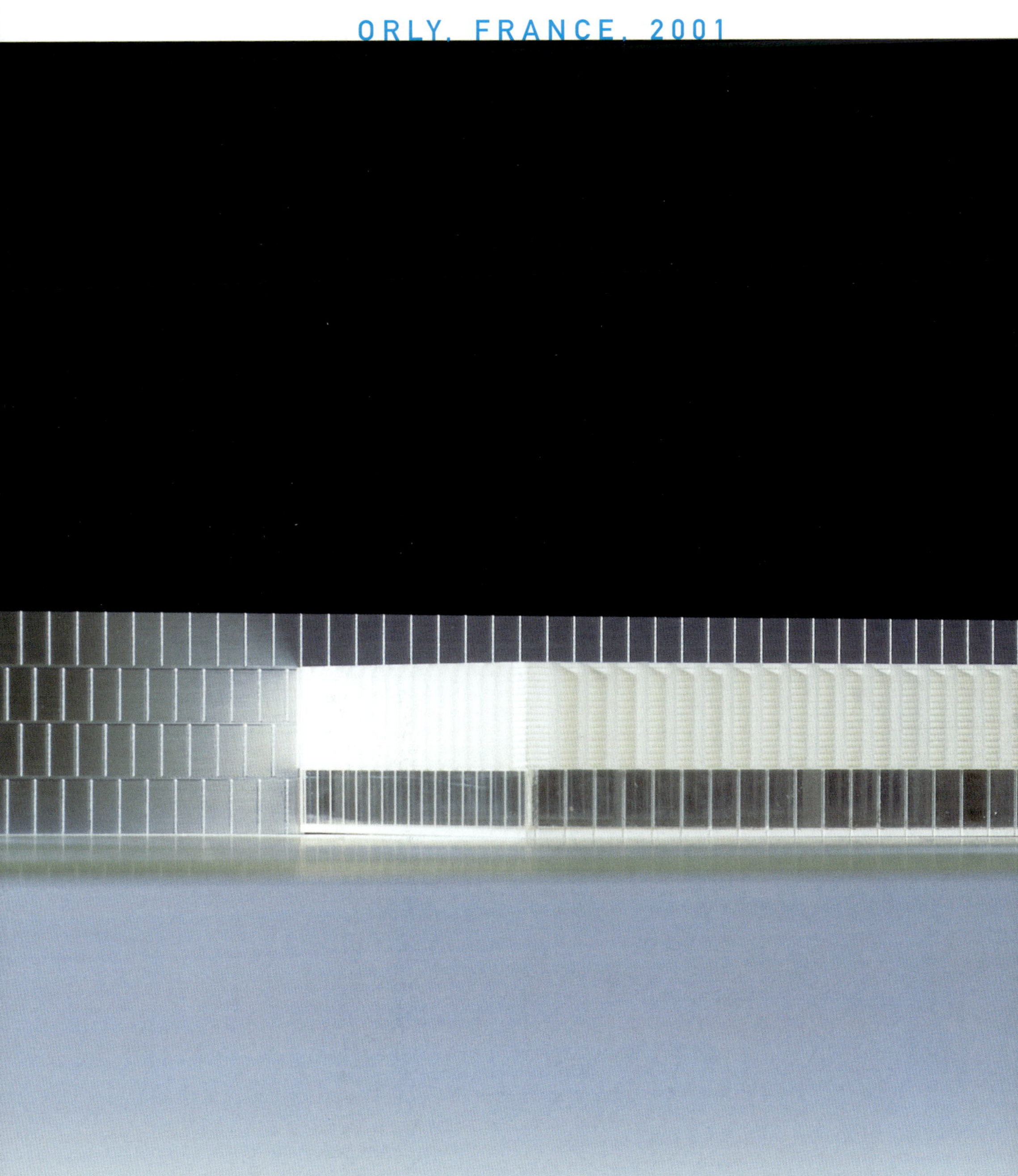

à l'agence discutons beaucoup de fonctions,
nous nous apercevons qu'aucune forme n'est
forcément sous-jacente. La durée d'approbation
des phases d'études par le client, souvent trop
longue, a au moins le mérite de ralentir
la cadence, de rêver. Dans ces temps creux
se glissent doucement l'esprit du lieu,
des atmosphères captées dans le paysage,

des informations glanées au gré des rencontres
avec les intervenants, de sorte que le projet
petit à petit se colore. Je suis persuadé que
l'architecture de l'efficacité s'avère être la plus
à même d'être une architecture du contexte.

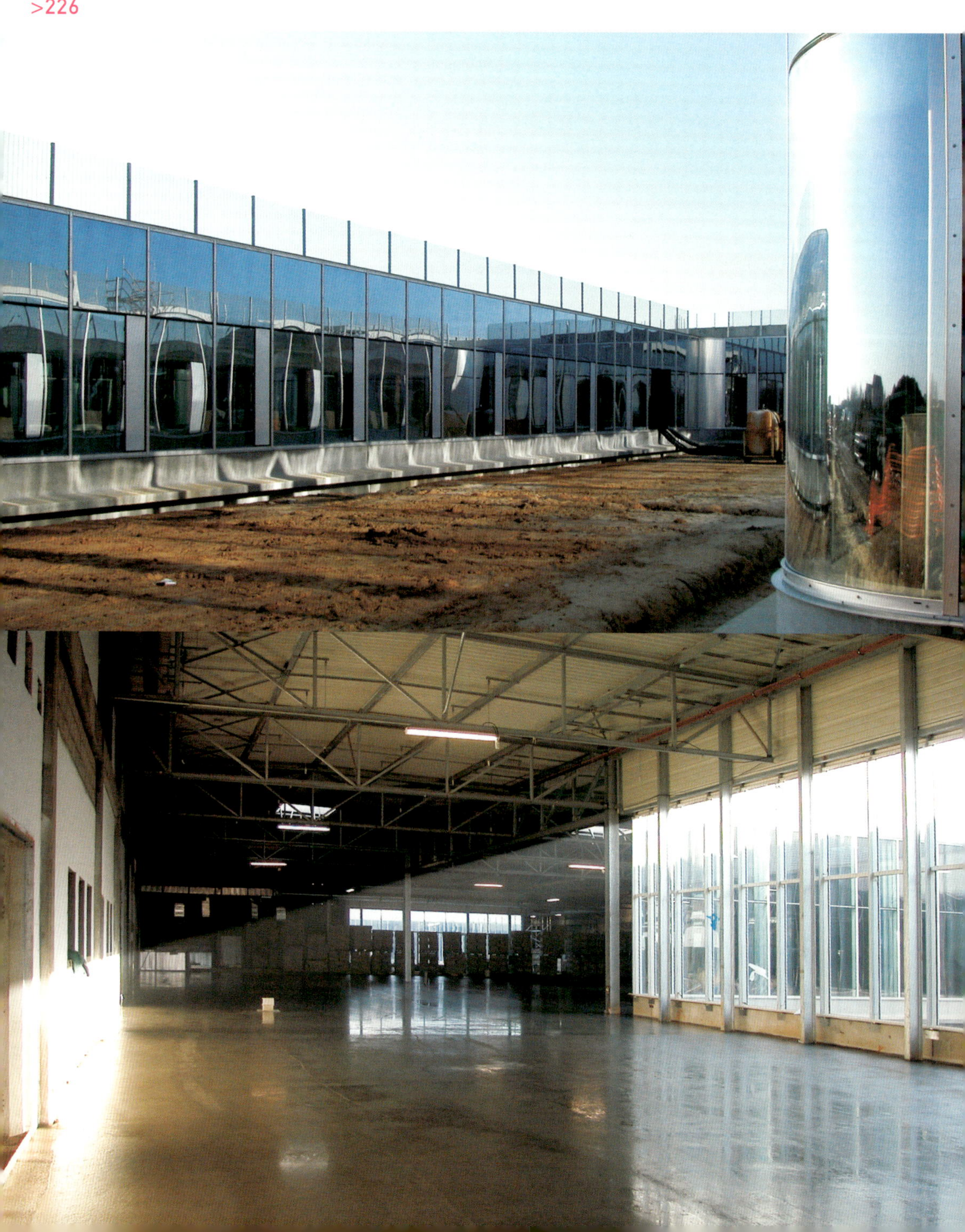

so that gradually the project takes on another
tone. I'm convinced that efficient architecture
is also the most contextual architecture.

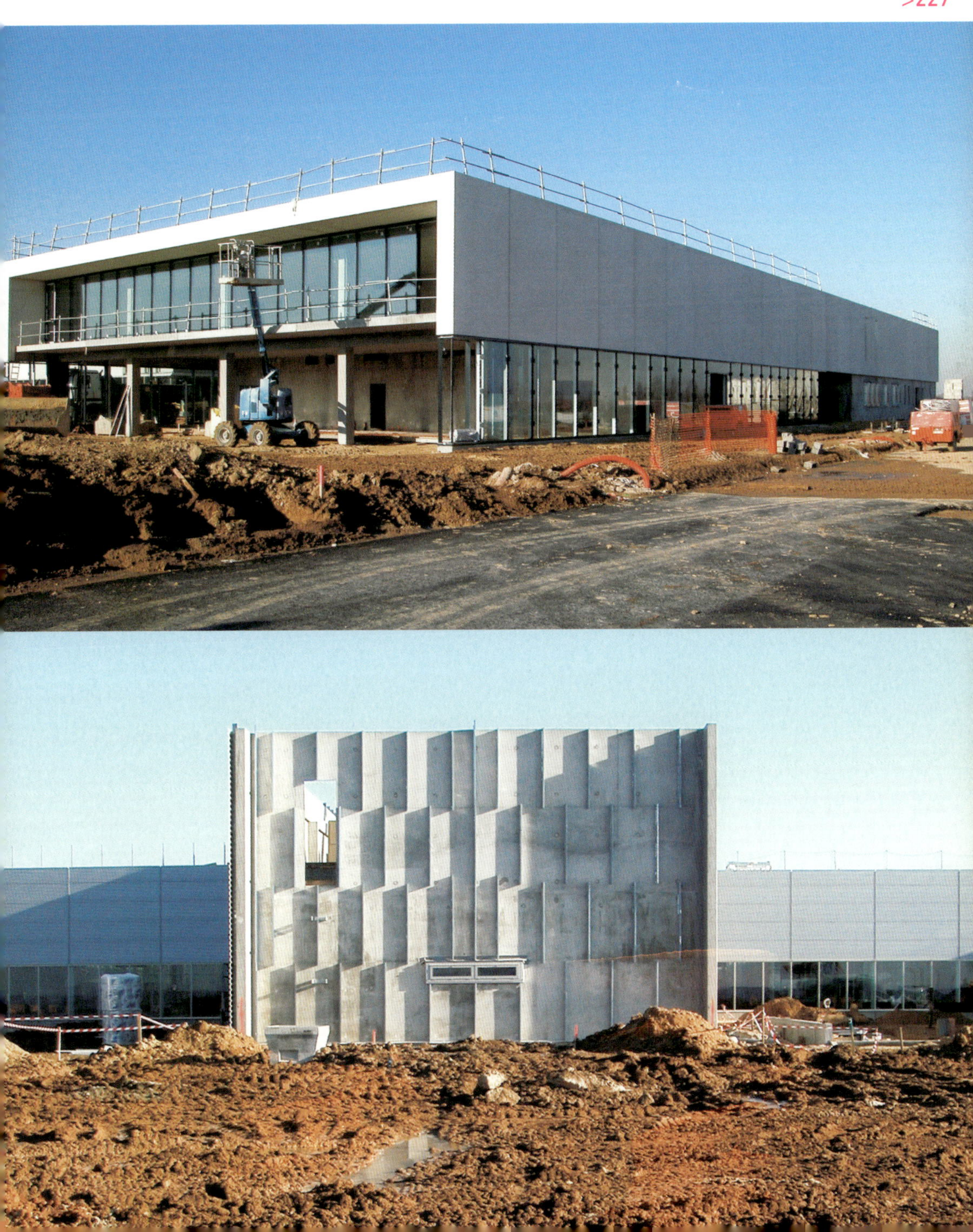

Notes

1. Réalisé en association avec François Gruson.
2. Ce projet a reçu le Prix de la première œuvre du Moniteur en 1993.
3. Ce bâtiment a été nominé pour l'Équerre d'Argent 2000, et lauréat du prix européen Observer pour les énergies renouvelables.
4. En 1990, création de l'agence en association avec François Gruson.
5. En association avec Sandra Planchez.
6. Article publié en 1965 dans *The Listener* et publié en français dans la revue *Dépliant* n°3, 1995.
7. Sigfried Giedion, *Construire en France, en fer, en béton*, trad. française de Guy Ballangé, éditions de La Villette, Paris, 2000.
8. 260 photos des chalets de Gruissan ont été exposées en janvier 2000 à l'Institut français d'architecture.
9. Alexander et Serge Chermayeff, *Intimité et vie communautaire*, trad. française, Dunod, Paris, 1977.

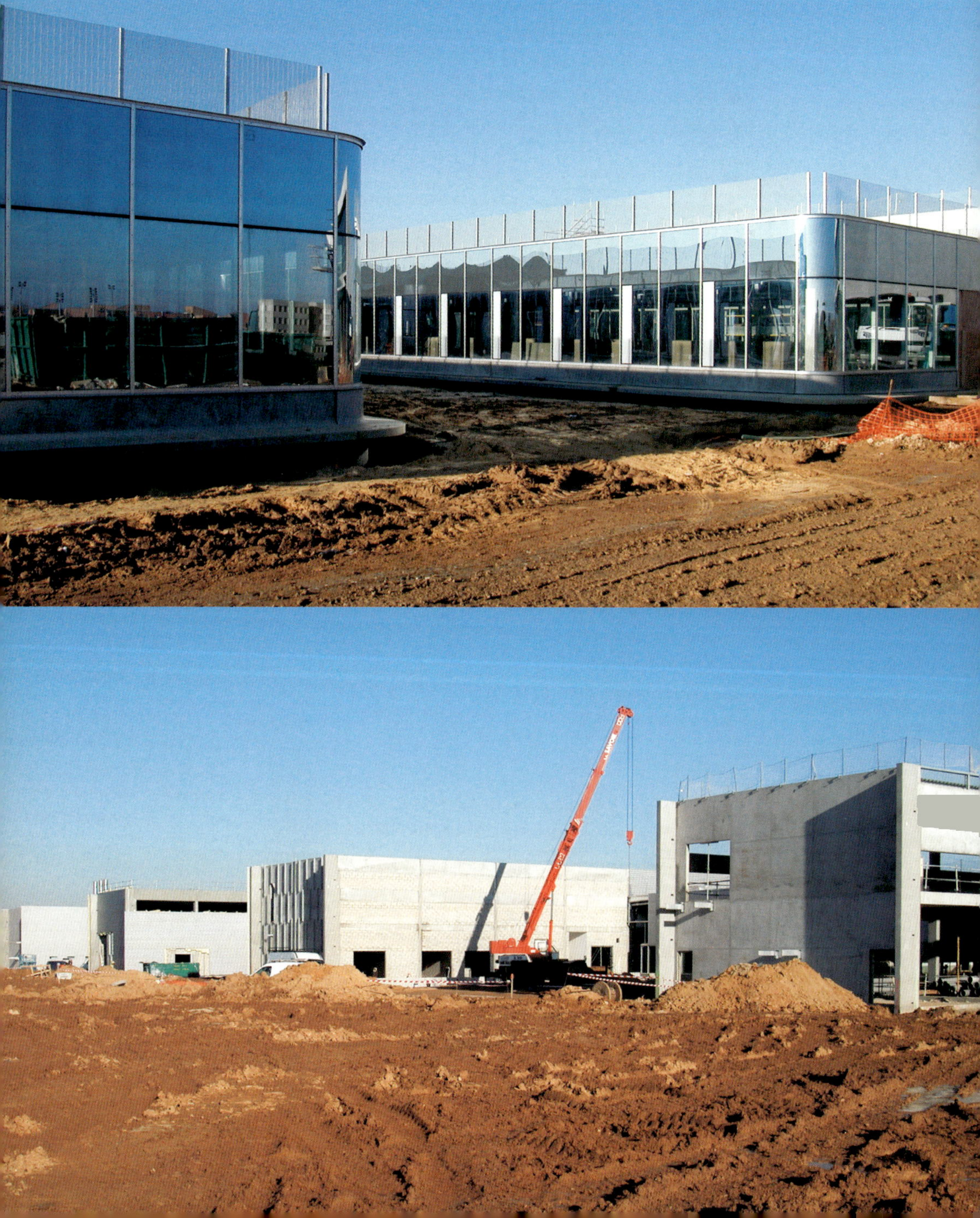

Notes

1. In collaboration with François Gruson.
2. This project was awarded the Prix de la première œuvre du Moniteur in 1993.
3. This building was nominated for the l'Équerre d'Argent 2000, and was awarded the European Observer Prize for renewable energies.
4. Foundation of studio in partnership with François Gruson in 1990.
5. In collaboration with Sandra Planchez.
6. An article published in 1965 in *The Listener* and published in French in *Dépliant*, Vol. 3, 1995.
7. Sigfried Giedion, *Building in France [...]*, translated into English from the original German, J Paul Getty Museum Publications, 1995.
8. 260 photographs of the vacation cabins in Gruissan were exhibited at the Institut Français d'Architecture in January 2000.
9. Alexander and Serge Chermayeff, *Community*

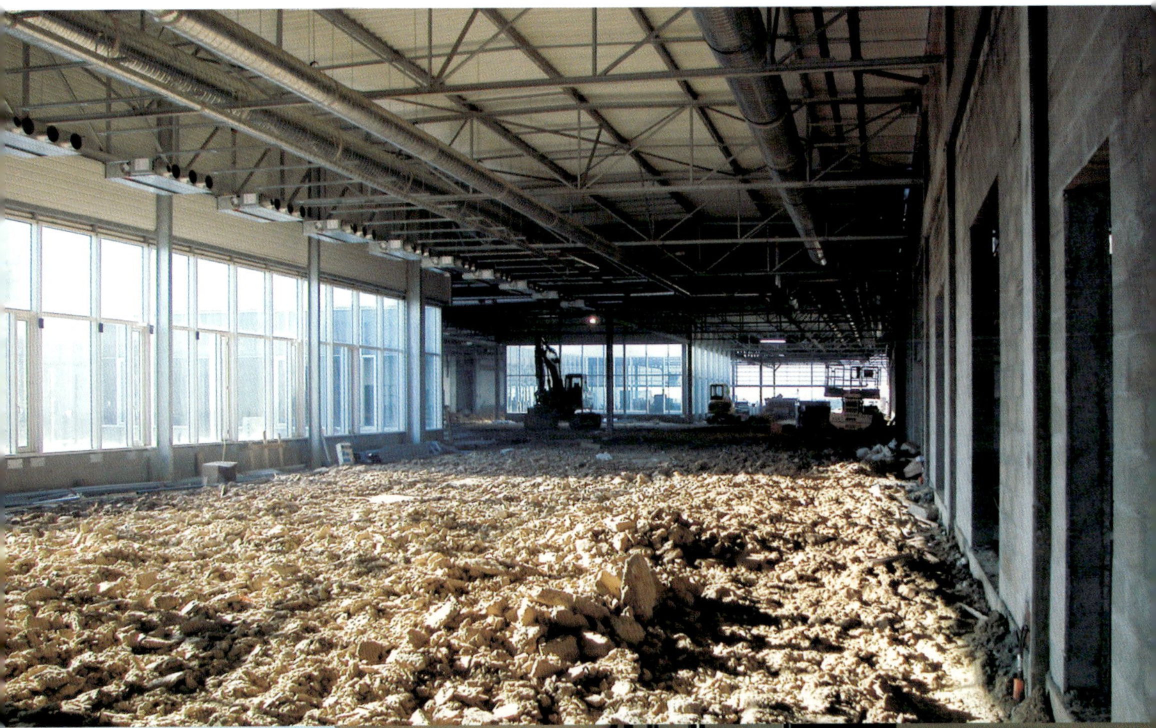

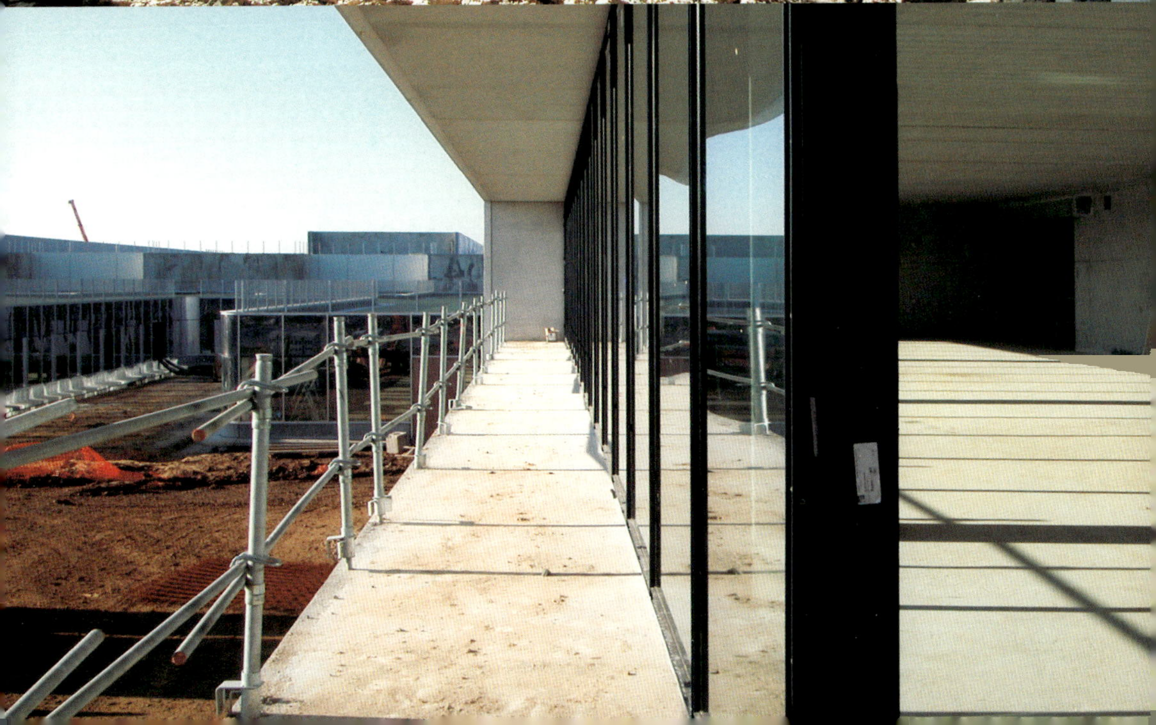

10. Jacques Glowinski,
professeur au Collège
de France, spécialiste
du cerveau, et Jacques
Ferrier ont donné une
conférence commune
abordant notamment
ce thème à l'école
d'architecture de Nantes
en mars 2002.

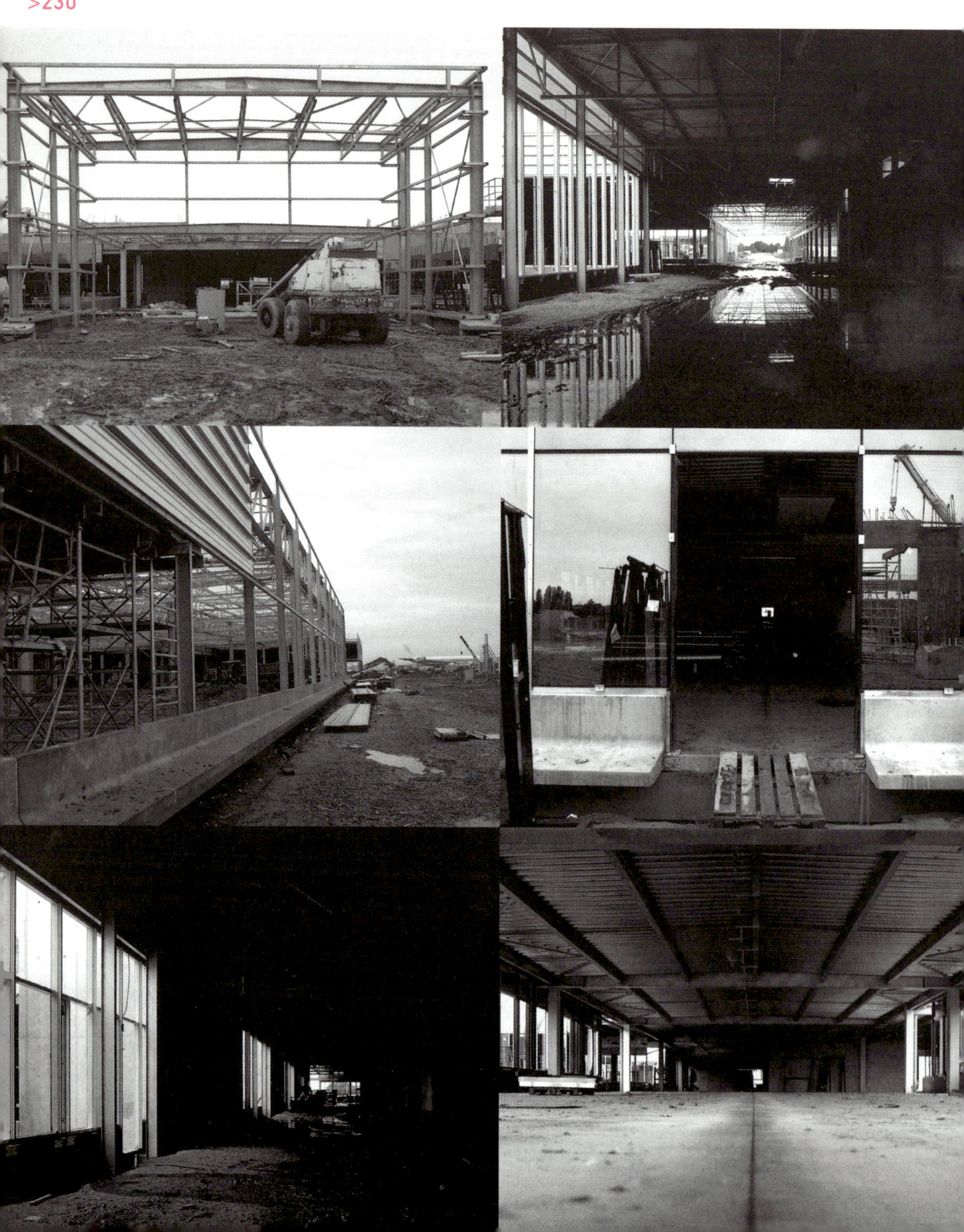

and Privacy: towards a new architecture of Humanism, Doubleday, 1963.
10. Jacques Glowinski, Professor at the Collège de France and a brain specialist, and Jacques Ferrier, held a joint conference on this very theme at the School of Architecture in Nantes in March 2002.

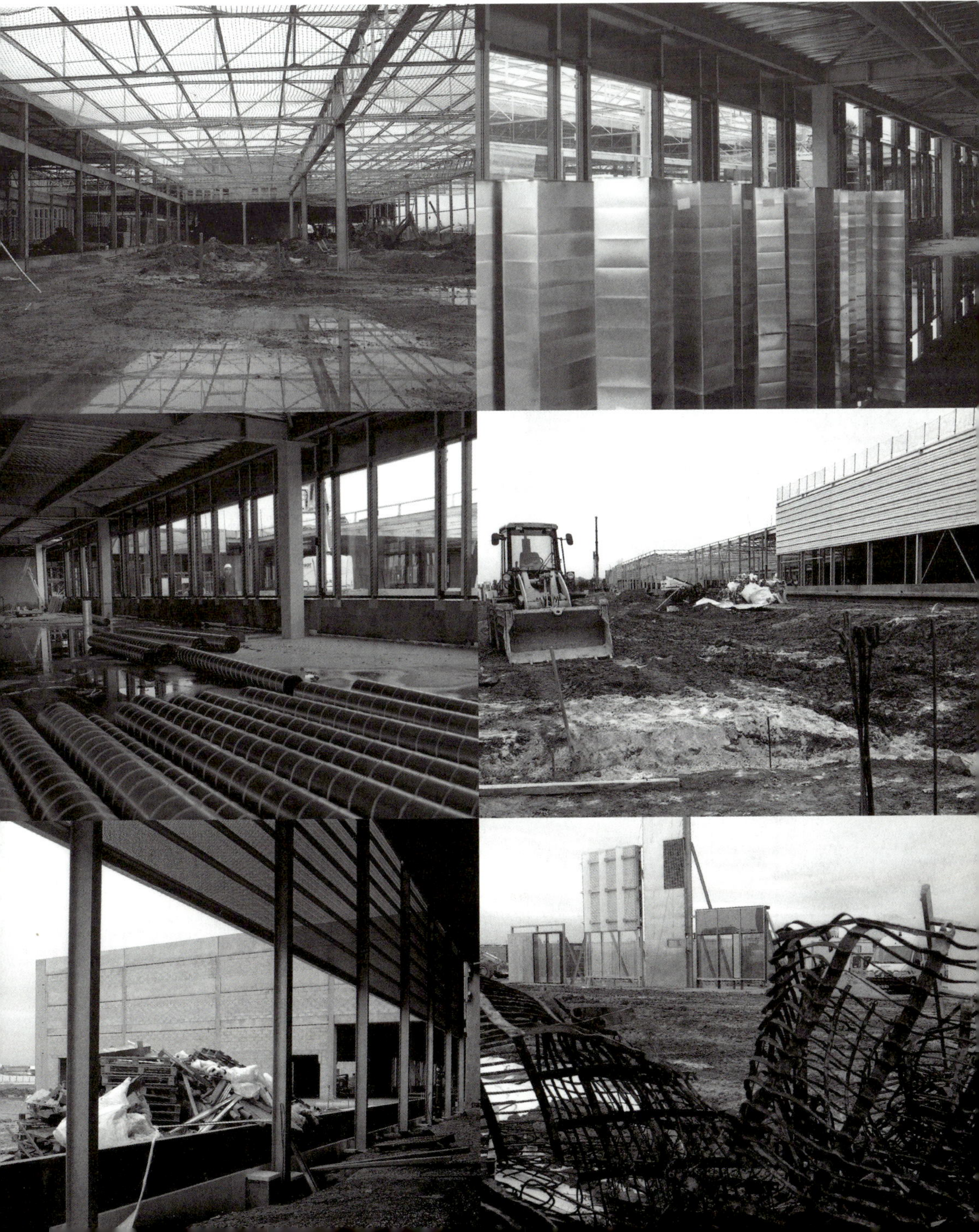

page 16
ÉRIC-TABARLY MUSEUM/ ACADÉMIE ÉRIC-TABARLY
CITY/VILLE
Lorient - 56 (Morbihan)
COMPETITION/CONCOURS
Winning Project in 2001/ Projet lauréat en 2001, ongoing/études en cours
CLIENT/MAÎTRE D'OUVRAGE
Lorient Urban Area/ Communauté d'Agglomération du Pays de Lorient
ARCHITECT/ARCHITECTE
Jacques Ferrier
PROJECT MANAGER/ CHEF DE PROJET
Delphine Migeon
ASSISTANT
Antoine Motte
PROJECT ARCHITECT/ ARCHITECTE DE L'OPÉRATION
Bernard Martineau, AIA Architects/Architectes (Lorient)
RESEARCH DEPARTMENT/ BUREAUX D'ÉTUDES
Cera (engineering/ ingénierie), ACV (acoustics/acoustique)
AREA/SURFACE
4 500 m^2 museum + 500 m^2 partnered activities/ 4 500 m^2 de musée + 500 m^2 dévolus aux activités partenaires
COST/COÛT
9.8 M Euros

page 30
CONFLUENCES MUSEUM/ MUSÉE DES CONFLUENCES
CITY/VILLE
Lyon - 69 (Rhône)
COMPETITION/CONCOURS
2000
CLIENT/MAÎTRE D'OUVRAGE
Rhone Department Council/Conseil général du Rhône
ARCHITECT/ARCHITECTE
Jacques Ferrier
PROJECT MANAGER/ CHEF DE PROJET
Cécile Graindorge
ASSISTANT ARCHITECTS/ ARCHITECTES ASSISTANTS
Stéphanie Bru, Romain Gellusseau, Delphine Migeon, Ludovic Schoepen, Stéphane Vigoureux with/avec Karine Herman and/et Jérôme Sigwalt
ARTISTIC CONSULTANTS/ INTERVENTION ARTISTIQUE
Anne-Marie Jugnet, Alain Clairet; Le K (Architecture)
RESEARCH DEPARTMENT/ BUREAUX D'ÉTUDES
Technip (engineering/ ingénierie), ADC (structure), Van Santen & Associates/Associés (façades)
AREA/SURFACE
22 000 m^2
COST/COÛT
61 M Euros

page 44
RER STATION/ GARE RER
CITY/VILLE
Serris-Montévrain - 77 (Seine-et-Marne)
COMPETITION/CONCOURS
1997
CLIENT/MAÎTRE D'OUVRAGE
RATP
ARCHITECT/ARCHITECTE
Jacques Ferrier
PROJECT MANAGERS/ CHEFS DE PROJET
Stéphane Giet, Florence Mauny
RESEARCH DEPARTMENT/ BUREAUX D'ÉTUDES
Arcora, Serete
AREA/SURFACE
4 650 m^2
COST/COÛT
2.7 M Euros

page 48
UNIVERSITY LIBRARY AND BUILDING/ BIBLIOTHÈQUE ET BÂTIMENT UNIVERSITAIRES
CITY/VILLE
Lille - 59 (Nord)
COMPETITION/CONCOURS
Winning Project in 1998/ Projet lauréat en 1998
COMPLETION/RÉALISATION
2001 ; Équerre d'Argent 2001, nomination
CLIENT/MAÎTRE D'OUVRAGE
Rectorat de l'Académie de Lille
ARCHITECT/ARCHITECTE
Jacques Ferrier
PROJECT MANAGER/ CHEF DE PROJET
François Marquet
ASSISTANT
Michel Calvo
RESEARCH DEPARTMENT/ BUREAUX D'ÉTUDES
Sodeg
AREA/SURFACE
6 000 m^2
COST/COÛT
5.5 M Euros

page 62
LOUIS-JOUVET
COLLEGE/
COLLÈGE
LOUIS-JOUVET
CITY/VILLE
Gamaches - 80 (Somme)
COMPETITION/CONCOURS
Winning Project in 1997/
Projet lauréat en 1997
COMPLETION/RÉALISATION
2003
CLIENT/MAÎTRE D'OUVRAGE
General Council of the
Somme/Conseil général
de la Somme
ARCHITECT/ARCHITECTE
Jacques Ferrier
PROJECT MANAGER/
CHEF DE PROJET
Guillaume Saunier
ASSISTANTS
Michel Calvo,
Pierre Caltagirone,
Laurence Ravoux
COLOURIST/COLORISTE
Frédérique Thomas
RESEARCH DEPARTMENT/
BUREAUX D'ÉTUDES
Technip (engineering/
ingénierie), ACV
(acoustics/acoustique)
AREA/SURFACE
7 700 m^2
COST/COÛT
8 M Euros

page 76
INTERREGIONAL
LABORATORY/
LABORATOIRE
INTERRÉGIONAL
CITY/VILLE
Oullins - 69 (Rhône)
COMPETITION/CONCOURS
Winning Project in 1998/
Projet lauréat en 1998
COMPLETION/RÉALISATION
2003
CLIENT/MAÎTRE D'OUVRAGE
Ministry of the Economy,
Finance and
Industry/Ministère de
l'Économie, des Finances
et de l'Industrie
ARCHITECT/ARCHITECTE
Jacques Ferrier
PROJECT MANAGER/
CHEF DE PROJET
François Marquet
ASSISTANTS
Stéphane Vigoureux,
Stéphane Giet
RESEARCH DEPARTMENT/
BUREAUX D'ÉTUDES
Technip
ARTISTIC CONSULTATION/
INTERVENTION ARTISTIQUE
Philippe Gronon,
Anne-Marie Jugnet,
Alain Clairet
AREA/SURFACE
5 000 m^2
COST/COÛT
6.8 M Euros

page 90
TRAM SYSTEM
WORKSHOP
AND SHEDS/
ATELIER
ET GARAGE
DU TRAMWAY
CITY/VILLE
Bordeaux - 33 (Gironde)
COMPETITION/CONCOURS
Winning Project in 1998/
Projet lauréat en 1998
COMPLETION/RÉALISATION
2003;
Équerre d'Argent 2003,
nomination; Architectural
Prize of the city of
Bordeaux/Prix
d'architecture de la ville
de Bordeaux 2003
CLIENT/MAÎTRE D'OUVRAGE
Bordeaux Urban
Community/ Communauté
Urbaine de Bordeaux
(CUB)
ARCHITECT/ARCHITECTE
Jacques Ferrier
PROJECT MANAGERS/
CHEFS DE PROJET
Guillaume Saunier,
Michel Calvo
RESEARCH DEPARTMENT/
BUREAUX D'ÉTUDES
Serete, René Hugues
(structure)
AREA/SURFACE
12 000 m^2
COST/COÛT
7.5 M Euros

page 120
RATP OFFICE
BUILDING/
IMMEUBLE
DE BUREAUX
DESTINÉS
À LA RATP
CITY/VILLE
Paris - 75
COMPETITION/CONCOURS
Winning Project in 2000/
Projet lauréat en 2000
COMPLETION/RÉALISATION
2003
ASSOCIATED CLIENT /
MAÎTRE D'OUVRAGE DÉLÉGUÉ
SEDP
ARCHITECT/ARCHITECTE
Jacques Ferrier
PROJECT MANAGER/
CHEF DE PROJET
Jean-Philippe Doré
ASSISTANTS
Hélène Galifer,
Romain Gellusseau,
Alexandre Thériot
COLOURIST/COLORISTE
Frédérique Thomas
RESEARCH DEPARTMENT/
BUREAUX D'ÉTUDES
Cera (engineering/
ingénierie), ADC
(structure)
AREA/SURFACE
6 250 m^2
COST/COÛT
11.4 M Euros

page 138

SAGEP WATER TREATMENT PLANT/ SAGEP USINE DES EAUX

CITY/VILLE
Joinville-le-Pont - 94 (Val-de-Marne)

COMPETITION/CONCOURS
Winning Project in 1992/ Projet lauréat en 1992

COMPLETION/RÉALISATION
1999;
AMO Prize / Prix AMO «Architecture et lieux de travail» 1999, nomination

CLIENT/MAÎTRE D'OUVRAGE
Société anonyme de gestion des eaux de Paris (Sagep)

ARCHITECT/ARCHITECTE
Jacques Ferrier

ASSOCIATE ARCHITECT/ ARCHITECTE ASSOCIÉ
François Gruson

PROJECT MANAGER/ CHEF DE PROJET
Guillaume Saunier

ASSISTANTS
Michel Calvo, Safia Krim, Camille Olsen, Andrew Thomson

RESEARCH DEPARTMENT/ BUREAUX D'ÉTUDES
Cera (engineering/ ingénierie)

ECONOMIST/ÉCONOMISTE
Philippe Talbot & Associates/Associés

AREA/SURFACE
50 000 m²

COST/COÛT
109.8 M Euros

page 152

PORT OF NICE PASSENGER AND VEHICLE TERMINAL/ TERMINAL PASSAGERS ET VÉHICULES DU PORT DE NICE

CITY/VILLE
Nice - 06 (Alpes-Maritimes)

COMPETITION/CONCOURS
Winning Project in 2000/ Projet lauréat en 2000, ongoing/études en cours

ASSOCIATED CLIENT/ MAÎTRE D'OUVRAGE DÉLÉGUÉ
French Riviera Chamber of Commerce/Chambre de Commerce et de l'Industrie, Nice Côte-d'Azur

ARCHITECT/ARCHITECTE
Jacques Ferrier

PROJECT MANAGERS/ CHEFS DE PROJET
Cécile Graindorge, Stéphane Vigoureux

RESEARCH DEPARTMENT/ BUREAUX D'ÉTUDES
Setec (bâtiment), Enerscop (fluid mechanics/génie fluides)

LANDSCAPE ARCHITECT/ PAYSAGISTE
Signes

AREA/SURFACE
15 000 m²

COST/COÛT
8.2 M Euros

page 162

"MAISON DES CANISSES"

CITY/VILLE
Limoux - 11 (Aude)

COMPLETION/RÉALISATION
2001

CLIENT/MAÎTRE D'OUVRAGE
Private Client/Client privé

ARCHITECTS/ARCHITECTES
Jacques Ferrier, Sandra Planchez

ASSISTANT
Michel Calvo

AREA/SURFACE
100 m²

COST/COÛT
84 000 Euros

page 214

NAM JUNE PAIK MUSEUM/MUSÉE NAM JUNE PAIK

CITY/VILLE
Seoul, Korea/Séoul, Corée

COMPETITION/CONCOURS
2003

CLIENT/MAÎTRE D'OUVRAGE
Kyonggi Cultural Fondation

ARCHITECT/ARCHITECTE
Jacques Ferrier

PROJECT MANAGER/ CHEF DE PROJET
Alexandre Thériot

ASSISTANTS
Corentin Lespagnol, Paul-Émmanuel Loiret

AREA/SURFACE
12 000 m²

COST/COÛT
7.5 M Euros

page 174

INRIA LABORATORIES (FRENCH NATIONAL INSTITUTE FOR RESEARCH IN COMPUTER SCIENCE AND CONTROL) / LABORATOIRES DE L'INRIA (INSTITUT NATIONAL DE RECHERCHE EN INFORMATIQUE ET EN AUTOMATIQUE)

CITY/VILLE
Sophia-Antipolis - 06 (Alpes-Maritimes)

COMPETITION/CONCOURS
Winning Project in 1995/ Projet lauréat en 1995

COMPLETION/RÉALISATION
1998

CLIENT/MAÎTRE D'OUVRAGE
Public equipment services, Alpes-Maritimes region/ Direction départementale de l'Équipement des Alpes-Maritimes

ARCHITECT/ARCHITECTE
Jacques Ferrier

PROJECT MANAGER/ CHEF DE PROJET
Stéphane Giet

ASSISTANT
Laurent Guttierrez

RESEARCH DEPARTMENT/ BUREAUX D'ÉTUDES
Enerscop (engineering/ ingénierie), Betom (structure)

ECONOMIST/ÉCONOMISTE
Philippe Talbot & Associates/Associés

AREA/SURFACE
2 500 m²

COST/COÛT
2.3 M Euros

page 188
ISOMER
LABORATORIES
(INSTITUTE OF MARINE
SUBSTANCES AND ORGANISMS)/
LABORATOIRES
ISOMER
(INSTITUT DES SUBSTANCES
ET ORGANISMES DE LA MER)
CITY/VILLE
Nantes - 44
(Loire-Atlantique)
COMPETITION/CONCOURS
Winning Project in 1997/
Projet lauréat en 1997
COMPLETION/RÉALISATION
1999
CLIENT/MAÎTRE D'OUVRAGE
Public equipment services,
Loire-Atlantique region/
Direction départementale
de l'Équipement de la
Loire-Atlantique
ARCHITECT/ARCHITECTE
Jacques Ferrier
PROJECT MANAGER/
CHEF DE PROJET
Stéphane Giet
ASSISTANTS
Michel Calvo,
Romain Gellusseau
RESEARCH DEPARTMENT/
BUREAU D'ÉTUDES
Cera (engineering/
ingénierie)
AREA/SURFACE
2 200 m²
COST/COÛT
1.7 M Euros

page 202
TOTAL ÉNERGIE
HEADQUARTERS/
SIÈGE SOCIAL DE
TOTAL ÉNERGIE
CITY/VILLE
Lyon, La Tour-de-
Salvagny - 69 (Rhône)
CONTRACT/COMMANDE
1998
COMPLETION/RÉALISATION
1999;
«Architecture solaire
industrielle 2000»,
First Prize/Premier prix;
Équerre d'Argent 1999,
nomination
CLIENT/MAÎTRE D'OUVRAGE
Total Énergie
ARCHITECT/ARCHITECTE
Jacques Ferrier
ASSOCIATE ARCHITECT/
ARCHITECTE ASSOCIÉ
Jean-François Irissou
PROJECT MANAGER/
CHEF DE PROJET
Guillaume Saunier
ASSISTANTS
Stéphane Giet,
Romain Gellusseau
SOLAR PANEL INSTALLATION/
INTÉGRATION PANNEAUX
SOLAIRES
Solarte
AREA/SURFACE
2 000 m²
COST/COÛT
1.4 M Euros

page 220
CITROËN
SHOWROOM/
SHOWROOM
CITROËN
CITY/VILLE
Paris - 75
COMPETITION/CONCOURS
2002
CLIENT/MAÎTRE D'OUVRAGE
Citroën/Automobiles
Citroën
ARCHITECT/ARCHITECTE
Jacques Ferrier
PROJECT MANAGER/
CHEF DE PROJET
Jean-Philippe Doré
ASSISTANTS
Miguel Cornejo,
Hélène Galifer,
Romain Gellusseau,
Laurence Ravoux
RESEARCH DEPARTMENT/
BUREAUX D'ÉTUDES
Technologies Terrell-
Humily-Noble (structure)
AREA/SURFACE
2 500 m²
COST/COÛT
6 M Euros

page 224
AIR FRANCE
INDUSTRIES
CITY/VILLE
Paris-Orly - 94
(Val-de-Marne)
COMPETITION/CONCOURS
ongoing/étude en cours;
Winning Project in 2001/
Projet lauréat en 2001
CLIENT/MAÎTRE D'OUVRAGE
Air France - Property
Management/Direction
des Affaires Immobilières
ARCHITECT/ARCHITECTE
Jacques Ferrier
PROJECT MANAGERS/
CHEFS DE PROJET
Guillaume Saunier,
Stéphane Vigoureux
ASSISTANTS
Boris Bastianelli,
Julie Degand,
Maud Leforestier,
Corentin Lespagnol,
Paul-Émmanuel Loiret,
Laurence Ravoux,
Hanna Svensson
COLOURIST/COLORISTE
Frédérique Thomas
LIGHTING ENGINEER/
ÉCLAIRAGISTE
Voyons voir
RESEARCH DEPARTMENT/
BUREAUX D'ÉTUDES
Jacobs Serete
(engineering/ingénierie),
ACV (acoustics/acoustique)
ECONOMIST/ÉCONOMISTE
DAL
AREA/SURFACE
34 000 m²
COST/COÛT
45.5 M Euros

Architect dplg (certified architect)/Architecte dplg, Paris Graduates from the École centrale, Paris/Diplômé de l'École centrale de Paris

Opening of the Jacques Ferrier Studio of Architecture in Paris, until 1993 in association with François Gruson, preceded by work at Norman Foster & Partners in London/ Création de l'Agence d'architecture Jacques Ferrier à Paris, en association avec François Gruson jusqu'en 1993, après avoir travaillé chez Norman Foster & Associates à Londres

AWARDS/ PRINCIPALES DISTINCTIONS

2003
Tram System Workshop and Sheds/ Atelier et garage du tramway, Bordeaux :
- Nomination for/à l'Équerre d'Argent
- Architectural Prize of the City of Bordeaux / Prix d'architecture de la ville de Bordeaux

2001
University Library and administration in Lille / Bibliothèque et bâtiment universitaires à Lille :
- Nomination for/à l'Équerre d'Argent

2000
Total Énergie Headquarters/Siège social de Total Énergie, La Tour-de-Salvagny :
- Nomination for/à l'Équerre d'Argent- First Industrial Observer's Solar Architecture Prize/Premier prix «Architecture Solaire Industrielle Observer»

1999
Sagep Water Treatment Plant/ Usine des eaux de la Sagep, Joinville-le-Pont :
- Honorable Mention AMO Prize / Mention Prix AMO «Architecture et lieux de travail»

1993
Material Sciences Research Centre of the l'École des mines de Paris/Centre de recherche des matériaux de l'École des mines de Paris, Évry :
- Moniteur Prize for First Work /Prix de la première œuvre du Moniteur

TEACHING ENGAGEMENTS/ ENSEIGNEMENT
Teaches project development at the Brittany School of Architecture from 1996 / Enseigne le Projet à l'école d'architecture de Bretagne depuis 1996
Visiting Professor at the Saint-Étienne School of Architecture 1993-1996 / Professeur-associé à l'école d'architecture de Saint-Étienne de 1993-1996

LECTURES AND CONFERENCES/ CONFÉRENCES
Jacques Ferrier has lectured in many schools at home and abroad, among others in Delft (the Netherlands), Vienna (Austria), Lausanne (Switzerland), London (Great Britain), Halifax (Canada). He has participated in conferences in France and abroad, notably at Harvard (United States), Monterrey (Mexico), Graz (Austria) and Delft (the Netherlands)/Jacques Ferrier est intervenu dans plusieurs écoles, notamment à l'étranger à Delft (Pays-Bas), Vienne (Autriche), Lausanne (Suisse), Londres (Grande Bretagne), Halifax (Canada). Il a donné des conférences en France et à l'étranger notamment à Harvard (États-Unis), Monterrey (Mexique), Graz (Autriche), Delft (Pays-Bas).

EXHIBITIONS/ EXPOSITIONS
The work of the studio has featured in exhibitions in Europe, the United States, Canada, Mexico and in Hong Kong/Le travail de l'agence a été exposé en Europe, aux États-Unis, au Canada, au Mexique, à Hong-Kong.

2003
- RATP Office Buildings/Immeuble de bureaux destiné à la RATP, Paris (75)[1], completed/réalisé
- Tram System Workshop and Sheds/Atelier et Garage du Tramway, Bordeaux (33), completed/réalisé
- Oullins interregional laboratory/Laboratoire interrégional d'Oullins, Lyon (69), completed/ réalisé
- Louis-Jouvet College/Collège Louis-Jouvet, Gamaches (80), completed/réalisé
- Laget Barruel House/Maison Laget Barruel, Tressan (34), ongoing/études en cours
- Concept Office/Concept Office, Boulogne-Billancourt (92), ongoing/études en cours
- A Lived-in city park dedicated to Digital Images/Parc urbain habité dédié à l'image numérique, Arles (13), project/projet
- St-Antoine's Hospital/Hôpital Saint-Antoine, Paris (75), project/projet
- Nam June Paik Museum in Seoul (Korea)/Musée Nam June Paik, Séoul (Corée), competition/concours
- Customer Support, Air Bus, Toulouse-Blagnac (31), project/projet

2002
- Homes today… a new range for Maison Phénix/La maison aujourd'hui… une nouvelle gamme pour maison Phénix, ongoing/études en cours
- Multipurpose auditorium and theatre extension/Salle polyvalente et extension de salle de spectacles, Le Cannet (06), ongoing/études en cours
- Inter-enterprise offices with restaurant/Bureaux avec restaurant interentreprise, Boulogne-Billancourt (92), project/projet
- ZAC Euralille les Romarins, Lille (59), project/projet
- Pôle d'excellence, Roissy-Gonesse (95), project/projet
- Citroën Show Room/Show Room Citroën, Paris (75), project/projet
- La Fabrique des Regards Pavilion, International Exhibition/Pavillon la Fabrique des Regards, exposition internationale, Le Bourget (93), project/projet
- Television network offices/Bureaux pour une chaîne de télévision, Louveciennes (78), project/projet
- University library/Bibliothèque universitaire, Le Havre (76), project/projet
- Atomic Research Centre/Centre d'études atomique, Cadarache (13), project/projet

2001
- University library and Building/Bibliothèque et bâtiment universitaires, Lille (59), completed/réalisé
- Air France Industries, Paris-Orly (94), ongoing/études en cours
- Urban land use studies for Renault properties/Étude d'urbanisme des terrains Renault, Boulogne-Billancourt (92), with/avec Patrick Chavannes, architect/architecte, ongoing/études en cours
- Éric-Tabarly Museum/Académie Éric-Tabarly, Lorient (56), ongoing/études en cours
- "Maison des Canisses", Limoux (11), with/avec Sandra Planchez, architect/architecte, completed/réalisé
- Franche-Comté Heart and Lung Rehabilitation Centre/Centre de réadaptation cardiologique et pneumologique de Franche-Comté, Pont d'Héry (39), ongoing/études en cours

- Exhibition Design Jean Prouvé/Scénographie Jean Prouvé, Nancy (54), completed/réalisé
- Paris VII University, Denis Diderot/Université Paris 7, Denis Diderot, Paris (75), project/projet
- Institut français des Pétroles, Lyon Solaize (69), project/projet

2000
- Port of Nice – Passenger and Vehicle Terminal/Terminal Passagers et Véhicules du Port de Nice (06), ongoing/études en cours
- Museum of French Immigration to Canada/Musée de l'émigration française au Canada, Tourouvre (61), ongoing/études en cours
- Confluences Museum/Musée des Confluences, Lyon (69), project/projet
- Reconstruction of the Lyon Molière site/Reconstruction du site Lyon Molière, Lyon (69), project/projet
- Le Mans Automobile Institute/Institut de l'Automobile, Le Mans (72), project/projet

1999
- Valenciennes Tram System, workshops and shed/Tramway de Valenciennes, ateliers et dépôt, Valenciennes (59), ongoing/études en cours
- Commercial Court/Tribunal de commerce Nice, (06), completed/réalisé
- Isomer Laboratories/Laboratoires Isomer, Nantes (44), completed/réalisé
- Total Énergie Headquarters/Siège social de Total Énergie, La Tour-de-Salvagny (69), with/avec Jean-François Irissou, architect/architecte, completed/réalisé
- Exhibition Design «Persistance de la cabane»/Scénographie «Persistance de la cabane», Institut français d'architecture, Paris (75), completed/réalisé

- Collège de France restoration/
Rénovation du Collège de France,
Paris (75), ongoing/études en cours
- L'Oréal Conference Centre/Centre
de conférence de L'Oréal, Aulnay-
sous-Bois (93), project/projet
- Hénaff Secondary School/Lycée
Hénaff, Bagnolet (93), project/projet
- Refuse Separation and Selection
Plant/Centre de tri et de valorisation
des déchets, Issy-les-Moulineaux
(92), project/projet
- Court House/Palais de Justice,
Basse-Terre, Guadeloupe,
project/projet
- First Aid Centre/Centre de secours,
Joué-les-Tours (37), project/projet
- Sagep Water Treatment Plant/
Usine des eaux de la Sagep,
Joinville-le-Pont (94), with/avec
François Gruson,
architect/architecte,
completed/réalisé

1998
- Renault vehicle testing facility/Pôle
d'essai des véhicules Renault,
Guyancourt (78), completed/réalisé
- INRIA Laboratories/Laboratoires
de l'INRIA, Sophia-Antipolis (06),
completed/réalisé
- Press Centre for le Mondial 98, Géo
André Stadium/Centre de presse
pour le Mondial 98, Stade Géo André,
Paris (75), completed/réalisé
- Plant Protection Laboratory/
Laboratoire de protection des
plantes, Saint-Pierre, La Réunion,
project/projet
- French Embassy/Ambassade de
France, Montevideo (Uruguay),
project/projet
- CRS billets and police
station/Cantonnement de CRS et
commissariat de police, Nice (06),
project/projet
- Olympic swimming pool and
skating rink/Piscine et patinoire
olympique, Paris (75), project/projet

1997
- First Aid Centre/Centre de secours,
Saint-Nazaire (44), ongoing/études
en cours
- Exhibition design «Paris sous
verre»/Scénographie «Paris sous
verre», Pavillon de l'Arsenal, Paris
(75), completed/réalisé
- Kindergarten and primary school/
École primaire et maternelle, Reuil-
Malmaison (92), project/projet
- Veterinary school research centre/
Pôle de recherche de l'école
vétérinaire, Maison Alfort (94),
project/projet
- Henri-Farman Secondary School/
Lycée Henri-Farman, Issy-les-
Moulineaux (92), project/projet
- University building and
gymnasium/Bâtiment universitaire
et gymnase, Metz (57), project/projet
- RER Station/Gare RER, Serris-
Montévrain (77), project/projet
- Engineering Sciences Faculty/École
des sciences pour l'ingénieur,
Futuroscope de Poitiers (86),
project/projet
- Environmental Laboratory/
Laboratoire de l'environnement, Nice
(06), project/projet

1996
- 22 PLA Housing unit/22 Logements
PLA, Paris (75), project/projet
- Restoration and extension of the
School of Architecture/Réhabilitation
et extension de l'école d'architecture,
Grenoble (38), project/projet
- Retractable roof for the Molitor
Swimming Pool/Couverture
amovible de la piscine Molitor, Paris
(75), project/projet
- EDF Offices and Research
Centre/Bureaux et centre de
recherche d'EDF, Mulhouse (68),
project/projet

1995
- IRSID (groupe Arcelor) Research
Institute/Institut de recherche de
l'IRSID (groupe Arcelor), Maizières-
les-Metz (57), completed réalisé
- EDF laboratories/Groupe des
laboratoires EDF, Saint-Denis (93),
project/projet
- Airport control tower/Tour de
contrôle de l'aéroport, Deauville
Saint-Gatien (14), project/projet
- Extension of the University of
Rennes I/Extension de l'université
Rennes I, Rennes (35), project/projet

1994
- French development found/
Caisse française de développement,
Paris (75), project/projet
- Saint-Denis Stadium/Grand stade
de Saint-Denis, with/avec Chemetov,
Huidobro, Gazeau, Mimram
architects/architectes, project/projet
- Extension of the University of
Paris/Extension de l'université de
Paris, Saint-Denis, project/projet
- 20 PLA housing units/20
Logements PLA, Caen (14),
project/projet

1993
- Research Centre for the École
des mines/Centre de recherche
de l'École des mines, Évry (91),
with/avec François Gruson,
architect/architecte,
completed/réalisé

1. These numbers refer to the
French départements (administrative
regions)/Ces numéros renvoient aux
départements français

**BIBLIOGRAPHY/
BIBLIOGRAPHIE**

**AUTHOR AND CO-AUTHOR
OF/AUTEUR ET CO-
AUTEUR DE :**

- *Stratégies du disponible,*
Passage Piétons Édition, Paris, 2000

- *Paris sous verre,*
exhibition catalogue/catalogue
de l'exposition, avec Bernard Marrey,
Pavillon de l'Arsenal, Paris, 1997

- *Construire en acier,*
guide to conception and
construction/guide de conception et
de réalisation, Le Moniteur, Arcelor,
Paris, 1994

- *Usines 1 & 2,* Éditions Electa-
Moniteur, Paris, 1987 and/et 1991

- *Architecture, Raison et Démesure,*
Éditions Nathan, Paris, 1988

Co-Founder of the review *Dépliant*/
Co-fondateur de la revue *Dépliant*

**PUBLICATIONS IN
COLLECTED WORKS/
PUBLICATIONS DANS
UN OUVRAGE COLLECTIF :**
- *Patrimoine industriel et
urbanisme,* Le site de Philidor
Maraîchers, SEDP, Paris, 2003
- *Your house now,* In-Ex projects,
Paris & Birkhäuser, Basel/Bâle, 2003
- *Factories and office buildings,*
Arian Mostaedi, Carles Broto &
Joseph Ma Minguet, LINKS
Publishing, Barcelona/Barcelone,
2002
- *Appropriate Sustainabilities. New
Ways in French
Architecture/Innovations durables.
Une autre architecture française,*
Marc Emery, Birkhäuser, Basel/Bâle
& Ante Prima, Paris, 2002
- *Créateurs Création en France,
La scène contemporaine,*
Nathalie Chapuis, Éditions
Autrement, Paris, 2002
- *Sustainable Architecture
and Urbanism. Concepts,
Technologies,* Birkhäuser,
Basel/Bâle, 2002
- *L'architecture écologique,*
Dominique Gauzin-Müller,
Le Moniteur, Paris, 2001
- *Citta terzo millenio,* La Biennale
di Venezia, Venice Biennale,
7th International Architecture
Exhibition, competition of
ideas/concours d'idées, exhibition
catalogue/catalogue de l'exposition,
Edition Marsilio, Venice/Venise, 2000
- *Construire avec les bétons,* under
the auspices of Cimbéton/ sous la
direction de Cimbéton, collection
technique de construction,
Le Moniteur, Paris 2000
- *IN-EX 01 extra-ordinary,*
In-Ex projects, Paris & Birkhäuser,
Basel/Bâle, 1999

- *99 architectures en 99,* Daina
Shan, Dexiang Li, A3 Architecture Art
Association, Éditions Jean-Michel
Place, Paris, 1999
- *Le béton à Paris,* Bernard Marrey,
Franck Hammoutène, Éditions du
Pavillon de l'Arsenal, Paris, 1999
- *Architecture industrielle : Paris et
environs,* Marie-Françoise Laborde,
Éditions Parigramme, Paris, 1998
- *Paris, l'architecture de l'eau,*
Éditions du Pavillon de l'Arsenal,
Paris, 1995
- *L'eau de Paris,* Marc Gaillard,
Éditions Martelle, Permanent
Collection of /Collection permanente
du Pavillon de l'Arsenal, Paris, 1996
- *Les mini PA,* Permanent Collection
of /Collection permanente du
Pavillon de l'Arsenal, Paris, 1994

**PRESS PUBLICATIONS/
PUBLICATIONS DANS
LA PRESSE**
Jacque Ferrier's work has been
the object of numerous articles
in French and international
professional publications, as well
as in the general press. /
Les œuvres de Jacques Ferrier
ont fait l'objet de nombreuses
publications dans la presse
spécialisée, française et
internationale, et dans la presse
grand public.

Boris Bastianelli (16)
Bertrame Brech
Stéphanie Bru (11)
Gesa Büttner
Olivier Cornefert (12)
Emmanuel Coudert (4)
Jacques Ferrier (5)
Marie-Laure Garnier (2)
Maï Lacordaire (12)
Corentin Lespagnol (9)
Paul-Emmanuel Loiret (6)
François Marquet (8)
Delphine Migeon (7)
Antoine Motte (3)
Laurence Ravoux (1)
Valérie Sabatier (13)
Alexandre Thériot (15)
Stéphane Vigoureux (10)
Qjiao Wang (14)

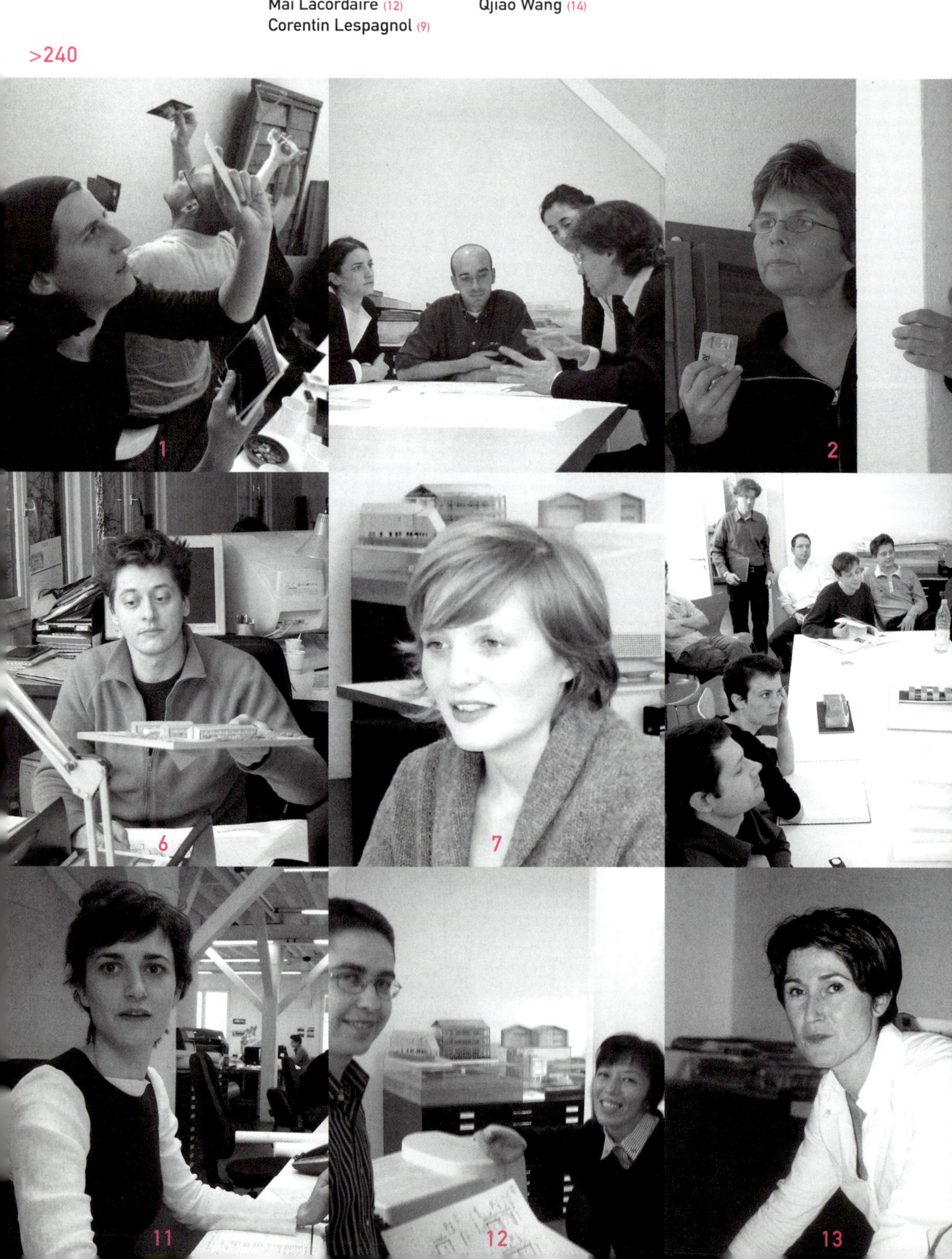

>241

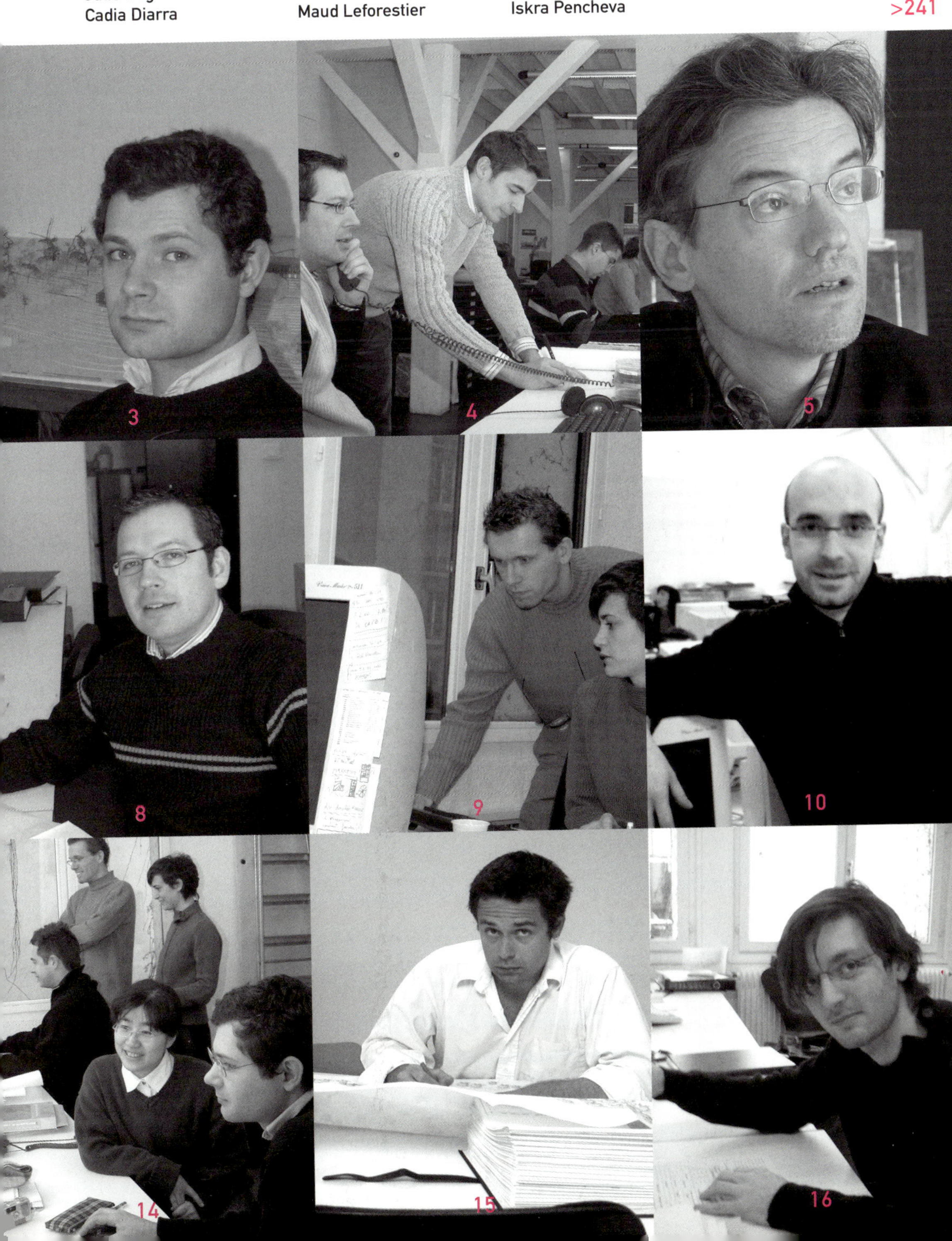

TEXTS / TEXTES

PROJECTS / PROJETS

Jacques Ferrier,
Birkhäuser – Publishers
for Architecture and
Ante Prima Consultants
would like to thank all
those who have worked
on the projects and the
realizations of the agency
and have contributed to
the realization of this
publication, specially
Pierre Bourrier,
Michel Béna,
Jacques Godet,
Philippe Lechevalier,
Léopold Lombard,
Patrice Savoie and
Jean-Michel Trouïs.

Jacques Ferrier,
les Éditions Birkhäuser
et Ante Prima Consultants
remercient tous ceux qui
ont œuvré sur les projets
et les réalisations de
l'agence et qui ont
contribué à la réalisation
de cet ouvrage.
Tout particulièrement
Pierre Bourrier,
ainsi que
Michel Béna,
Jacques Godet,
Philippe Lechevalier,
Léopold Lombard,
Patrice Savoie
et Jean-Michel Trouïs.

Friendly thanks to all
photographers published
in this work. /
Remerciements amicaux
à tous les photographes
publiés dans cet ouvrage.

INTERVIEW:
Emmanuel Caille (editor-
in-chief of *d'Architectures*
magazine/rédacteur en
chef du magazine
d'Architectures)
PREFACE:
Alexander Tzonis
(professor at the School
of Architecture in Delft/
professeur à l'école
d'architecture de Delft)

CONCEPTION & GRAPHIC
DESIGN / CONCEPTION
DE L'OUVRAGE ET DESIGN
GRAPHIQUE :
Franck Tallon
ASSISTANT/ASSISTANTE :
Emmanuelle March

PRODUCTION/PRODUCTION
ET RÉALISATION :
Ante Prima Consultants,
Paris
PROJECT MANAGER/
DIRECTION DE L'OUVRAGE :
Luciana Ravanel
CO-ORDINATION AND TEXT
SUPERVISION/COORDINATION ET
RELECTURES
Sabine Krafft

CO-ORDINATION FOR THE FERRIER
AGENCY/COORDINATION AGENCE
FERRIER :
Laurence Ravoux

TRANSLATION FROM FRENCH
INTO ENGLISH/TRADUCTION
DU FRANÇAIS EN ANGLAIS:
Gilbert Reid, Toronto
TRANSLATION FROM ENGLISH
INTO FRENCH/TRADUCTION
DE L'ANGLAIS EN FRANÇAIS
(PRÉFACE DE ALEXANDER
TZONIS) :
Camille Fort, Strasbourg

ILLUSTRATIONS CREDITS/
CRÉDITS PHOTOGRAPHIQUES :
Hervé Abadie :
pp. 145, 146, 148.
Olivier Bac :
pp. 230, 231.
Gaston Bergeret :
pp. 138, 140, 142, 143, 144.
Michel Denancé :
pp. 20, 22, 40, 42, 120, 122,
224.
Georges Fessy :
pp. 80, 84, 86, 176, 178,
179, 180, 190, 192, 194,
195, 202, 204, 206.
Jean-Marie Monthiers :
pp. 44, 46, 50, 54, 56, 58,
62, 64, 124, 126, 128, 130,
131, 132, 133, 134, 147,
162, 164, 166, 167, 168,
169, 170, 171, 174, 182,
183, 184, 185.
Vincent Monthiers :
p. 90.
Laurence Ravoux :
pp. 78, 82, 220, 221, 222,
223, 226, 227, 228, 229.
Philippe Ruault :
pp. 48, 52, 58, 92, 94, 96,
98, 104, 106, 108, 110, 114,
116, 188, 194, 196, 198,
199.
Eric Saillet :
pp. 208, 210, 211.
Agence Jacques Ferrier :
pp. 66, 68, 70, 72, 76, 84.
Jacques Ferrier :
views from the train/vues
du train.

MODELS/MAQUETTES :
Michel Goudin

PERSPECTIVES :
Le k-images

except/excepté :
Musée Nam June Paik :
Ferrier Production
Showroom Citroën :
Miguel Cornejo

PRINTING / IMPRESSION :
Balauze & Marcombe,
Canéjan (33), France.

A CIP catalogue record for this book is available from the Library of Congress, Washington D.C., USA.

Bibliographic information published by Die Deutsche Bibliothek
Die Deutsche Bibliothek lists this publication in the Deutsche Nationalbibliografie; detailed bibliographic data is available in the internet at http://dnb.ddb.de.

© 2004 Jacques Ferrier
© 2004 Birkhäuser –
Publishers for Architecture,
P.O. Box 133, CH-4010
Basel, Switzerland
Part of Springer Science +
Business Media
© 2004 Franck Tallon

Printed on acid-free paper produced from chlorine-free pulp. TCF ∞

Printed in France
ISBN 3-7643-6875-6

9 8 7 6 5 4 3 2 1

http://www.birkhauser.ch

This book has been realized with the kind support of/Ce livre a été réalisé avec le soutien de :

Arcelor

and/et
Erco Lumières
Lafarge
Lamy
Ouest Alu
Savoie Frères
Société Industrielle de Cloisons

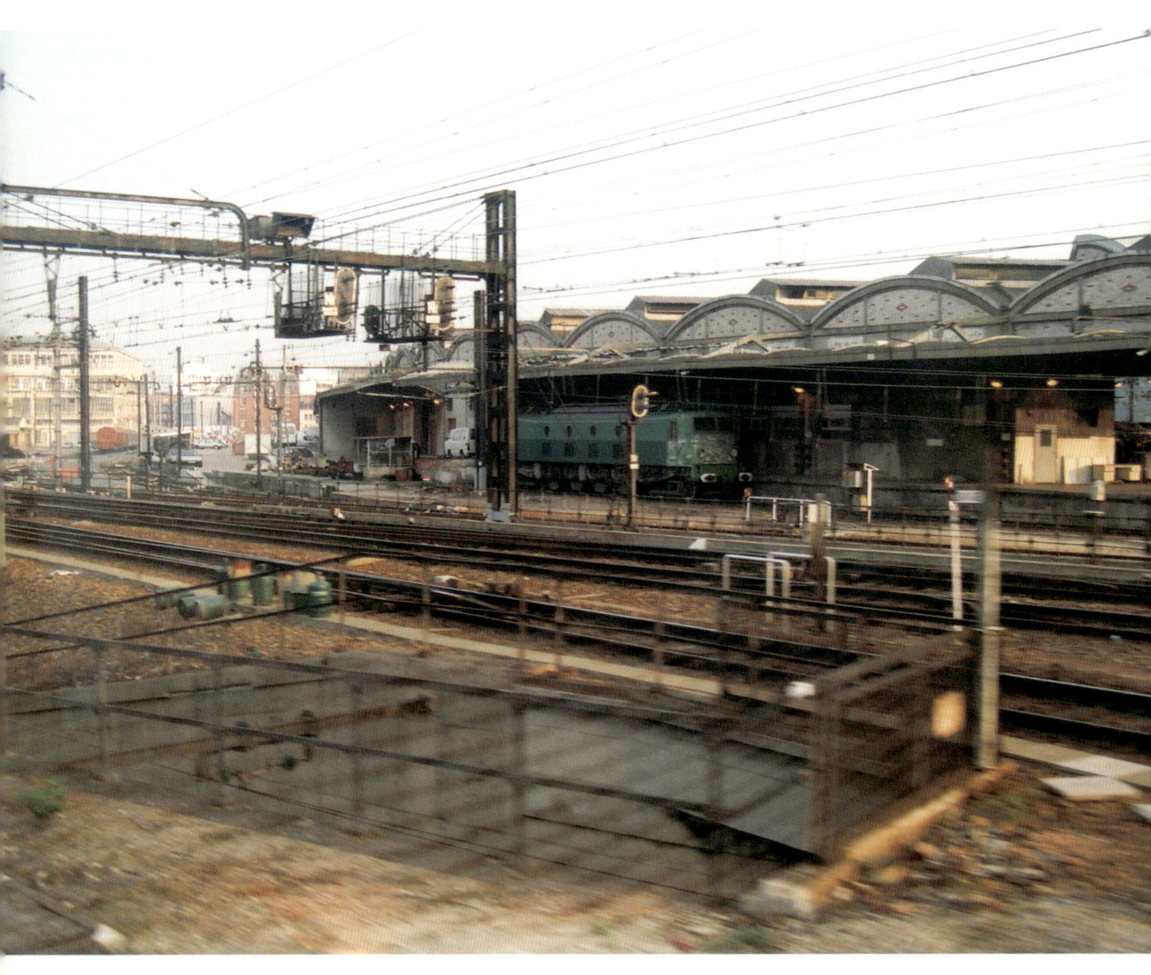

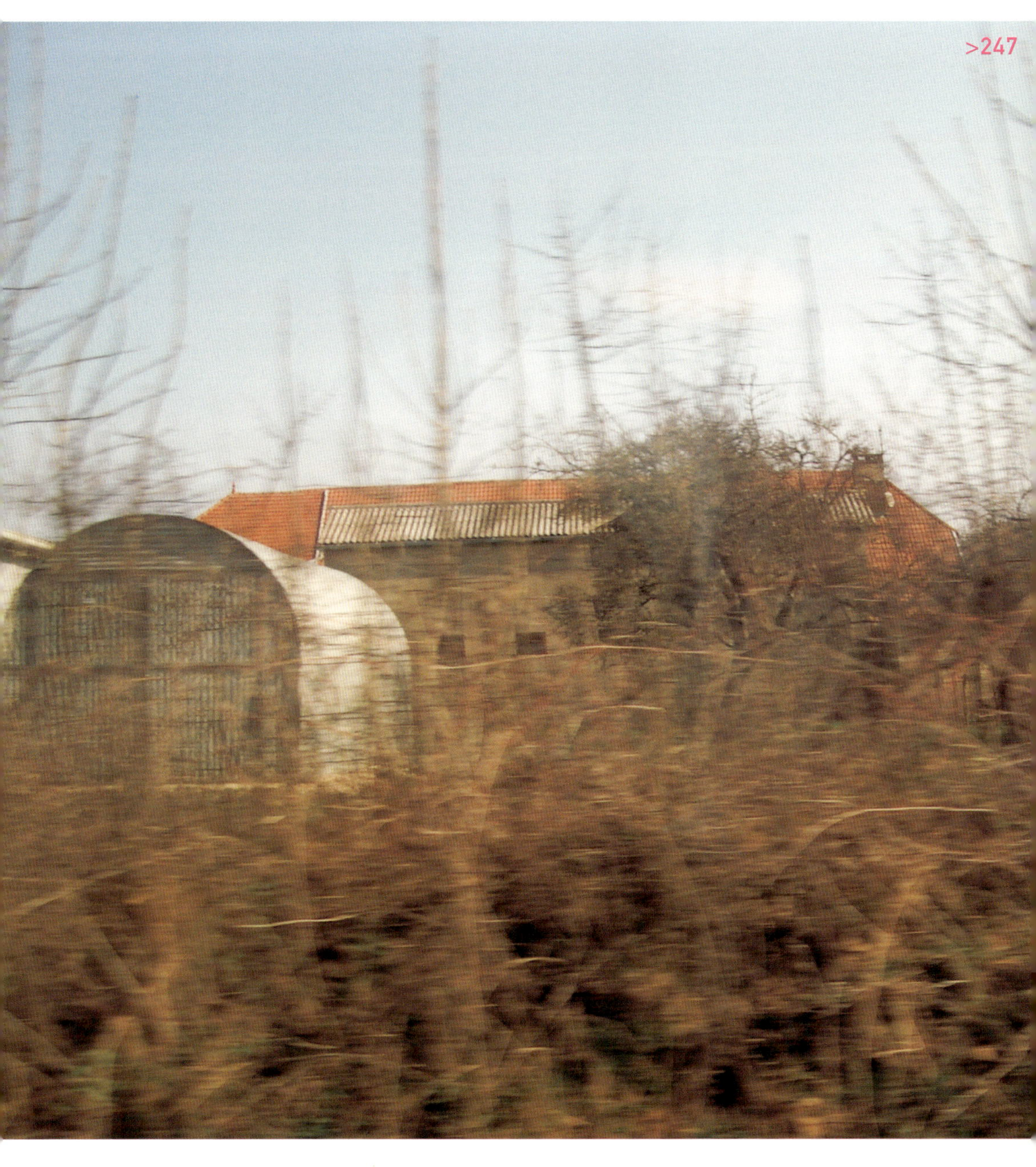

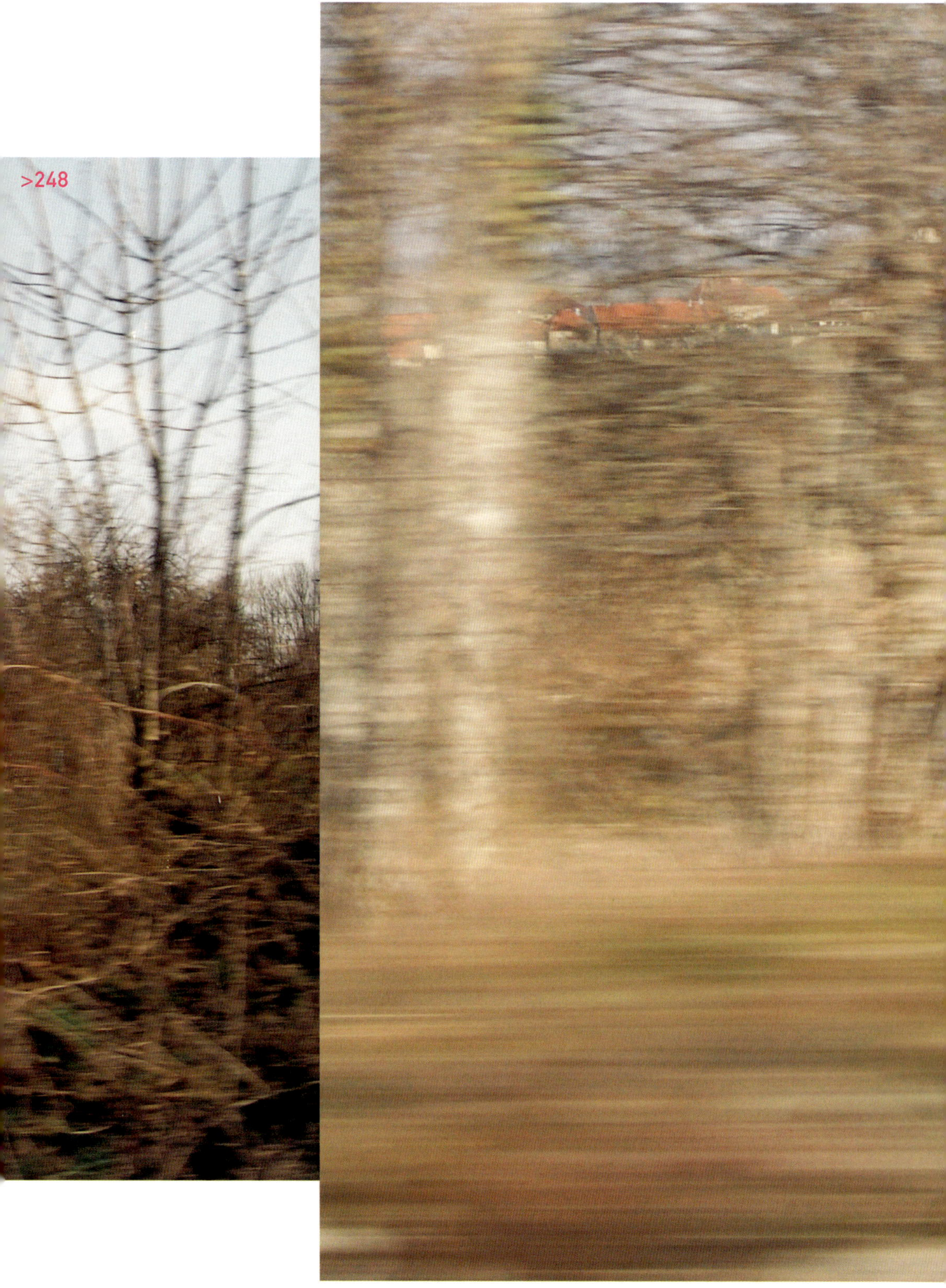

>248

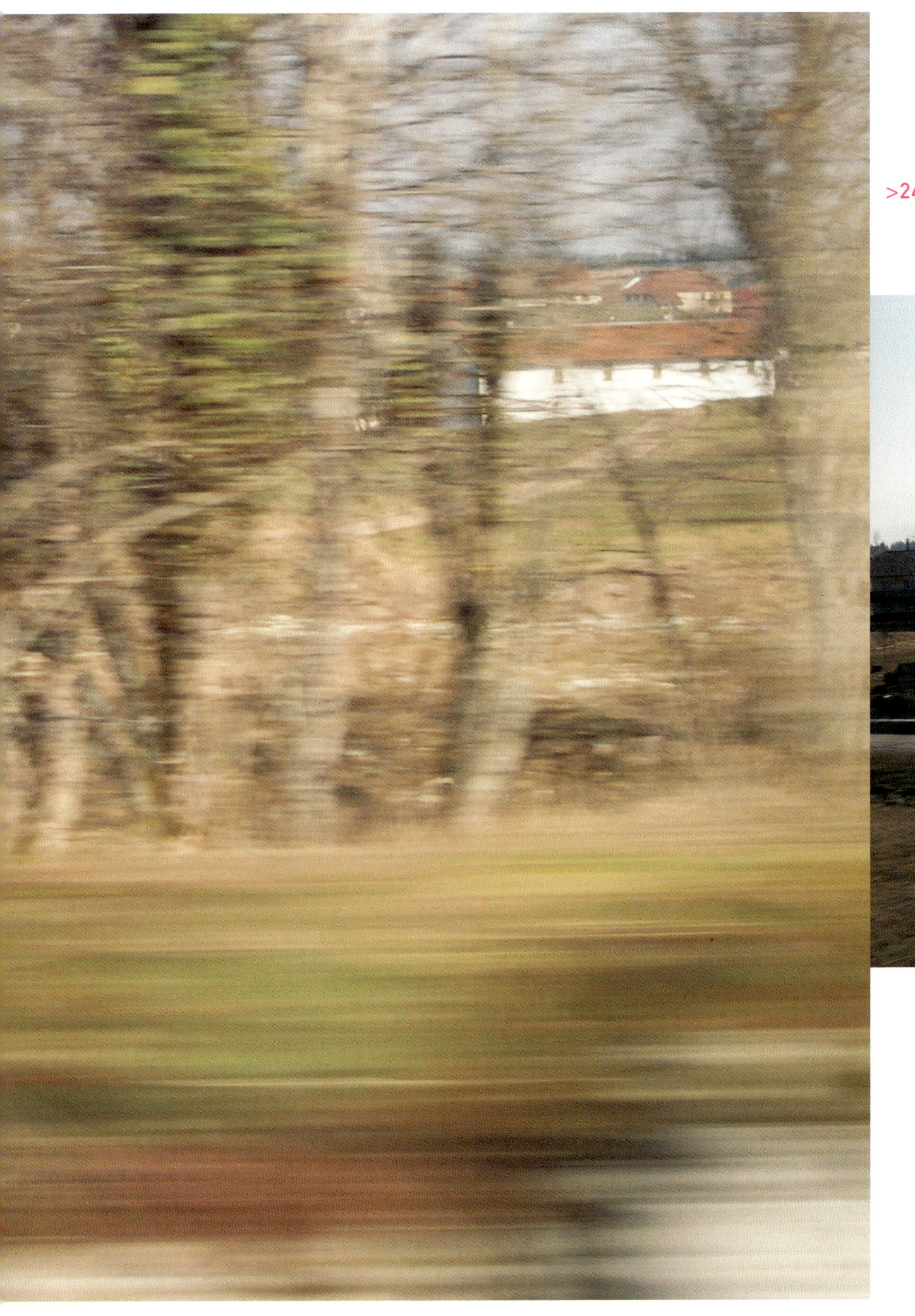

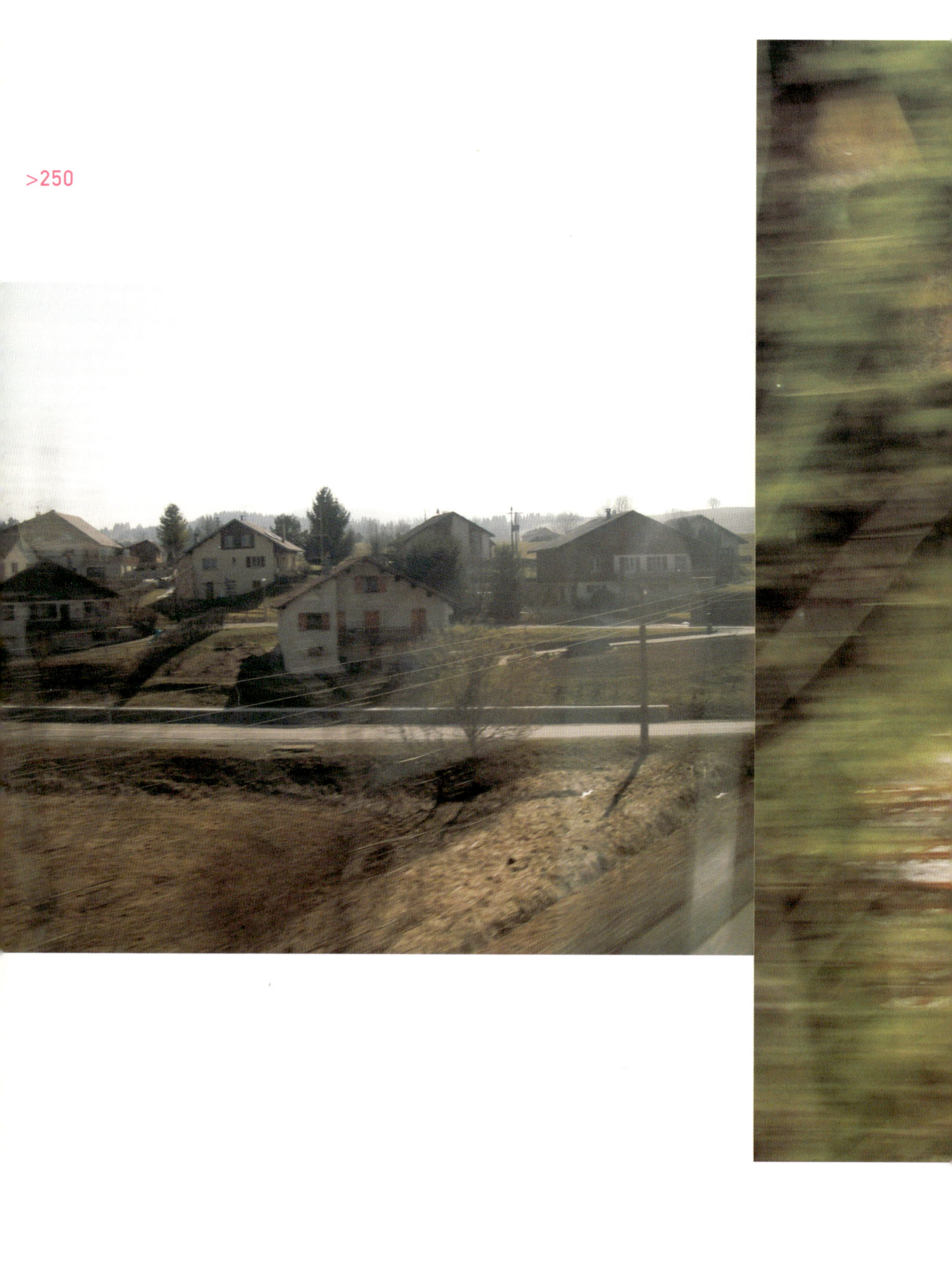

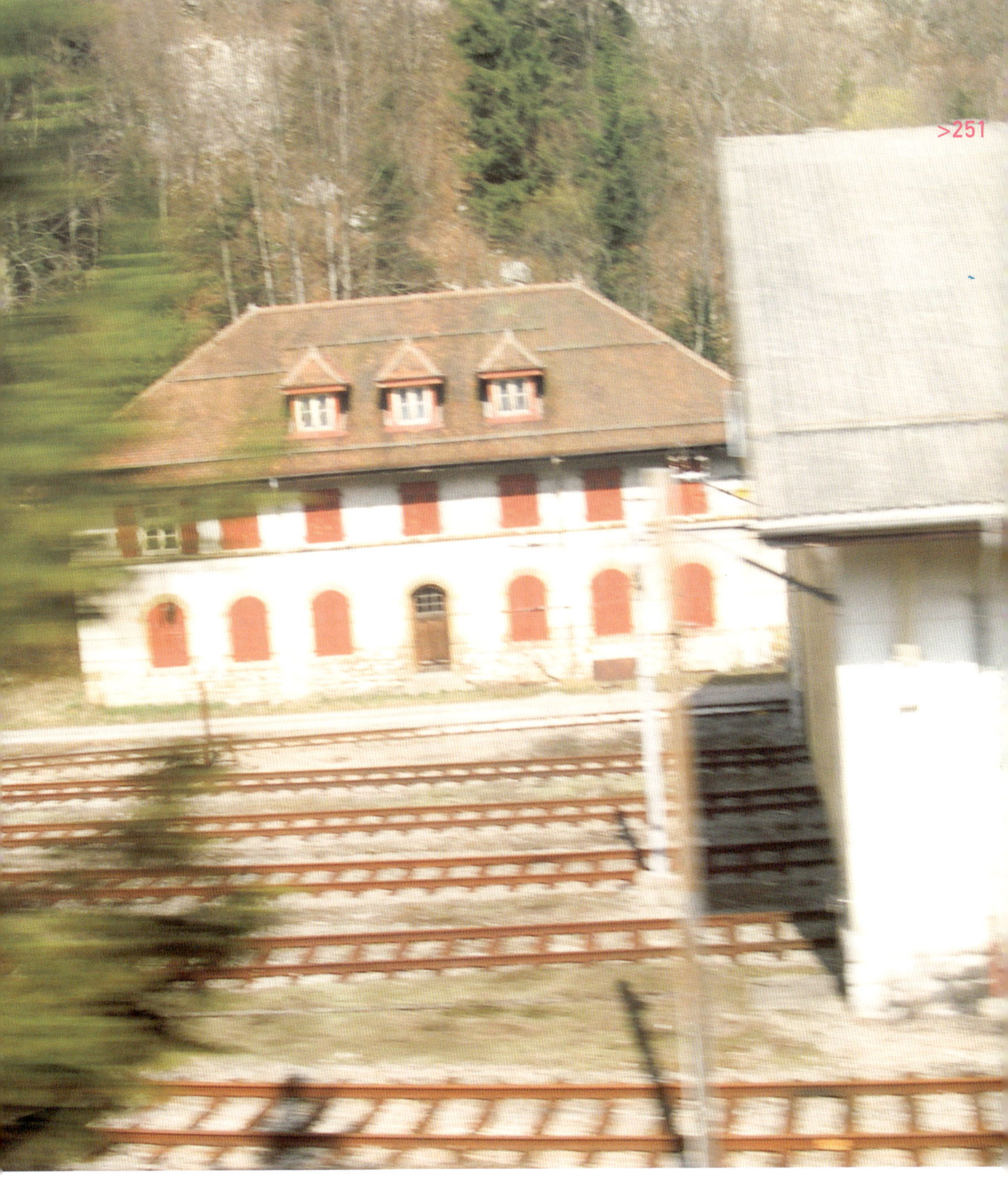

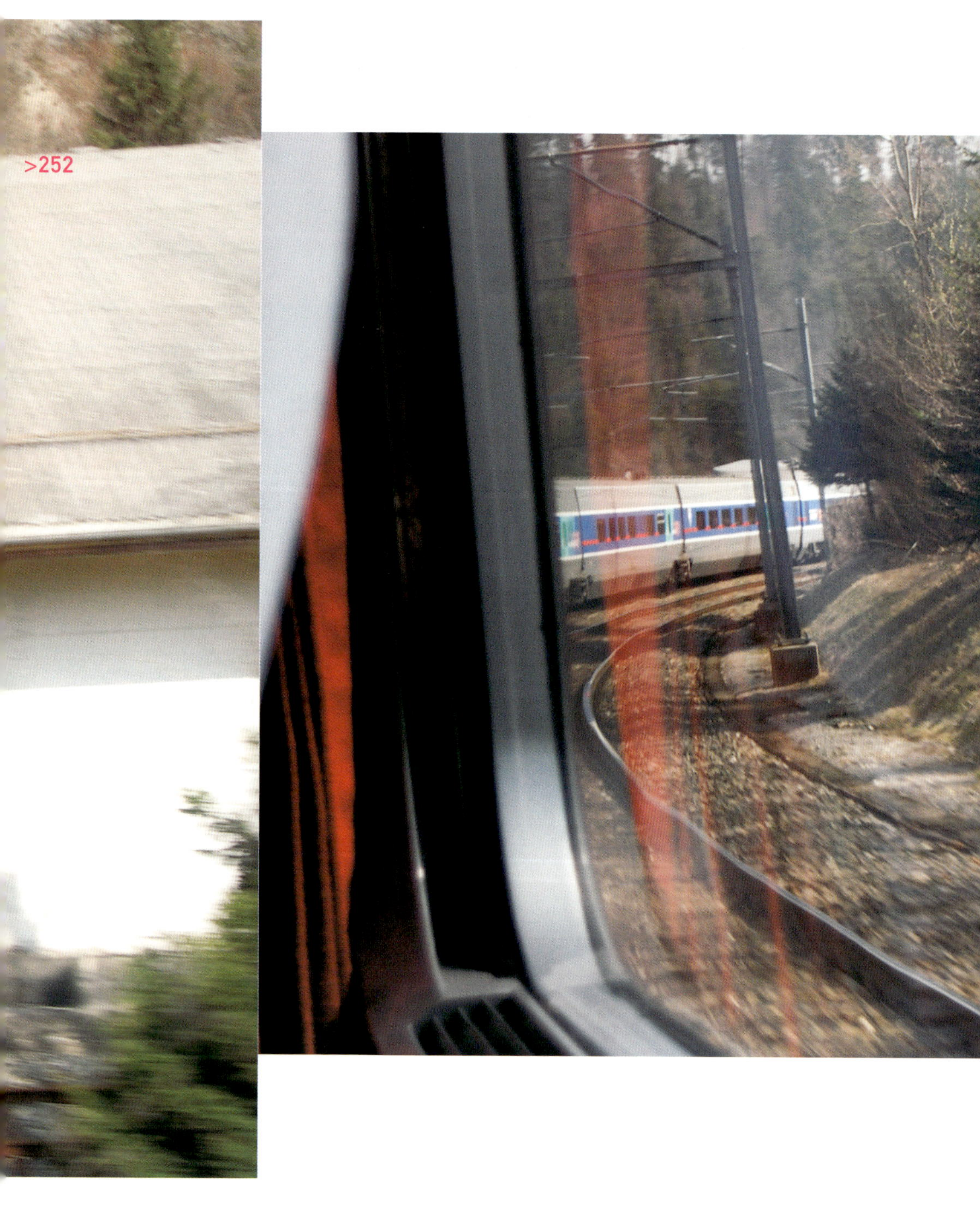

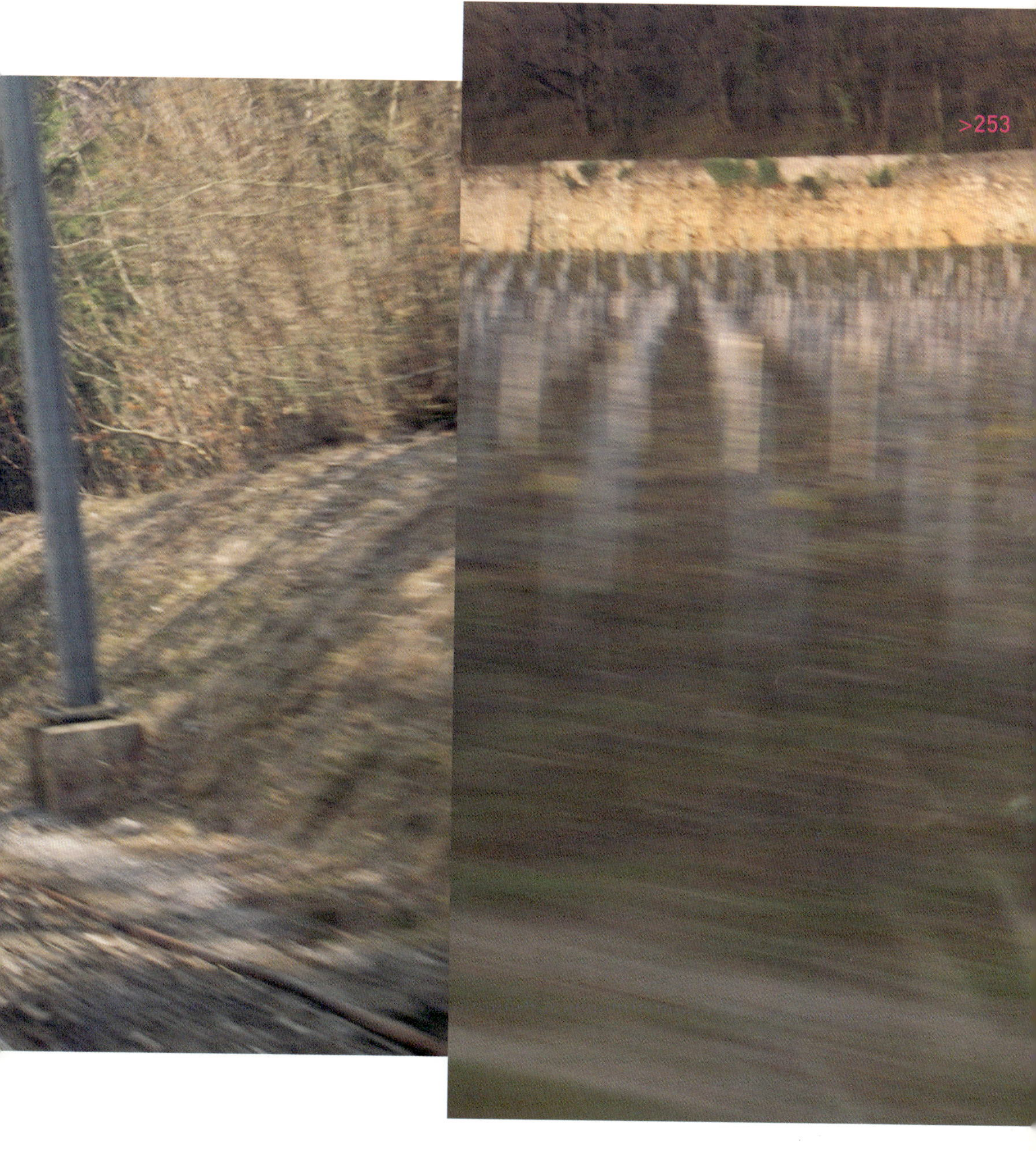

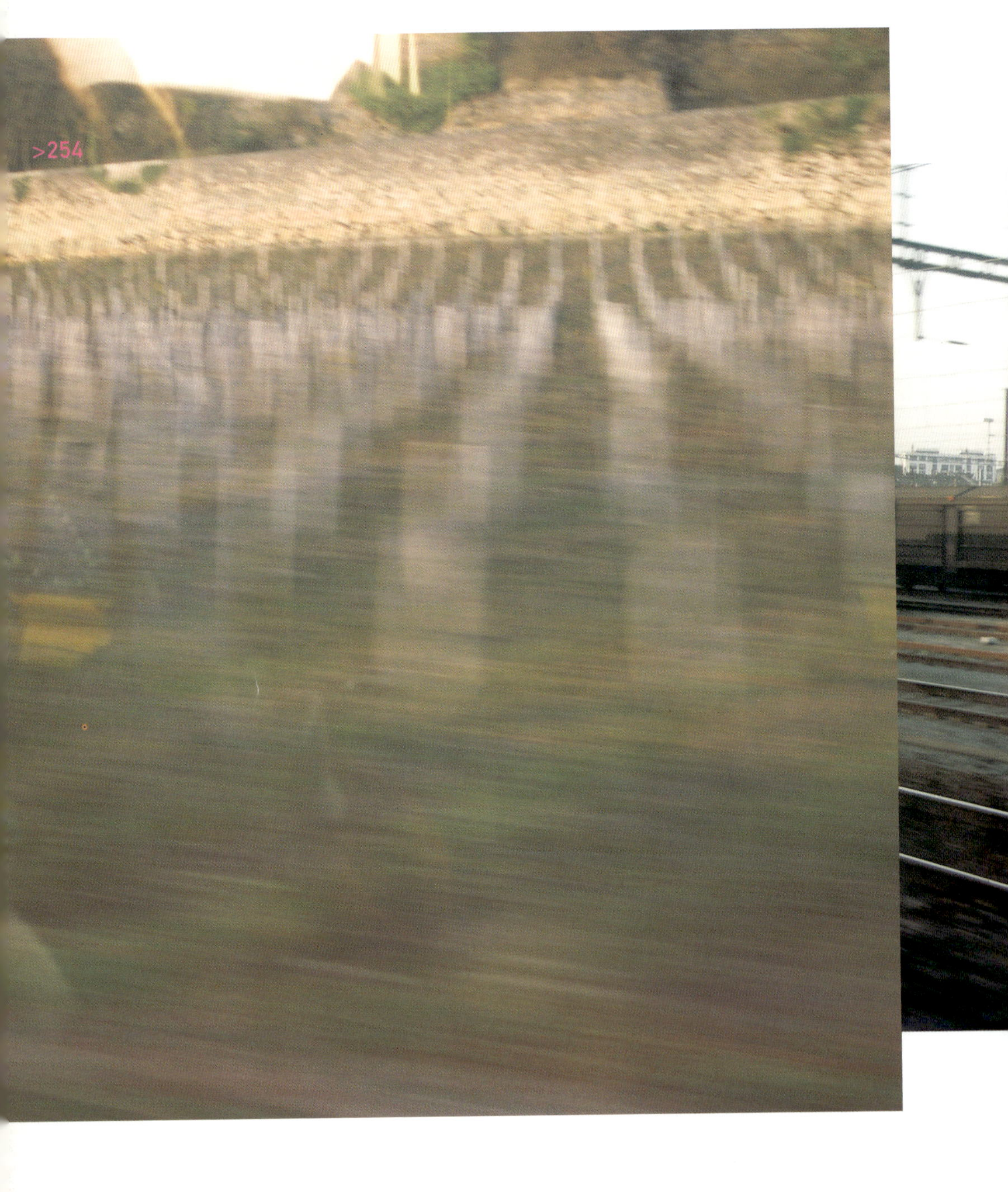

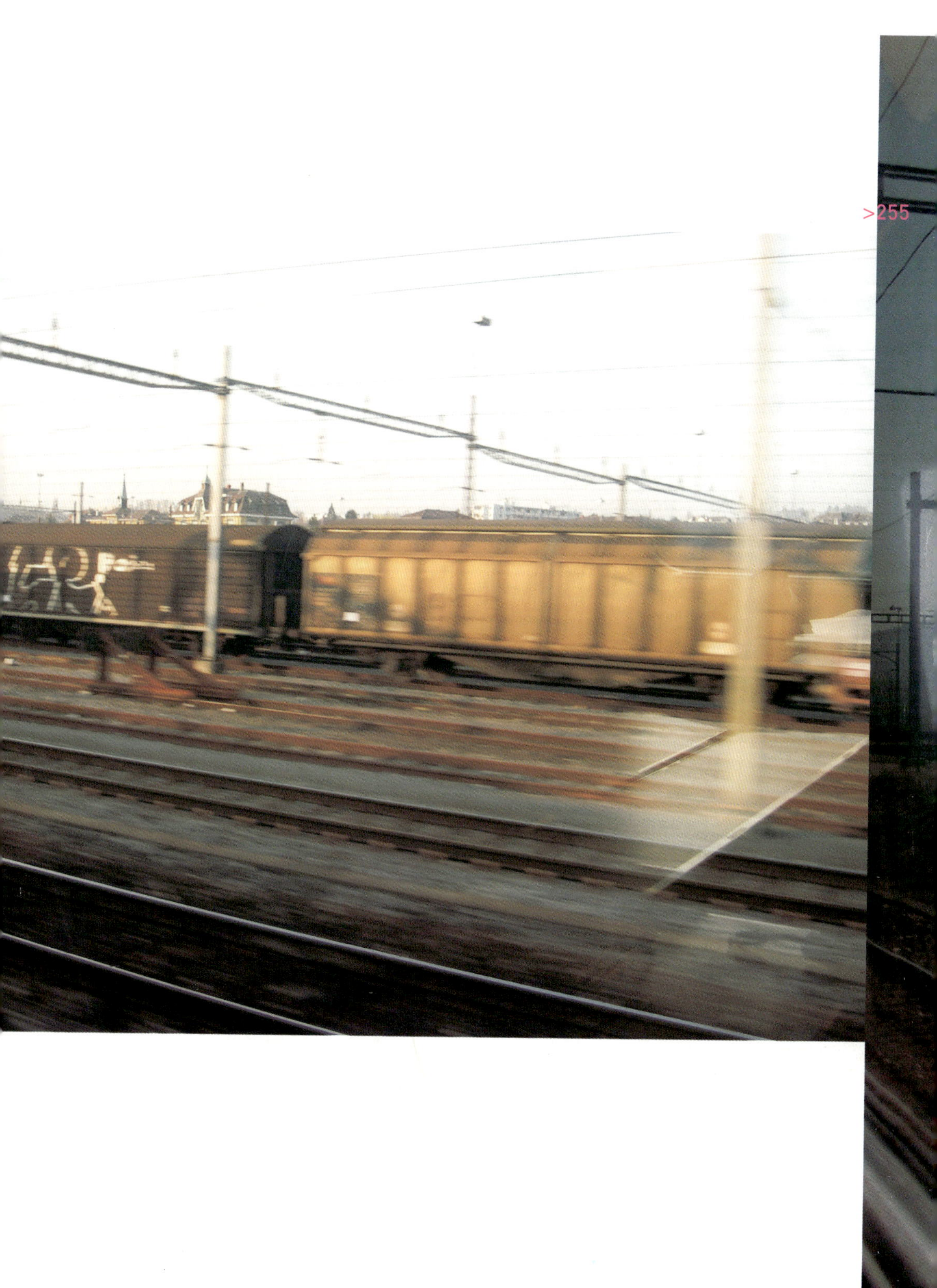

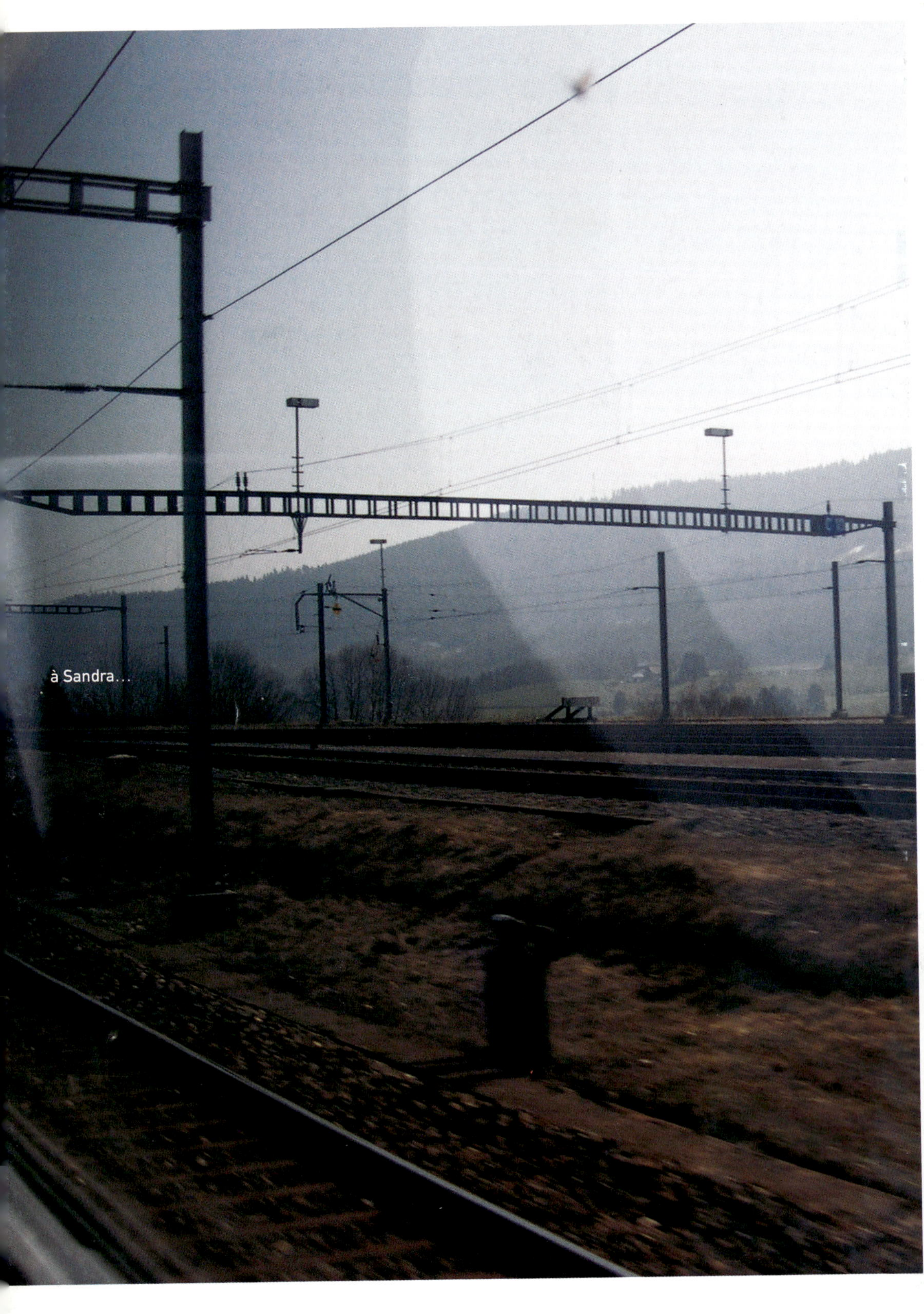
à Sandra…